景游文钞

시간은 붙들 길 없으니

景游文鈔

김 창 룡

한성대학교출판부

[축필]

寶山 김진악

〈詩窨翠松〉, 15×20cm, 2011

- 국문학자, 교육자, 수필가
- 배재대학교 인문대학 명예교수
- 배재대학교 인문대학장, 박물관장 역임
- 월간 『墨家』 고문
- 『아름다운 틀』(1966), 『한국수필의 표정』(2007), 『한국인의 익살』(2009) 등 저서 다수

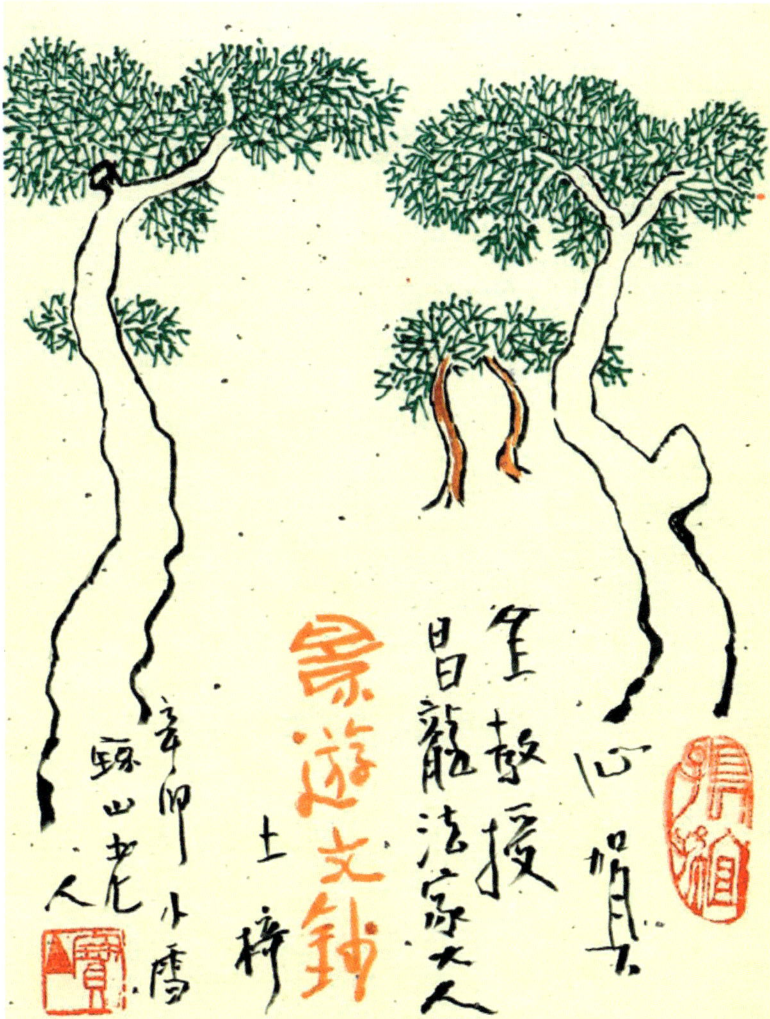
崔敎授
昌龍法家大人
景遊文鍾

一史 구자무

〈硯右蟠桃圖〉 옥판선지 수묵담채, 50×46cm, 2012

- 一中, 心汕, 月田, 淵民, 白牙先生 師事 · 從遊
- 대한민국미술대전 초대작가 · 심사운영위원
- 월전미술관 문인화특별초대전(2005)
- 월전미술문화재단지원 한벽원갤러리기획초대전(2010)
- (財)월전미술문화재단 이사
- 『韓國文房諸友詩文譜(1994), 『朝鮮詠物詩選』(1996), 『硯北淸話』(2010)

白溪 **정탁영**

〈**鵲倚三松圖**〉, 34×45cm, 2011

- 서울대학교 미술대학 동양화과 졸업
- 서울대학교 미술대학 명예교수
- 대한민국 문인화 특별대전 심사위원 역임
- 대한민국 미술전람회 특선(1959)
- 상록대상(2001)
- 대통령 표창(2003)

鵲倚三松圖
爲祝
景游文鈔發刊
白漢

샌날 조성자

푸쉬킨, 〈삶이 그대를 속일지라도〉, 51×46cm, 2011

- 갈물 이철경, 꽃들 이미경 선생 師事
- 대한민국서예대전(미협) 우수상 수상
- 대한민국서예대전(미협) 초대작가 및 심사·운영위원 역임
- 갈물 한글서회 회장, 한국서학회 부회장 역임
- 『낙성비룡』 역주, 『조선시대 문인들과 한글서예』 외 다수 공저

삶이 그대를 속일지라도
슬퍼하거나 노여워 하지 마라
슬픔의 날을 참고 견디면
머지 않아 기쁨의 날이 오리니
마음은 미래에 사는 것
현재는 언제나 괴로운 것
모든 것은 순식간에 지나가 버린다
그리고 지나간 것은
훗날 그리움이 되리니

푸쉬킨의 시를 쓰다
옛날 조정자

醉墨軒 **인영선**

〈**不變**의 **法**〉 50×45cm, 2011

- 한국서예협회 · 무등미술대전 · 충남서예대전 초대작가
- 한국미술협회 충남 도지부장 역임
- 한국서예협회 상임부이사장 역임
- 추사기념사업회 이사, 근역서가회 회장 역임
- 산문집 『狗步半程墨痕』(2002)

살아 숨쉬는 것은 모두가 변한다.
변하는 것이 변하지 않는
永遠不變을 希求함에는
苦가 따른다.
宗敎와 藝術도 例外
일 수 없다. 不變의 法을
늘 그러하기가
어디 그리 쉬운가!
먹을 갈아 붓을 빌려
늘 그러하기를
빌어 본다.
景游金昌龍博士
景游文鈔出刊
以鈍筆識於

何石 박원규

〈鴻藻〉, 46×68cm, 2011

- 강암 송성용 선생 師事
- 개인전 8회, 작품집 25권 발간
- 국제서예가협회 부회장
- 서예전문잡지 월간 『까마』 창간
- 영화 「춘향전」(임권택 감독) 서화 총괄
- 『박원규 서예를 말하다』(한길사), 작품집 『字中天』(한길사) 출간

石軒 **임재우**

〈**文房嗜愛圖**〉, 86×29cm, 2011

- 대한민국서예대전 초대작가
- 대한민국서예대전, 동아미술제 심사위원 역임
- 홍익대, 충남대, 대전대, 원광대, 대구예술대, 공주사대 출강
- 원곡서예상 수상(1988)
- 石人子會 고문
- 서울 예술의 전당 서예관 지도강사(1991~2006)
- 대전시립미술관 초대 대전 미술의 지평전(2008)
- 월전미술문화재단 지원작가(2011)

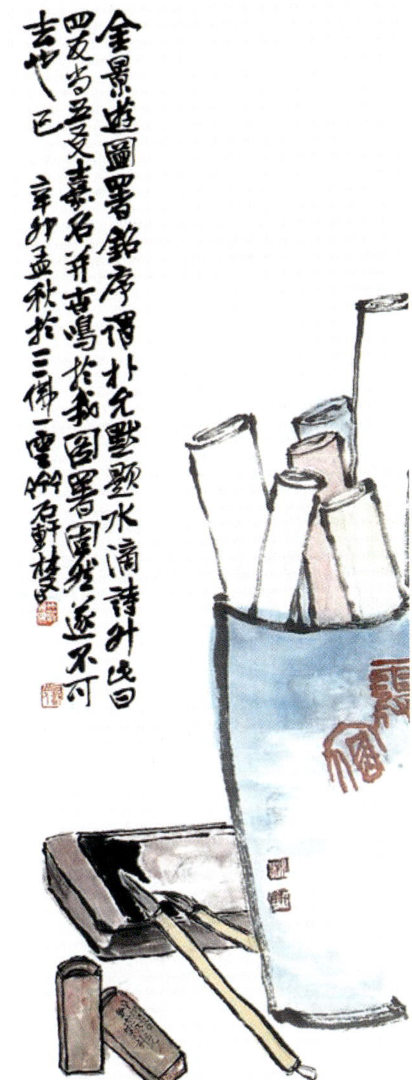

竹林 정웅표

景游 金昌龍 作 〈**聒蟬**〉, 45×138cm, 2012

- 일중 김충현 선생 師事
- 대한민국미술대전 초대작가
- 현대미술관 초대 출품
- 한중일 청년작가전, 서울시 초대작가전, 한중 교류전
- 대한민국미술대전·동아미술대전 심사위원 역임
- 예술의 전당 서예아카데미 강사

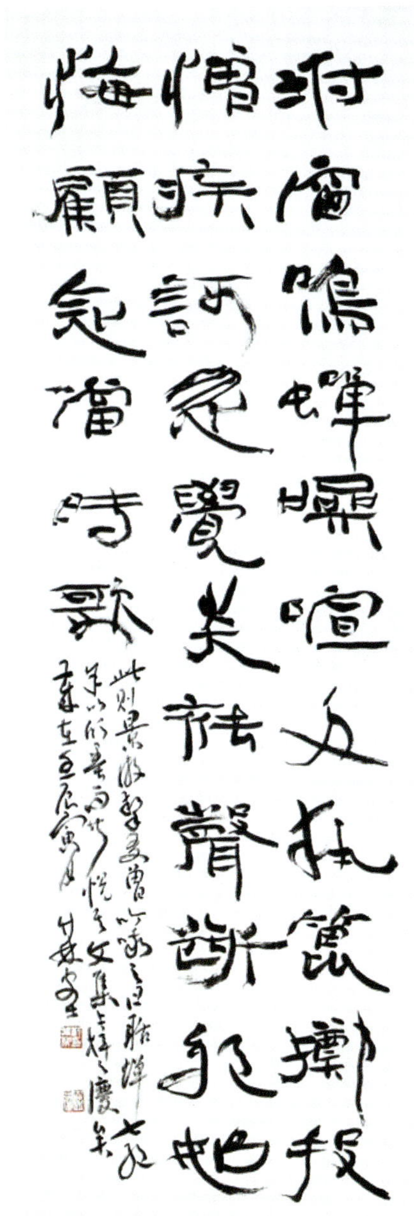

한얼 이종선

景游 金昌龍 作 〈**秋蘭**〉, 61×45cm, 2011

- 대한민국미술대전(미협) 초대작가
- 한국미술협회 서예분과 위원장, 한국서학회 이사장
- 예술의전당 서울서예박물관 강사
- 동작도서관, 남산도서관, 동작문화원 출강
- 경희대학교 교육대학원 대우교수
- 동방대학원 대학교 서예과 지도교수

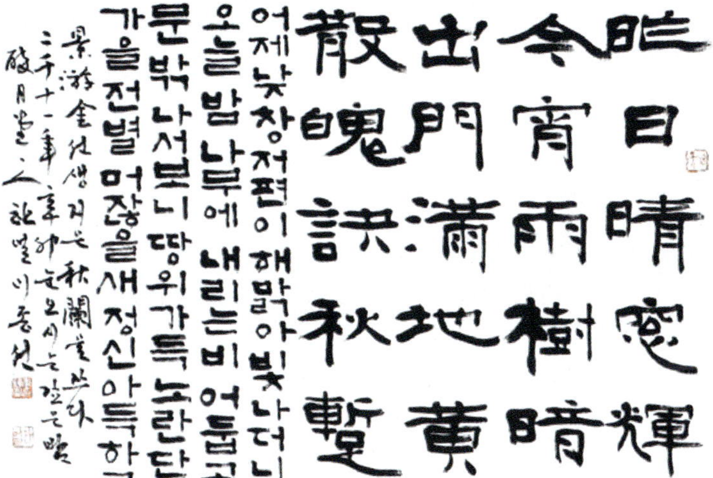
昨日晴窓輝
今宵雨樹暗
出門滿地黃
散魄訣秋暫
어제 낮 창저편이 해맑아 빛나더니
오늘 밤 나무에 내리는 비 어둡고야
문밖 나서보니 땅위 가득 노란단풍
가을전별 머잖을새 정신아득하구나

平軒 **안종익**

老子句 〈**上善若水**〉, 35×67cm, 2012

- 如初 金膺顯 선생 師事
- 대한민국 미술대전(미협) 초대작가
- 국서련 초대작가, 전남도전 추천작가
- 동아미술대전 입상
- 서법탐원 회장

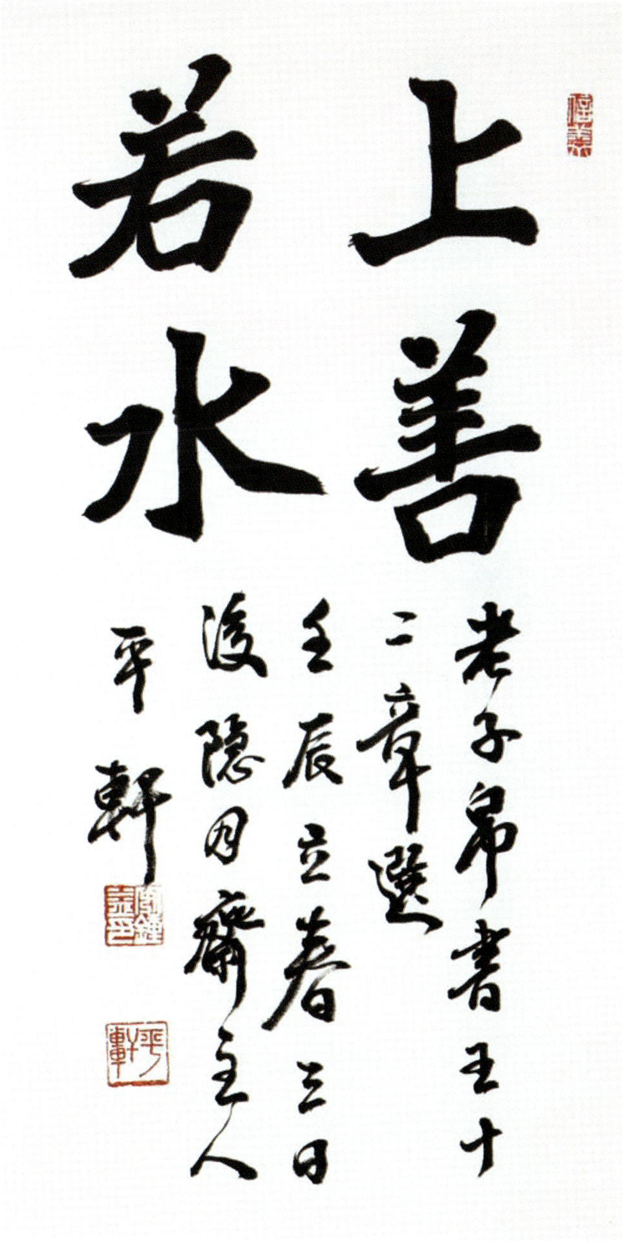
上善若水
老子帛書五十二章選
壬辰立春之日
平軒

靑雨 윤상민

景游 金昌龍 作 〈보산밖에 누구랴〉, 53×34cm, 2012

- 동아미술상 수상, 동아미술제 초대작가
- 대한민국미술대전(미협) 초대작가
- 한국 전각학회 회원
- 동국대학교 예술대학 미술학과 강사
- 구봉사 대웅전 현판, 캐나다 온타리오 왕립박물관 작품 소장

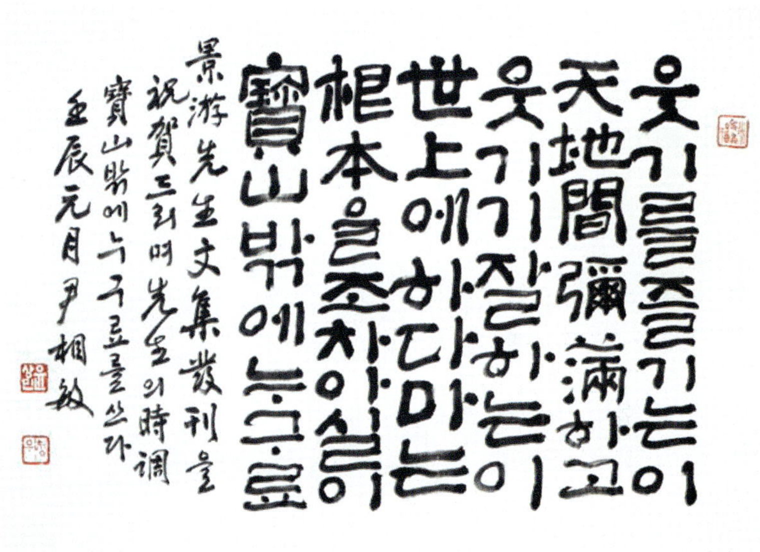
웃기를즐기는이
天地間彌滿하고
웃기기잘하는이
世上에하다마는
根本을조차아실이
寶山밖에누구료
景游先生文集發刊을
祝賀드리며 先生의 時調
寶山밖에누구료를쓰다
壬辰元月 尹桐效

三如 송용근

景游 金昌龍 作 〈**梨花雨**〉, 71×35cm, 2011

- 대한민국서예대전 초대작가 및 심사
- 세계서예전북비엔날레 초대
- 국제서예가협회·한국서예가협회 이사
- 월간 『墨家』 발행인
- 성균관대학교 예술학부 서예과 출강
- 의정부국제서예대전 공동운영위원장(2011)

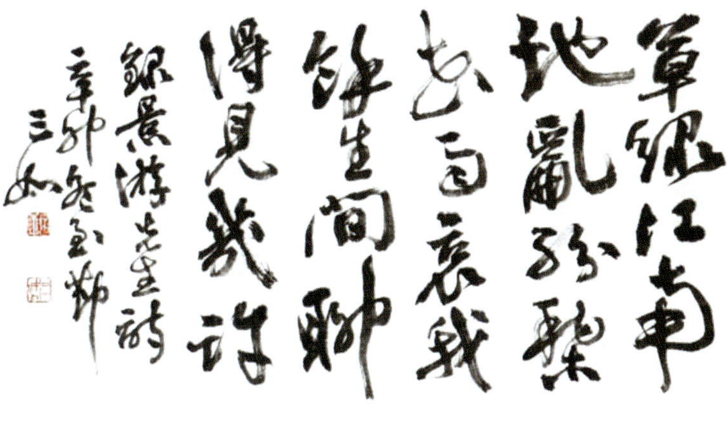

外玄 장세훈

〈寒松圖〉, 71×35cm, 2011

- 대한민국서예대전 초대작가
- 대한민국 화홍서예대전·경기도 서예대전 초대작가
- 제1회 세계서예전북비엔날레 기념공모전 대상 수상
- 한국서예가협회, 국제난정필회, 한국전각학회 회원
- 한청서맥 회장, (사)한국한자교육 검정위원

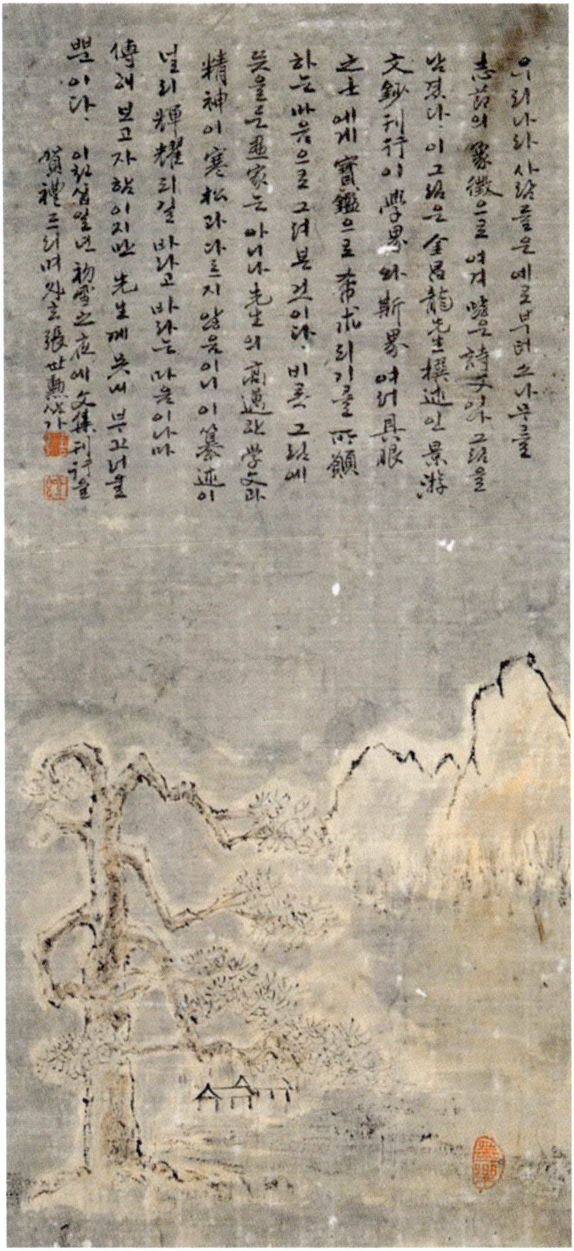
우리나라 사람들은 예로부터 소나무를
志節의 象徵으로 여겨 많은 詩文과 그림을
남겼다. 이 그림은 金昌龍先生摸迹인 景游
文鈔 刊行이 學界와 斯界 여러 具眼
之士에게 寶鑑으로 希求되기를 祈願
하는 마음으로 그려본 것이다. 비록 그림에
뜻을 둔 畵家는 아니나 先生의 高邁한 學文과
精神이 寒松과 다르지 않음이니 이 纂述이
널리 輝耀되길 바라고 바라는 마음이나마
傳해 보고자 함이지만 先生께 몫이 부끄러울
뿐이다.
이천십일년 初雪之夜에 文集刊行을
賀禮드리며 外生 張世勳 삼가

白荷 정채경

〈**解脫仙**〉, 20×29cm, 2011

- 一史 具滋武先生 師事
- 대한민국미술대전(미협) 문인화 부문 초대작가
- 서울서예대전 초대 출품
- 한국문인화협회 회원

深祝景游文鈔出刊
시간은 잡을 길 없으니
글로 묶어 두노라
辛卯冬 白荷畫記

雨香 김동애

〈觀物〉, 64×45cm, 2011

- 이화여자대학교 대학원 동양화과 졸업
- 1999년 문인화 특별대전 대상 수상(미협)
- 대한민국미술대전 심사위원 역임
- 대전대학교, 경기대학교 서예과 강사

爲景游先生著書出刊之喜
辛卯冬 金東愛

禧苑堂 김명순

〈文房圖〉, 41×66cm, 2011

- 民畵 專攻
- 전통공예관 履修
- 뿌리문화연구회 元年以降 연속 전시 원로작가

梅萱堂 정성희

〈安于奇石圖〉, 60×90cm, 2011

- 文人畵, 工筆 전공
- 현대미술대전, 여성미술대전 등 수상 다수

[賀序]

『시간은 붙들 길 없으니』 序

김 갑 기 (국문학자, 동국대학교 명예교수)

"글은 곧 그 사람이랬다." 이른바 자아 투영이자, 자기 고백이다. 정녕 "꿈 같이 아련하고, 산 너머 구름 같은 인간사, 그렇다고 가는 세월 붙들 길 없기에 글로 묶어 둔다" 〈自作 時調·6〉 했듯이 『경유문초景游文鈔』는 문학박사 경유 김창룡 교수께서 당신의 서재 몽벽산방夢碧山房에서 녹화한 당신의 삶의 파노라마다.

경유 선생은 언제나 연인의 윙크만큼이나 설레는 해맑은 첫인상보다 훨씬 우람한 체격에서 넘나는 열정은 짐작했지만, 선생의 문집을 접하고 새삼 "시대의 기다림도, 요청도 없는 어떤 일을 하는 사람은 고달프기 마련이다. 그런 줄 번연히 알면서도 기꺼워 그 일을 계속할 수 있는 사람은 상당히 뜻있는 사람일 것이다"라고 한 당신의 역저 『우리 옛 문학론』의 자서自序 〈머리말〉과 이후 "지금에 이르러 그 생각이 더더욱 사무치게 와 닿는다. 꼭 잊혀진 사랑만 같은 이 인문학의 손을 앞으로도 놓지 않으련다" 〈한국 옛 문학론 자서自序〉든 입지전적 정진精進으로 괄목할 역저들을 상재上梓해 온 청욕淸慾의 원로학자시다.

그렇다. 인문학이란 인간 삶의 미학이다. 그러기에 시공時空의 계선界線을 나눠 왔고, 장르를 한정할 수밖에 없었던, 참으로 광범하고 다양하며, 문헌의 일실逸失로 이루 난삽難澁하기 이를 데 없는, 그러기에 더욱 분발할 학문 영역이다. 시·서·화가 그렇고, 경·사·자·집 그 어느 하나 간과할 수 없다.

일독한 경유 선생의 『경유문초景游文鈔』는 일단 이 점에서 인문학의 제 영역과 장르를 선점했다는 경탄과 칭예를 받기에 부족함이 없다. 목차에서 인지할 수 있듯이 대체적인 구성은 01. 한시漢詩. 02. 수필隨筆. 03. 서문序文. 04. 잡지雜識. 05. 유기游記. 06. 서신書信으로 가름하고, 각 항을 다시 자작 한시 오언절구(4), 오언고시(4), 칠언절구(8), 칠언고시(2), 찬贊(9), 명銘(2)으로, 그리고 수필(33), 서문(25), 이어 잡저雜著에선 퇴계의 〈도산십이곡〉 및 황진이의 시조 〈청산리 벽계수야〉를 한역했는가 하면, 김삿갓의 〈구월산〉·백아 김창현의 〈소우찬少友讚〉·기재 신광한의 〈연명硯銘〉을 국역했으며, 자작 시조(9), 자작 현대시(8), 평설(8), 축사(4), 홍보(15)로 짜여졌다.

뒤 이은 유기游記는 21세기의 선비임을 자임하는 경유 선생의 유일한 교통 및 여유 수단인 바이크 기행록이다. 선생의 인간미와 함께 자작 한시 감상을 위해 〈선비가 말 타듯如士之騎馬〉을 예시하면,

我愛騎摩托　바이크 타기만 오로지 한 나를
衆人笑戲謔　사람들은 웃으면서 재밌어 하네.
必警敲危多　여지없이 위태롭다 경계하지만
未解馬上樂　마상의 유유자적 알 리는 없네. 〈한시·3〉

와 같다. 자못 이백李白의 "笑而不答心自閑"의 여운餘韻으로 독존의 쾌미快美를 드세움이 분명하나, 어찌 갓보다 안전모가 반드시

민을 만이야 하리까. 현대판 철마鐵馬의 질주보다 훠이훠이 휘파람 날리는 산책의 여유로움도 즐길 만하리다.

한편 32편에 달하는 수필은 대개 대학 강단에서 젊은이들과의 교학상장敎學相長의 무거리들로 사색의 여백을 채워 주기에 족하며, 특히 평설 7편은 동양 고전 및 서예 비평의 진수를 쉽고도 위트 있게 정리한 읽을거리이자와, 장히 경유 선생의 『경유문초』야말로 인문학의 일대 야단법석이자, 집대성集大成임을 공감케 한다.

이제 2011년 11월 4일 작으로 부기附記한 시조를 예시하며, 무잡蕪雜한 머리글을 맺어야 할 때다.

> 칠십년 대 팔십년 대 꿈 속에 아련하고
> 구십년 대 이천년 대 산 너머 구름일레
> 시간은 붙들 길 없으니 글로 묶어 두노라

무상한 세월을 무정타 한탄하기보다는 알차게 경영코자 한 필자의 의지를 읽기에 족하다. 그러니 이 시조는 자신의 부단한 저술과 잡저의 빌미를 밝힌 고백이자, 앞에다 인거한 원작인 셈이다.

아무러나 "더더욱 사무치게 와 닿는, 꼭 잊혀진 사랑만 같은 이 인문학의 손을 앞으로도 놓지" 마시고 빛저운 역저를 부잣집 맏며느리 아들 낳듯 쑥쑥 양산해 주소서 바라며, 삼가 난필을 줄입니다.

2012년 1월 3일
金甲起 拜

"자연이 영원하듯 명문장 또한 영원하리"

- 『경유문초景游文鈔』 발간에 즈음하여 -

박 태 상 (한국방송대 교수, 서울평양학회 회장)

우선 김창룡 교수님의 문집 『경유문초景游文鈔』 발간을 진심으로 축하한다. 연민淵民과 나손羅孫의 문하에서 함께 수학한 동문 후배의 입장에서 평생의 역작인 문집 서문을 쓸 수 있는 광영을 누리게 되었다. 특히 연민 선생님의 한학의 정통을 이어받아 이제는 몇 남지 않은 한시 창작 시인으로서의 풍모, 또 조선조 선비들의 문집 발간의 기본 틀을 원형대로 고수하면서 책을 편집하는 집필자로서의 전범을 접할 수 있는 기쁨도 동시에 누리게 되었다.

예로부터 인간은 창조의 근원으로서 종이와 문자를 발명했다. 이집트의 파피루스에서 영어의 페이퍼가 생성되었으며, 이집트의 룩소르신전이나 카르나크신전의 상형문자에서 고대인들의 문화 창조에 대한 집념을 확인할 수 있다. 문자의 기원은 구석기 중기인 BC 5만년경 돌이나 뼈에 규칙적인 간격을 두고 새긴 조각에서 찾기도 하고, 보다 구체적으로는 BC 1만년 경의 선사인류先史人類 문명인이 흔히 사용하던 그림문자를 들기도 한다. 즉 고대 인류의 문명이 크게 발달한 중국·메소포타미아·이집트·마야 등의 문자를 문자의 기원으로 삼을 수 있다. 그 외에도 매듭을 문자의 시원으로 보기도 한다.

그러면 인간은 왜 그렇게도 문자 창조와 사용에 목을 매었는가? 그 이유는 실용적으로는 의사소통 때문일 것이고, 상징적으로는 문화 창조를 통해 인간의 유한성을 극복하기 위함이었을 것이다. 특히 후자는 지식인들의 학문에 대한 갈증에서 출발하여 학통을 계승하여 한시 문학의 전통과 광대한 성리학의 뿌리를 후대에까지 길게 이어가려고 하는 욕망에서 비롯되었다. 만약 그러한 학통에 대한 집요한 추구가 없었다면 어떻게 현세에 신라 최치원의 『계원필경집』부터 조선시대 이황의 『퇴계집』, 박지원의 『연암집』이 남아 있을 수 있겠는가?

한문학에서 고전 산문의 장르 구분을 어떻게 할 것인가는 오래전부터의 논쟁의 대상이었다. 조선조 후기 실학자들이 많이 따르는 분류법으로는 청나라 요내1731~1815의 『고문사유찬』이 있다. 그는 1779년(건륭 44)에 편찬한 이 책에서 고전 산문의 종류로서 논변류·서발류 등 열셋을 제시했다. 이러한 분류를 현대적인 개념에 짜맞춰 보면, 논변류論辨類는 논설문에, 서설류書說類는 서간문에, 증서류贈序類와 잡기류雜記類는 서사문이나 기록문에, 그리고 서발류序跋類는 객관적인 서평이나 지은이의 단상 정도에 해당한다고 볼 수 있다. 그 외에는 중세 권력자에게 조언하거나 풍자하는 문장과 고인에 대한 추모의 글 그리고 세상에 대한 깨우침과 교훈류의 문장 등이 남게 된다.

경유 김창룡 교수님의 문집 『경유문초』도 이러한 한문학 분류법의 전통을 그대로 계승하고 있다. 목차를 살펴보면, 한시·수필·서문·잡지·유기·서신으로 구성되어 있음을 확인하게 된다. 우선 요즈음 젊은 독자들이 전자북을 구해 읽는 디지털 시대에 문집을 간행한다는 자체에서 조선조 선비들의 고풍 창연한 '풍류정신'을 읽을 수 있게 된다. '풍류'란 어떤 의미를 지니는 말인가? '풍치가 있고 멋스럽게 노는 일' 또는 '운치가 있는 일'로 풀이한 사전이 있는가 하면, '아취雅趣가 있는 것' 또는 '속俗된 것을 버리고 고상한 유희를 하는 것'으로 풀이하는 사람도 있다. 원래 '風'은 바람의 흐름을 이야기 하는 것이고 '流'는 물의 흐름을 뜻하는 말이므로 풍속의 흐름으로 보아 '문화'와 같은 의미로 해석하는 이도 있고, 풍월의 의미로 보아 음풍농월吟風弄月(맑은 바람과 밝은 달에 대하여 시를 짓고 즐겁게 놂)하는 시가와 관련 짓기도 한다. 또한 풍류를 자연과 인생과 예술이 한데 어우러진 삼매경에 대한 미적 표현이라고 하는 사람도 있다.

이러한 풍류의 전통은 이미 끊어진 지 오래되었다. 그것은 중세 유럽으로 말한다면, 공작·백작 등 제후들의 살롱문화로 이어지고, 우리나라로 말한다면 대원군의 운현궁, 상주의 쾌재정, 담양의 소쇄원, 강릉의 선교당 등 선비들의 사랑방 문화에서 그 기원을 찾을 수 있다. 김창룡 선생님에게는 이러한 풍류정신이 뼛속 깊이 남아 있는 듯 느껴진다. 그는 지금도 전문 한학자들과 한시를 창작하는 모임과 서예로 문인화 등 예스러움을 만들어가는 모임을 주도하고 있다. 그 외에도 온라인 바이카 모임을 이끌기도 하고, 서양의 클래식 음악을 고전적 턴테이블로 정통적으로 감상하기도 한다. 문집 『경유문초』에는 집필자의 이러한 현대적 풍류 모임의 좌장으로서의 아취가 그려져 있다.

『경유문초』의 첫 장 「한시漢詩」에는 시인이 느낀 우리나라 자연의 사계의 변화에 대한 심상이 그려져 있으며, 현대인으로서 상고주의尙古主義를 추구하는 서예가와의 인간적 교류, 〈선비가 말 타듯如士之騎馬〉에서의 바이크 타는 것을 조선조 선비들의 말 타는 것으로 비유하는 여유의 낙천적 미가 들어있다.

제2장 「수필隨筆」에서는 수필 장르의 자유분방한 특질에서 알 수 있듯이 실로 다양한 주제들로 구성되어 있다. 역시 문학도답게 미적인 아취가 많이 다뤄졌으니 음악 감상의 흥취, 무지개·저녁노을 등 자연예찬의 울림, 고전에 대한 외경심, 자연과 인공에 대한 교훈 등이 들어있다. 그 외에도 영화 〈적벽대전〉과 〈사랑과 영혼〉의 허실 비평, 회자정리 등 인간 삶의 지혜에 대한 깨달음, 의義와 이利에 대한 현대적 해석, 바이크 예찬론이 흥미를 돋운다.

제3장 「서문序文」은 주로 저자의 그동안의 학문적인 업적의 결산물인 수십 권의 저서 『한국가전문학선』, 『우리 옛 문학론』, 『한국의 가전문학』, 『한국가전30선』, 『가전문학의 이론』, 『고구려 문학을 찾아서』, 『가전산책』, 『고전명작 비교읽기』, 『한국 노래문학의 의혹과 진실』 등의 자서自序 및 친교를 맺은 원로들의 작품집에 실은 서문 등으로 구성되어 있다.

제4장 「잡지雜識」는 영롱한 시조 편들 및 한역을 비롯하여, 주고받은 서간, 그리고 선생 관련의 각종 매체 홍보 등으로 다양함이 빛나고, 보태어 대학 학과장이나 인문대학장, 연구소장, 출판부장 등으로 재직하면서 공적으로 쓴 인사의 말씀, 스스로의 생애관을 담은 〈논어 속의 명언〉, 〈장자 이야기 산책〉 등이 다채로움을 더한다.

제5장 「유기游記」는 주로 바이크 마니아로서의 흥취를 담고 있다. '30년 지기와의 첫 바이크 투어', '필마단기의 강화투어', '충주길 따라 피어난 생각들', '휴일 유감' 등 속도 오르가즘에의 갈망과

자연관찰에의 묘미 등이 섬세한 필치로 그려진다.

엄청난 부피의 문집을 모두 정독한 느낌은 크게 세 가지로 압축된다.

첫째, 저자의 상고적 지식에 놀라움을 금할 수 없다. 일제말기의 민족주의 잡지 『문장』의 4인 편집인들과 마찬가지로 사라져가는 고전적 전통을 되살리려는 의고주의의 갈망이 스며져 있어 짠한(?) 감정을 느끼게 되었다.

둘째, 대학교수로서 새로운 젊은 세대와 진솔하게 소통하고 무엇인가 가르침을 주려고 하는 선생으로서의 풍모가 자리 잡고 있다는 점을 지적하고 싶다. 특히 고전과 현대의 가교, 전통적 의義와 현대적 이利의 간극을 메우려는 소박한 외침, 진정한 스승이 모두 사라져버린 세태에 대한 한탄 등이 독자들에게 내적 울림으로 작용하리라 믿는다.

셋째, 청춘에 대한 기상과 열정을 소담하게 표현하고 있다. 회갑에 가까운 노장 교수가 외제 자가용이 아니라 최신 바이크를 타고 출근하며, 전국을 주유천하 하는 모습에서 우리는 백남준의 포스트 모던한 순박함과 스티브 잡스의 기발한 창조정신을 동시에 엿볼 수 있게 된다.

앞으로도 경유 선생님이 무궁무진한 고전적 지식의 샘물과 전통주의적 아름다움을 해맑게 품어내시기를 진심으로 기원한다.

2011년 12월 31일
소산서옥韶山書屋에서
박태상 드림

謹賀景游文鈔發刊

신 범 식 (영동대학교 교수, 평생교육원장)

거개의 만남이 그렇듯이 경유 김창룡 선생님을 처음 알게 된 계기는 논문을 통해서다. 1995년쯤으로 기억되는데, 당시 나는 栢谷 金得臣의 작품을 대상으로 석사논문 준비에 한창이었다. 그때만 하더라도 지방에서 논문 자료를 구하기란 편치 않았고, 더욱이 백곡처럼 학계에 잘 알려지지 않은 인물에 대한 논문은 한손으로 다 꼽을 정도로 드묾에랴. 관련 논문을 열람하던 중 「백곡 김득신의 인간과 문학」 제하의 논문이 있음을 보고 快哉를 불렀으니, 이 논문은 선생님의 先師이신 연민 이가원 선생의 七秩을 기념하여 출간한 논총 속에 들어있었다. 필독 논문이었기에 接目할 길을 고민하다가 선생님이 한성대 국문과에 계시다는 사실만 가지고 무턱대고 연구실로 전화를 드렸다. 初終을 말씀드리니 차분한 중년의 목소리로 친절하게 응대해 주셨고, 논문 몇 편을 우편으로 발송해 주셨다. 그때의 고마움에 지금도 그 우편물을 간직하고 있다. 그 만남이 선생님과의 학연의 시작이었으니, 공교롭게도 선생님이 계신 대학 대학원에 입학하여 面諭를 받게 되었으니, 참으로 기막힌 인연이 아닐 수 없다. 박사과정 동안 선생님은 提耳面命하시는 은혜를 베푸셨고, 종내는 박사학위 논문심사위원장까지 마다하지 않으셨다. 돌아보건대

이 모든 것이 선생님의 각별한 사랑으로 이끌어주신 결과가 아니었나싶다.

나는 평소 선생님의 풍모와 글을 흠모해오던 터인데, 특히 儒雅한 문체는 그 학문에 연원이 있음을 감지할 수 있고, 호방하면서 고결한 문격은 한우충동의 고문을 讀破之餘에 우러나온 것임을 알 수 있거니와, 이에서 선생님의 所存도 엿볼 수 있다.

몇 주 전 선생님께서 전화로『景游文鈔』의 출간을 말씀하시며 서문을 요구하셨다. 그러나 不可함과 不能함으로 거듭 사양하였지만, 그간의 정의로 강권하심에 마지못해 拭汗하고서 呈似하는 바이며, 끝으로 칠언시 한 수를 지어『景游文鈔』鋟梓에 즈음하여 경하드리는 마음을 표하고자 한다.

謹賀景游文鈔出版

翰墨成書壬辰年　뛰어난 문조가 책으로 완성되는 임진년에
佳賓共祝主人賢　손님들 하나같이 훌륭타, 주인공을 축하하네.
龍飛筆力等秋史　용이 나는 듯한 필력은 추사이고
鬼語詩才對謫仙　귀신 같은 시재는 이태백이라.
玉稿刊行塵世寶　옥고를 발간하니 세상의 보배요
瓊章編輯士林傳　주옥의 글 편집하니 사림에 전하네.
從今紙價長安貴　이제부터 장안의 종이 값이 폭등하고
求讀諸生接袖連　찾아 읽으려는 제생들 줄을 서리라.

雪臘春에
申範植 謹識

목 차

01. 한시漢詩 / 59

03. 서문序文 / 223

04. 잡지 雜識 / 299

05. 유기游記 / 443

01

한 시 漢詩

[오언절구]

懷戀

望月覺懷戀

瞻星便戚心

何時戀與愁

汝教於愚侵

애틋한 사랑

달 보면 그리웁고
별 보면 서글퍼라.
어느 결 그립고 쓸쓸함을
그대 내게 침노케 하였는가.

- 1976년 10월 7일 -

弔古無名匠

秦誇蒙恬毫

漢譽蔡侯紙

今曰非源流

虛哀邃匠氏

이름 없는 옛 장인을 탄하다

진나라는 몽념의 붓 치레를 으스대고
한나라는 채륜의 종이를 자랑 삼았지.
이금엔 어이 참 연원도 아니라 하니
괜스레 아득한 시절의 장인들 서러워.

- 2009년 8월 15일 -

『문방의 벗』 - 상명여대박물관 자료

如士之騎馬

我愛騎摩托

衆人笑戱謔

必警敍危多

未解馬上樂

선비가 말 타듯

바이크 타기만 오로지 한 나를
사람들은 웃으면서 재밌어하네.
여지없이 위태롭다 경계하지만
마상의 유유자적 알 리는 없네.

- 2009년 9월 9일 -

단원 김홍도의 〈馬上聽鶯圖〉

秋闌

昨日晴窓輝

今宵雨樹暗

出門滿地黄

散魄訣秋蹔

곧 닥칠 이별

어제 낮 창 저편이 해맑아 빛나더니
오늘 밤 나무에 내리는 비 어둡고야.
문밖 나서 보니 땅위 가득 노란 단풍
가을 전별 머잖을새 정신 아득하고나.

- 2009년 10월 31일 -

[오언고시]

嬌笑

爾擁吾腕言
意外少豊厚
無關別來事
哄笑美姿否

생끗한 웃음

그대는 내 팔짱 끼더니
생각보다 얄찍하네 하였지.
이별한 뒤의 일엔 관심 없이
겉맵시 어떤지에만 상기돼 웃네.

- 1976년 가을 -

一史 具滋武의 〈水罌草〉

梨花雨

草綠江南地

亂紛梨花雨

哀我餘生間

聊得見幾許

배꽃 흩날리던 날

풀빛 푸르른 강남땅에
배꽃이 비처럼 흩날려.
애닯다 남은 내 생애에
몇번이나 더 볼 양인지.

- 2005년 10월 30일 -

白溪釣月樓

三松白溪邊

迎日釣月樓

圖書淸曲裏

卓犖逍遙遊

백계 선생의 조월루釣月樓

세 그루 소나무 희맑은 시냇가에
해맞이라 달을 낚는 누각 있다네.
청아한 곡조 속에 서화며 글 읽기
훌쩍한 경지로 자유자재 소요하네.

- 2011년 11월 6일 -

〈松月圖〉部分 - 서울대박물관 소장

憶外玄張世勳

雖千吾往矣

飄翾九萬里

鵬磐欻獨立

光風外玄子

외현 장세훈 선생 그리매

누가 뭐라 해도 나의길 가리
표연히 구만 리 장정 올랐지.
홀연 붕새 언덕에 우뚝이 선
맑은 빛 바람 속 외현자라네.

- 2011년 12월 3일 -

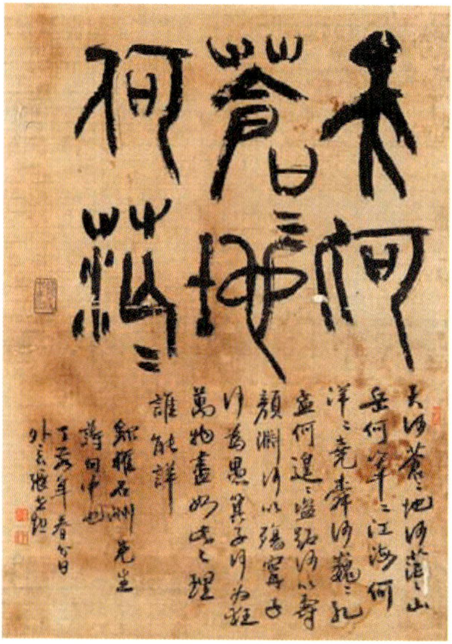

外玄張世勳錄 權石洲詩〈天何蒼蒼醉中走筆〉 虛頭

[칠언절구]

依戀

情含嬌綽信無信

腦前不離丈夫疢

一生篤志貴訥剛

正是傾色難更親

애타는 사랑

다정 머금은 고운 자태, 미더운 것일까
뇌리에 가시지 않는 사나이 열병(熱病).
평생에 다진 뜻은 말없는 굳셈 지킴이련만
진정코 어이리 가인은 얻리기 어려운 것을.

- 1976년 겨울 -

혜원 신윤복의 〈美人圖〉 部分

秋夜酌友人乍廻

友人乍廻秋思古

其間情懷香酟愈

驩且交悲宵將闌

外簷不覺浥塵雨

가을밤 잠시 찾아온 벗에게 술잔을 권하며

오랜 벗 잠깐 돌아와 옛일 생각 많은 가을인데
그 간의 묵은 회포 향그런 술잔 속에 무르렀네.
즐거움이 헤어질 슬픔 얽히어 밤은 늦어가는데
몰랐고나, 문밖엔 티끌 적시운 비 내렸던 줄을.

- 1981년 가을 -

王素의 〈溪山對酌圖〉 扇面

夢遊大同

曾聞西都山河勝
唯口本鄕斷路登
遊夢大同江上春
腔懷懣抑未詞能

꿈에 놀던 대동강

서도의 산하山河 빼어나단 말 진작 들어 알건마는
다만당 입에 뇌는 근원의 고향, 갈 길은 끊겼다.
어쩌다 봄날의 대동강을 꿈속에서 젓어 본 내
가슴 가득 메어드는 울한鬱恨, 못 다 이룬 말.

- 1983년 봄 -

대동강 부벽루

芍藥島

秋水茫茫天色同
一望佇思客船中
人生須臾何羈慮
洒落拂襟西颸風

작약도

하늘빛 어우러진 아스라한 가을바다
가없이 바라보네 뱃전 너머 우두커니.
잠깐의 인생인데 시름할 게 그 무어랴
어디서 차가운 서풍은 옷깃 건듯 스치네.

- 1986년 가을 -

芍藥島 前景

題硯北清話序後

高麗肇修清話屛

鮮壇紹展綺羅境

已來無狀徧覽休

便得桃園一勝景

『연북청화』 서문의 뒤에 짓다

고려 문사들 청담의 첫 울타리 둘렀고
조선 문단이 잇달아 멋진 경계 펼쳤네.
이래 볼만한 품 없어 구경을 마치렸다가
홀연 도원의 한 빼어난 경개에 부딪혔네.

- 2009년 7월 31일 -

一史 具滋武의 〈老槐小塘圖〉

憫暑

八月將迢九月至

暴炎忽祛倏凉亟

怨望蒸鬱怒哮時

焉知當今悔赧事

민망토다 더위여!

팔월 저편에 가고 구월 이르렀나니
폭염 문득 자취 없이 얼결에 찬 기운.
숨 막힌 무더위 원망으로 부르짖을 때야
후회로 부끄러울 오늘 일 짐작이나 했으리.

- 2009년 9월 1일 -

梅萱 鄭星姬의 〈絲瓜絡〉- 저자 소장

聒蟬

坍窓鳴蟬噪喧多

執篦擲投憎疾訶

忽覺炎祛聲斷絶

始悔顧念當時歌

요란했던 매미

창가에 붙은 매미 시끄럽기 짝 없어
미운 맘 작대기 던지며 소리 질렀네.
저근덧 더위가고 그 소리 뚝 끊어져
그제야 그리운 줄 그때 적 노랫소리.

- 2009년 9월 2일 -

知音堂 張承淑의 〈秋蟬〉

戊子歲莫與妻尋一史先生臥病棟

鐵石心腸無恙身

累年憔慮纏荊棘

誰稀當日臥寒燈

昏夢不邀人佇側

처와 무자년 세밑, 일사 선생 입원 병동을 찾다

철석같은 굳센 의지 끄떡없던 몸이
수년을 맘 태우다 가시나무 얽히었네.
고희 당일 찬 등불 아래 병상의 깊은 꿈
아무도 반길 도리 없는 그 곁 우두키 섰네.

- 2009년 12월 26일 -

一史 具滋武의 〈拒霜花〉 - 저자 소장

[칠언고시]

念念辛亥年金鎭嶽恩師

- 切懇懷感四十週歲厥日 -

父聽不明孤思身

入試當年尤勞神

飄如一帆擔任師

春風尋窩挾負薪

1971년, 잊지 못할 김진악 선생님

- 꼭 40년 된 그날에 감회 간절하여 -

아버지 애매하시니 홀로 생각 많았던 몸
고교 삼년 시절 당해 심사 더욱 괴로웠지.
표연히 한 척 범선처럼 나토신 담임선생님
봄바람 타고 오시어 병든 몸 붙잡아 주셨네.

- 2011년 5월 7일 -

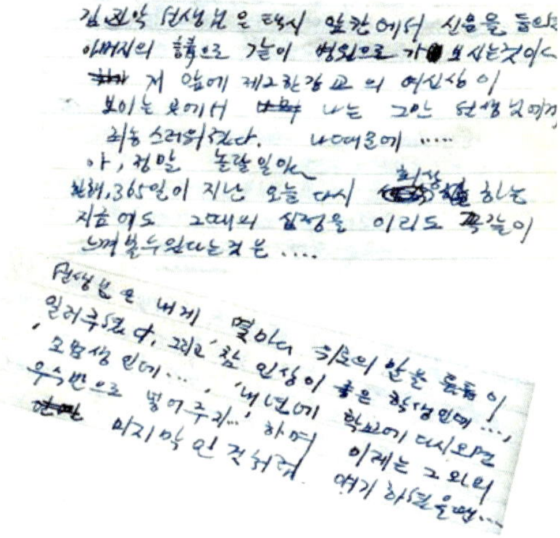
김진악 선생님은 택시 앞칸에서 신음을 들으
아버지의 請으로 같이 병원으로 가 보시는 것이다.
저 앞에 제2한강교의 여신상이
보이는 곳에서 나는 그만 선생님에게
죄송스러워졌다. 나때문에 ....
아, 정말 놀랄 일이—
꼭 1해, 365일이 지난 오늘 다시 회상하는
지금에도 그때의 심정을 이리도 똑같이
느껴볼 수 있다는 것은 ....
선생님은 내게 몇 마디 위로의 말을 들려
일러주셨다. 그리고 '참 인상이 좋은 학생인데...,
모범생인데...' '내년에 학교에 다시 오면
우수반으로 넣어주지...' 하며
마지막인 것처럼 이제는 그 외의
얘기 하셨을 때...

1971년 저자의 고교 3년 당시 담임이던 김진악 선생님과, 1971년 5월 6일 폐결핵으로 휴학을 결정 받던 그날을 회상한 1972년 5월 7일의 일기 중에서

詠墨家

- 賀墨家創刊五週年 -

摩頂放踵墨家波

戰國當時喧傳多

今韓書壇別墨家

携手百匠宣謳歌

묵가墨家를 노래함

- 『월간묵가』 창간 5주년을 축하하며 -

온몸 희생 외쳤던 묵가의 결너비
춘추전국 시절에 시끌벅적했었지.
오늘 우리 서단에 특별한 묵가 있어
대가들과 손잡고 선양을 구가하네.

- 2011년 1월 20일 -

2006년 2월의 『墨家』 창간호 표지(좌)와,
寶山 김진악의 2011년 3월호 표지 題號

[贊]

薰庭尹錫曉博士贊并序

有一端士

遊諸史青

敎硏孶孶

高踏薰庭

* 己丑載之流火吉日 以四言句 紀念爲贊薰庭尹錫曉敎授停年
金景游昌龍 撰而幷墨.

훈정 윤석효 박사를 贊하고 序하다

단아한 한 선비 있어서
청사죽백 간에 노닐었네.
연구와 가르침 부지런터니
오롯이 향기론 뜨락 올랐네.

- 2009년 8월 -

기축년 음력 7월 길일吉日, 4언의 구절로써 훈정薰庭 윤석효尹錫曉 교수의 정년을 기념하는 찬을 쓴다. 경유 김창룡은 짓고 휘호하다.

저자가 윤석효 교수의 정년을 기념하여 휘호한 扇面의 祝墨

靑軒姜秉植博士贊幷序

洌上有士

頎軒鼎族

剛毅獨立

靑松綠竹

* 靑軒姜秉植教授 與我相知卄有七年 而今玆庚寅雨水 謹迓停年 余以右四言句 頌撰而幷墨.

청헌 강병식 박사를 贊하고 序하다

한성 터전에 선비 있으매
헌걸찬 삼공의 높은 겨레.
의연 불굴 홀로 우뚝하니
푸르른 솔인가 대 이련가.

- 2010년 2월 -

청헌靑軒 강병식姜秉植 교수가 나와 더불어 안 지가 27년인데, 금년 경인년 우수雨水 날에 삼가 정년을 맞이하였다. 내가 위 사언四言의 구절로써 선생을 기려 짓고 휘호한다.

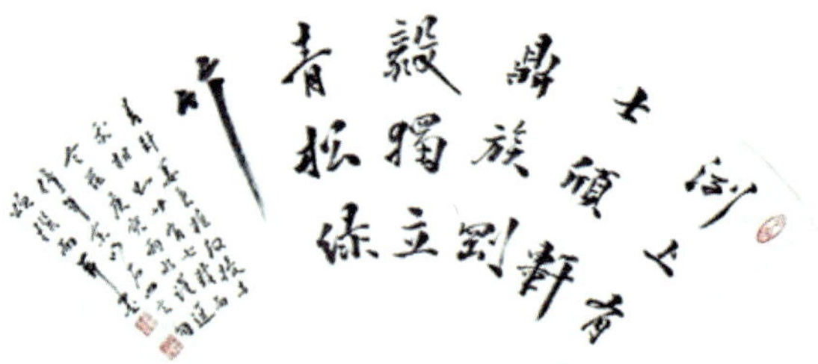

저자가 강병식 교수의 정년을 기리고자 扇面에 써서 기증한 祝筆

石軒先生贊

書如其人

石軒自得

厥默其仁

琪印厥墨

석헌 임재우林栽右 선생을 찬하다

글씨는 바로 사람이라 하니
석헌이 이 경계 바로 얻었네.
잠잠히 깊은 마음 인자론 성품
빛나는 인전印篆, 두드러진 필치.

- 2010년 2월 5일 -

石軒 林栽右 揮灑의 〈初心〉

竹林先生贊

晬然天資

法如眞性

乘坐筆端

散花是競

죽림 정웅표鄭雄杓 선생을 찬하다

순수의 해맑은 바탕
불성을 법하여 예다.
붓끝 타고 승화할제
눈부신 꽃잎 흩날려.

- 2010년 11월 -

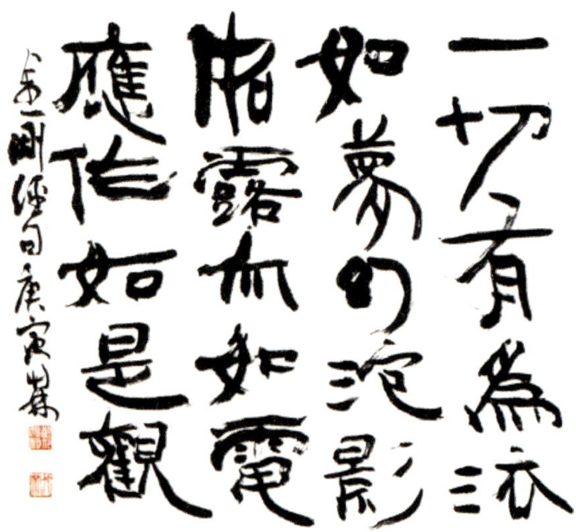

竹林 鄭雄杓 筆의 〈金剛經句〉 - 저자 소장

三如先生贊

三師翕如

刱宣一家

恢闡墨場

令名聲華

삼여 송용근宋庸根 선생을 찬하다

세 분 스승 아우른 마당
독창의 경계 펼쳐보였네.
서단을 드넓게 열쳐내어
명성과 영예를 들날리네.

- 2010년 11월 -

三如 宋庸根의 신년 賀書 - 作家惠投于著者

一史先生贊

巍巍然一史

詩文爲勝絶

書藝旣自得

畵法已冠絶

世觀之嗟賞

必謂以三絶

剛毅兮無雙

宜當乎四絶

일사 구자무具滋武 선생을 찬하다

우뚝한 저 일사 선생
글 짓는 품 뛰어나네.
글씨 진즉 어엿하고
그림 이미 으뜸일세.
세인들이 감탄하여
三絶로만 일컫지만
꿋꿋함이 무쌍하니
四絶됨이 마땅하리.

- 2011년 1월 중순 -

一史 具滋武의 〈虛心高節〉 部分

白溪先生贊

風韻畵伯

焉用縻縶

具象抽象

白描絶世

백계 정탁영鄭晫永 선생을 찬하다

풍류와 운치의 화백이라
어디 매이는 바 있으랴.
구상화와 추상화, 백묘가
한 시대에 빼어나네.

- 2011년 11월 6일 -

白溪 鄭晫永의 〈文房清供〉 - 저자 소장

寶山先生贊

悅躬諄誨

高弟金藪

憙覃諧謔

莞箸玉藕

보산 김진악金鎭嶽 선생을 찬하다

어위큰 가르침 기쁘게 궁행하사
빼어난 제자들 황금숲을 이뤘네
익살 골계 신명나게 밝히시나니
고운 저서들이 연뿌리로 남았네.

- 2011년 12월 17일 -

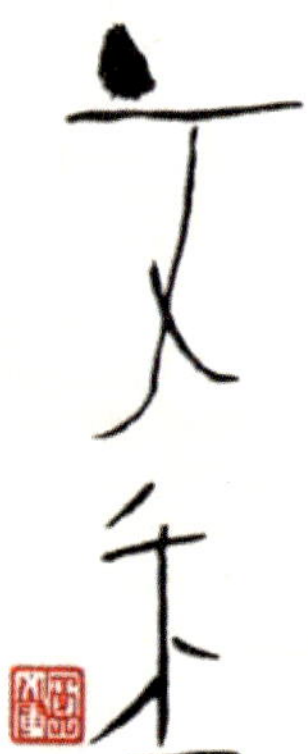

寶山 金鎭嶽의 書藝

何石大雅贊

何石何宣

偉書家乎

大手筆諸

未可名呼

하석 박원규朴元圭 선생을 찬하다

선생을 무어라 기릴까
훌륭한 서예가라 할까
출중한 문장가라 할까
이름하여 부를 길 없네.

- 2012년 1월 4일 -

何石 朴元圭 墨의 〈龍〉

[銘]

圖署銘幷序

微四友　畵龍奈得

無印信　點睛豈測

* 存齋 朴允默曾愛硯滴 題水滴詩 升此言 四友當五友 嘉名幷世鳴 於我圖書固然 遂不可去也已.

낙관 도서에 대한 銘과 序

문방사우가 없다면
용 그림을 어이 얻나.
인장낙관이 없다면
눈동자 살릴 길 있나.

- 2011년 8월 -

존재存齋 박윤묵朴允默이 일찍이 연적을 사랑하여 〈수적水滴〉 시를 지었거니, 그 말미에 연적을 올려 말하기를, '문방의 사우는 마땅히 오우五友 되어서 갸륵한 이름 나란히 누리에 울려야만'이라고 했는데, 나에게는 도서圖書가 정녕 그러하다. 끝내 떼어놓을 수 없을 따름이다.

저자 所用의 圖署 - 石軒 林栽右 刻

醉墨銘

醉墨者何

且醉且墨

非但墨也

對酒當墨

藉糟丘無硯池

唯恐貪墨

退筆塚無麴車

抑止繩墨

醉墨에 대한 銘

취묵이란 무엇인가
술 도취야 글씨로 취하는 것.
글씨 쓰기만 아니어니
잔 붙들고 붓 달리는 것.
지게미 언덕에 벼루 연못 없다면
욕망에 더럽혀질세라.
몽당붓 무덤에 술 수레가 없다면
먹줄치기에 그칠레라.

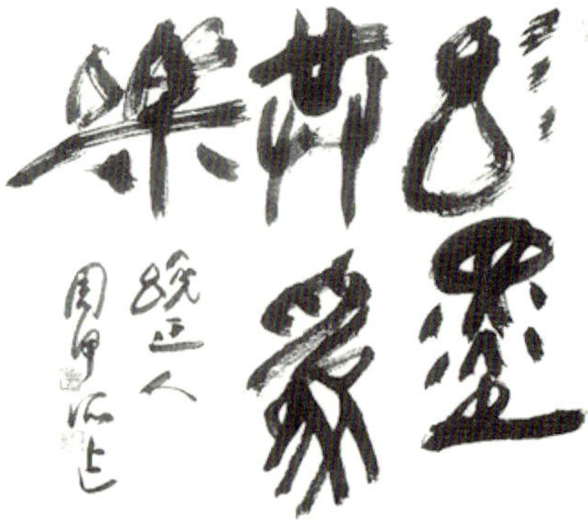

醉墨軒 印永宣 揮灑의 〈酒墨共爲樂〉

02

수필 隨筆

미인 예찬

시원스레 탁 트인 눈!

이것은 일견一見에 알아볼 수 있지는 않다.

하나의 훌륭한 예술품의 진가를 알기 위해 우선하여 경건한 자아自我의 심취心醉는 있어야 하듯, 이 훌륭한 눈의 매력을 짜릿하게 느끼기 위해서는 그 앞에서의 청정淸淨코 순수한 심경 - 그것뿐이다.

이런 마음의 경지에선 눈자위의 선線의 조화는 더욱 세련되어, 보매 어둠에 그늘졌던 심정이 밝게 펴지고, 탁 막혔던 가슴이 시원스러이 열림이라.

그 눈이 한번 웃음을 띠게 될 때 절묘絶妙한 눈의 주름은 또한 번 다시없는 매력을 더하는데, 금상첨화錦上添花 아미蛾眉 수미쌍관首尾雙關의 은근한 자취며 검은 색조色調의 알맞은 조화 - 이에서 풍겨오는 무한한 정취를 아니 느낄 수 있으랴!

코가 또한 절색이라.

그것은 꼭 통쾌미痛快美를 지녔다 할지니 일필휘지一筆揮之로 대담하게 흘러 그린듯한 콧마루의 선은 하나의 훌륭한 다른 아름다움을 이루었으나 예쁘지 아니하되 아름답고, 예리하지 아니하나 담대하니 당대에 이토록 상쾌함을 지닌 여인 누구 다시 있을까.

무릇 이 아름다운 얼굴이 한 번 살며시 웃음 지을 때 어느 결

빰에 고조高調되어 피어나는 붉으스레 고운 빛, 이른바 홍안紅顔 그것이다.

이제 늘씬한 몸매는 이루어 이 모든 것을 심화深化시켜 미의 절정, 미의 극치에로 이르게 하나니 절세미인, 천하절색이란 이 여인 위한 칭사稱辭가 아니고 무엇이겠는가.

- 1971년 5월 12일, 배재고 3년 시절 作 -

梅萱 정성희의 〈不同群圖〉

세대의 이상異狀

현세에 사는 우리가 일상 느끼고 있는 하나의 큰 지론이 있다면 그것은 세대간 차이에서 오는 관념상의 갈등이라 할 것이다.

사실 세대의 뚜렷한 한계를 일률적으로 단정지을 수는 없으되, 시대의 두 대변자 사이에 있어서의 보이지 않는 대립이 이미 정립되어 있음이다. 그것은 애초에 작정된 것이 아니라 은연중 성립된바, 노골적이 아닌 은근성을 내포한 채 생활 속에 자리해 있는 것이다. 아마 그들을 일러 구세대와 신세대라 하여 좋을 것이다. 각자는 상대를 서로 비난하고 반대한다.

전자는 후자를 책하여 이르되, 아무리 시대풍조가 옛날과 판이하게 급변한 지금이라 하나, 소위 유행의 조류에 어김없는 젊은이들의 난행, 추태, 방종하며 심지어는 미풍예의를 무시하고 앙롱仰弄, 무례함을 예사로 남발함은 오히려 말세가 아니랴 한다. 후자는 구세대를 탓하여 말하되, 각주구검하는 구인舊人들의 심사는 도무지 약진하는 문화현실을 이해 못하고 또 고지식한 성정은 이해하는 관용조차도 베풀지 않더니, 결국 그나마의 간곡한 의사마저도 불통하여 오히려 원분怨憤을 사는 경우마저 있으니 이제는 아주 그 고루함에 지쳐서 다만 체념할 뿐 우리들만의 정상적인 삶만을 이끌 뿐이라고….

한 편이 다른 한 쪽을 부정했으니 결국 간접적으로 그대로 자신의 정당함을 뜻하겠으나, 그러기에는 어딘지 정당한 것 같던

자에게도 개운치 못한 여운이 아직 있는 것같다. 곧 어딘가의 자가모순이 감지되는 것이다.

물론 각인의 이론이 극히 지당하다 하겠으나 중용의 관점으로 볼 역시 저마다의 과오를 범하고 있는 것이다.

어느 날 아버님과 함께 한 친구분이 찾아오셨다. 중령의 군인직에 계시는 그분은 나를 보자 대뜸 세대차이에 관한 말씀을 하셨다. 처음에는 흥미를 가지고 - 후론자이기를 기대하며 - 귀를 기울였으나 자유분방한 학생 현실에 대한 공박임을 알자 그 흥미는 곧 깨지고 말았다. 결국 아버님의 동지요, 호응자였던 것이다. 온통 구식이 독장獨場치던 판국인지라 별 실감은 없었으나 그분의 말씀에 일면 공감하지 않을 수는 없었다. 결코 부인 못할 사실임을 나 자신 평상 생활에서 너무나 잘 실감하고 있기 때문이다. 그 완고한 구사상 때문에도 수많은 시련을 겪어야 한 자아이기도 했지만….

차분히 돌아보되, 구대의 관념 그대로 금과옥조金科玉條인양 오인하여 변통성 없는 소견으로 시대의 정열들을 질책, 징계하려는 교주고슬膠柱鼓瑟한 구론자도 문제이려니와, 추호의 자제조차 돌보지 않고 외람된 언사와 망발된 행동으로 무조건 앞 세대에 반발하고 신식을 빙자하여 난속亂俗하는 젊은층이나 그 어느 것도 환영할 존재는 못된다.

- 1971년 11월 1일, 배재고 3년 시절 作 -

학술 예찬

- 운전면허 취득의 반대에 부딪혀 쓴 글 -

대저 이 세상 만물지사에 심려와 우환을 수반치 아니하는 호사好事는 없으리라. 우려를 두려워 한 다음에야 만휘萬彙 가운데 단 하나도 손댈 만한 것이 없다. 이후에 환란을 근심호대 혹 사고의 가능성을 무시할 수 없는 일 등속等屬엔 애당초 시도 감행함이 부당타 하여 징계해 마지않는 일부 청년의 부모 된 이들의 심태心態는 소심에서 기인하는 은연중의 과오라.

이렇듯 한 소려대실小慮大失을 범함은 예컨대 익사溺死를 우려하여 성하지염盛夏之炎을 억지 감내할지언정 강해江海를 삼감이요, 낙상落傷이 미혹하여 일체의 등고登高를 금함이요, 엄동설한에 연탄가스 중독을 의심하여 신고절치辛苦切齒를 감수하되 끝내 연화煙火 불가론을 고집하는 등의 편견과 다를 바가 별반 없으니, 그들의 청년들에 뒷날 원망의 대상은 과연 누구에게로 돌려질 것인가.

방장方將 이십이면 나름의 판단이 분명하여 성인의 의사에 미침에 거의 부족됨이 없다 하리니, 대체로 그 연령을 넘어간즉슨 이미 미성년의 어딘가 유치한 경지를 탈피하였다 인정하여 선거권도 주는 등 사회가 성년의 지위를 공공연하게 부여함이 바로 그것이다.

이로 볼진댄 학문·기술·예술 여하를 불문하고 생활에 유익함이 되는즉 일찍 배움이 선善타 하였으니, 방芳 이십 청춘이 학습에 뜻 두고 몰두하는 모습은 용호龍虎 제 천지를 만난 양 패기 충천함이 비할 바 없는 듯하고, 바야흐로 개화 직전의 터져날 듯 잔뜩 몽오리 진 싱싱한 한 송이 미화美花 춘우春雨를 만난 듯하니, 이 시기야말로 다시없는 전성기요 황금기가 아니랴.

자식을 아끼지 아니하는 부모 없고, 남편을 걱정하지 아니하는 아내 없고, 자신을 위하지 아니하는 인사人士 없으며, 나아가 현대공학이 초래해낸 바 집안이나 이웃, 혹은 제삼자의 사고 광경을 몸소 보아 실감하지 않은 사람 아마도 없은즉, 거기서 기인되는 변고의 우려가 없다고 누구도 장담 못할지나, 문밖을 나선즉 이건 무슨 기가 막힌 풍경이랴!

현대는 이미 촌분일각寸分一刻을 달리하며 부단한 기세로 매진해 나가고 있는 완벽한 기계문명의 시대임을 그 누구라도 십분 절감하는 엄연한 현실이다. 이 자동화와 기계화 사회의 조류가 기왕 안전眼前에 닥친 바이거늘 이 사회에 발 디뎌 살고 있는 사람으로선 이것을 외면하고 회피할 수만은 없음이다. 그보다 최소한의 적응이 절실히 요구되는 바, 하물며 가장 젊음 창창하고 혈기 왕성하며 한창 정열적 의욕에 넘쳐흐르는 갓 스물 청년에 있어서랴.

이제, 사리事理를 똑바로 숙고함이 없이 목전의 안일무사만을 생각하며 판단하는 인순고식因循姑息한 사고방식은 고금을 막론하고 환영할 만한 일이 못되니, 원컨대 그러한 사유자는 생각을 심오히 하라.

배움의 조건에 별 나무람 없음에도, 자칫 유발될 지도 모른다

하는 위태의 소지를 핑계경 삼아 청년의 헌앙軒昂한 뜻을 제압코 필경 그들로 다양한 분야의 학술에 두루 빈약, 무기력하게 하여 교양 및 상식에 후진하는 백면서생白面書生의 딱한 신세를 면치 못하도록 할건가.

그러나 보라, 재능 있는 청년의 거리낌 없어 경쾌한 기상 넘치는 대견스런 모습을! 쾌인쾌사快人快事, 차此 일언一言이 제격이지 아니한가. 요는 현실을 상대한 과감한 도전이요 매사에 대한 각별한 각오인 것이니, 저 유명한 철혈재상鐵血宰相 비스마르크의 금언金言 일절을 상기하라.

'앞에 무슨 일이 생길까 묻지 마라! 오로지 전진하라! 대담하게 너의 운명에 부딪히라!'

- 1972년 7월 21일, 대학 1년 시절 作 -

음악의 감동

樂 중의 樂

세상에는 그야말로 무수히 즐겁다 할 낙樂들이 허다하다. 물론 인간이 겪는 인생고 또한 적진 않지만 그에 못지 않게 인생이 누릴 수 있는 바의 즐거움 또한 측량할 수 없으리만치 부지기수이다.

무릇 낙樂에 관해 얘기하자면 미뢰味蕾를 자극하여 천상의 맛을 탐하는 식도락食道樂, 금슬琴瑟이 상화相和하는 아기자기의 부부지락夫婦之樂, 지기知己의 벗이거나 혹은 절세의 미희美姬와 더불어 술잔을 나누는 풍류 가객佳客의 흥락興樂, 또는 기쁨과 보람의 독서락讀書樂, 개개의 취미 오락 등등… 이루 다 매거枚擧할 겨를조차 없이 수많은 낙사樂事들이 있다.

그런데 이 모든 낙들이 세속의 생활에 시달리는 우리 인생들에겐 더할 나위없는 좋은 위안이 되고 청량제의 구실을 한다 함은 재언할 나위도 없거니와, 그 가운데도 으뜸가는 취락趣樂은 무엇이라 할까?

가장 뜻조차 깊고 고상하려니와 모름지기 음音이 지닌 생명의 악樂 곧 음악音樂과 독서락讀書樂을 겸한 이른바 금서琴書의 낙樂이라 이를 것이다. 대개의 즐거움들이 가지는 바 관능적인 쾌락성 위에 일진보一進步하여 심혼心魂과 생활의 활력소가 되고 양식이 되는 것이 곧 이 아닐 것인가.

독서의 즐거움과 보람에 대해 어찌 여기서 새삼 부언復言할 것인가. 다만 촌지寸紙의 여백을 빌어 음악에 관련된 몇 마디에 그치고 말 일이다.

음악은 육성 및 악기에 의존되어진, 음音이라는 매개를 빌어 청각을 통해 인간의 감정에 호소되는 추상적인 예술이다. 그리하여 음악은 공기 속에 부유浮游하는 시가詩歌라고 하였다.

음악을 듣는 데는 무엇보다 즐거움이 위주다. 그러므로 심정에 아무런 즐거운 감동이 우러나지 않을 때 음악을 듣는 의미가 사라진다. 이러한 '즐거움'은 지적인 면보다는 정적인 그것에 더욱 강렬하게 호소된다.

음악이 갖는 위력, 이는 은근한 가운데 대단한 힘을 지니고 있다. 인간의 희비애환喜悲哀歡의 감정에 낱낱이 파고들 수 있는 것은 음악의 위대한 능력이다. 음악이 생겨난 이후, 그 역사의 주변에 산재해 있는 인물에 얽힌 감동어린 장면에 대한 에피소드는 찾을수록 많다.

음악은 맹수라도 달래는 힘이 있다고 한다. 대체로 음악을 전체로서 통찰하되, 유연한 여성적인 것이라면, 이가 소위 유柔한 것으로 능히 강剛을 이겨낸다는 한 비결일는지도 모를 일이다.

감상에의 실전

음악을 어떤 방법으로 감상해야 최선일 것인가 하는데 대해 일률적인 단안斷案이나 규정을 내릴 수는 없을 것이다. 단지 여기서 언급될 수 있는 부분은 그를 위한 한 종류의 제시 내지는 방편에 불과할 뿐으로, 차후는 감상자 개개의 의사와 취향에 의거하여 수임遂任될 일이다.

클래식 음악에 전혀 초행인 사람은 우선 대중화되어 우리 귀에 익은 간단한 소품에서 출발하여, 표제가 있고 길지 않은 관현악곡을 널리 섭득攝得해야 할 것이다. 이러한 것들은 대개 제목을 붙여서 그 내용을 표현하거나 묘사한다. 무릇 낭만파 이후에 성행된 표제음악表題音樂에 해당되니, 음악감상의 ABC라 할 수 있어 대체로 용이하게 이해할 수 있는 것들이다. 이 과정을 거쳐 제목 없이 형식미에 중점을 둔 음악인 교향곡, 협주곡, 소나타, 피아노 3중주 등등의 단계에 들어서면 무난하다. 이를 절대음악絶對音樂이라고도 부른다. 이때는 낭만성이 풍부한 베토벤에서부터 바그너, 베르디에 이르기까지의 낭만파의 것을 우선 감상함이 효과적일 것이다. 바흐나 헨델같은 고전파 음악가들이 지니고 있는 대위법對位法 위주의 딱딱한 단순음單純音보다는, 요한 시트라우스의 경쾌한 왈츠나 쇼팽의 정감적인 음악이 인간 내부의 심성에 더 잘 화응和應될 수 있음을 본다.

브람스의 교향곡을 듣는 도중 이해하기 어려워 싫증날 때는 꾸준한 주의를 기울여 그 안에서 미감이 탐색되어 참 유열이 느껴질 때까지 반복하여 경청할 일이다. 반복은 모든 학문이나 여타의 예술과 마찬가지로 중요한 것이니, 예술로서의 클래식을 이해하는 과정에 있어서도 애씀의 노력을 아끼지 말아야 한다.

낭만파의 곡들이 즐겁다하여 마냥 그에 국한해선 곤란하다. 거슬러는 고전파 및 바로크음악, 아래로는 현대음악에 이르기까지 아울러 관심을 기울여야 한다. 음악 애호에 있어서도 편파란

과히 바람직하지 못한 까닭이다.

다음으로 감상을 위해 더 큰 효과를 부여할 수 있는 또 한 방법은 사전事前에 해당 곡에 대한 배경을 고찰해 봄이 요구된다. 작곡자 및 작품의 배후에 얽힌 일화를 앎으로 해서 훨씬 내용에 친근해질 수 있다. 그럴 뿐 아니라 직접 작곡가의 심경에 몰입·동화한 채 더욱 큰 실감으로 음향에 감응할 좋은 계기를 마련해 주는 경우가 많기 때문이다. 이를테면 쇼팽의 피아노 협주곡을 들을 때 무작정하고 듣느니 보다는, 당시 그의 청춘의 연인인 소프라노 가수 콘스탄치아와의 간절한 사랑의 애달픈 사연 내지 조국을 떠날 무렵 우수에 찬 그의 심정을 충분히 염두하고 이 곡을 대한다면 그 느낌도 같을 수 없으리라. 사뭇 천양지차일 것이다.

사전 답사에 있어 악곡 형식 및 이론을 더욱 세부적으로 이해하고, 음악사 및 그 계보를 전반적으로 통찰할 수 있다면 가히 금상첨화錦上添花가 될 것이다. 하지만 자칫 이론에 너무 치중한 나머지 악곡의 감상을 주제theme 잡기나 무슨 재현부再現部 발견 등 분석적인 방향으로만 접할 시에 이미 음악의 자체가 가진 아름다움을 손상하고 놓칠 우려가 따른다. 음악은 역시 문자 그대로 '즐거움'이 위주, 곧 마음의 열락悅樂이 그 목적이라면 목적이 된다. 음악이 지적인 면보다는 정적인 쪽에 가깝다는 소이가 여기에 있다.

세계의 유명한 연주가들을 잘 기억해 둠으로 해서 주자奏者 나름대로의 기발한 특징과 멋을 발견해 나가면서 감상하는 것도 흥미 있는 감상법의 하나가 된다. 혹여 여력이 있어 자신이 직접

연주에 참여하는 일은 악곡에 대해 보다 세밀한 안목이 생겨 효율적인 감상을 위해 큰 보탬이 되리라 함은 췌언할 필요가 없다.

모든 다른 이해를 위한 분야에서도 다를 바 없겠지만 음악은 특히 정돈된 분위기 속에서 평가가 가능하다. 분위기는 곧 영혼의 환경이라 할 '기분'에 직접적인 영향을 주는 근거가 된다. 어수선하고 뒤숭숭한 처소에서 어찌 끝없이 깊이 있고 오묘한 음악의 세계에 심취하면서 정신의 정화Catharsis를 얻을 것을 기대할 수 있을까 보랴.

듣고 싶은 충동이 일 때 조용히 허심탄회한 심정으로 그 앞에 좌정하라. 생명의 리듬이 귓전을 가냘프게, 온후하게, 혹은 우렁차게 흔들어 줄 것이다.

연속으로 펼쳐지는 음音의 변화에 바짝 주의를 기울이라! 높은 감각을 통해 우리의 심금 속에, 또 정념 속에 깊이 파고들어 문득 황홀경을 배회하고 있는 자아의 발견과 함께 생의 환희가 다가오리라. 월설화月雪花가 한 눈에 보이는 그 경지에선 말이다.

- 1972년 가을 作 -

무지개 우감偶感

엊그제 비 개인 잿빛 장천長天에 무지개 섰다.

그것이 저녁노을보다 반드시 아름답대서가 아니라 저녁노을도곤 더욱 희귀하게나 맞이해 볼 수 있는 소중한 진경珍景임이다.

그림책에서만 무지개를 대했던 세 살 난 딸애를 공중에 높이 치켜 들리고 위편을 보라면서 "저게 무지개야!" 했더니 그녀가 새로운 경이로 바라보았다.

하지만 무지개는 그대로 한 순간 환상의 덧없는 빛깔이었고, 그렇게 끼쳐주는 안타까움과 그다지 남겨주는 아쉬움 때문에 더욱 큰 귀빈으로 환영받는 줄 알았다. 이윽히 무지개가 사라졌을 때, "우리 집에 왔던 무지개 어데 갔어?" 하고 묻던 그녀는 그 고운 무지개 빛과 짝하고 경염競艷할 만한 천진의 빛깔이었다. 그것은 이미 무지개에 관해 무지無知해져 버려 묻는 내게, '햇빛이 공중에 떠 있는 수증기를 통과할 때 공기 굴절의 차이로 나타나는 프리즘 현상'이라고 일러주던 그녀 엄마의 말씨보다 한층 뇌리에 선연한 일언이 되었다. '하늘의 무지개를 바라보면 가슴은 뛴다'고 멋지게 고백했던 워즈워드의 그 다음 난구難句, '아이는 어른의 아버지'란 오래 간직돼 온 그 의혹마저 잠깐 홍로紅爐에 점설點雪인양 씻기는 듯하던 순간이 있었다.

이제곰 가만히 생각자니 싸늘한 콘크리트 벽, 진애塵埃의 도시 위로 찾아드는 귀중한 천연天然의 길손들이 있음을 깨달았다.

일락서산日落西山 해 저무는 하늘을 곱게 물들이는 석양의 낙조落照와 우후雨後 영롱한 무지개, 초동初冬의 잿빛 천공을 설레이는 난분분亂紛紛의 초설이며 또 수평선 저 너머 떼로 피어오르는 흰 구름…. 이들은 메뚜기와 꽃나비 대신 바퀴벌레나 나방과 함께 살아야 하는 도시인들에게 더없이 값지고 눈부시며 또 눈물나게 고마운 존재가 아니랴. 이들은 우리 앞에 무한한 친근감과 반가움을 안겨다 주거니. 설레임과 안식으로 다가오나니.

옛적 윤선도는 수水·석石·송松·죽竹·월月을 벗으로 사랑하였다지만 그것은 '어쩐지 좋다'든가 '막연히 좋다' 같은 것이 아니요, 알고 보면 모두 그것들이 지닌 일정한 의미의 도의적道義的 속성에 연유된 때문이었다. 또 항상 주위에 벌열해 있어 아무 때나 대해지고 대할 수 있는 벗인지라 거기 어디 설레임 같은 정감 등을 기대해 볼 수나 있으랴! 해와 달의 운행이 조출하는 일식·월식의 거창한 자연 현상이 비록 세상의 보기 드문 구경거리라 하나 그것마저 기약된 과학적 현상일 뿐, 그 역시 아무런 설렘도 낭만의 뜻도 가져다주지는 못한다.

그러나 예고도 하지 않고 지친 세월의 한 언저리에 느닷없이 찾아와 문득 무심을 일깨우는 무지개와 양떼구름, 저녁놀이야말로 오랜 벗 만난 유연油然한 기쁨을 선사해 주는 고귀한 길손이 아닐 수 없다.

- 1981년 여름 作 -

추야작우인사회秋夜酌友人乍廻

무릇 인간사 만남의 허다한 종별, 제반의 양상을 두루 생각하여 보건대, 그 가운데는 또한 별 흔쾌롭지 못한 형상의 만남이 없을 수 있을 것이랴. 극단적 일례를 들자면 전혀 불의 중에 닥친 이른바 '원수는 외나무다리에서 만난다' 식의 만남이라든가, 옛 초패왕과 한왕 유방이 연출했던 위기의 홍문연鴻門宴 만남 같은 것은 다만 유·불쾌의 문제에 그칠 뿐 아니라 차라리 아슬아슬한 전율감마저도 불러일으키는, 그야말로 숙명적 만남의 극적 패러독스가 아닐 수 없다.

그러나 나는 예서 이러한 종류의 부정적인 만남을 생각하고 싶은 마음이 전혀 없다. 만남엔 이해관계 따윈 온통 무시된 순수의 것이 최상이다. 통상 '만남'이라고 하는 양개자兩箇字 앞에 우선 느끼어 오는 정서란 내 경우 다름 아닌 소년다운 정서이다. 살포시 들뜬 흥분 상태와 잠깐 가눠 보기 어려운 가슴 설레임같은 것이다. 이는 본래 낙천적이고도 다정다감한 내 성정의 탓 뿐만은 아닐 테요, 어쩌면 만남에 대한 만인 공유의 보편적 사유쯤 되리라.

이 정도는 애당초 인위적인 서로간 약속에 따른 경우로 되겠거니와, 하물며 전혀 사전에 아무런 기약도 없고 오로지 우연의 위대한 힘만이 끼쳐 베푸시는 불기이회不期而會, 이른바 평수상봉萍水相逢의 자연적 만남 앞에 문득 엄습하는 정서는 차라리 놀라운 감격이다.

만남을 애기할 때 자아自我와의 만남같이 형이상학적인 형태의 것도 상상할 수 없지 않다. 그러나 보편적으로 말하여 대개 만남이란 행위가 성립되기 위해서 전제로 되는 필수불가결의 요건은 나 이외의 다른 상대, 대상인 것이다. 우리는 대상이 없는 만남을 상상할 수 없다. 보다 사변思辨을 가한다면 만남이란 첫째, 둘 또는 그 이상의 존재가 같은 시간대 안에서, 둘째, 광대무변한 우주간의 위도와 경도가 합치되는 지점인 동일 궤적 안에 공속共屬해 있는 현상을 이름한다. 이 세상 어떤 형태의 인연도 최초에는 모두 이러한 시공의 일치 위에서 시작된다.

건강한 사제지간이거나 순결한 남녀 사이의 결합은 모두 거룩한 형태의 만남이다. 그런데 어쩌면 우리네 인생이 겪는바 모든 만남은 어떤 숙명적 '연緣'에 의해 이루어지는 것일는지도 모르겠다. 아기의 새로운 탄생은 바로 그를 낳은 부모와의 신성한 첫 만남이다. 그러나 부모와 자식간의 만남이야말로 애당초 선택의 여지가 전혀 없는 숙명적인 만남의 전형이다. 우리네 인간이 맺고 있는 모든 유대는 언뜻 보면 모두 우리의 임의에 따른 결정과 선택에 의함인 듯하여도, 어쩌면 일체가 운명적 힘의 용사用事 아닌 것이 없을 듯싶다.

이러한 숙명적 만남의 뒤엔 필경 그것이 숙명적인 이별을 수반한다는 사실의 느닷없는 각성 앞에, 잠시 만남의 연상으로 설레던 기쁨을 또 다시 숙연하고 추창惆悵케 만든다. '사랑도 사람의 일이라 만날 때에 미리 떠날 것을 염려하'는 한용운의 심사가 실감 있게 다가오는 순간이다.

만남과 이별의 양자兩者는 영원한 교호交互와 연쇄의 불가분한 상관관계일는지도 모르겠다. 이별이 만남을 반드시 기약함은 아니로되, 만남의 끝엔 필연적으로 이별을 당하지 않을 수 없다는 영구불변의 회피할 길 없는 진실이 있다. 불가佛家에서 만나는 자 반드시 이별이 있기 마련이라는 이른바 회자정리會者定離란 한 마디 요체는 있으되, 반대로 이자정회離者定會란 말은 아직까지 귓전에 설다. 하지만 그 만남이 이별 때문에 더욱 가치있게 되고, 이별을 당하는 영혼이 어쩌다 승화의 경지를 체험하는 것인지도 또한 알 수 없는 일이다.

얼마 전 나는 10년을 서로 만나며 따르는 벗의 비감한 입산수학으로 수월數月을 얼굴 한 번 못보고 몇 백 리 상거相距의 분수分手를 겪은 일이 있었다.

그 벗이 어느 가을날 저녁 나를 찾아 왔다. 실로 오랜만에 만난 우리는 그 밤 영등포永登浦의 예전 그 정 깊은 주사酒肆에서 기꺼운 술잔을 기울였다. 그 순간이 나는 겨워 직후 침음沈吟에 빠지고 한 편의 시작詩作을 제출製出하기에 이르렀다. 하였으되,

秋夜酌友人乍廻 — 가을 밤 잠시 돌아온 벗에게 술잔을 권하며

故人乍廻秋思古　其間情懷香酤愈
驩且交悲宵將闌　外簷不覺浥塵雨

오랜 친구 잠깐 찾아와 옛시절 생각나는 가을인데
그간의 그리운 회포가 향그런 술잔 위에 무르렀네.

즐거움이 곧 헤질 슬픔 한데 설켜 밤은 늦어가는데
몰랐고나, 문 바깥엔 티끌 적시우는 비 내렸는 줄을.

문득 완성하고 짐짓 고인의 시부詩賦를 들춰보니 별리의 정한을 노래한 정화精華는 많아도 만남의 기쁨을 구가한 문원文苑의 성과란 정작 찾아보기 어려웠다. 이로써 애한이 유열愉悅보다, 비수悲愁가 환희보다 더 짙고 여운있는 정서인 줄 알았다. 하지만 또한 저 『삼국지』의 영웅이자 횡삭시인橫槊詩人 조조가 '위환爲歡은 기하幾何'로 설워했고, 시선詩仙 이백이 그러니 아끼자던 그 즐거움을 문학들은 어찌 잘 잡아두지 못했더란 말인가?

그렇게 드물고 귀한 만남의 즐거움을 향유한 데 이르러서 문향文香으로 오래 전하지 못하였음은 자못 유감으로 남았지만, 그것은 더 이상 문제삼을 바 아니다. 만남이 아무리 그 속에 쓰린 법칙을 머금고 있다 하여도, 진정한 만남은 오랜 별리를 참고 기다린 보람의 정수이기에 기쁨 또한 큰 것이다.

만남 - 그것은 인간이 만들고 누릴 수 있는 가장 소중한 기회가 아니랴!

- 1981년 가을 作 -

稻村 辛永卜의 〈觀瀑圖〉 - 저자 소장

누이의 하늘 빛 3조照

❖ 정작 중요한 내 가는 생의 기록들을 놓치는 것, 그를 저번 또 이번 때때마다의 자각으로 떠올리는 순간보다 안타까움일 수 있으랴!

어제는 내 누이 때문에 뜻있는 날 기억되다. 이제는 내 딸의 고모된 이름도 함께 생긴 내 단 하나 누이.

그녀가 날 찾는 세월의 어느 언저리들….

거치른 우리 가족 중에 오직 사람인 내 누이. 언제나 그녀와 내가 얼굴을 활짝 펴고 밝게 웃을 수 있을까.

어제 함께 방배동 처가에 갔으나, 그 저녁 둘러앉아 웃으면서 저녁 먹는 그 하늘 저 편 황혼 빛이 서러웠다.

그 누이가 바로 내 옆, 그 순간만큼은 다시 바로 내 옆 앉아있기로 더더욱 서글펐다. 예전에 누이와 한집 살았을 때도 그만한 황혼에 그만한 가까이로 앉아있던 날 무수히 많았으리라.

그런데 어인 세월의 흐름 속에는 그 옛날 어느 생각 어느 꿈 가운데도 없던 낯선 이지異地의 하늘 아래 이렇게 만나 쓸쓸한 웃음 짓고 있는가!

❖ 한강성심병원 옆 너른 주차장. 초저녁의 찬바람이 분다. 나는 누이를 떠나보내기 위해 따라 내리었다. 그녀, 가련한 누이는 또 내 곁을 떠나서 가야만 한다. 간다. 황급히 그녀에게 용돈하

라며 얼마 넌지시 쥐어줬을 때는 가슴이 아팠다. 그녀는 자주 갈께… 하며 저쪽 길을 따라 걸어갔다. 멀어가는 뒷모습 지켜보는 감상에 젖을 겨를도 없이 차를 어느 쪽에 대라고 재촉하시는 이모부 모습이 차창 뒤로 보였다.

❖ 뜨거운 한 낮, 1시 반쯤 그녀가 내 자유로이 누웠는 마루까지 다가와 있었다. 작별할 때는 7시 40분경 하였다. 내려주고 출발하는 순간 뒷 차창을 통해 보이던 누이의 옷 빛깔과 몸짓, 그 뒤의 날빛. 그 짧은 찰나 애잔으로 부딪혀왔다. 가슴 찡하니 애련哀憐이었다.

- 1983년 作 -

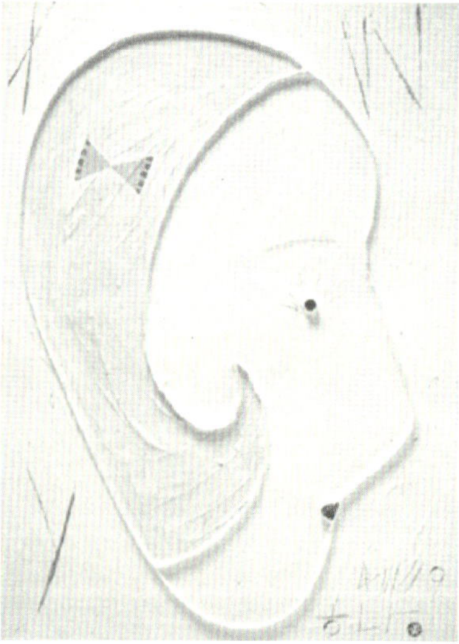

황창배의 〈무제〉

진정한 의미의 애국

6월의 어느 날에 애국이란 가장 소박하고 가까운 데 있음을 깨달았다. 알기 쉽게 '사랑'이란 것을 생각해 본다. 사랑이란 함께 지낼 적엔 그 절실함을 잘 모르는 것이지만 이별하는 순간에, 서로 멀리 떨어졌을 때, 그 사랑과 사랑 아님, 그 옅고 짙음을 확인하고 절감할 수 있는 것이 아닌가.

나라가 여기서 다르랴.

나라… 그것을 빼앗겨서 호된 설움 당하지 않은 다음에야 이 나라, 혹은 애국이라는 개념은 막연히 저 피안의 전설처럼 무감하게 들리기 쉬운 것이다.

하지만 그것은 너무도 크고 막연하여 그러려니와, 혹 이렇게 비유해 말한다면 가장 절실하게 와 닿고 말리라.

우리의 가정이 있다. '나라'라는 것은 다름 아니라 이 가정이 여럿 모인 집합체, 그렇게 모여서 된 것 이외에 다른 무엇 아니니까…. 조선왕조 건국의 초기에 왕권 및 중앙집권체제의 강화를 위한 복안腹案으로서 무엇보다 우선 가정에 있어 가부장의 권한을 팽대시킬 수밖에 없었던 한 예만 보아도 그 원리를 알 수 있는 것이다.

그런데 이 우리의 평화롭고 안온한 집에 강도나 도둑이 함부로 침입해 들어와 제멋대로 주인 행세를 한다고 생각해 보라! 떠억하니 아랫목에 앉아 주인을 부리고, 나의 재산을 마음대로 약취

掠取한다고 상상해 보라.

나라를 잃었다는 것은 이런 것이다. 강도가 내 집에 들어와 날뛰며 주인 행세 하는 것이다.

그런데도 우리는 집에 이런 일이 생긴 것은 끔찍하고 소름끼치는 공포의 일로 느끼면서, 나라를 잃은 그 참혹함에 대해서는 그저 막연한 추상과 관념으로 치지도외置之度外하여 버린다. 그저 아니 좋은 것, 어느 만큼 불편한 일이려니 생각하고 넘어갈 뿐이다.

월남月南 이상재李商在 선생의 일화이던가? 그 며느리가 집의 재봉틀을 잃어버리고 우는 모양을 보고, '어허? 나라를 잃었을 때는 울지 않더니 틀을 잃으매 우는구나!' 하던 것과 같은 경우이다.

그 옛날 일제강점기의 향수를 저버리지 못하는 어떤 이들이 있다고 한다면 이는 제 가정을 무참히 짓밟았던 옛 강도를 못 잊어 사모하는 격이다.

이런 일들을 생각하노라 보면 나는 다시 '힘'에 대해 떠올리게 된다. 한 집안이든 나라든, 또 개인의 경우도 마찬가지. 꿋꿋이 자기의 자존심을 버텨나가고자 하면 어떠한 종류의 힘이 없이는 아니 된다. 허약하면 못된 남에게 능멸 당하고 짓밟히게 된다. 삼국시대 전성기에 고구려의 지혜로운 용맹과, 신라다운 용기 있는 지혜의 힘 같은 것은 족히 선망해 볼만한 일이다.

나라를 생각하는 마음은 단상에서 부르짖는 헤번드르한 웅변 속에 있는 것이 아니다. 내 가정이 소중하여 보호하고 아끼지 않으면 아니 됨과 같은, 그런 소박한 마음속에 깃들인 것이다.

- 1987년 3월 作 -

한恨의 조건

우리 민족을 한恨의 민족이라고 한다. 아마 전통 시대 조선왕조 오백년의 기나긴 파장波長의 시간을 통해 오래 굳어진 여운과 인상印象의 탓으로 그렇게 수긍되는 듯도 싶다.

그런데 새삼 또 생각호대 무릇 '한恨'이란 무엇인가? 국어사전에서는 '몹시 원망스럽고 억울하거나 안타깝고 슬퍼 응어리진 마음'이라 정의하여 있다. 어느 인간이 내부에 발생된 감정 상태 즉 욕구를 밖으로 발산해 버리지 못하였을 때 쌓이는 울분, 그것을 요즈음에 흔히 쓰는 말로 스트레스라 부를 수 있을 법하다. 이럴 때 어느 방면에 대한 고정적인 울분 곧 스트레스가 오래 쌓인 것이 바로 한인가 한다. 오랜 시간 축적되고 응축된 울분의 덩어리, 그것이 장구長久한 시간 속에 엉기어 붙은 뿌리인 것이다. 사전에서 '응어리진 마음'이라고 한 바로 그 응어리, 마음 속에 깊이 박혀 있는 관념체인 것이다. 그리하여 일시적으로 생겨났다 잊혀지거나 풀헤친 울분까지 한恨이라고 부르지는 않는다.

또 하지만, 그 욕망하는 바 목표가 어떠한 것이든 관계 없이 아무러나 오랜 시류時流 속에 응고된 감정이면 모두 한이라 하겠는가? 거듭 이에도 그렇게 부르기 어려운 국면이 있다. 이를테면 정의正義롭지 못한 욕구, 제 실정과 분수에 터무니없는 기대를 걸어놓고 그것을 오랫동안 차지하지 못하고 이루지 못했다하여 '한스럽다!' 한다면 저소詆笑를 면하기 어렵다. 도둑이 저 큰 저택

안에 있는 보물을 오래전부터 훔쳐내려 했으나 번번이 실패를 거듭했다든지, 한 무뢰한이 용납될 수 없는 상대를 정복해보려는 흑심을 품은 채 아무리 오랜 세월 전전긍긍하였다 해도 그것을 객관자적 입장이 한스러운 일로 수긍해줄 수는 없는 노릇이리라.

다름 아니라 품은 욕망이 가장 소박하고 제일로 인간다운 경우라야 이 정서가 준비된다. 망국한亡國恨, 시집살이 한, 못 먹고 못 배운 한, 망향望鄕의 한들이 대개 그러할 것이다.

- 1990년 무렵 -

변시지의 〈무제〉

산락散落하는 낙엽에

뚝뚝 나뭇가지 떠나는 낙엽을 차마 나는 빈 마음으로 마주하질 못한다. 그렇게 길녘에 버리어진 채 소리 내며 뒹구는 고엽枯葉, 그 애잔한 무리들을 나는 차마 즈려밟아 볼 수가 없다.

어느 해 가을엔들 지는 잎 풍광風光이며, 가랑잎 구르는 소리야 없었으랴. 그래도 스물 몇 살 적의 어느 가을날엔가는 문득 타고 드는 쌀랑한 찬 기운에 소스라쳐 옷깃을 추스릴 뿐이었겠지. 그러나 이제 한 해, 또 한 해 듣는 낙엽은 더 이상 나를 고만한 정도로만 내버려둠이 없이 아예 마음 째 흔들어 버리는 것만 같다.

지금 건듯 바람에 힘없이 밀리는 저 메마른 갈색 잎들도 그 화려한 봄의 영광과 불같은 여름의 성세를 누리던 바로 그 이파리들이요, 일정한 시간의 흐름 뒤에 변하고 만 피폐의 껍데기라는 사실 따위 굳이 생각해내지 않는다고 하자. 그리하여 그 잎새들이 온 세상에, 계절되면 문득 떨어져 내리는 겨울의 눈처럼 어느 가을 홀연 모습을 나타내 보이는 존재쯤으로만 여긴다 해도, 애닯고 쓸쓸키는 매한가지다.

물론, 마른 땅에 뒹굴면서 바람결에 소리하는 그 낙엽마저 다 무너져 내려 천지에 자취를 감추는 날, 아싸리 나뭇가지 헐벗는 매운 계절이 오면 또 이런 허무주의자다운 앳된 탄식 쯤은 어느 때 그랬는가 싶게 사라지겠지. 그같은 탄식 대신 생의 보람을 따지고 삶의 기쁨을 추구하고 있을 일이 뻔하다.

그러나 오늘은, 안전眼前에 그것이 안개처럼 흩날리고 발치에 그것이 꽃처럼 누워있는 오늘만큼은, 정녕 감상적 허무에 묻혀도 보자. 그리하여 그때보다 조금 더 나이 든 나는 어느새 바짝 말라 소리하는 조엽燥葉에서 인생을 발견한다. 소리 없는 삶의 시간을 생각한다.

저 기운 탈진한 목엽木葉이 대자연 속에 존재의 자취도 없이 묻혀버리듯, 사람도 저 광막한 우주의 맥맥脈脈이 연면한 시간의 흐름 속에서 저근덧 한 일백년 쯤 후면 지금 이 지상에 발 붙혀 사는 사람은 아무도 없으리라는 처측悽惻한 상념에 잡히기도 하는 것이다.

그러면서 마음 한구석에 밉기도 하고 곱기도 한 내 안의 센티멘탈한 기운이 아직은 살아있음을 확인하고 적이 위안을 느껴도 보는 것이다.

낙엽은 그 자체로 벌써 뒹구는 시詩의 조각이다.

굳이 애잔한 낙엽의 시까지 읽지 않는대도 그것의 존재 자체가 어느새 사물화된 시의 편린이 아닐 수 없다.

근세의 30년대 김광균이란 시인에겐 폴란드 망명정부의 지폐와도 같이 보여지기도 했던 그 낙엽이다.

프랑스의 상징주의 문학가인 구르몽이 시몬을 부르며 그것을 밟는 발자국 소리가 좋으냐고 물으면서, 우리도 언젠간 가련한 그것 되리라고 안타깝게 하소하던 바의 그 낙엽이다.

하물며 옛 신라 향가 속에 등장하는 월명月明이란 고승에게는 자신과 누이의 생사간 갈림을, 이에저에 떨어지니 같은 가지에 태어났음에도 가는 곳 모르기에, 기가 막힌 허무를 일으켰던 그 낙엽이다.

그리하여 오늘 그것을 고음苦吟하는 내게조차, 인생이 저 시간 따라 산락散落하여 가는 낙엽보다 나을 것이 무언지 알 수 없을 그 같은 우수에 잡힌 채, 11월의 마지막 떨어지며 구르는 낙엽들을 아끼는 것이다.

- 1991년 11월 -

공자와 장자의 만남

어떤 책이 있어, 그것이 누군가의 삶을 바꿔놓을 수 있었다면 그보다 더 굉장하고 대단한 일이 있을 수 있을까?

누군가 나더러 내 인생에 막대한 영향력을 끼치고, 나의 삶의 방식을 변화시킨 책을 추천해 달라고 한다. 이 마당에 가장 진부하게 들릴지 모르겠고, 조금 더 지나치면 식상하다거나 지겹다는 소리까지 들을 일이 뻔하다 할망정, 나는 또다시 『논어論語』를 들지 않을 도리는 없다.

『논어』는 지난 2,500여년 간 거대한 동방의 문화권에서 차고 넘칠 만큼의 검증을 받은 언어들이다. 공자 돌아간 뒤, 그의 제자들이 한 자리에 추려낸 공자 생전의 에센스 언행들이다. 가장 평범한 것처럼 보이는 속에, 인생에 대한 진리가 새록새록 우러나는 금쪽과 같은 메시지들이다.

『논어』는 활용하기에 따라 정치 서적 또는 윤리서로도 될 수 있지만, 궁극적으로는 어질고 현명한 삶을 논하고 밝히는 지성과 교양의 지침서로서 가치를 발한다. 이 책 첫 장 열면서 일러주는 학문에 대한 공자의 가르침이란 게 첫 편 첫 구절부터 뜻밖에 평범하고 싱거운 데 놀란다.

"배우고 때때로 익히면 그야말로 즐겁지 아니하랴?"

그러나 이는 경험한 자만이 비로소 그 의미를 깨닫게되는 묘득妙得의 문자이다. 그런가 하면 결코 별스럽지 않은 중에 좀 더 생각게 만드는 것도 없지는 않다.

"배우기만 하고 생각하지 않으면 어둡고, 생각만 하고 배우지 아니하면 위태하다."

또는 다음 같은 말도 곰곰 수긍을 일으키는 메시지이다.

"부자로서 교만하지 않기는 그나마 쉽지만, 가난하면서 아첨하지 않기란 어렵다."

이러한 말들은 시간과 역사가 흘러가면서 '과연 그 말이 맞아!' 하는 보편적인 공감대 확보 안에서 거듭 음미되어진 내용들이다. 그리하여 무심히 살아가던 삶의 어느 날엔가 다시 접했을 때 문득 제대로의 점두點頭가 이루어지는 격언으로 다가온다. 일언이폐지로 『논어』는 평범 속의 깨우침이 담긴 금언金言들임에 틀림없었다.

하지만 고백건대, 나는 내 삶의 방식을 이 『논어』 한 군데에서만 배워오지 아니하였다. 역시 우리 사는 시대에까지 끼쳐져 있거니, 나의 두뇌에 크나큰 변화를 초래한 바 마침내 숨겨 감출 수 없이 내세울 수밖엔 없는 또 하나의 책이 존재한다. 다름 아닌 『장자莊子』가 그것이니, 여기서 『논어』를 통해 미처 다 추려내기 어려웠던 새로운 사색의 넓이가 발견된다.

장자莊子라는 인물은 세상이 당연하다고 생각하거나 옳다고 믿는 모든 명제에 대해 일단의 제동을 건다. 기존에 당연하다고만 여겼던 모든 판단에 대해 중지를 요구하고, 아울러 전면 재검토를 제안한다. 인간 본위의 제한된 세계관에서 벗어나서, 저 우주 대자연 차원의 보다 거시적인 관점에서 사유해 볼 것을 권유한다. 신선한 사고의 다양화 내지 발상의 전환을 유도한다.

그렇게 유도하는 쪽으로 잘 뒤따랐을 때 안내자는 우리에게 뜻밖의 깨달음을 선사하기도 한다. 그것은 눈 밑의 얼굴을 보는 진실의 재발견이요, 기존에 미처 생각지 못했던 부분까지를 마저 끌어내어 새로이 검토하도록 만드는 사고의 확대이다. 그렇게 읽는 장자의 글은 순간순간 우리의 의표를 찌르는데, 정신이 다 없을 정도이다.

그는 살기를 좋아하고 죽기를 싫어하는 인간의 의지가 맞는 것인지 아닌지 반문하기 위해 시집 안 가겠다며 울던 아가씨의 이야기를 한다. 그녀가 정작 시집으로 떠난 지 얼마 뒤엔 친정에 웃으며 찾아 왔으니, 그전에 싫다고 울던 일이 얼마나 어리석은 일이었는지 깨달았다는 말을 한다. 이 손쉬운 비유 안에서 우리가 꼬박 옳다고 믿고 있는 내용들이 제한된 사고 안에서 형성된 불완전한 명제는 아닌지 재검토를 요구한다. 판단 중지判斷中止를 권유한다. 이 책에 들어있는 저 유명한 '나비의 꿈'도 예외는 아니다. 여기에도 우리가 당연하다거나 맞다고 생각하는 현상에 대한 판단 유보가 있다.

『장자』의 안에선 '쓸모 없음〔無用〕'이 문득 '크나큰 쓰임〔大用〕'으로 될 수 있고, 행복한 조건으로 믿어왔던 것이 문득 불행한 조건으로 전락되기도 한다. 못생긴 나무는 그 쓸모 없음 덕분으로 나무꾼의 도끼질을 면할 수 있고, 잘생긴 나무는 그 쓸모 있음으로 인해 도끼의 참화를 입는다. 평소 다른 동물들 앞에 향기로운 관冠을 자랑하던 사슴은 바로 그 뿔로 인해 혼자 숲 속에 걸려 죽임을 당한다. 춘추시대 월나라의 미녀 서시西施는 인간들 사이에 흠모의 대상이지만, 숲 속의 짐승들은 그녀를 보고 달아난다. 이와 같은 종종의 비유를 통해서 세상 사람들이 일방적으로 추구하는 가치란 것이 때로는 얼마나 허무한 것인지, 나아가 불행의 원인으로까지 둔갑할 수 있는 것인지를 장자는 은근 일깨워 준다. 절대적인 사고에서 상대적인 사고로, 평면적인 사고에서 입체적인 사고로, 제약과 틀을 벗고 안목과 시야를 넓히려는 장자 특유의 다차원 사유법인 것이다.

돌이켜 생각건대 『논어』가 안정된 일상이라고 한다면, 『장자』는 다른 세계로의 여행이다. 전자가 사람에게 필요한 기본 공간으로서의 집과 같다면, 후자는 사람에게 더불어 필요한 바다와 숲속의 산책길 같다고 하겠다. 주거의 공간이 없는 사람의 생활은 흐트러질 수밖엔 없고, 보다 넓은 다른 세상을 널리 견문할 줄 모르는 사람의 생각은 막혀 답답하기 쉽다.

사람의 안정적이면서 창의적인 발전은 서로 상반되는 두 가지 방식의 변증법적인 수용과 절충 속에서 기운과 기력을 더할 수 있다. 지금 『논어』와 『장자』도 합쳐지면 그 기반이 든든하고 넓어진다. 삶의 방식에 대한 노하우가 비할 데 없이 막강해진다.

- 2002년 8월 -

엉뚱한 발견

세상에는 죽어라 노력해서 얻게 되는 소득도 있지만, 이와는 달리 전혀 의외로 쉽게 얻어지는 소득도 없지는 않다.

특히 '발견'이란 명제를 앞에 두고서는 그 정도가 더욱 크다고 하지 않을 수 없다. 뜻밖에 미지의 아메리카 대륙과 처음 접한 콜럼버스적 발견 같은 것은 의외성의 절대적인 사례가 아닐 수 없었다.

하지만 희출망외喜出望外의 기상천외한 발견은 한갓 지리적인 영역에서 뿐만 아니라, 세상의 어떤 분야에서든 그 모습을 드러낸다. 영국의 의학자 플래밍이 푸른곰팡이에서 발견해 낸 페니실린은 20세기의 큰 발견 가운데 하나에 들어간다. 1928년 여름에 그는 포도상구균을 연구하고 있었다. 곰팡이의 변종에 관한 것이었는데, 아래층 세균학자의 곰팡이 포자苞子가 우연히 2층으로 날아들었다. 여름휴가에서 돌아온 플래밍은 자신의 포도상구균이 그 푸른곰팡이 안에서만 자라지 못하는 사실을 포착하고는 마침내 페니실린을 발견하기에 이르렀다 한다.

엉뚱한 발견의 기이한 사례는 현대의학에조차 지속적으로 나타나서 적지 않은 행운을 주고 있다. 현대인 상당수의 고민 가운데 하나가 되어버린 탈모에 대한 치료는 거의 속수무책인 상태였다. 그러던 중 1980년 초반에 고혈압 관계 치료제를 환자에게 투여하는 과정에서 문득 그것이 발모를 촉진하고 있다는 사실을 발견했다. 거기서 추출하여 만든 것이 오늘날의 미녹시딜(Minoxidil)이라고 한다.

그뿐이 아니다. 보다 최근인 1997년에는 남성 전립선비대염 치료제를 개발하던 도중에 투여한 약에서 문득 발모의 성분이 들어 있음을 발견하였다. 그렇게 추출해낸 성분인 피나스테리드(Finastride)가 먹는 발모 치료제의 대명사가 되었으니, 이같은 일도 우연이 낳은 큰 수확이 아닐 수 없었다.

이름 높은 비아그라의 발견 또한 과학사상 심심찮게 일어나는 행운, 곧 뜻하지 않은 우연의 획득물이라고 한다. 세계적 제약회사인 화이자에서 80년대 후반에 노년층에 많이 생기는 협심증 치료제를 연구 개발하던 과정에서 구연산실데나필(Sildenafil citrate)이라는 일종의 시제품을 발견했다. 하지만 실험 결과 협심증 치료에는 사실상 효과가 없는 것으로 드러났다고 한다. 그런 과정에 남성 환자들에게서 특이한 부작용 증세가 보고되었다. 이 약을 복용한 노년층 남성 상당수가 일종의 성적性的인 회춘 현상을 보인 것이다.

원래는 후천성면역결핍증 치료를 위해 연구되었으나 그 과정에서 우발적으로 발견된 제픽스(Zeffix)는 1999년 FDA에 의해 B형 간염바이러스 치료제로 승인되었다고 한다.

부작용副作用이란 말이 꼭 부정적인 의미로만 생각돼 왔는데 그건 아닌가 보았다. 또한 이 같은 일들이 어찌 의학 분야에서만 일어날 수 있는 수확이겠는가. 경이로운 발견은 어떤 분야에서든 나타날 수 있는 일이었다.

저기 1974년 봄, 중국 섬서성 임동현臨潼縣 소재의 여산驪山 자락에 있는 서양촌西陽村 청년들은 극심한 가뭄에 지하수를 파다가 문득 세상에도 기가 막힌 일을 당했다. 바로 2200년 기나긴 시간 동안 암흑 속에 침묵하던 진시황릉은 그렇게 하여 세상에 그 장엄한 모습을 드러낸 것이다.

예기치 못했던 기이한 발굴은 1971년 이 땅의 공주라는 시공안에서도 발생하였다. 그 여름, 공주 금성동에서 송산리 5호분과 6호분의 침수 방지를 위한 배수로 공사 중에 찾은 일대 수확이 바로 백제 무녕왕릉이었다.

월트디즈니에게 찾아든 행운은 보다 재미있는 경우가 된다. 곧 그가 창출해 낸 만화 주인공인 미키마우스의 탄생은 전혀 의외의 돌연한 상황에서 이루어진 것이었단다. 디즈니가 생활고를 근심하며 공원 벤치에 앉아 있었는데, 문득 그의 눈앞에 나타난 한 마리 작은 생쥐의 동작에서 순간적인 착안을 얻었다고 하는 일화는 꽤 알려진 것이다.

행운은 꿈속에까지 파고든다. 저 중국 전국시대 초나라의 철인 장자莊子는 꿈에 나비가 되어 즐겁게 꽃 사이를 날아다니다가 깨어났다. 그때는 진정 자신이 나비임을 의심치 않았으니, 사람으로 돌아온 모습이 오히려 환幻은 아닐까하고 사색했다는 이 유명한 '호접지몽胡蝶之夢'도 잠자다가 끌어낸 사상이었다.

뉴턴이 찾아낸 만유인력의 법칙도 사과나무 아래에 누워 있다가 포착해 낸 위대한 발견이라고 했다.

그리스의 아르키메데스는 목욕 중에 넘치는 물을 보고 "유레카!"를 외쳤다고 했다. 그리스어로 '찾았다!', '알았다!'는 뜻이란다.

처음에 나는 이런 일들 몇 가지를 열거하면서, 결론경삼아 그 안에 숨어있는 교훈 한 가지라도 제시해야할 것만 같은 의무감에 사로잡혔다. 이를테면, '아무것도 하지 않는 사람에게조차 돌아갈 행운은 없다. 적어도 무언가를 구하려 애쓸 때라야 만이 행운의 여신도 눈짓을 보낼 수 있다 같은 것.'

심지어 중국 임동현의 청년들이거나 공주 작업반들의 발견은 자기 분야도 아니었다. 그러고 보니 자기 분야, 남의 분야 가릴 것 없이 행운은 찾아들지 않는가!

하지만 만약, 극단으로 가정을 해 보되 그것이 혹시 불평이나 신세 한탄 속에서, 혹은 대강 빈둥거리는 등 싫은 작업을 하다가 얻어진 요행이었다면? 실제로 불평과 빈둥거림 속에서도 그런 엄청난 횡재를 만나지 말란 법도 없는 까닭이다.

이것이 세상의 법칙인가 보았다. 열심히 노력하는 사람도 한 몫, 불평꾼이나 게으름뱅이도 한 횡재. 그래서 나는 어떤 교육적이거나 삶의 교훈 찾기 같은 것을 더 이상 하지 않고 그냥 접어두기로 했다. 하지만 그렇게 그만두기엔 머릿속에 무언가 알 수 없는 허전과 아쉬움이 못내 가시지 않는 것이었다. 그리하여 보다 길이 침음沈吟타가, 마침내 이런 생각에 도달하였다.

운이란 게 반드시 노력하는 사람에게만 다가오는 것이라고 우겨볼 길은 없겠어서 거의 불평만하고 게으른 이에게도 요행이 따를 수는 있겠지만, 그 같은 요행에야 무슨 자기 만족이 있으랴. 또는 잠깐의 만족이 있다고 한들 어디 법열法悅과도 같은 유장하고 깊은 여운을 기대할 수 있을까 보랴. 남들을 위해서도 무슨 경의敬意가 따를 것인가.

목표를 가지고 끊임없이 움직이고 생각하는 사람 앞에, 메마른 날의 소나기처럼 찾아드는 그런 행운이야말로 더 거룩코 갸륵코 값지지 않으랴!

- 2003년 10월 6일 -

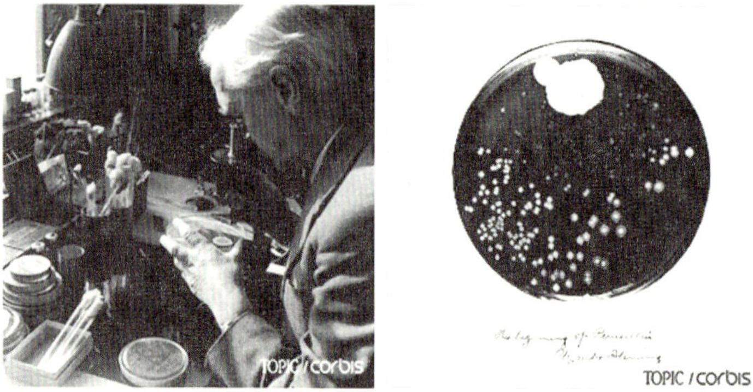

플래밍과 페니실린

이런 이들을 보면 가련해진다

- 바이크 칼럼 -

라이더즈의 이슈는 바이크에 있지만, 최우선으로 중시하는 것은 인본人本이 아닐 수 없다. 무슨 바이크를 타느냐보다는 어떤 사람과 만나느냐가 우선이겠기 때문이다.

바이크는 이러저런 것으로 바꿀 수 있어도 사람 사이의 관계는 쉽게 그럴 수 있는 것이 아니다.

그 사람만은 좋은데 그 사람이 타는 바이크가 나와 동일한 것이 아니라는 이유로 같이 할 시간과 기회를 잃는다면 이는 인본人本이 아니라 물본物本이라 할 것이다. 필요에 따라 바이크는 이것저것 바꿀 수 있어도, 사람 사이의 소중한 관계를 함부로 바꿀 수 없는 마음, 이 마음이 다름 아닌 인본인 것이다.

우리는 바이크의 기종이 무엇인가를 잘 묻지 않는다. 단체 투어 중에 보다 빠를 수 있는 사람은 뒤처진 사람을 걱정하며 기다려주는 마음이 있고, 보다 빠르지 못한 사람은 그에 대한 고마움을 잊지 않는다면 되는 것이다.

동호회를 겪으면서 인정과 의리를 손바닥 뒤집듯이 쉽게 바꾸는 많은 이들을 보아 왔다. 그런 이들은 여기서 투어와 기술을 익힌 다음에는 여기저기 물색하다가 어느 날 단호히 등 돌리고 나간다. 그들에게 그간 같이 했던 사람들에 대한 추억과 인정, 의리는 별반 중요한 것이 아니다. 이른바 바이크 세계에서의 신분 상승을 꿈꾸며, 그간 부러워해 온 할리·골드윙·BMW 등을 표방하고 있는 그룹들을 찾아 그 무리에 편승한다. 그렇게 끼어든 것을 속으로 기뻐하면서, 모르는 남 앞에서는 자신이 처음부터 잘 탔고, 그런 값비싼 것을 탔던 것인 양 허세한다. 때문에 자기의 초라했을 때의 행색을 아는 이들을 기피한다. 그렇게 쉽게 등지고는 자신이 무슨 고급 계층이나 귀족이라도 되는 양 과시하며 다닌다.

그러한 이들에게 처음엔 분노가 적지 않았지만 이제는 차라리 가엾다는 생각이 더 앞선다. 내세울 게 얼마나 없으면 고작 바이크라는 한 개의 작은 철물이나 껴안고 자존심을 살려 볼까 몸부림하나…. 남보다 더 비싼 집에 산다고 남의 앞에 행세하려듦도 참 구차하고 한심한 일이거늘, 훨씬 보잘 것도 없는 한낱 작은 덩어리 쇠뭉치에 자존심을 올인하다니…. 좀 더 비싼 운동화를 신었다고 으스대는 아이들보다 나을 바가 없는 치졸함이 아닐까 보랴.

어느 사람이 걸어서 다니든 자동차를 타든 바이크를 타든, 바이크면 어떤 바이크를 타든 그런 건 별반 중요한 것이 아니다.

결코 가볍지 않은 인연으로 직접 자신과 마주해 있는 바로 그 '사람'이 중요한 것이다.

- 2004년 5월 -

열린 사고와 닫힌 사고

시대를 개탄만 하는 것은 닫힌 삶의 방식이고, 그 개탄할 시대에 대한 절충의 지혜를 구사함은 열린 삶의 방식이다.

사회에서 자기 몫을 하기 위해서는 반드시 학교 공부를 해야만 하고, 꼭 대학을 나와야만 한다고 고집하는 생각은 닫힌 사고 방식이다. 그렇지만 성공과 출세가 학교 공부와는 별 상관없는 것이라고 주장하면서 소홀한 공부를 합리화시키고, 생활 속에 책을 멀리하는 사고 또한 닫힌 사고임을 면할 수 없다. 아니, 이는 한 단계 더 갑갑한 사고의 닫힘이다.

아이가 음식점에서 큰 소리로 외치고 나대는데도 제지하면 자기 아이의 기를 꺾는 것이라 믿기에 사람들의 눈총에도 불구하고 끝내 아이를 조심시키지 않는 것은 닫힌 육아적 사고이다. 반면에 귀여운 아이의 목소리로 '감사합니다', '죄송합니다'가 생활화되어 있는 아이가 있다면 그의 부모는 좋은 전통을 잘 간직한 열린 사고의 소유자이다.

자신만 못한 것 같은 사회적 약자에게는 인정이나 배려를 보이는 일 없이 함부로 대하고, 사회적 강자에게는 교언영색으로 빌붙는 처세는 비열한 닫힌 사고의 산물이다. 하지만 사회적 약자한테 명백히 옳지 않은 문제가 있음에도, 덮어놓고 그를 보호하고 편들어야 한다는 생각 또한 사회에 병폐를 끼치는 마찬가지의 닫힌 사고이다.

강단에 설 때는 꼭 양복에 넥타이를 맨 모습이라야 한다는 생각은 닫힌 사고방식이다. 반면, 혐오스럽지 않고 강의하기에 편안한 마음을 주는 복장이면 무방하다고 생각한다면 그것은 열린 사고이다. 하지만 남의 결혼식에 다른 이의 이목 따윈 상관하지 않고 나 편한 복장이면 그만이지 하는 생각까지 여기 포함시킬 뜻은 없다. 오히려 타他에의 배려가 없는 닫힌 사고이다.

사람을 잘 따르고 인간 사회에서 익숙해진 개만이 애완으로 기를 수 있고, 잘 길들여지지 않는 고양이는 표독하다커니 요물이라커니 애완이 못 된다 말하는 것은 닫힌 사고이다. 잘 길들여지지 않는 고양이에게조차 자연의 이법理法과 생명의 경외敬畏를 배우면서, 여타의 장점과 다른 매력을 발견하며 기를 수 있다는 생각을 가졌다면 그것은 열린 사고이다.

사람이 타야만 할 것은 오직 네 바퀴 달린 것이라야만 한다는 고정적인 생각 또한 닫힌 사고방식이다. 이같은 사고는 두 바퀴의 이 교통수단이 철없는 아이들이나 갖고 노는 장난감, 몹시 위험한 폭발물 정도로만 치부한다. 보다 다양한 메커니즘을 띤 '모터사이클'이거나 '모터바이크'의 개념은 무시하고, 오직 '오토바이'로만 부르면서 경멸한다. 도로의 이단아로만 생각하며 아예 신세 망치는 몹쓸 물건이라는 어느 시점의 세뇌 또는 고정관념에서 벗어 못난다. 사륜 자동차의 사고와 불행은 언제든 있을 수 있는 당연한 일로 여기면서 오직 바이크만이 불행한 사고의 원흉이며 '과부 제조기'로 인식한다.

또는 음식 배달이나 우편 배달의 용도 외에 별로 생각해 본 일도 없으니, 속절없이 폐쇄된 사고이다. 그런데 두 바퀴는커녕 아예 한 개의 바퀴도 안 달고 질주하는 스키거나, 시속 700km 이상의 속도로 텅 빈 허공에 의지해 달리는 비행기에 대해서는 경계하거나 기피하는 일이 별로 없다. 이용을 포기할 수 없기에 대형 사고의 소식을 접해도 비난 대신 타협의 사고로 돌아선다. 반면에 탈것의 여러 다양한 형태를 수용하는 가운데, 문명적 삶 속에서 그것이 이륜이든 사륜이든 혹은 무륜이든 간에 유효적절하게 이용할 줄 아는 사고는 열린 사고이다.

이미 마음속으로는 자신의 말과 행동이 지나쳤다고 생각하거나 이성적이지 못했음을 인지하면서도 그냥 자기의 자존심만 앞세우고 체면을 챙기면서 상대와 계속 대립하는 행위는 닫힌 사고방식이다. 반면에, 자신의 말과 행동이 아차 잘못 되었구나 싶은 순간 빨리 상대에게 자신의 실수를 인정하고 이해를 구하는 처신은 열린 사고이다.

기본적으로 술 잘하는 상대와 말이 통하고 의기투합할 수 있다고 생각하고, 반대로 술 못하는 사람은 대략 꽉 막히고 남자답지 못하다고 치부해 버린다. 비사교적인 샌님이고 숙맥이라 의

기가 통하지 않는다고 속으로 백안시한다면, 그는 닫힌 사고의 소유자이다. 그런가 하면 사람 사이의 좋은 관계가 반드시 술 담배로만 가능한 것은 아니라 믿으니, 차 한 잔을 같이 하면서도 상대에게 성심을 다하는 사람은 열린 사고의 소유자라 하겠다.

이 사고 안에서는 술 때문에 일어나는 갖가지 세상의 추태거나 불행에도 불구하고, 여전히 배중물盃中物이 사람의 만남에서 분위기를 부드럽게 풀어줄 수 있는 익우益友일 수 있다는, 사물이 지닌 긍정적인 효용성을 믿는다.

자기다운 것만 옳다고 여기고 옹호하는 생각의 태도는 닫힌 사고방식이요, 자기와 같지 않은 것도 역지사지易地思之하여 수용할 줄 아는 생각의 태도는 열린 사고방식인 것이다.

- 2004년 6월 -

이익 변설辨說

유가 최고의 경전이라 하는 『논어論語』에 보면 대성인 공자의 말씀으로 다음과 같은 내용이 하나 있다.

君子喩於義, 小人喩於利.
군자는 의리에 밝고, 소인은 이익에 밝나니라!

여기서 군자란 훌륭한 덕, 곧 인격을 갖춘 사람이고, 소인은 비인격자를 가리킨다.

『순자荀子』 영욕편榮辱篇에도 이 비슷한 말이 있다.

先義而後利者榮, 先利而後利者辱
의리를 먼저 하고 이익을 뒤에 하면 영화롭게 되고 이익을 먼저 하고 의리를 뒤에 하면 욕될 것이다.

『맹자孟子』 권두의 '양혜왕' 편에 보면 양혜왕이 맹자를 만나자마자 대뜸, "노인장께서 불원천리不遠千里하고 오셨으니, 역시 장차로는 내 나라를 이롭게 할 일이 생기겠나요?" 하고 반기는 대목이 있다.

왕의 기대에 찬 이 물음에 대해 나이든 맹자는 찬물을 끼얹는 듯한 말을 한다.

"왕께서 내 나라의 이익을 챙기면, 벼슬하는 대부는 어찌하면 내 집안에 이로울까를 생각할 것이고, 독서 중의 선비나 백성들도 어떻게 하면 제 자신에 이로울까 하는 생각에 서로서로 이끗에만 얽혀 싸우게 될 테고, 나라는 위태로워질 것입니다. … 만일 의義를 미루고 이利만을 앞세운다면 아주 빼앗아 버리지 않고서는 만족하지 않을 것입니다."

기원전 320년의 일이요, 맹자 나이 51세 되던 해였다.

학창시절 이 대목을 처음 접했을 때 나는 '과연! 이래서 맹자요, 그래서 사서삼경에 들었구나…' 차탄을 금하지 못했다.

그런데 세월이 꽤 흘러간 지금에는 맹자의 그 대목에 대해 새삼 생각이 많아졌다. 과연 일국의 왕으로서, 자기 백성을 책임져야 하는 나라 최고의 책임자로서 국리國利 국익國益을 생각하는 것이 그렇게 문제가 되는 일일까? 반대로 왕이 국익은 별반 헤아림이 없이, 그냥 형이상적인 도덕과 인성의 문제에만 치중해 나간다면 그 나라의 현실적인 문제는 어떻게 되는 걸까?

물론 맹자가 이렇게 얘기한 데는 그 나름의 이유가 있어 그랬을 터이다. 당시의 중국은 이른바 춘추전국 시대라고 하는 엄청난 혼란기였다. 바로 맹자보다 약 일백 년 앞서 살았던 공자의 언행을 담은 『논어』에 보면 왕은 왕다워야 하고 신하는 신하다워야 하며, 아비는 아비다워야 하고 자식은 자식다워야 함을 일깨우는 대목이 있다. 이를 뒤집어 말하자면 왕이 왕답지 못하고, 신하는 신하답지 못하며, 아비는 아비답지 못하고, 자식은 자식답지 못함을 강조한 셈이니, 한마디로 인륜 붕괴의 시절이었던 것이다.

한편 나라끼리는 어떠했는가 하면, 서로 패권霸權을 다투면서 보다 힘 있는 나라가 힘이 부족한 나라를 병탄해가는 그런 양상이었다. 서로 간에 도리나 의리를 존중하는 대신 힘과 계략으로 정복을 서슴지 않았던 판국. 다시 말해 도의를 지표 삼아 나라 사이에 상생의 논리로 자국의 발전과 번영을 꾀하는 왕도에 힘쓰는 대신, 상극의 논리로 부국강병의 패도만을 일삼았기에 맹자는 이렇게 말할 수밖에 없었을 것이다. 예컨대 근대 일본의 제국주의를 생각해 보면 쉽게 수긍해 볼 길이 있다. 맹자가 20세기 전반에 살아서 군국주의 일본의 지도자를 찾아갔다고 하자. 만났는데, 일본이 동아시아 여러 나라를 넘보고 집어삼킬 묘안에 대해 묻는다면 나올 수 있는 대답인 것이다. 대신, 요순堯舜 같은 성군이 자신의 나라 백성들을 잘 살게 하기 위한 방도에 대해 물었다면 맹자 또한 양혜왕의 물음에 부응하는 다른 대답을 펼쳤을 것이다.

역언하여 그 시대의 왕들이 다른 나라를 엿보거나 침략하지 않는 전제 안에서 국익을 추구하려 했던들 맹자도 그렇게까지 야속한 대답은 하지 않았을 터이다. 같은 이익의 추구라 할지라도, 일본 제국주의처럼 남의 권익을 침해하고 손상시키는 위에 얻고자 하는 탐리貪利이기에 그것을 불의라 했을 터이다.

이런 의미라면 세계사 속의 큰 정복 영웅으로 알려진 칭기즈칸이나 알렉산더, 나폴레옹 같은 인물들에 대해서도 다시 생각해 볼 필요가 있다. 그들은 멀쩡히 평화롭게 살고 있는 여러 나라와 부족들을 어느 날 갑자기 짓치고 들어가 전쟁의 소용돌이 속에 피를 부른 장본인들이다. 바로 그 침략의 발판 위에 자국의 이익을 도모하고 자신은 위대한 정복자로 우뚝 섰다. 그때 담보로 삼았던 것은 무수히 죄없는 생명의 희생과 생령의 고통, 엄청난 물질의 파괴였다. 그러면 과연 그들에게 짓밟힌 국민이나 종족들도 과연 그들을 영웅으로 높이 인식하고 존경했을까? 아니리라. 그냥 철천지원수의 침략자라는 것 이외 더 이상 다른 생각 따위 없었으리라.

이때 그들에의 영웅 칭호는 남의 권익을 침탈한 토대 위에서 취하는 부당한 이익에 대한 당하지 않은 이들의 착각 현상에 다름이 아니었다. 그런데도 오히려 바로 그 부당한 살인 정복의 당사자가 어린이들도 읽으라는 영웅 전기의 반열에 오른다는 것은 어이없는 아이러니가 아닐 수 없다.

반면, 남에게 피해를 주지 않고 자기적인 영역 안에서 자기 향상과 발전을 위해 이익을 추구한다면 더 이상 그것은 불의일 수 없다. 오히려 이때의 이익이야말로 개개의 발전을 위한 더할나위없는 촉진제라 하겠다. 만약 역으로 열심히 일해도 이익되는 바가 없다면 누구도 일하려 들지 않을 것이다.

그것은 동물들의 길들이기에 있어서도 마찬가지다. 서양 속담에 '수만 톤의 가시는 한 마리 벌도 불러 모으지 못하나, 한 방울의 꿀은 수많은 벌떼를 불러 모은다'는 말이 있다. 동물 훈련은 인간이 동물로 하여금 그렇게 하도록 원하는 일을 따라줄 때마다 좋아하는 먹이를 주는 요령에 따라 이루어진다. 이익이라는 반대급부가 주어지지 않는 전제였다면 동물들에 대한 길들이기란 끝내 불가능한 일이 되고 말았을 것이다.

인간에게 있어서도 이익의 문제는 아주 중요한 기제機制가 아닐 수 없다. 예컨대 마냥 평화로운 상태에서 그냥 공부 열심히 해야 미래가 보장되고 훌륭해질 수 있다는 충고와 독려의 말에 곧장 감발하고 힘써 실천하는 학생이 얼마나 될까? 그러나 힘들지만 때맞춰 시험이라도 보니 학점에 이롭고자 한 글자라도 더 보게 된다. 소극적인 의미에서는 학점에 불이익이 날까 해서 한 번 더 몸부림하고, 보다 적극적인 의미에선 장학금을 위해서 조금이라도 더 노력을 기울일 터이다. 알고 보면 학업 에너지를 높이기 위한 방편이 되는 시험, 학점, 장학금 등은 이익 개념에 근거를 둔 동기유발motivation 시스템인 것이다.

어디 그런 일이 학생에게만 통하는 것일까. 교수들에게도 그냥, '교수님들 천직天職이 학자이시니 많은 연구를 하셔야 합니다' 하고 도의로만 권유했을 경우보다, 일정액의 연구비로써 지원하는 시스템이 있다고 할 때 훨씬 연구에 신경 쓰고 박차를 가하기 마련이다.

필요한 자극인 것이니, 관련해서 〈삼국지연의〉에 나오는바 조조가 지모를 부린 이야기는 제법 유명하다. 조조가 군대를 이끌고 가던 중 병사들이 마실 물이 떨어지고 말았다. 병사들은 더 이상 갈 힘을 잃고 말았다. 그 때 조조는 이렇게 말했다.

"저 산 하나를 넘어가면 살구나무 밭이 있으니, 조금만 더 가면 실컷 먹을 수 있다."

그러자 병사들의 입에는 어느새 침이 흘렀고, 조조는 지쳐 움직이지 않는 병사들을 일으켜 세워 행군을 계속하였다. 이때 만일 조조가 군인의 의기가 어떻고 남자의 기백이 어떻고만 열변했을 경우에조차 그렇게 상황을 바꿔놓을 수 있었을까?

심지어는 감정과 이성같은 보다 도덕적인 문제에 있어서도 같은 원리로 통한다. 교육의 현장에서 '교양인이란 이성을 따라 사는 사람이다, 교양있게 행동하자'라고 암만 백날 강조해 봤자 소수의 듣고 싶은 마음이 있는 사람이나 들을까? 대다수의 사람들한테는 소 귀에 경읽기처럼 별반 소용이 없는, 공허한 가르침으로 증발되고 끝나기 십상이다.

이렇게 하는 것이 이성이다, 저렇게 하면 반이성이다는 식의 아무런 감흥도 동기도 유발시키지 못하는 훈교 대신, 감정대로 움직이는 것보다 이성을 따르는 것이 왜 더 나은 건지 일깨워 주는 편이 훨씬 효과적일 것이다. 감정에 맡겨 행동했을 경우에 일어날 수 있는 막심한 물질적·정신적 손해의 정도와, 이성에 따라 잘 인내한 덕분에 건질 수 있었던 비용 내지 노력·시간들의 규모에 대해 조리 있는 설명을 펼친다. 용케 그것이 수긍을 주었을 때 인간은 '이성'이라는 명제에 대해 훨씬 호감 있게 반응할 일이 분명하다.

생각해 보면 음식을 먹는 일과 운동을 하는 것 또한 몸에 이익을 끼치기 위함이다. 많은 사람들이 귀찮거나 시간 내기 어려워도 애써 운동하는 것은 운동이 몸에 주는 상당한 이익을 기대하기 때문이다. 분명 자기 몸을 위한 이기적인 행위이지만, 자기 몸의 건강을 지키기 위해 열심히 운동하는 사람을 두고 결코 이기적이라고 나무랄 수 없다.

그 사람의 신분이 무엇이든 관계 없다. 선인이든 악인이든 무슨 사상을 갖고 있든지 간에 인간은 누구라 할 것 없이 이익을 따라 움직인다. 여기에는 예외가 있을 리 없다. 사실 공자나 맹자가 여러 나라를 주유하면서 인의를 설파했던 것도 알고 보면 자신들의 이념 펼치기를 통한 명예의 욕망 때문에 그랬던 것이 아닐까? 예수나 석가, 소크라테스들도 자신들이 추구하는 영생과 해탈, 진리를 위해 필생의 에너지를 쏟았던 것이니, 이 또한 넓은 의미의 또 한 가지 이익 개념이 아닐 수 없다.

그렇지만 이들 성인들의 생각과 사상은 뒷시대에 이상적인 삶, 올바른 인간상을 위한 지표로 인정되어 인류에게 많은 정신적인 이익을 끼쳐준 셈 되었다. 이를테면 정신적 영웅인 것이다. 앞서 말한 칭기즈칸 등이 작은 집단의 이익을 위해 다른 많은 큰 집단에 대한 희생을 야기시킨 일과는 대조적이다. 결국 성인인지 침략자인지, 또는 영웅인지 침략자인지 변별해 내는 기준은 바로 이것, 그들이 인간 내지 자연 만물 앞에 끼치는 이익의 규모에 있음을 알겠다.

본래 이익이란 말은 이利와 익益이 합쳐서 된 어휘인데도 세상에선 굳이 이 둘을 분별하지 않고 한꺼번에 쓰고 있다. 하지만 이利란 벼[禾] 앞에 그것 자를 칼[刀]이 날카롭다는 뜻이다. 관련하여 '이끗'이란 어의도 있으니 대개 물질적인 유리有利를 나타내는 뜻에 가깝게 쓰여진다. 그리하여 이기주의거나 실리적이다 하면 부정적인 뜻이 되지만, '이타利他'거나 '공리公利'처럼 긍정적인 의미를 받쳐 주기도 한다.

익益은 '유익有益'과도 같이 물질만 아니라 정신적인 보탬과 보람까지를 기약해 주는 의미까지 포함하여 사용되는 느낌도 있다. 공자가 공부하는 사람에게 있어 해로운 친구 유형과 이로운 친구 유형을 말한 것이 있는데, 이때 이로운 친구를 '이우利友'라고 하지 않은 대신 '익우益友'로 표현한 데서도 대략 가늠이 될 법하다.

요즈음 어록 만들기가 추세이니, 이 글쓴이도 슬쩍 그 대열에 편승하여 한 마디 해 봐야겠다.

'이익은 사람을 움직이는 힘이 있다. 하지만 이익은 그 자체로 나쁜 것일 수 없다. 진정으로 나쁜 것은 자신의 이익을 위해 남의 권익을 침해하는 그런 떳떳치 못한 이익인 것이다. 이익은 자신 뿐 아니라 보다 많은 남들에게 보다 많은 혜택을 건넬 수 있을 때 가장 큰 의미와 보람을 낳는다. 우리는 그러한 이익을 실행하는 사람을 훌륭한 인물로 기억한다.'

덧붙여, 삶의 매 순간순간 이렇게 자문해 보는 것도 스스로의 존재 가치를 확인해 보는 척도가 되리라.

'지금 이 시간에 나의 사고와 행동, 그것은 얼마나 많은 이들에게 이익을 주는 일일까?'

- 2004년 7월 -

양반주의와 어글리 코리안

19세기말에 이른바 서양 열강의 침략과 갑오경장 등을 획기적인 분수령으로 하여 이 나라에 수천 년을 이어 오던 유교 봉건주의 체재가 종언終焉을 고하였다. 이후 나라는 전통이 급속히 붕괴되면서 서양과 일본의 문화 문명을 답습하는 역사로 탈바꿈하였다. 정치적, 사회적, 경제적, 문화적, 그 모든 방면에 걸치는 역사적 거대한 변혁이 일어나게 된 것이다.

그리고 백여 년….

20세기를 거쳐 21세기 초에 이른 오늘날 이 땅의 삶은 어떠한 양상으로 가고 있는가?

서양의 민주주의를 껍데기 형식으로만 어설피 받아들인 결과 드디어는 부잡스럽고 혼란한 민주주의, 한마디로 기형적 이단異端의 민주주의 꼴이 되고 말았다. 유사類似해 보이기는 하나 궁극엔 아닌 것을 뜻하는 그야말로 사이비似而非를 면치 못하게 되었다. 경제 기준에서의 자본주의에 대해서도 같은 말을 할 수 있다. 이 나라의 유수한 경제학자가 이 나라의 경제를 일언이폐지로 규정하되 '천민자본주의賤民資本主義'라고 말했던 속내도 이와 그다지 멀지 않은 것이다.

사회 문화 기준에서는 어떠한가. 세계적으로 '코리안 타임'보다 더욱 모욕적인 '어글리 코리아'의 오명을 면치 못하게 되었다. 상상을 비껴가는 성性의 문란은 끝 간 데를 알 길 없고, 남을 사기치는 경제 사범은 해를 거듭하면서 교활을 극極하고 있다. 교육현장에서 스승은 없고 선생만이 남았다는 말까지 듣게 되었다. 그나마의 선생 노릇조차 공부엔 별반 관심없는 드센 아이들 앞에서 처신이 만만치 않다. 공자가 탄식했듯 부모가 부모답지 못하고 자식이 자식답지 못한 일이 우리 공간 우리 시대에 비참하게 재현되고, 유산 상속으로 인해 부모와 자식 간의 갈등이며 형제간 싸움 없는 가정을 찾아보기 힘들게 됐다.

이 나라가 오히려 조선의 유교주의를 계승했더라면 어찌 되었을까? 전통 시대의 치열한 사화士禍와 당쟁의 자취가 지워지지 않는 얼룩처럼 부끄럽게 남아있다. 그런데 어차피 사화며 당쟁 같은 것이야 시대를 초월해서 존재하는 것 아닌가? 우리 시대 오늘엔들 없다 하랴. 게다가 전통 시대에 어둡고 부정적인 역사의 반면에는 통일신라시대 전성기 때나 고려의 국초國初, 조선 세종조 때처럼 훨씬 밝고 긍정적인 시대가 또한 존재하여 있지 않은가. 역사 공부는 그러한 시대들의 그저 화석化石화된 사실만을 익히는 것일까. 아니면 온고지신으로 오늘에 살릴 가치 있는 것들이 있을까? 다른 건 모르겠으나 잘 여과된 전통의 계승이라면 적어도 이 나라의 정치와 사회가 이 정도로 자심하게 문드러지고 황폐해지지는 않았을 수 있다. 오히려 19세기 말 20세기 초에 서양인의 눈에 비쳤던 그 모양대로 '고요한 아침의 나라'의 고운 칭찬을 다시 듣게 되었을는지 모른다. 유럽의 영국신사도 덮는 점잖은 '젠틀코리안'으로 불리었을는지 모른다.

- 2004년 8월 -

부작용이란 말의 부작용

21세기의 우리가 일상 안에서 쓰는 어휘 가운데는 시대의 변천을 따라서 의미의 전락을 본 것이 있는가 하면, 많은 사람들이 편해偏解하여 부정적인 뜻처럼 되어 버린 단어도 없지 않다.

'언문'이거나 '수작' 같은 것은 전자에 해당할 터이고, '부작용'이란 말도 바로 후자의 대표적인 경우가 아닐까 생각된다.

언문諺文은 원래 정음 창제 당시 한문에 대한 순수 우리말을 의미했다. 세종 시절 세웠던 언문청諺文廳은 훈민정음의 창제 뒤에 서적 편찬을 위해 궁내에 설치한 관아였다. 또 유희柳僖가 자신의 저서에 『언문지諺文志』라고 썼을 때도 전혀 비하의 뜻이 없던 것이었는데, 나중 단계에 가서 비천한 글이라는 이미지를 얻게 되었다.

수작酬酌 역시 신세가 전락한 언어의 두드러진 사례이다. 이 말은 본래 주객이 서로 술잔을 주고받고 함. 전轉하여, 응대應對함의 뜻이다. 본래 수酬에는 잔돌리다 / 보내다(손을 대접하고 또 재화를 보내줌) / 갚다, 보답하다, 사례하다. 갚음, 보답 등의 뜻이 있다. 작酌은 잔 돌리다, 손이 주인한테서 받은 술잔을 도로 돌린다는 말이다. 예절 바른 뜻이지만 오늘날 이런 뜻만 믿고 만약 '아버지께서 손님과 수작하신다' 했다가는 낭패를 면치 못할 것이다.

이밖에 여관旅館은 원래 나그네의 쉬는 집이라는 시적인 뜻이었지만, 오늘날 남녀들의 밀회 장소로 이미지 변화를 못 면한듯 싶다.

표변豹變 역시 원래 표범의 무늬가 뚜렷하고 아름다운 것같이 사람의 성행이 갑자기 착해져서 면목을 일신함의 뜻이었으나, 지금은 나쁜 방향의 돌변 쪽으로 오용誤用되었다.

이제 부작용副作用이란 말의 경우 그냥 단순 정도를 넘어 아주 대단한 오해 속에 사용되고 있는 어휘라고 해야 맞을 듯싶다. 먼저 사전 안에서 이 말의 뜻을 확인했더니 부정적이기만 하였다.

1. 어떤 약의, 병을 낫게 하는 작용에 곁들여 나타나는 해로운 다른 작용. [진통제에 의한 식욕부진 따위] - 부작용이 생기다. 부작용이 없다.
2. 어떤 일에 곁들여 일어나는 바람직하지 못한 일. - 농촌의 도시화에 따른 부작용.

반면에, 어떤 영문인지 우리 주변에선 또 다음과 같은 말을 접할 수 있게 된다. 바로 제약계에서 일어난 이변 현상에서이다.

1980년 초반에 고혈압 관계 치료제를 환자에게 투여하는 과정에서, 문득 그것이 발모를 촉진하고 있는 부작용을 발견하고 추출해서 만든 것이 오늘날의 미녹시딜(Minoxidil)이라고 한다. 또 1997년에 남성 전립선비대염 치료제를 개발하던 도중에 투여한 약에서 문득 발모의 부작용을 발견하고 추출해낸 성분이 피나스테리드(Finastride)라고 한다.

세계적 제약회사인 화이자에서 80년대 후반에 노년층에 많이 생기는 협심증 치료제를 연구 개발하던 과정에서 발견된 구연산

실데나필(Sildenafil citrate)이라는 일종의 시제품이 남성 환자들에게서 특이한 부작용 증세가 보고되었다고 한다. 이 약을 복용했던 노년층 남성 상당수가 일종의 회춘 현상을 보였다는 것이다.

엉뚱한 부작용의 결과는 책망 대신 '혁명' 혹은 '사랑의 묘약', '인류에의 선물'이란 찬사까지 듣는 결과가 되었다. 그간 부작용이란 말이 꼭 부정적인 의미로만 생각돼 왔는데 그건 아닌가 보았다.

그러고 보니 참 사람만 아니라 말에도 팔자가 있는가 보다, 홀로 탄식하였다.

- 2006년 1월 -

표변은 본시 '君子豹變', 곧 '군자는 허물을 고쳐 올바로 행함이 매우 빠르고 뚜렷함'과 같은 긍정적 의미어였다.

공자의 빛과 그림자

공자는 일찍이 '君子喩於義군자유어의, 小人喩於利소인유어리'를 설파한 바 있다. '군자는 의리에 밝고, 소인은 이익에 밝다'란 뜻인데, 여기서 의義란 물론 의리義理란 의미이지만, 오늘날 말하는 친구 사이에 무슨 의리가 있네, 없네 하는 그런 의리와는 다소 의미가 다르다.

현대에 와선 인仁이니 의義와 같은 말은 옛 책에서나 접할 수 있는 어휘가 되었을 따름으로, 일상에 이런 말들을 쓰지는 않는다. 따라서 공자와 맹자의 생각을 제대로 이해하려면 오늘날의 개념으로 바꾸어 줄 필요가 있는데, 대개 전자는 '사랑'으로, 후자는 '떳떳함'의 의미로 대체해 보는 일이 가능하다.

그렇게 보았을 때, 오늘날 의리가 있네, 없네 하는 것도 떳떳한 도리의 있고 없음을 따지는 말로 대입시켜 크게 빗나간 것은 아니겠다.

그러면 '군자는 떳떳한 도리에 밝고, 소인은 이익에 밝다'고 한 공자의 그 말씀이 오늘날을 사는 사람에게도 여전히 통하는 말일까?

과연 그러하다.

조금이라도 남다른 인격과 교양을 갖춘 사람이라면 이익 나는 일과 떳떳함 중에 비록 힘겨운 갈등이 따를망정 결국은 후자 쪽으로 갈 것이고, 일반적인 평범한 무리는 자신의 이익이 발생하는 쪽으로 갈 것이 분명하지 않으랴. 진정 이 메시지는 고금을 초월한 진리가 아닐 수 없다.

이렇게 사람의 인지상정을 조용히 관조하고 깔끔하게 요약한 백번 지당한 말씀이지만, 이걸 뒤집어 풀면 보통의 사람들이란 떳떳함보다는 이익을 우선 생각하는 존재라는, 인간 발견의 중요한 빌미가 되기도 하는 것이다.

과연 또 그러하다.

사람인 이상 어떤 현실적인 상황 앞에 서면 자신의 이익을 우선 따라가지, 어디 떳떳한 도리를 먼저 생각하겠는가 말이다. 인간의 본질을 두 가지 명제 안에서 투시한 위대한 공자임이 분명하다. 그럼에도 불구하고, 다만 그 문제를 풀어가는 이상적이고 구체적인 방법론에 있어서 그것을 'ought to'의 당위론으로 해결하려 한 공자 도덕론 및 정치론의 한계일는지 모른다는 생각도 쉽게 거두기가 어렵다.

사람은 본질적으로 자신과 자신 그룹의 이익을 좇는 존재라는 것은 엄연하고 엄숙한 자연의 진리이다. 역사적으로 공자의 이상론이 개념상으로는 수긍이 되지만 현실적으로는 제대로의 실행을 보기 어려웠던 것도, 이 엄숙한 자연의 진실을 깨뜨리기가 여간 어려웠던 이유에서였으리라.

- 2006년 2월 18일 -

오토바이, 바이크, 모터사이클, 바이카

우리나라에서는 오토바이라는 말보다 다소 교양 있게 들리는 말로 '바이크'라는 말을 사용하는 수가 있다. 그러나 흔히 또 자전거까지를 포함하여 바이크(Bike)라고 하니, 서로 혼동되어 일상의 활용에 있어서 변별력이 떨어지는 폐단이 있다. 게다가 바이크의 해석을 사전에서 확인하면 더욱 난감해지고 만다.

bike1

1. 자전거
2. (소형) 오토바이(motorbike) ★ moped, motorbike, motorcycle의 순으로 엔진이 커짐.
3. ≪미 · 속어≫ 오토바이의 순찰 경관
4. ≪영 · 속어≫ 매춘부, 논다니

자전거와 혼동되는 일은 고사하고라도, 그 밖에 지시하는 의미가 실로 가관이 아닐 수 없다. 암만 생각해도 이 용어에 대한 친근감을 기대하기 어려워진다.

그리하여 부득이 혼동을 피하기 위해 외국인 일반이 호칭하듯 모터사이클이라는 용어를 사용하는 편이 무난하려나 생각하였다. 하지만 기실 이 말조차 그다지 맘에 썩 흡족한 표현은 아니다. 모터(Motor)라는 말 자체는 별 문제가 없다고 하더라도, 그 다음의 사이클(Cycle)이라는 말 자체 일회전, 순환 정도를 가리키는 의미라고 한다면 이륜 개념을 제대로 살려주기 어려운 한계가 따르는 까닭이다. 설상가상, 모터사이클이란 표현은 뜻밖에 '성교 대상의 여자'라는 뜻을 나타내는 속어로도 쓰인다고 하니 적절하다는 생각에서 멀기만 하다.

암만해도 이륜 개념을 나타내기 위해서는 역시 두 (개), 쌍을 나타내는 수數 관형사 내지 접두어로서의 'Bi'라는 용어만큼 반드시 들어가 줘야만 할 것 같다. 그러나 앞서와 같이 '바이크'라는 말은 진작 만족도 미달로 사양한 바 있으니, 무언가 의미의 한계를 극복하고 마음에 충족할만한 다른 적절한 표현을 찾아내야겠다는 생각의 유발에 이른다.

이 마당에 나는 비록 독자칭獨自稱일망정 그윽히 만족할 만한 표현 하나를 방장方將 찾아내기에 이르렀다.

그것은 다름 아닌 '바이카(Bicar)!'

이야말로 이륜성을 명시해주는 'bi'와, 자동차임을 나타내주는 'car'의 언어적 합체를 통해서 '이륜자동차'의 의미를 가장 극명하게 표출하는 방식이 아닐까? 이러면 이륜으로 움직이는 자동차라는 의미를 효과적으로 살려낼 뿐만 아니라, 엄연한 자동차의 일종인 이륜차의 품위도 제고시켜 주는 이중의 효과가 창출되니, 과연 제격의 명칭이 아닐까?

비둘기는 평화의 상징이요, 기러기는 백성을 표상했다고 한다. 모란은 부귀의 상징, 태극기는 대한민국의 상징임을 한국인 누구나가 안다. 빨간 빛깔은 정열, 그러나 이제 '바이카'는 낭만과 자유의 상징이다.

- 2008년 1월 -

모터사이클이 내게 사랑받는 이유

기동성

모터사이클은 무엇보다 기동성이 단연 으뜸이다.

옛날 신선 도사의 세계에서 축지술縮地術이란 것을 얘기하는 수가 있었다. 인간이 어찌 대자연의 땅을 마음대로 줄였다 늘였다 할 수 있겠는가. 다만 그 땅 위를 재빨리 이동할 수 있는 어떤 비법을 강조한 말이었을 터이다. 하지만 오늘날까지 그것의 사실 여부를 우리가 이해하고 수용하기가 쉽지 않다.

반면 인간의 능력으로 축지까진 몰라도, 적어도 축시縮時 만큼 충분히 가능한 발상이다. 이를테면 걸어서 한 달을 가던 옛날의 거리를 지금 현대 교통 문명의 발달에 따라 초고속열차나 비행기로 불과 몇 시간 안에 이동 가능해진 21세기의 현대인은 바로 축시술을 쓰는 도인이나 다름 없다.

그런데 공활한 하늘이거나 일사천리의 철로, 탁 트인 고속도로 같은 공간에서야 시간 줄이기를 십분 발휘할 수 있겠지만, 문득 자동차 같은 경우 혼잡한 도심 한 복판에선 그 만족도가 서서히 떨어질 수밖에 없다. 하물며 최악의 교통대란에 말리면 외려 몇 배의 시간이 더 걸릴 수 있으니 축시술에 관한 한 졸지에 힘을 잃게 된다. 제일로 빠르다고 하는 비행기지만 문득 도심에서의 이동에 적용시키자면 머리가 복잡해져 버린다. 지하철을 이용한 이동도 역세권만으로 다닐 수 있지 않다. 특히 극심한 체증 안에서는 제 아무리 성능 좋은 최고급 승용차도 속수무책, 발이 묶여 축시의 마법이 힘을 잃고 만다.

이때 차폭 작고 기민한 모터사이클이란 존재가 문득 의표를 찌르는 시간 단축의 진면목을 제대로 발휘한다.

친화성

모터사이클은 자연 친화 및 인간 친화의 기수旗手이다.

옛날 사람들이 말을 타고 달릴 때 받았던 그런 느낌을 현대에 그대로 느낄 수 있는 존재가 바로 이것이다. 쇠 덮개와 유리 차창으로 막힌 기차나 자동차 안에 앉은 그 폐쇄의 느낌이 아닌, 타고 달릴 때 대자연의 바람을 직접 머리끝부터 발끝까지 감촉하는 일이 가능하다. 자연과의 스킨십이며 교감인 것이다. 이야기 속 서부의 사나이가 탄 말처럼, 하늘 나는 융단처럼, 대기를 한껏 한 몸에 누릴 수 있는 이것이야말로 자연 친화를 위한 최선의 수단물이 아닐 수 없다.

모터사이클은 더하여 자주 인간 친화를 기약해 준다.

자동차를 타고 가다 암만 같은 차종, 동일한 기종을 보았다 한들 그런가 보다 할 뿐이지 더 이상의 다른 감흥이 일지는 않는다. 그러나 바이크라면 상황은 달라지니 인식과 반사의 파장이 그 어느 것보다 크다. 그것이 때로는 우호와 반가움으로, 때로는 은근한 또는 노골적인 견제 등으로 나타나는 등 그 반응이야 각기 다른 형태로 나타나겠지만, 최소한 존재하는 상대방에 대한 인식 객관은 일반의 차들에 우선한다. 심지어 바이크 운전자가 승용차를 운전할 경우라도 차창 밖에 보이는 바이크에 대한 관심 지수는 일반 차보다 높게 나타난다. 바이크끼리 신호등 앞에 기다릴 때 다행히 서로 적대적이지 않은 상태라면 반가운 인사와 함께 바이크에 관한 간단한 대화가 오가게 되는 모양도 간혹 보게 된다. 이렇게 바이크는 대화의 문을 쉽게 열어주는 인간 친화의 묘한 매력적 기능을 갖고 있다.

접근성

바이크만큼 목표 접근성에서 뛰어난 교통수단을 찾을 수 있을까?

대개 자전거가 갈 수 있는 곳이라면 어디든 가까이 심방할 수 있는 소이이다. 주택가 좁은 골목길까지 구석구석 찾아 문 바로 앞에까지 진입할 수 있고, 길을 가다가 들르고 싶은 그 어떤 빌딩이나 점포 등지에 마음먹은 대로 근접하여 심방할 수 있다. 자동차 같으면 적절한 주차 공간을 찾아서 주차를 한 후 내려서 걸어 들어가야만 찾아들어 갈 수 있는 장소에, 가장 무난히 곧장 그 앞까지 육박하여 찾아들어갈 수 있으니, 이러한 편리는 자동차가 도저히 나란히 견줄 바가 아니다. 뿐만이 아니다. 신경 쓰이는 주차 공간, 주차료 따위 다 필요 없으니 바로 바이크만의 빛나는 부가가치이다.

전시성

바이크는 전시효과가 뛰어난 수단물이다.

아파트든 회사나 학교든 바이크는 자동차를 타고 다니는 이들과 달리 독특히 튀어 보일 수밖에 없다. 라이더 본인이 굳이 알리지 않아도, 심지어는 애써 자신을 감추려 해도 금세 남의 이목에 잡히기 마련이다. 희소성을 지닌 교통수단이기 때문이다.

아울러 바이크가 내유하고 있는 자유와 해방의 이미지로 인해 많은 이들에게 꿈조차 안겨 준다. 비록 지금은 아니지만 나도 저런 바이크를 타고 달린다면 어떨까하는 어떤 순간적 환상을, 그런 멋진 상상을 선사한다. 일종의 대리만족을 제공하는 것이다. 그리하여 직접 타고 다니는 이는 종종 선망의 대상이 될 수 있다. 특히 그 바이크가 규모 있고 볼만한 것이라면 더욱 남들 앞에서 의연한 태도로 폼나게 지나갈 때의 전시효과는 비상한 바 있다. 어지간한 비싼 승용차를 타고 지나가는 사람의 경우에 비해 인식력과 각인력이 우세하다. 금상첨화, 근사한 대형 바이크로 멋진 운전 기량을 구사하며 눈앞에서 사라질 때 최고의 전시효과를 발휘할 수 있는 것도 바로 바이크다.

직장 어딘가에 그냥 주차만 해 놓는대도 자기를 알리는 선전의 효과가 있다. 그 바이크가 날 대신해서 자신의 존재감을 심어주기 때문이다. 하도 많아 따로 누구 소유의 차인지 도드라져 인식되지 않는 차한테선 상상도 못할 바이크만의 특징이다.

경제성

차와 바이크, 둘 사이에 짊어지는 무게가 다르거늘 췌언할 필요가 있으랴. 600cc급 스쿠터 제원의 보통 리터당 30km라 하고, 하물며 연비가 우수한 작은 스쿠터의 경우엔 리터당 40km~50km를 넘기기도 하니 도저히 그 유리함이 자동차와 견줄바가 아니다.

- 2008년 1월 -

마니아의 정의와 그것의 두 단계

매니아가 아닌 '마니아'가 표준어란다. 일반이 쓰는 대로 짜장면이라고 하면 틀리고 '자장면'이 맞다더니, 누구들이 다시 무슨 타협을 어떻게 봤는지 '짜장면'을 맞는 표기로 바꾼단다. 아무튼 마니아의 정의를 백과사전과 영어사전에서 찾아보았다.

그리스어로 '광기狂氣'란 뜻. 병자病者의 광기와는 다른, 신의 선물로서의 신적 광기를 말한다. 유한有限하여 당연히 죽을 존재인 인간에게 일상성·시간성의 굴레를 벗어나게 하여 영원한 것(가치·이데아)과 해후할 초월적인 힘을 준다. 신이 마니아에 부여한 것으로서 예언술(mantik), 점술(oinistik), 무사 신과 관계되는 문예, 기예(mousik), 에로스와 관계되는 기예(ertik)를 들 수 있다. 일반적으로 어느 한 가지 일에 열중하는 일 또는 그러한 사람을 일컫기도 하는데, 골프마니아·영화마니아 등을 예로 들 수 있다. 출처 : 두산세계대백과

mania

If you say that a person or group has a mania for something, you mean that they enjoy it very much or spend a lot of time on it.

어떤 사람이거나 단체가 어떤 부분에 마니아라고 한다면, 그들이 그 일을 대단히 즐기거나, 거기에 많은 시간을 보낸다는 것을 의미한다.

유의해 보면 백과사전에서의 의미와 일반 영어사전에서의 의미 사이에 약간의 차이를 느낄 수 있다. 그런 중에도 백과사전의 중심어인 '광기'이거나 '열중'은 영어 사전에서 말하는 '어떤 일을 아주 많이 즐기다'는 것과 상통되기는 한다. 하지만 영어사전이 설명한 '어떤 일에 많은 시간을 보내다'는 의미를 전자가 충족시키지 못하는 취약함이 있다.

내 생각에도 마니아는 단순히 '열광'이라는 한 가지 조건만으로 충분하지 못하다고 본다. 추가하여 또 하나의 단계 곧 그것을 오래 지속하는 행위 또는 사람의 뜻까지를 포괄할 수 있는 개념일 때 훨씬 만족할만한 정의에 이르게 된다.

이제 마니아의 의미를 둘로 구분하는 소득까지 얻게 되었으나, 기왕이면 이를 발판으로 해서 보다 깊고 새로운 의미를 추출하는 일이 가능하다. 곧 마니아의 두 가지 정의는 곧장 마니아의 두 가지 과정과 직결된다는 사실이다. 다시 말해 첫 번째 정의는 마니아의 처음 단계이고, 두 번째 정의는 마니아의 나중 단계에 해당한다. 부연하면 전자는 제 1단계의 탐닉성 마니아요, 후자는 제 2단계의 지속성 마니아라고 설명할 수 있다. 그리고 마니아는 이 두 가지 단계를 거쳐서 완성된다.

탐닉성

첫 번째 단계는 탐닉(enjoyment) 이다.

마치 남녀가 호감을 느껴 처음 사귀고, 서로에게 몰두하는 연애 감정에 빠진 상태와 같다. 이 단계의 마니아는 바로 연애기 동안의 감각적, 열정적 정서에 몰입된 상황에 비유할 수 있다.

이는 철학적 개념 안에서 일상성의 굴레에서 벗어나는 힘에 해당한다. 일상성의 초월이다.

지속성

두 번째 단계는 지속(maintenance), 내지는 연속(continuance; continuation)이다.

남녀 사이에 연애 시절을 거쳐 계속 순조롭게 갈 때 부부로 사는 결혼 생활로 가게 된다. 그런 생활 속에서의 담박하지만 정감적, 우호적 정서가 지속되는 상태에 비유할 수 있다. 철학적 개념 안에서는 시간성의 굴레를 벗는 힘에 해당한다. 시간성의 초월이다.

마니아를 남녀 관계로 비유했거니와 이는 연애 과정 없는 중매결혼과는 무관하고, 연애결혼과 부합한다고 했다. 연애의 단계인 1단계 마니아는 비록 미숙성한 단계이긴 하나 탐닉한다는 자체로 마니아라고 할 수는 있다. 하지만 2단계 마니아는 반드시 1단계 마니아를 거쳐서만이 인정을 얻을 수 있다. 역으로 말해서 탐닉을 경험하지 아니한 지속성은 진짜 마니아가 아니라는 뜻이다. 왜냐하면 어떤 이가 생계 또는 직업상의 업무같은 어떤 특수한 정황에 매이는 경우처럼 즐기는 과정 없이도 얼마든지 많은 시간을 투자할 수는 있기 때문이다.

그렇게 1단계를 거치고 2단계에 이른 마니아야말로 숙성된 마니아, 마니아의 완성이니 나는 이에 비로소 진정한 마니아로 일컫고자 한다.

- 2008년 1월 -

내게 늙었다는 것은

내게 늙었다는 것은,

예전에 중절모 쓴 사람을 보면 나와는 별무관한 어떤 노인이거니 무심히 보아 넘겼던 내가 나도 모르는 새 외출할 때 걸맞는 모자를 찾아 쓰고 자연스럽게 길에 나서볼 수도 있는 것이다.

내게 늙었다는 것은,

어느 한적한 찻집에서 신영균과 원빈을 동시에 볼 수 있어 그 중 한 사람하고만 얘기할 수 있는 기회가 주어진다고 했을 때, 아무런 갈등이거나 망서림 없이 신영균을 선택하는 것이다. 이용과 에릭, 김동건과 장동건, 패티페이지와 아길레라, 구봉서와 유재석이라 해도 달라질 일은 없다.

내게 늙었다는 것은,

예전엔 여름 밤에 책 보는 중 나타난 모기를 대수롭지 않게 손뼉 쳐서 한 방으로 처리해 버렸더니, 이제는 바로 눈코 앞에 아른대는 적을 잔뜩 노려 대여섯 번 공격한 끝에 간신히 한 번 성공하는 것이다. 그러면 그제야 겨우 분이 풀려서 뭉개진 적을 감격으로 들여다 보는 그런 것이다.

내게 늙었다는 것은,

TV에서 제아무리 젊은 여자 연예인들이 갖가지 모양 뽐내며 아름다운 양 또는 늘씬한 척해도, 내 눈앞엔 그들 대부분이 머리에 별로 든 것 없는, 그 이면은 전혀 곱지 않아 육탄의 덩어리 쯤으로만 비춰지는 그런 것이다.

내게 늙었다는 것은,

마음으로는 내 스승께 찾아뵈어야지 뵈어야 하는데 하면서도 스스로가 끊임없이 지어내는 이 핑계 저 핑계로 한 주, 두 달, 또 한 계절 뒤로 미루면서 영위하는 이상한 게으름이다.

내게 늙었다는 것은,

춘소일각치천금春宵一刻値千金의 애틋살틋한 봄 꽃, 녹음방초승화시綠陰芳草勝花時라 나뭇잎 푸르른 여름날의 숲, 낙엽무성만지홍落葉無聲滿地紅의 눈물 겨운 늦가을 단풍, 월백설백천지백月白雪白天地白의 한겨울 눈부신 흰눈, 어느 것 하나 놓치지 않고 사랑하는 스스로에 철없는 애들이야 이런 걸 알 리 있나 자아도취로 대견해 하는 것이다. 그 풍경들을 하루도 집 밖 뜨락에 나가 못 보면 실심失心한양 유난 떨던 내가, 그 일 까맣게 잊은 채 겨울날의 의자 위에 졸고 앉아 있는 그런 것이다.

그런 어느 날은 피자집에서 함께 나온 서른 다 된 딸애가 동네 한 바퀴 같이 산책했으면 하는 속내를 뻔히 알면서도 옷 속으로 파고드는 한기가 싫어 서둘러 집 쪽으로 종종걸음 치는 그런 것이다.

내게 늙었다는 것은,

알량한 독서 중에 늙음과 관련된 어떤 글이든 부딪히면 어느 새 나도 모르게 눈길이 고정돼 버리는 그런 것이다. 요번 것은 〈늙음에 대한 생각〉이란다.

> 독일 어느 지방의 전설에는 젊은 시절로 되돌아갈 수 있는 절대적인 힘을 가진 동굴이 있었단다.
>
> 그러나 그 누구도 선뜻 들어가는 사람은 없었다고 한다. 어느 시인은 20대의 방황, 30대의 불안감, 40대의 번민이 싫어 젊은 시절로 되돌아가고 싶지 않다고 했으며 어느 배우는 늙어가는 것 자체가 즐거움이라고 하였다. 모두가 젊음을 갈망하는 듯싶지만 아련히 향수를 느끼고 있을 뿐 정작 돌아가는 것에 대해서는 두려움을 느끼고 있는 것이다.
>
> 늙는다는 것은 과연 무엇일까. 시간을 머금어야만 봉우리가 꽃을 피우고 과실이 익어 가는 것처럼 인생을 서서히 영글어 가게 하는 것이 늙음이 아닐까.

내게 늙었다는 것은,

진정 다른 웬만한 내용은 무덤덤 흘려 보내다가 이런 글과 부딪혔다 하면 여지없이 마음 흔들리는 그런 것이다.

- 2008년 1월 -

새로운 캠퍼스라이프를 위해

왜 대학에 가는가? 대학은 꼭 가야만 하는가? 대학 4년의 시간은 인생의 필수 과정인가?

현명한 인생과 교육의 수많은 선배들이 이런 물음들에 대해 현명한 해답을 제시해 왔다. 그리고 답변들은 전공 학문에 대한 순수한 열정 등 대개 점잖음과 우아함을 유지하는 것들이었다.

그런데 위의 물음을 보다 세속적인 말로 바꾸면, 도대체 그 모든 역경들을 무릅쓰고 몸부림치면서 대학의 문 안에 들어서려는 이유는 무엇일까? 그리고는 생애 가장 빛나는 몇 년을 강의와 숙제, 시험 등으로 단속 받고, 그렇게 힘든 등록금을 학기 바뀔 적마다 계속하여 쏟아 붓는 까닭이 대관절 무엇인가쯤 되리라. 이때의 답변 또한 통속성을 가미한다면 학사학위증서 한 장으로 대변되는 학력, 속칭 대학졸업자라는 간판이 필요해서, 더 나아가 졸업 이후의 경쟁력을 위해서 그 모든 것을 감수한다는 대답 정도 나올 수 있다.

그런데 막 사는 사람이 아니라면 대학 다니는 목적에 암만 조금씩 차이가 있다 해도, 이왕 다닐 대학이니 들인 시간과 돈이 아깝지 않게 제대로 해야 할 것 아니냐는 생각 한 번쯤은 당연히 해 보았겠다. 그리하여 이제 질문의 다음 단계는 필경 '성공적인 대학생활의 비결은 무엇인가?' 곧 '어찌하면 대학생활을 훌륭히 잘 할 수 있을 것인가?'로 옮겨 가게 된다.

가장 관심 분야는 역시 학업에 관계되는 일이다. 학업도 지금까지의 전 과목에 대한 '공부를 한다'에서, 보다 좁혀진 분야에 대해 체계적으로 배워서 익힌다는 뜻인 '학문을 쌓는다'는 식으로 슬그머니 무게가 더해진다. 바로 이 문제 앞에서도 얼마나 많은 현자들이 최선의 교훈과 충고의 메시지를 베풀어 왔을까. 그 메시지를 가만 압축시켜 보면 대개 '자율능력 향상'과 관련 있는 주제인 것 같다. 그랬을 때 그 가르침대로 실천하고 성공하기 위해서는 얼마나 많은 자신과의 싸움이 필요할까. 힘든 극기의 의지를 요구하는 일이기에 자칫 잘 안되면 어찌하나 미리 걱정부터 앞선다.

다행히 자신의 전공이 마냥 좋아 스스로 학업을 즐기는 사람은 이 정신의 속박으로부터 자유로울 수 있는 부류에 들 것이다. 이것이 당연 최선이겠지만, 그러나 얼마나 되는 사람들이 여기 속할 수 있을까?

문제는 그렇지 못한 보다 많은 사람들의 경우인데 이 경우 또 다시 두 갈래로 나뉘니, 두 번째 부류와 세 번째 부류인 것이다.

두 번째 부류는 공부가 별반 재미롭거나 썩 유쾌한 일은 못되지만, 암만해도 열심히 공부하지 않았다간 곤란해진다는 사실을 알고 있는 사람들이다. 대부분이 여기 해당되겠지만, 이 경우 그 사색의 범주는 비싼 등록금을 생각해서라도 공부하겠다는 생각에까지 벋어나간다. 그리하여 이 단계의 사람들은 등록금 비싼 불평만 하지, 여간해선 학업 쪽에 마음을 주지 아니하는 세 번째 부류의 사람들에 비해 훨씬 현명하다고 하겠다.

대학등록금은 그 액수의 합당성 여부 이전에 우리 사회 절대

다수의 사람들에게 부담감으로 다가오고, 심각한 경우 경제적 타격마저 야기하기도 한다. 그러나 역으로 이 부담스런 상황, 타격의 감정을 잘만 이용하면 요즘 시대가 좋아하는 이른바 성공적인 패러다임에 이를 수 있다. 곧 우리는 등록금이라는 '손실'의 명제를 어떻게 하든 만회하여 더 큰 생산성을 얻기 위해 무언가를 하지 않을 수 없는 '보상'의 명제 쪽으로 바짝 힘을 밀어부쳐야 한다. 요는 값비싼 등록금을 값진 노력 쪽으로 심기일전하여 전화위복시키자는 뜻이다.

역설적 느낌도 없지 않지만, 내가 입은 어떤 손해는 뜻밖에 그것이 내게 기대 이상의 이익을 가져다주는 기회로 작용하기도 한다. 손실이 일어나면 본능적으로 그것을 재빨리 회복하고자 하는 보상심리가 작동하는데, 내친 김에 조금만 더 분발하면 기대를 상회하는 잠재적 에너지마저 얻을 수 있는 이유이다. 암만 말이야 쉽지 하겠지만, 역시 현명한 대응은 최대한 내가 당한 어떤 손해에 대한 회한과 미련과 고통의 시간을 최대한 단축시킴에 있다. 나를 힘들게 했던 그 손해란 놈이 어느 날 더 많은 이익이란 이름의 친구들을 잔뜩 데려올는지도 모를 일이니까. 변방을 넘어갔던 한 마리 새옹塞翁의 말이 여러 마리의 말들을 데려온 것처럼 말이다.

관련하여 빠뜨릴 수 없는 건 '시간'의 문제이다. 누구나 금전의 손익에 대해서는 예민하지만, 시간의 손익에 대해 민감하게 마음을 기울이는 사람은 찾기 쉽지 않다. 남들이 금전의 손익만을 따지면서 살 때 누군가 시간의 손익마저 철저히 챙기면서 산다면 인생의 효과와 보람, 삶의 질에서 같아질 수 없는 것은 당연하다.

영화는 반전이 있어 재미가 더해지기도 한다. 그런데 반전은 영화에만 있는 것이 아니다. 많은 사람들이 열망하는 돈에도 재기再起라든지 이른바 인생역전이라고 하는 손익의 반전이 있다. 인생의 중대한 가치인 건강에도 꾸준한 노력을 통한 기사회생의 반전이란 게 있을 수 있다.

그러나 결코 반전을 허용하지 않는 것이 하나 있다. 그것은 바로 한 번 가면 다시 돌아오지 않는 시간이다. 공부하는 이는 그런 시간에 거스르지 않고 지혜로이 편승하여 보람을 챙겨야 한다. 자신에게 주어진 한정된 시간 안에서 낭만과 보람이라는 보물 찾기 게임을 펼쳐 나가야 한다.

학문에 발들인 대학인이여, 되돌아오지 않는 오늘 하루를 껴안으라! 다시 돌이킬 수없는 캠퍼스라이프를 사랑할지라!

- 2008년 2월 -

자연인가 인공인가

아름다운 전원 풍경을 그린 그림에 전선이 보이는 순간 살풍경이 된다. 천연의 쌍커풀 눈과 거친 손놀림이 수술해서 만든 인공의 쌍거풀은 눈맛부터가 틀리다. 자연스런 미소와 애써 잘 보이려 꾸미는 웃음도 그 아름다움의 격이 다르다. 아무리 규모가 굉장한들 인공 연출의 폭포에서야 어디 자연폭포가 분출噴出해 내는 천진한 감동을 득得할 수 있으리.

자연自然이란 말을 사전에서 찾았더니, '사람의 힘이 더해지지 아니하고 세상에 스스로 존재하거나 우주에 저절로 이루어지는 모든 존재나 상태'로 풀고 있다. 인공人工은 '사람의 힘으로 자연에 대하여 가공하거나 작용을 하는 일'이라고 한다.

하지만 사람의 힘이 더해지지 아니하고 스스로 존재하는 것이 어느 경우든지 인공보다 훌륭한 것일까? 자연이 언제든 인공에 승勝한 것은 아니라 함은 현대의학에서부터 명징하게 증명된다. 현대 치의학에서 인공 임플란트 시술은 인공의 승리를 단적으로 증거하는 사례가 아닐 수 없다. 맹장염에 걸린 사람에게 사람의 힘을 거부하고 자연만을 고집하다가는 자칫 신체상 치명적인 불상사를 입을 수 있다. 암의 조기발견과 치료로 사람이 살아나는 일에, 끝까지 자연만을 고집하고 찬양을 계속할 수만은 없는 노릇이다.

자연의 파도를 막아주는 인공의 방파제가 없다고 하면 사람의 환경이 위험에 빠지는 일이 훨씬 많아짐은 두말할 나위도 없다.

한여름의 살인적인 폭염에도 자연의 현상이요 섭리라면서 면역력이 저하된 허약한 몸을 무방비로 내맡긴다면 자칫 치명적일 수 있다. 의학의 모든 치료치고 인공 아닌 것은 없다. 이미 생겨난 병을 '저절로 이루어지는 존재 상태'로 치부하고 방치해두면 결국 손명損命을 면하기가 어렵게 된다.

교통에 있어서도 마찬가지이다. 인공의 아스팔트가 있어 차도 위에 인위적으로 그려 놓은 중앙선과 차선은 사람의 안전을 보장해주는 꼭 있어야만 하는 필요조건이다. 거친 자갈밭을 달리지 않아도 되며, 시간도 훨씬 절약할 수 있고, 접촉 충돌을 미연에 방지할 수 있음은 오로지 인공이 끼치는 힘이다.

고기는 칼집을 넣는 방법에 다라 그 맛이 달라진다고 한다. 인공의 칼집 넣기 여하에 따라 고기 맛의 등급도 1등급 고기와 2등급 고기로 나뉜다고 한다.

'자연'에는 또 이런 의미도 있다. '사람의 힘이 더해지지 않고 저절로 생겨난 산, 강, 바다, 식물, 동물 따위의 존재, 또는 그것들이 이루는 지리적·지질적 환경.' 그러나 이 경우에조차 사람의 힘으로 지었거니 산속에 이룬 산사山寺, 강가의 원두막, 또는 강의 이쪽과 저쪽을 잇는 외나무다리, 바다 위 돛단배 등을 살풍경이라 할 수 있을까? 인공도 자연의 일부가 될 수 있는 실마리들이다.

또는 자연과 인공 사이에 아무런 간극 터울이 없을 수도 있다. 저 조선시대 현동자玄洞子 안견과 겸재謙齋 정선, 북산北山 김수철 등의 산수 명화들이야말로 산수 자연을 사람의 주관 속에 용해

시킨 인공이로되, 그들이 이법理法으로 삼은 자연에 못지않은 숭앙을 받지 않는가.

아니 어쩌면 인공의 그림이 그 자연보다 더 대접 받는다고 해야 할는지 모르겠다. 아름다운 대자연의 경개를 화폭에 옮겨 그린 그림을 '자연같다'라고 하지는 않는 대신, 오히려 화가가 넋을 놓고 선망해 마지않는 그 자연을 상대로 '그림같다'고 하는 이 역설의 탄상 속에서 어느덧 자연과 인공의 경계가 사라져 있음을 발견하게 되는 것이다.

옛 경전 『논어』에 근사한 말 하나가 있다.

> 文質彬彬然後 君子.
> 문文과 질質이 조화를 이뤄 빛이 난 다음에사 군자라고 할 수 있다.

「옹야雍也」 편에 나오는 글이다. 겉으로 드러내는 꾸밈이 사史요, 속에 품고 있는 본바탕을 야野라 하니, 이 두 가지가 조화를 이루는 것이 바로 문질빈빈文質彬彬이라고 하였다. '史'는 '잘 정리된 것'이며 '野'는 '자연 그대로의 것이다'로 설명해 놓은 것도 보았고, '史'는 세련됨, '野'는 생생함으로 현대 감각에 맞춘 쉬운 풀이도 있다.

'史野', 즉 문질이 다 갖춰져 아름답다는 말대로, 자연과 인공은 결코 어느 한 쪽이 절대 우월해서 둘 중 하나 선택해야만 하는 절대적 진리가 아니다. 자연은 자연대로, 인공은 인공대로 서로 우열이 없는 의당성을 지녀 있는 것이다. - 2008년 2월 -

삶은 재발견

삶은 끝없는 재발견이다.

어렸을 때의 내가 몰랐던 것을 조금 더 커진 내가 새로 깨닫게 되는 것 같은 것이다. 그렇게 조금 더 컸을 때 다 안다고 생각했던 일이, 나중 더 나이 들어서 낯 뜨겁고 계면쩍게 느껴지는 것 같은 그런 것인가 한다.

그렇게 삶은 새로운 나의 집적集積, 재발견의 파노라마이다.

그렇게 눈물 글썽이며 떠난 연인의 눈물….

헤어질 당시에는 몰랐던 그 눈물을 보다 세월 지난 어느 날 '아, 그거였구나!' 깨달았을 때 사람은 새삼 가버린 세월 따라 달라져 있는 자신의 모습을 확인한다.

지나온 인생을 생각하자.

20년 전, 아니, 10년 전이라도 마찬가지다.

지난 세월에 내가 끄적이던 글씨 자취를 보고 내가 아닌 것 같아 스스로 낯설거나 창피해 하는 나를 보듯 그렇게 시간을 타고 가는 삶은 되돌아보는 순간순간이 재발견이다. 사실은 일분, 일초 전의 나는 이미 일분, 일초 전의 내가 아니다. 이 순간의 나는 일초 전의 나와는 어느새 다르게 변해 버린 새로운 나인 것이다.

- 2008년 3월 -

사랑에 대한 간결한 정의

사랑은 '내게 아까운 것'을 주는 것이다.

이것이 여余가 생각하는 사랑에 대한 가장 간결한 정의이다. 내가 아끼는 것을 주는 것이라고 해도 무방하리라. 아무튼 그것은 아끼는 것, 아까운 것을 주고도 후회가 없는 것이다.

일말의 후회도 없어야 진정한 사랑이지만, 만약 주고 나서 일말의 후회가 남아돌망정 우선 줄 수 있었다면 그것도 나름 사랑이다. 아예 주는 행위가 이루어지지 못한 것과는 천양지차이겠기 때문이다.

그만큼 주는 행위는 중요하다. 중요한 정도가 아니라 이것 말고는 세상에도 달리 더 기준 잡을 수 있는 게 있을까 할 정도로 막중하다. 형식적으로라도, 마음이 없는 듯싶게라도, 또는 타의에 의해서든, 주었다고 하면 일단 그것은 사랑 영역의 맨 초입, 첫 번째 경계에는 진입한 것이다.

그러니 내가 누군가를 사랑한다고 속이고라도 싶으면 일단 주어야 한다. 주고 봐야 한다. 그래야 속여도 속일 재간이 있다.

주는 건 그렇게 중요한 것이다. 아니 그냥 중요한 정도가 아니라 지중한 것이다. 더할 나위 없이 무겁고 큰 것이다.

바로 내가 아는 누군가가 날 얼마나 생각하는지, 생각해 주는

지 알고 싶으면, 좀 더 욕심을 부려 그가 날 사랑하는지를 알고 싶으면, 알고자 한다면, 궁금해 죽을 지경이면, 다른 어떤 것도 볼 필요가 없다. 그가 내게 준 것을 돌아다보자.

그것으로 족하다. 다른 어떤 맘에 없는 달콤한 말도 거짓 위로의 말도 가려 볼 길 있다. 그가 내게 끼쳐 준 아까움의 크기를 보면 된다. 그것으로 가늠해 볼 길 있다.

꼭 주고 싶은데 그걸 건네지 못해, 건넬 방도를 찾지 못해 안타까운 경우도 세상에는 없지 않으리라. 혹은 주고 싶은 것이 혹 저쪽에서 소용에 닿지 않는 것일까봐 차마 망설이며 건네지 못하는 경우도 있겠고, 또는 값싼 동정이랄까봐 도와주지 못하는 상황도 없지는 않겠다. 하지만 그런 것이 아니라면, 언제든지 주고 싶은 이에게 줄 수 있는 손을 잡아 묶을 사람은 없는 전제에서 누군가한테 옷 한 벌을 선물받았다면 나는 그에게서 그만한 크기의 호의거나 보답을 받은 것이다. 누군가에게 사탕 한 조각을 받았다면 나는 그 누군가에게 사탕 한 조각 크기의 호의를 받은 것이다. 다만 이 경우 여러 사람에게 나누는 배급은 예외로 하자.

'미운 놈 떡 하나 더 준다'는 속담이 있다. 미워하는 것이 알려지면 뒤에 화를 입을 수 있어서 마지못해 떡 하나를 더 준다는 뜻이라니, 내가 혹시 건넨 자의 미운 놈은 아닌지 곰곰 생각해보자. 그의 경계 대상은 아닌지 되돌아보라. 하지만 그런 것이 아닐진대 그가 내게 베푸는 정도를 돌아보라. 반대로 그에게 줄 때의 내 마음이야 미워서 주는지 예뻐서 주는지 본인이 알 것이다.

역시 내가 다시 돌려받을 것을 염두에 두고 내는 계산적·의도적인 축의거나 뇌물성 희사 등은 빼기로 하고, 누구의 결혼식에 내가 낸 부조금의 액수는 내가 상대방을 어떤 비중으로 생각하는지 판단하는 꽤 신빙도 높은 척도에 근접될 만하다. 당연히 그걸 받은 상대방도 자신에 대한 상대방 생각의 비중이 그간 어떠했는지를 말미암아 거의 가늠하게 된다.

혐오스러운 배금사상이거나 물질 만능주의를 말하려는 것이 아니다. 오히려 전혀 반대일 수 있다. 왜인가? 역으로 인색하여 일푼도 내놓지 않음이 차라리 배금拜金일 수 있기 때문이다.

내가 아까워 연연하고 급급한 것을 그에게 얼마만큼 기꺼이 내놓고 있는지를 돌아보자. 관심과 호의, 사랑의 비중은 내가 내놓은 아까운 것의 크기로 결정되는 까닭이다.

다만, 거듭 강조하되 다른 어떤 이익이거나 반대급부를 생각하고 아까운 것 내놓는 따위는 끼워 생각 말자. 그런 것은 요사이 말로 '진정성眞正性'을 흐리는 일이기에! - 2008년 3월 -

누가 평등을 말하는가

도대체, 대관절 누가 인간의 삶에 평등을 말하는가?

세상은 공평치도 못하다고 누가 따지듯 말하는가?

인간이 신 앞에, 또는 법 앞에, 아니 다른 무엇의 앞이든 상관없겠다, 평등하다고 누가 주장하는가?

열심히 일하여 스스로 삶을 가꿔 가는 사람이 있는가 하면, 부모의 유산을 잘 챙겨 받아 빙빙 놀고먹는 사람이 있다. 아니, 말이 좀 과격하다고 트집을 잡히는 순간 진짜로 중요한 진실조차 도매금으로 침몰될 수도 있겠다. 그러니 조금 아닌 척 제스처라도 쓰는 인사들을 위해 이러한 경우도 설정해 두자. 그래, 부모의 유산을 챙겨 받았음에도 불구하고 일을 하고 있는 사람이 있다. 하지만 실제로도 유산은 생각지 않고 제대로, 열심히 일하는 자가 얼마나 될까. 목마르지 않은데 우물 파고, 배고프지 않은데 밭 갈 이가 몇이나 될 것인가. 옷과 밥과 집까지 아쉽지 않게 마련해주고 갔으니 일어나 귀찮은 동작을 하고 싶지 않을 것이다. 이는 꼭 어느 사람이 못돼먹어서가 아니라, 보통의 사람이면 대개 그럴 수 있는 하나의 인지상정일 뿐이다.

어떤 이가 불성실한 자식에게 턱없이 많은 유산을 남겨두고 갔다면 이는 자식더러 넌 남들처럼 괴롭게 일하지 않고서도 평생 먹고살 수 있으니, 기 펴고 살아가라고 가르치는 일에 다름 아니란 말은 참이 아닐까? 하물며 앨런 맥팔레인이 손녀딸인 릴리에게 준 편지 중 한 부분이라는, '나는 네가 어떤 인생을 살든 너를 응원할 것이다. 그러니 아무 것도 두려워하지 말고 네 날개를 마음껏 펼쳐라'라는 말까지 가세한다면 그야말로 목불인견의 험한 꼴까지 보고야 말 것이다.

그렇다고 해서 이 비판이 무책임하여 평생 일하기가 싫었거나, 아니면 아주 무능하여 자식에게 한 푼 남겨주지 못하고 세상 떠나는 사람들 쪽에 선 말일 수 없다. 제 대변인, 자기 편이라고 생각하면 오산이다. 게으르고 무책임한 부모의 초상 역시 평생 탐욕으로 축재만 힘쓰던 이들과 다를 바가 없는 막상막하, 난형난제의 아주 한심한 군상들인 까닭이다.

굳이 사람을 들어 얘기할 것도 없다. 일개 사물인 옷감으로만 비유해도 알 수 있다. 겉의 옷으로 만들어지는 천이야 땅바닥과도 문질러질 수도 있고 깨끗하지 않은 버스나 전철, 비위생적인 싸구려 선술집의 의자거나 소파와도 접촉을 면할 길은 없다. 하지만 속옷으로 태어난 천이야 어디 그런 위생적이지 못한 자리와 접문接吻할 일 따위 있겠는가. 그저 종일 주인의 보다 오염되지 않은 맨살과 부딪치며 하루를 보내면 그만이다.

또 같은 속옷인들 어디 또 그것이 공평할건가. 깔끔한 성품이라 잘 씻고 닦고 하는 사람의 속옷으로 팔려가는 천이야 요행이라 하겠지만, 평생 잘 씻지도 않고 누추하게 지내는 사람의 속옷으로 팔려 간 다음에야 어디 그 팔자가 앞의 것만 하겠는가.

옷감에만 팔자소관이 있는가.

개나 고양이거나 소나 말, 아니 무생물의 자동차인들 평등함이 있겠는가. 강아지로 태어나서 어느 강아지는 부잣집 귀한 자식처럼 호강을 누리며 살다가 인간 가족의 뜨거운 눈물과 함께 복된 죽음을 맞이한다. 그런가 하면 아주 딴판으로 또 어느 강아지는 변견이란 천대의 껍데기를 쓰고 나와 짧은 끈에 묶인 채 불결한 지스러기, 한겨울엔 찌그러진 그릇 속에 잔뜩 얼어 터져 굴러다니는 것을 밥이라 먹는다. 하루하루 영위타가 어느 해 여름날엔 솥에 들어 사철탕이란 해괴한 이름과 함께 몇 그릇의 탕으로 생을 마감하는가.

고양이도 마찬가지다. 어느 고양이는 가족처럼 이뻐함을 넘어 숭배하는 부유한 집안에 입양되어, 거기서 한평생 사람을 능멸하며 사람의 눈 위에서 오만하게 살다가 정해진 수명이 아쉽기만 한 삶을 지내다 간다. 거기 반해 어느 고양이는 도둑고양이의 더럽고 서러운 오명을 쓴 채 평생을 사람의 눈총 속에 이리저리 눈치 보며 살아가는가. 그러다가 어느 날 닥치는 질병 또는 그를 적대하는 인간의 화망禍網에 걸려 모진 삶을 끝내야 하는가.

구르는 타이어도 공사판 뾰족한 자갈돌과 부딪쳐 살이 에이는 고무가 있는 반면, 최고급 승용차의 타이어로 만들어져 미끈한 탄탄대로만을 구르며 다니는 고무가 있다.

같은 종이로 나도 명필·명화를 담아 인류의 선망을 한 몸에 받는 그런 종이가 있는가 하면, 천박한 화가거나 악동의 개칠 끝에 갈갈이 찢기어 사라지는 그런 서러운 종이도 많다.

하물며 지구상의 억조億兆 창생들이야 태어난 공간도 다르고 여건 상황 다 다른 천태만상의 운명으로 타고난 바에 어디 똑같은 삶이기를 바라겠는가. 누가 사람은 다 평등한 것이라고 했는가, 왜 세상의 공평치 않음에 의문을 품는단 말인가?

그런데 개와 옷감과 타이어와 종이야 인간이 아니니 그럴 수 있지만, 인간은 만물의 영장이니 인간의 의지에 따라 얼마든지 바꾸어갈 수 있다는 생각은 또 얼마나 어리석은 인간의 오예傲倪하며 자만한 발상일 것인가? 내 의지의 개입 없이 정해지는 존재들의 삶도 그렇게 공평하지 못할진대, 하물며 자신의 판단을 믿고 남보다 우위에서 살려는 인간의 욕심으로 무엇이 더 공평해질 수 있다고 미련 속에 붙들고 있단 말인가? 일단 빠졌다 하면 그냥도 가라앉겠지만, 하물며 빠져나오겠다고 몸부림치면 점점 더 빠른 속도로 깊이 빠져들어 가는 늪처럼….

그러면 또 응대할 수 있으리라.

개나 고양이의 세계야 인간이 그런 정도 관심 대상까지는 못 되는 분야이지만, 인간 세상이야 사람이 맘만 먹으면 얼마든지 공평하고 평등한 세상을 만들 수 있노라고. 그런데 만들 수 있었다면 인류의 지내오고 거쳐 온 역사가 얼만데, 웬일로 여태 그런 세상 만들지 못했는가? 아직 그만한 역량을 발휘할만한 세계적 인물이 도래하지 않아서인가? 평등의 대열에서 밀려난 인간들이 서로 합심치 못해서인가. 불평등이 억울했다면, 그래서 꼭 이것을 바꿔놓고 말겠노라고 맘만 먹었다면 왜 그렇게 하지 못했는가. 그보다 절박한 일이 없을 텐데, 왜 단합하여 세상을 바꿔 버리지 못했더란 말인가.

삼가 옷깃을 단정히 하고, 지난 인류의 역사 속에서 어느 시대가 평등 공평한 시대가 있었는지 묻노라. 있었다면 그 시대를 모범과 사표로 하여 그 방향으로 추진하면 될 것이다. 그러나 그 일이 맘대로 아니 된다? 인간에게 뜻대로 잘 안 되는 상황 있음을 인정한다는 뜻인가? 맘대로 안 되는 일이 있음을 인정하긴 한다면 바로 그 맘대로 안 되는 일 때문에도 인간은 인간의 뜻대로 공평등해질 수는 없는 노릇이 되어버린다.

세상은 정녕 공평등公平等해야만 하거늘.

사실은 그래야만 하는데….

결코 인간의 시간이 암만 흐른대도, 암만 둘 없는 인권가가 나타난다 해도, 예수 석가 공자 같은 성인이 다시 인류에 재림한다 해도, 지구가 암만 늙어가도, 또 암만 누군가의 절대 권력으로 세상이 바뀐대도 세상은 결코 절대로 그래질 수 없는 일이다.

왜 그런가? 앞의 말 속에 벌써 답이 있지 않은가?

성인이 있다 했는데, 성인이면 누구든 다 성인되어야지, 누군 성인되어 성인의 이름으로 후대에까지 숭앙을 받고, 누군 그저 그런 인간 군상으로 살다 죽는단 말인가? 공평치도 못하게…. 그러니 공평하자면 성인도 따로 있어서는 안 된다.

또, 권력의 경우도 그렇지 아니한가. 누군 권력 잡고 자신의 뜻대로 사람의 운명을 상당수 바꾸면서 사는데, 또 누구는 그 처분에 따라 내 삶의 질과 방향이 달라질 수밖에 없는가? 이렇게 천차만별한 사람 간 그 어느 틈바구니에 공평이란 대의가 기어들어가며, 거룩한 평등이 파고들어갈 자리 있으랴.

아아, '탁상공론'이란 말이 이미 인간이 사는 세상에 존재해 있었다. 그렇다면, 반드시 그 말이 쓰여 마땅한 자리가 있을진대, 어디 따로 국 끓여 먹을 딴 데이겠는가. - 2008년 6월 13일 作 -

《금오신화》와 〈사랑과 영혼〉

《금오신화金鰲新話》는 김시습이 쓴 한국 최초의 소설책이다.

김시습金時習, 1435~1493은 조선 세조 때의 시인으로, 자는 열경悅卿, 호는 매월당梅月堂·동봉東峯, 법명은 설잠雪岑이라 했다. 수양대군에게 저항한 생육신의 한 사람으로, 20살 때 겪은 정치적 파탄으로 인하여 승려 행색을 한 채 생애 대부분을 방랑으로 보냈으니, 공식적으로 이 나라 최초의 방랑시인이 아닐까 보랴. 그 과정에 자신의 분한과 우울을 학문과 문학에 담아 매진하였다. 그리하여 유儒·불佛·도道를 포섭 절충한 사상 및 뛰어난 시와 문장으로 한 시대를 풍미하였다. 그가 남긴 시문들은 오늘날 『매월당집梅月堂集』에 집중되어 남았다. 하지만 이 안에 들어 있지 않은 글 모음이 또 있었다.

김시습은 1470년 전후, 30대에 접어들면서 잠깐 방랑 생활을 중단하고 경주 금오산金鰲山에 7년 가량 칩거하였다. 이 사이에 '금오신화金鰲新話'라는 제목 아래 한 무리의 소설묶음을 썼으니, 〈만복사저포기萬福寺樗蒲記〉·〈이생규장전李生窺牆傳〉·〈취유부벽정기醉遊浮碧亭記〉·〈남염부주지南炎浮洲志〉·〈용궁부연록龍宮赴宴錄〉의 다섯 편이 그것이다. 어쩌면 전부 혹 20작품 쯤 되지 않았을까는 추정도 있지만, 현하現下 이 다섯 작품만 전해지고 있다.

표제의 뜻은 경주 남산인 '금오산金鰲山에서 쓴 새로운 이야기'로

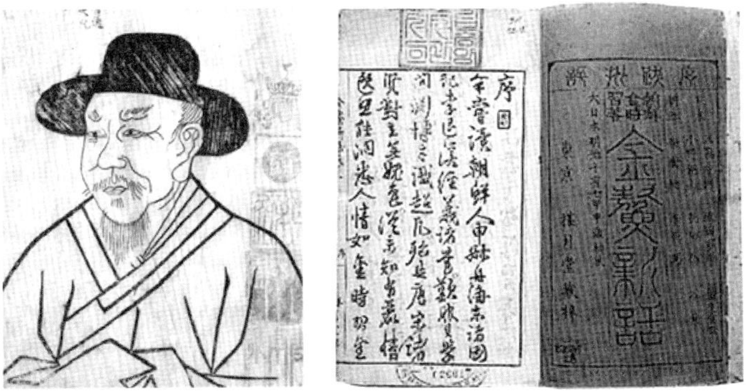

김시습의 자화상과 《금오신화》

풀 수 있다. 여기의 신화新話는 이전에는 없던 새로운 이야기란 뜻이다. 이 말은 그보다 약 반세기 앞의 명나라 구우瞿佑, 1347~1433가 쓴 《전등신화剪燈新話》에서 빌려온 표현이긴 했지만, 이미 그 안에 펼쳐진 내용은 애당초 조선의 빛깔, 한국적 독창의 경계였다. 이른바 '모방' 아닌 '영향'인 것이다. 게다가 그냥 산 사람과 죽은 사람과의 사랑이거나 환몽幻夢에 그치지 않고, 각 작품마다에 굵직굵직한 주제를 담아 놓았다. 말하자면 〈만복사저포기〉와 〈이생규장전〉 안에서는 그의 정치적 비분을, 〈취유부벽정기〉 안에서는 역사적 사유를, 〈남염부주지〉 안에서는 종교적 의중을, 〈용궁부연록〉 안에서는 문학적 자부를, 그 특유의 은유적 수법에 따라 잘 융해시켜 놓았기에 한갓 사랑 이야기거나 몽환담이 아니라는 것이다.

하지만 김시습의 주력 분야가 소설 쓰기는 아니었다. 그야말로 전공은 엄연 한시였으나, 그의 천재는 산문에조차 역량을 발휘하여 광세曠世의 명작인 《금오신화》를 짓기도 한 것인데, 그게 그만 뒷시대에 큰 의미를 남기게 된 것이다. 그가 울분을 풀어 보려고 한때 써보았던 작품이 후대에 한국 고전소설의 원조가 되고 신기원을 이룩할 줄은 작가 자신조차 예상치 못했으리라.

오히려 이 작품은 작가인 김시습의 운명이 불우하고 기구했던 만큼이나 순탄치 못한 역정을 겪었다.

이 작품《금오신화》에 대해 처음 언급한 사람은 희락당希樂堂 김안로金安老, 1481~1537였다. 오늘날 수필집에 해당하는 『용천담적기龍泉淡寂記』라는 책에서였는데, 김시습보다 고작 46년 연하로 그가 13살 때까지 김시습이 살아있었다. 그런 당사자가 한 말인지라 자못 생생한 정보라 할 수 있다. 그는 여기서 김시습이 이 작품을 완성한 뒤 '후세에 반드시 나 설잠雪岑을 알아주는 이가 있으리라'는 말과 함께 석실石室에다 감추었다고 증언하였다. 그 후 퇴계 이황의 수중에도 이 작품이 들려 있었던가 보았다. '매월당은 은밀한 것이나 찾고, 괴이함에 가까운 행동이나 하는 인사이다. 그가 지은《금오신화》같은 것은 높고 멀리 보는 견식이라고 할 수 없다'는 비판적인 평을 남겼기에 그러한 추측이 가능하다.

그 다음엔 그만 실종인가 싶었는데, 알고 보니 이 필사본이 어느새 일본으로 건너가서 1658년과 1884년 두 차례에 걸쳐 출판이 된 상태로 읽히고 있었다. 한참의 세월 뒤 육당 최남선1890~1957이 일본에 갔다가 이 사실을 알게 되었고, 바로 두 번째 나온 판[大塚本]을 1927년에 국내의 〈계명啓明〉이라는 잡지 19호에 소개하였다. 망명의 세월 끝에 고국에 돌아온 것이다.

1990년에 패트릭 스웨이지와 데미 무어가 주연한 〈사랑과 영혼

Ghost〉이라는 영화가 엄청난 화제와 반향을 불러일으켰던 일이 지금도 생생하다. 하지만 당시의 그 분위기에 나는 크게 개탄을 금할 수 없었다. 우리나라에는 이미 신라시대 사람들의 상상력으로 빛나는 생사 초월의 사랑 이야기가 얼마나 넘치도록 많은데, 그리고 뒷날 《금오신화》로 계승 발전되어 얼마만큼 깊숙한 기반으로 뿌리 내려져 있었는데, 고작 새로울 것 하나 없는 외화 하나에 저 난리로 열광하는지. 그야말로 등잔 밑이 어두운 정도가 아니라 자기 문화의 역량에 무지한 큰 어리석음이 아닐 수 없다는 생각에 아연실색하고 말았다. 그 뒤로 나는 내 강의 「옛소설강독」 수업 때면 잊지 않고 그 이야기를 한다.

자긍과 자부가 지나쳐버린 허황된 자만심도 봐 주지 못할 일이겠지만, 자기한테 든든히 내재된 잠재력도 못 본 채 남만 선망하는 그런 못난 모양도 한심하여 차마 못 봐줄 일이다. 지금 한껏 자랑해도 지나칠 리 없는 우리의 소설 한 작품에 대한 일독一讀을 권하는 뜻이 여기 있다.

하물며 이것이 누가 뭐래도 한국의 소설 문단에 맨 첫 발자국, 신기원을 이룩한 소설문학 일번지, 제1호임에랴!

- 2008년 11월 作 -

바하와 베토벤, 김정구와 남인수

바하와 베토벤은 학교에서 가르친다. 그래서 외국의 그 음악가들을 모르는 아이들은 별로 없다. 그러나 우리의 바로 앞 시대, 우리 아버지와 어머니, 할아버지 할머니와 더불어 애환을 함께 했던 남인수와 김정구, 황금심과 나애심을 아는 우리 시대의 아이들을 찾기 어렵다. 학교에서 알려주지 않기 때문이다.

서양에 프로이드와 니체 있음도 알고, 스티븐 호킹과 빌 게이츠, 스티브 잡스를 모를 리 있느냐고 떠들지만, 이 땅의 국학계에 양주동 박사와 이은상 선생의 존재도 알지를 못하고, 이가원 교수와 김동욱 교수 계셨음도 아이들은 알리 없다.

대관절 학교에서는 그 무슨 기준으로 무엇은 알려주고 가르쳐주며, 또 무엇은 그냥 넘겨버리는 걸까? 세계적인 사람이라 교과과정에 넣고, 한국 안에서만 훌륭했기 때문에 그냥 몰라도 그만으로 넘겨버리는 것일까?

그러나 꼭 그런 것도 아닌 듯싶은 것은 미술 시간엔 피카소나 모네, 르느와르도 소개하는가 하면 김홍도나 신윤복의 풍속화, 그리고 추사의 글씨와 대원군의 난초 그림까지도 설명해 보이지 않는가? 뿐만 아니라 문학 관련해서는 20세기의 소설가인 춘원 이광수 및 김동인 있음과, 시인 김소월도 일러 주고, 윤동주 있음도 일러 준다.

그런데 바로 같은 시대의 위대한 국문학자였던 무애无涯 양주동梁柱東 선생과 최고의 국문학자·한문학자인 연민淵民 이가원李家源 선생에 대해, 또 정상의 한국 문화 평론가인 이어령李御寧 선생에 대해 똑같은 가르침을 폈다고 얘기하기 어렵다.

그림과 문학이 학문보다 더 보편적이고 위대하다는 생각으로 그러는 것일까? 아니면 학문은 일반인이 접하기 어려운 것이라 그 대상이 한정된 까닭에 그렇게 한 것인가?

하지만 아이들에게 퇴계 이황과 율곡 이이, 다산 정약용이 알려져 있지 않은가. 그렇다면 암만 훌륭한 학자라고 해도 옛날 학자는 세워 알리지만, 지금 학자만큼은 그럴 수 없다는 말인가? 도무지 그 의중을 알 수가 없다. 혹은 학자들이 암만 훌륭해도 대중으로부터의 인기거나 또 그들에게 끼칠 수 있는 영향력 면에서 20세기 시인이나 소설가만은 못 미친다는 이유에서인가?

우리 할아버지 할머니, 아버지 어머니와 애환을 함께했던 근현대사 가요계의 큰 인물인 윤심덕과 김정구, 남인수와 황금심을 알지 못하는 일인 양 묻어두고 가는 교육이란 대체 무엇인가?

근현대 기준으로 같은 문화계인데도 시인·소설가들과 달리 학자나 대중문화 계통에서 취약한 현상을 보임이 감출 길 없는 엄연한 사실로 나타난다.

그림과 문학이 학문이나 대중가요보다 더 위대하다는 생각으로 그리한 것일까? 교육받지 못한 비지식인 계층까지를 대상으로 포함시킬 수는 없어서 그랬던 것일까? 대관절 누가, 무슨 기준으로, 무엇을 생각하고 그러는 것일까?

- 2009년 2월 15일 -

영화 〈적벽대전〉 - 실상과 환상 사이

본래 정사正史로서의 『삼국지三國志』는 3세기 후반 서진西晉시대에 진수陳壽, 233~297가 위魏·촉蜀·오吳의 삼국이 정립한 때(184년)부터 진晉나라가 중국을 통일한 시기(280년)까지의 역사를 기록한 것이다. '위서魏書', '촉서蜀書', '오서吳書' 합하여 총 65권 구성이다. 위나라를 정통으로 하여 '위서'에 본기本紀와 열전列傳을 두고, '촉서'와 '오서'에는 열전만 둔 것으로도 알 수 있듯, 승자의 논리에 입각해 쓴 글이다. 따라서 여기서의 제일 영웅은 당연히 조조曹操이다.

그런데 명초 14세기 후반의 나관중은 소설 『삼국지연의三國志演義』를 통해서 유비·관우·장비를 불세출의 영웅들로, 조조를 일세의 간웅으로, 주유는 제갈량을 시기하는 속 좁은 인물로 그려놓았다. 하지만 정사 안의 〈주유전周瑜傳〉을 보면 '주유는 성격이 너그럽고 도량이 넓어 누구에게나 호감을 받았다'로 기록되어 있다. 송나라 때 『자치통감』의 저자 사마광 또한 적벽대전을 언급하면서 특별히 주유를 높이 평가했다. 의연한 태도와 결단력 있는 지휘, 담력이 출중하여 적은 병력으로 강적인 조조를 크게 이겼다고 적고 있다.

나관중의 소설에선 주유가 제갈량의 지모가 뛰어남을 보고 국가적으로는 오나라의 우환거리요, 개인적으로도 그 재능을 시기한 나머지 그를 제거하기 위한 구실로 열흘 안에 십만 개 화살을 준비하라는 무리한 요구를 한다. 제갈량은 3일이면 충분하다 장담하고 기모奇謀를 써서 조조군의 엄청난 화살을 안개 속에서 받아낸다. 그리고 영화 〈적벽대전〉이 이 장면을 그대로 본받아 묘사했다. 마침 기모로 화살을 빌린 이 이야기가 정사 『삼국지』에도 있다. 그러나 이는 적벽대전 5년 뒤인 건안 18년(213년)에 제갈량이 아닌, 손권이 유수濡須에서 조조와 대치해 싸울 때 시행했던 전술로 기록되어 있다.

21세기의 종합예술가 오우삼吳宇森도 서기 208년에 있던 위·촉·오 삼국 사이에 일어난 적벽전의 역사를 배경으로 한 영화 〈적벽대전〉에서 주유의 이미지를 제일 비중 높은 배우 양조위梁朝偉 안에서 상승시켰다. 영화가 비록 주유의 관점으로 이야기를 진행했지만, 금성무金城武가 연기한 제갈량의 신비적 이미지를 아주 버리지는 않고 있다. 그리하여 적벽대전을 승리로 이끈 최고의 전술인 화공법을 제갈량과 주유의 합작으로 당연시했다. 하지만 정사正史『삼국지』가 알려 주는 진실은 따로 있다. 곧 적벽대전 화공 계획의 안案을 세운 사람은 황개黃蓋였으며, 그것을 주유가 허락한 뒤 다시 황개가 실행에 옮긴 것으로 적혀 있다. 다시 말해 제갈량이 화공의 계획에 참가한 그 어떤 흔적도 찾아볼 수 없다는 말이다.

역사적 진실과 예술적 허구는 언제든 맞물리는 관계이고, 풀기 어려운 실타래이런가? '실화'와 '설화' 사이는 '님'과 '남'처럼 고작 점 하나 차이라 재미 있다 하겠지만, 정작 '진실'이라는 문제와 부딪히면 계속 흥미 타령만 하기 어려워진다. 인기 있는 드라마나 영화의 고민이 여기에 있다.

- 2009년 11월 -

12월 초의 눈맞이 겨운 네온등

12월 초, 집 앞 주유소에서 기름을 넣다가 반대편 아크로비스타에 높이 걸린 반짝반짝 예쁜 네온등을 보았다.

'Happy New Year!' 순간 어린 아이 마음처럼 그 반짝반짝한 네온 장식에 설레임과 반가움이 잠깐 물결 친다. 고단한 하루의 우울을 밀어내고 난데없는 새 희망이 환상처럼 스친다.

해마다 연말 되면 사방 여기저기에 보이는 진부한 문구이건마는 단순히 되풀이되는 이 반가움은 무얼까? 같은 구덩이에 또 빠졌는데도 헤벌쭉 웃는 바보 같은 심사는 아닐까?

연말 타령, 왜 그리 서둘러 가는 걸까? 그리 앞서 하는 행위엔 뭔가 이유가 있지는 않을까?

정작 1월 되면 최소한 그 한 달 동안은 서로 복 많이 받으라는 소리로 귓전이 쟁쟁하다. 그리고 자칫 그 여운이 2월의 뒤늦게 서로 마주친 자리까지 가는 수도 있다. 3월쯤 들어서야 그 축복의 쟁쟁琤琤 괄이성聒耳聲이 사그라들고, 대신 '안녕하세요'라는 원래 주고받던 일상적 언어, 평소의 인사로 돌아간다. 어느 해든 변함없이 반복되는 풍경이다.

그렇게 3월 넘어가면 축복의 인사말이 사라지니 그때부턴 한 해의 복을 비는 마음을 그만 접은 것은 아닐까? 아니, 그럴 리 없다. 그건 너무 비참하지 않은가? 사실은 3월 지났는데도 불구하고 사람이 어느 한때 한순간만 상대방 복을 생각해 주고, 다른 때는 언제 그랬냐싶게 싹 잊어버려서야 못쓰지 하는 선한 본성을 안에다 감춘 걸까? 그리하여 3월에도 4월에도 아니 여름휴가가 한창인 7월과 8월에조차, 또 낙엽 떨어지는 가을에마저도 지난 1월에 가졌던 선심善心, 이 해의 복을 많이 받으라던 그 마음으로 사람을 대하는 것은 아닐까?

하지만 암만 생각한대도 명분 없는 일상에서 복을 생각하는 사람은 찾아 보기 난망할 것만 같다. 역시 3월 이후로는 사람들이 자기가 만나는 사람들 앞에 그 해 365일의 복을 빌어 주는 마인드는 사실 사라진 셈이다. 대신, 기실은 상대방의 안녕을 묻는 그 인사말 – 상당 부분 정말 안녕한지에 대한 배려나 궁금증으로 묻는 것은 아닐 수 있는 – 로 바뀐다. 그렇게 대체된 열한 달 가까운 시간대 안에서는 적어도 자기가 상대방에게 지난 1월에 보냈던 축복의 메시지 – 그게 본심이든 아니든 관계없이 – 를 까맣게 잊고 사는 것이 사람살이인 것이다.

그러다가 다시 12월 되면 문득 어느새 들뜬 상냥 모드로 전환되어 메리크리스마스를 건넨다거나 특별한 것 하나 내주는 양, 주변 누구보다 먼저 복을 선사해 준다는 인심으로 바뀌어 든다. 그리고 1월 들어서자 무섭게 다시 마주치는 사람들마다 환하게 웃으면서 '새해 복'을 주문처럼 외고 다니는 연말 연시의 풍속도. 그러다 때 지나면 다시 사그라들고…. 반복과 순환의 인간 사회 풍경이다. 들뜬 상냥 모드와 평소 모드의 차이는 백화점의 정기세일 및 특별사은세일 기간 안에 기대되는 쇼핑의 만족도가 세일 아닐 때의 기분 상태와 대조되는 차이 그 이상이다. 혹은 생일상 차려 받은 날과 그로부터 며칠이 지난날 받는 대우의 달라짐

이상 간다 할는지.

그러니 필경 저 반짝이는 네온사인이 걸리기 시작한 풍경이 의미하는 것은 특별 이벤트 없이 영위해 온 지난 몇 달보다는 훨씬 상냥한 사람들의 얼굴이며 말씨들을 시청할 때가 바야흐로 임박했음에 대한 공식적 예고인 것이다.

해마다 어리석게도 반복되는 그 동화 같은 반짝거림 앞에 괜히 마음이 설레는 데는 겉으로 차마 인지 못했던 나름의 이유가 있으리라. 지난 한 해가 힘겨웠다면 이제 내년에는 운세가 좀 달라지려나 하는 기대감이 무의식 속에 자리잡고 있을는지 모른다. 하지만 그 외 지금 예상해 보듯 우리 주변 사람들의 상냥 모드를 다시 볼 수 있게 되었다는데 대한 암시와 묵시의 이유도 마저 있는 것은 아닐까고 혼자 가만 생각해 본다.

그런데 정말, 진정으로, 어쩌면, 만에 하나일망정 난만한 꽃에 시름하는 봄날에도, 무더위에 시달리는 한여름에도, 낙엽 져 처량한 가을 그 시간 안에서도 서로의 복을 빌어주는 한결같음을 유지하며 살 수 있는 사람의 마음 자세, 그러한 마인드는 정녕 기대하기 어려운 것일까?

- 2009년 12월 8일 -

종이, 종이책, 전자책

종이책 일만 권을 담아낼 뿐 아니라 메모, 줄긋기, 검색 기능마저도 자랑하는 전자책의 유혹은 나날이 높아만 간다. 이제 진정 인류의 기록 방식은 과연 그 매체를 달리할 것인가?

때 맞춰 종이의 기원설도 근자에 흔들리고 있다. 곧 종이는 채륜蔡倫보다 이삼백 년 이전에 존재했고, 그리하여 후한의 채륜이 종이의 발명자가 아니라 개량자라는 설이 갈수록 우세해 가는듯한 분위기이다. 하지만 최소한 채륜 종이의 공식 연도 기준인 A.D.105년에서 헤아린대도 종이의 역사는 무려 2,000년을 내다보고 있다. 그렇게 종이가 탄생하는 바람에 오랫동안 책의 역할 소임을 다해 왔던 대나무 책인 죽간竹簡은 어느 날 그 자리를 종이책에게 내주고야 말았다.

그리고 종이책은 의연히 이천 년의 권좌를 혼자 차지해 왔다. 그런데 그 옛날 죽간책의 시대를 마감시킨 그 종이책이 바로 오늘 우리 시대에 또다시 전자책(e-book)의 등장으로 인해 좌불안석, 그 위상을 위협 받고 있는 상황에 처해 있는 것이다.

이 새로 나타난 갈림길 앞에서 적지 않은 이들이 종이책의 운명에 대해 예언을 한다. 그런가 하면 다음 글에서처럼 애틋한 연민의 정을 표하기도 한다.

우스갯소리로 도구로서 책의 유용성을 얘기하는 사람도 적잖았다. 하숙생 시절 친구 여럿이 둘러앉아 책 위에 올려놓고 후후 불며 먹은 음식 맛을 아직도 잊지 못하는 사람이 많았다. 월급쟁이들은 비자금 은닉처, 숨은 지갑으로 책을 애용했다고 말했다. 무심코 옛 책을 뒤적이다 만 원짜리 몇 장이 흩뿌려질 때의 행복감을 잊을 수 없더라는 얘기다. 봄, 가을엔 꽃잎과 낙엽을 책갈피에 껴놓아 그 해의 내 마음을 감춰놓았다는 사람, 헌책방 책에서 옛 친구 이름을 발견하고 상념에 젖었다는 사람도 있었다.

– 2008년 11월 8일자 다산포럼, 민병욱의 〈종이책은 죽지 않는다〉에서

다만 좀더 세사細思건대 종이책의 운명과 종이의 운명이 같은 상황을 겪는다고 보기는 어려울 것이다. 다름 아닌 '종이책'은 보다 상위적 개념인 '종이' 존재의 일부분에 불과한 까닭이다. 종이가 인류 문화에 끼치는 그 광범위한 영향은 하필 종이책 한 가지에만 국한하지 않았다는 뜻이다.

3년 째 〈묵가〉라는 서예 월간지에 '문방열전'이라는 큰 제목하에 문방사우 내지 연적 등을 주인공으로 삼은 의인열전들에 대해 연재하고 있다. 그런데 여기서도 붓·먹·벼루·연적들은 하나같이 서화의 쓰임새 이상을 넘어갈 수 없는 것이지만, 종이는 그 용도를 훨씬 초월하여 있음을 실감케 된다.

종이를 사람인양 의인화한 이첨의 〈저생전楮生傳〉이거나, 중국 명·청 시대의 종이 의인작인 〈저대제전楮待制傳〉·〈저선생전楮先生傳〉 등에서도 종이의 용도는 하필 책 한 가지에 국한돼 있지 않다. 이를테면 역대 명필의 글씨를 담은 화선지畫宣紙, 불망기不忘記, 시를 적어 담은 쪽지인 시전詩箋, 관리나 장사꾼의 회계 장부, 밀서, 우산과 양산, 문풍지, 부채, 화선지, 가리개, 정치 외교

문서 등등, 그 쓰임새와 구실은 인간의 삶 속에서 찾으면 찾을수록 많기만 하다. 그리고 그 용도는 시대를 따라 변신을 거듭해 왔다.

이러한 다양함 말고도 종이는 인류에게 끝도 없이 온화한 감성의 메시지를 안겨 주었다. 마음이 담긴 쪽지, 눈물 자국 아롱진 편지, 세월을 간직한 오랜 일기장, 애정으로 접어 준 종이학이거나 종이배, 미혼美魂이 배인 글씨와 그림, 한여름 더위 때 생청풍生淸風하니 운치가 배인 부채, 부모님께 물려받은 주머니 속 한 장 사진, 안온한 식탁 받침, 묻은 것 닦아주는 티슈와 냅킨, 한눈에 보는 달력, 하다 못해 화장실에 없었다간 황당한 휴지 등등을 디지털이 감히 대신할 수 없다. 오직 아날로그 실물의 종이만이 베풀어 줄 수 있는 고귀한 선물인 것이다.

그리하여 어떤 미래에 혹 종이책이 전자책에 밀려나는 기막힌 일을 당하는 상상을 한 번은 해 본다. 보다 극단적으로는 우리 생활 깊숙한 곳에서 함께 호흡하며 살던 모든 종이들이 서서히 이 세상에서 자취를 감추는 일도 한 차례 각오해 본다.

그런데 그 느낌은 영 낯선, 차가운 꿈만 같아 보인다. 과연 디지털 금속의 전자 제품들이 오랜 세월 종이들이 우리 인류에게 선사한 따스한 휴머니티의 체온마저 고스란히 전해줄 수 있을까.

- 2010년 4월 8일 -

20대에 꼭 해 봐야 할 일

올해 늦가을 내가 재직하는 대학의 한국어문학부 편집부에서 문득 '20대에 꼭 해봐야 할 일'이라는 제목의 글을 요청해 왔다. 나의 20대가 저 아득한 수고邃古 때의 일로만 느껴져 막연함이 컸지만, 애써 표제에 맞는 글을 만들어내고자 내 딴에는 제법 침사沈思 끝에 몇 행 써 보았거니, 이하는 그 결과물이다.

연전年前에 『20대에 꼭 해야 할 일 46가지』라는 책이 있었다. 이 안에 제시한 요지가 볼만하니 열거하면 이러하다.

> 신용 쌓기 / 생의 목표 정하기 / 조언자 두기 / 금전출납부 / 정신적 독립 / 칭찬하기 / 취미를 장기로 삼기/ 『탈무드』, 『성경』, 『논어』 독서 / 집중력 훈련 / 실패 딛고 일어서기 / 담배 끊기 / 예의 갖추기 / 작은 일부터 충실하기 / 싫은 일 극복하기 / 결과에 승복하기 / 젊어 고생하기 / 여유시간 활용 / 발상을 전환하기/ 자기에겐 엄격, 남에겐 관대하기 / 평생 스승 찾기 / 일기 쓰기 / 아침형 인간되기 / 실패에 변명 않기 / 논리적 사고 / 인맥 쌓기 / 프로다운 자세 / 자기 일 즐기기/ 뭉치기 / 유서 써 보기/ 상층 문화 접하기 / 남을 섬기기 / 자신의 성격유형 파악 / 해외 체험 / 정도를 걷기 / 마무리 철저 / 대인 스피치 연습 / 매사 치밀하기 / 조급하지 않기 / 간절히 원해 꿈 이루기 / 클래식 듣기 / 미술관 박물관에서 배우기 / 현장 분위기에 들기 / 여행 / 극기 훈련 / 내 도움 필요한 곳 찾아 봉사하기 / 수집하기

하나하나 약석藥石이 되는 지침 아닌 것이 없으나, 단지 장황한 게 흠이다. 게다가 다시금 면밀히 점검해 보니 이상의 메시지가 하필 20대의 나이에 국한하여만 절실한 내용이랴. 20대에 이것의 실행을 놓친 30대거나 40대들 앞에도 고스란히 통할 언어들이 상당수 포함되어 있음이 포착된다. 심지어는 '가장 늦었다고 생각하는 때가 빠른 때'란 낙천적인 격려와 함께 50대, 60대에게조차 권장한다손 얼마든지 고무적鼓舞的인 금언金言들이기도 하다. 비록 그러하나 빠르면 빠를수록 더 좋은 것임엔 분명하니, 우리 20대의 피 끓는 청춘들은 하루라도 당겨, 하나라도 더 나의 수중에 확보해 두자.

다만 위의 것이 다소 번다하다고 느끼는 20대의 젊은 학우들이 보다 간단히 말해 달라고 한다면, 나는 다음 두 가지를 이 시기 안에 체득體得할 것을 극력 추천한다. 이때의 체득이란 '뜻을 깊이 이해하여 실천으로써 본뜸'의 뜻. 몸에 단단히 배게 함이다. 생활화요, 습관화인 것이다.

그 첫째는 기록(Record)의 생활화이다. '기록은 기억을 지배한다'는 말처럼 제아무리 기억의 천재라도 기록을 이길 수는 없다. 살면서 섬광처럼 찾아든 착상이, 꽃술 위 나비의 머무름처럼 날아가 아깝고 안타까울 때가 있다. 우리가 무슨 시험이든 치룰 때 강의 중 들은 내용만 기억해서 시험에 성공 대응할 수 있는 이가 누구인가? 교재 및 중요한 메모를 반추 학습함이 필연인 것이다. 기록의 힘인 것이니, 20대부터 쌓아가는 기록은 그대로 나만의 무가無價의 보물, 내 인생의 생생한 역사서이다. 만약 먼 훗날 나의 문집이나 자서전을 만들고자 할 때도 남겨 온 기록들은 훌륭한 사초史草가 된다.

그 둘째는 건강(Health)의 습관화이다. 이는 백년대계를 위한 건강 프로그램의 기반을 확보하는 값진 행위이다. 자유로운 20대에 평생 건강의 기초를 다져두는 경우와 그렇지 않은 경우를 생각하자. 지금은 인생에서 한창 혈기 왕성한 시절이라 스트레스와 술·담배·기타 유해한 모든 것이 우리 몸을 공격해도 끄떡없는 양 보인다. 하지만 인간의 몸은 자극에 대한 고스란한 수용의 실체이다. 함부로 괴롭힌 만큼 우리 몸 깊숙이 그대로 축적하고 기억해 둔다. 역으로, 몸에 맞는 운동을 찾아 좋은 에너지를 불어넣고 저축하여 줄 때 이 기운을 선사 받은 몸은 그만큼 든든한 삶으로 보답한다. 이런 일이야말로 'The sooner, the better'인 것이니 그 발판 구축을 위한 최상 찬스, 최선의 시점이 내년이겠는가? 아님 3,40대이겠는가? 바로 지금, 20대인 것이다.

- 2011년 11월 6일 -

03

서문 序文

[서문]

「제5회 한성서도전」에

문방사우가 실생활 속의 밀접한 언저리에서 수용須用되었던 지난날 시절에도 오히려 서書는 한층의 아름다움을 추구하는 예藝의 차원으로 인지되었고, 한 걸음 더 도道의 경지로까지 존숭받았던 것이 엄연한 진실이었던 것이다.

하물며 문필의 수단과 이기利器가 판이해진 오늘에는 그 임리淋漓하고 애연靄然하니 고운 묵흔墨痕과, 혹은 용사龍蛇가 비등飛騰하니 지면을 덮는 힘의 필치가 더더욱 안타까운 향수될 밖에 없겠다.

다행히 우리 학교에도 남다른 호고인好古人들에 의한 각별한 지취志趣의 숨결 부음으로 말미암아 꿋꿋이 그 꺼지지 않는 빛을 발하고 있음은 갸륵한 노릇이라 아닐 수 없겠다.

왕양汪洋한 예도藝道의 물결을 타넘어 출범한 한성 서도인들이 이 새론 봄에 다시금 다섯 번째 서전書展을 맞이하는 태세가 가도록 의욕에 넘친 데 힘입어 여기 몇 자 무어蕪語로써 감히 격려의 사辭를 표하려는 것이다.

- 1984년 5월 -

「제6회 한성서도전」에

생각사로 지난 여름의 태양은 처절토록 잔혹하였다. 인간의 어지간한 창조적 정열조차 침몰시킨 대자연의 무자비 횡포임이었다.

그러나 이다지한 횡포도 한 눈으로 넌짓 보아넘긴 채 그냥 문자文字의 행로난行路難을 거듭하였던 무리가 있다. 그들은 염천炎天의 태양보다 더 뜨거웠고, 한동寒冬의 얼음장보다 한층 냉정하였다. 그리하여 여기 그들은 중절中絕없는 의지의 결산을 방금 보기에 이르렀다.

이제 이 작은 서장書匠들이 이룩해 놓은 혈한血汗이 어린 작품들은 들끓는 도가니 속에서 최종 건지어 낸 시련의 산물이기에 한결 값지다.

신량新凉이 스미는 교허郊墟의 일우一隅에 서서 그 여름의 짙은 땀방울로 아로새긴 과시果是 혈한의 결정結晶 앞에, 대견한 감개의 눈빛으로 혹은 부끄러움으로 바라다보리라.

그러나 성장의 마당에서 얼마간의 교졸巧拙 쯤이야 그들 의지의 한줄기 영롱한 빛 앞에 무슨 대수일 것이랴! 여름을 삼키고 옹골찬 가을을 토해 내는 그들의 앞에….

이에 서슴없이 보내는 찬사와 동시에 일비一臂의 독려를 아끼려 않는 것이다.

- 1984년 10월 -

「제7회 한성서도전」에

녹음방초가 꽃 시절보다 낫다는 계절의 5월, 자연을 닮아 사는 사람의 속에도 어느 결엔가 맥박의 뛰놂을 듣는다.

그러면 문자예文字藝를 갈고 닦는 이, 우리 동호同好 마묵자磨墨子들의 붓끝 또한 한결 유창流暢해지리라.

때마다 문득 추사의 이른바 서권기書卷氣며 문자향文字香의 의미가 새롭게 스치운다. 서書란 한갓 모방이거나 조탁彫琢의 재간이 아님을…. 이런 뜻에서 학學을 한데 아우를 수 있는 우리의 묵객墨客들은 그 얼마나 다행한 일이랴.

세월의 윤전을 타고 다시금 맞이한 일곱 번째 예藝의 제전祭典! 그 속에 한성서도회의 춘추도 높아만 간다.

- 1985년 6월 -

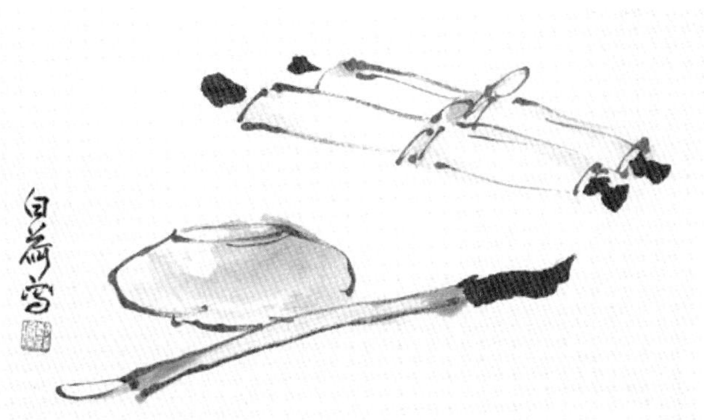

白荷 정채경의 〈滋蘭室淸趣〉 部分

『龍池』에 부쳐

우리 국문과 문학도들의 실험 무대인 용지龍池가 어느덧 제 3호에 들어섰다. 아직은 세 살 박이 어린 용이나 한 해, 또 한 해 착실하게 자라나는 품이 예사가 아니어서, 일년 만에 문득 대하여 본 모습이 벌써 작년의 그 크기는 아니다.

안으로 조용한 듯하나 움직임은 훨씬 활발을 띠고, 몸의 빛깔 또한 윤색을 머금으니 인광鱗光의 은은함이 일구월저日久月儲에 새로움을 더한다. 이른바 신생新生 프레시맨들의 대거 참예參預도 기왕에 보기 드물었던 참신한 변화라 할까, 기꺼운 변신임에 틀림없었다.

해를 달리하며 몰아오는 이같은 의욕적이고 산뜻한 변화들이 연도를 거듭하게 될 때에 마침내 적년積年의 공도 이루게 되리란 것을 믿어 의심치 않는다.

용연龍淵에 몸을 담은 이들의 시와 소설, 수필이며 논설들을 훑어보매 하나같이 정열이 살아 꿈틀거림을 느낀다.

시는 아무나 쓰는 것이 아니라지만 그들의 정열은 그것을 따지지 아니했고, 수필은 쓰기 가장 쉬운 것이라지만 이들의 일자일구一字一句는 그렇게 쉬워 보이지만은 않았다. 소설을 짓고 논평을 짜는 일 모두가 그들에게는 필경 쉬우면서도 어려운 작업들이었을 것이다.

이러한 정열과 노심勞心이 한데 모두어져 이룩된 글 모음일진대, 이에 격려하는 뜻을 전한다.

마침 올해는 무진戊辰 황룡黃龍의 해이다. 용이 여의주如意珠를 얻은 기상으로 본지本誌도 이에 승세乘勢하여 문예 발전의 큰 계기가 될 것을 기대한다.

그리하여 사슴을 닮은 용의 뿔처럼 향그럽고, 귀안鬼眼을 연상케 하는 용의 눈처럼 형형炯炯하며, 소를 방불케 한다는 용의 귀처럼 순박한 모습! 그것이 용지가 꿈꾸는 오늘, 그리고 내일의 초상이기를 바란다.

- 1988년 2월 -

『한국가전문학선』 自序

한 편의 저술이 그 자체 완성의 선언은 아니며, 또 첫 술에 배부를 리 없다는 변명과 위안을 늘어놓는다 손 치더라도, 이번의 기획은 애당초 무모한 시도에 따른 한갓 미숙하기 그지없는 미완성품이라고 밖엔 느껴지지 않는다.

고백하거니와, 이는 한낱 부끄럽기 그지없는 자괴自愧의 산물이다.

스핑크스의 풀리지 않는 수수께끼 같은 대목, 혹은 미궁迷宮을 더듬고 오지奧地를 헤매임 같은 부분과, 하도 운심雲深하여 그 어드메를 짚어야 좋을지 몰라 망양亡羊의 탄식 속에 서성거리던 순간이 있었는가 하면, 캄캄한 암담의 벽에 부딪히는 때도 있었다.

그같은 난항難航 중의 그만한 불비不備 가운데도 이 대단찮은 역사役事나마 못내 단념치 못하고 만 것은, 딴으론 최소한도 우리 가전사假傳史 맥락의 대체大體 만이라도 세워 보아야겠다는 절실의 욕구가 진작부터 가시지 않던 까닭이었다.

우리의 가전은 그 자체 사史로서 성립할만한 너끈한 터전을 구유具有해 있던 것인 바, 이는 단순히 물량만으로 말할 뿐 아니라, 그 작품마다가 지니는 골계·풍자 등 질적인 측면, 즉 문학성을 아울러 감안해 본 결과로서 그러했던 것이다.

여기에 실린 25가家 30품品의 저작 가운데 대종을 이루는 것은 역시 외연성을 띤 교훈 및 언어의 이중구조 속에 내포된 풍자가 될 터이다. 더 아래로는 단순한 유희적 농문희필弄文戲筆인 양 보이는 것에서부터 높게는 도문선답道問禪答 형태의 고답적 문장에 이르기까지 종횡무변, 그 작의作意는 넓은 폭에 걸쳐져 있음을 보았다.

의인화의 대상으로 삼은 소재 또한 동·식물은 물론이고 일반 사물 등에 두루 관심하였는 바, 심지어 남녀간 성기의 의인화가 이에 등장하였는가 하면, 반드시 구체적 대상 뿐만은 아닌 추상적인 대상도 없지 않아 형이상의 인간 심성을 인물로 형상화하는 등 골고루한 확대를 보여주었던 것이다.

한편 붓·꽃·술·돈·담배 등에 관한 한, 똑같은 소재를 두고 두 가지 이상의 작품이 남아 선후간의 계통성 및 계보성을 형성하므로, 이에 상호간의 대조가 또한 무시하지 못할 부분으로 남는다.

여기에 옮긴 30개 작품은 연민淵民 이가원李家源 박사의 편저인 『여한전기麗韓傳奇』 가운데 의인 전기擬人傳記인 가전假傳에 해당하는 것만을 모두 뽑은 것이고, 시대적인 배열도 일단 궐편闕篇 그대로를 준칙하였다. 물론 우리 가전의 유산이 이만한 정도로 한정됨은 아닌 것이요, 모름지기 계속하여 발굴될 것으로 믿는다. 그런 의미에서도 본편은 결코 완성의 결산서決算書일 수 없고 한 가지 종種의 중간 보고서다운 것이다.

또, 이 가운데 약 과반수는 기왕에 적어도 한번쯤 번역을 본 것이지만 검토의 도정에서 같은 문맥, 동일한 사의辭意로 통하는 것은 커니와, 여타의 부분에 당해서는 수사修辭뿐 아니고 오히려 석의釋意를 전혀 달리한 국면이 적지 않았음을 밝혀둔다.

이 외람된 작업을 펴면서 마음은 무겁다. 어지러워 난마亂麻와 같은 터무니도 없는 오류, 혹은 기막혀 웃지도 못할 넌센스의 작출이 얼마일까 하는 자의自疑와 공구恐懼의 념念 때문이다.

그런가 하면 다른 편 한 구석엔 흡사 광풍光風·제월霽月마냥 쇄락한 심사마저 저버릴 수가 없으니, 그 까닭은 차제에 이것이 혜명慧明하신 노학老學의 형안에 닿고 현철한 대방가의 관심에 미쳐서 마침내 미몽을 거두는 준엄한 질정과 소중한 주타珠唾를 한껏 받을 수 있을 호기好機로서 기대하기 때문이다.

끝으로, 황잡荒雜한 원고의 출간을 위해 도와주신 정음사 여러분에게 감사의 뜻을 새기는 바이다.

1984년 7월
夢碧山房에서
金 昌 龍

『한중가전문학의 연구』 自序

이 책 상자上梓의 무렵에 연민 선생님이 새로 백곡栢谷 김득신金得臣의 가전假傳 두 편을 보았노라 일러주신다. 놀랍고 반가운 마음에 더 여쭈었더니 하나는 술의 〈환백장군전歡伯將軍傳〉 가전이요, 다른 하나는 부채의 의인 가전 〈청풍선생전淸風先生傳〉이라신다. 저일這日, 댁에 들렀다가 문득 생각이 나 청하매 허연詡然히 보여주시는데, 두근거림 속에 보니 과연 비장秘藏의 사물 전기가 새로운 면모를 뽐내고 있었다.

이 장르, 가전은 그 경계가 따로이 없어 이렇듯 전혀 참신한 소개의 과정 한 가운데 놓여있고, 앞으로도 이러한 과시를 거듭해 보일 것이 틀림없다.

이렇게 생각하면 여태까지 고작 고려 가전 몇 종류만으로 국축해 있던 양상이 그 얼마나 답답했던 것인지를 새삼 절감케 된다. 실로 임춘과 이규보, 이곡이며 혜심 등 이상은 더 갈 수 없는 마지막 담장인 양 굳게 막혀있던 그 벽을 터버리면 거기 조선조 가전의 넓고 새로운 경계가 환하게 펼쳐져 있음을…. 그것은 마치 도연명의 〈도화원기桃花源記〉에 나오는 무릉도원武陵桃源의 이야기인 양 하였다. 하물며 중국 문학의 경우에 이르면 통시적인 체계는 커녕 아예 장르 분속에 대한 인식도 별반 없어 그야말로 황무지를 연상케 할 만큼 거의 버려진 채 있었다.

그러나 이도 장차 거두기만 하면 옥답沃畓의 터전이 되기 충분한 토양임을 믿어 의심하지 않는다. 아울러 필자는 우리 문학과 중국 문학의 한 언저리에 이같은 무릉武陵과, 이같은 옥토沃土 있음을 세상에 널리 알린다는 사실만 가지고도 이 일을 하는 스스로의 보람을 찾고자 다짐한다.

비록 그렇다 해도 고작 몇 날 머무른 어옹漁翁의 눈빛으로 도원桃源의 경색景色이며 위항委巷의 동서東西를 이루 극목極目할 수 있으랴. 혹 어리석은 어부 노릇이 두려운 것이다.

그런 가운데 다시 이 가전의 세계가 도화원의 경계와 다른 점이 있다면 외인外人이 알까 꺼릴 일도 없을 뿐더러, 얼마든 왕래가 자재自在한 터전이란 것이다. 그러므로 앞으로도 기왕에 그릇 새긴 인상이 있다면 바로잡을 수도, 또 천맥阡陌의 구석구석까지를 일일이 누벼 외울 수도 있는 기회가 얼마든지 앞에 놓여있는 것이다. 이는 다름 아닌 개별적인 작품의 전개를 예고하는 것임과 동시에, 필자의 다음 차례를 기약하는 뜻이기도 하다.

이 형태의 문학 자체를 위해 엄연儼然한 단독 장르의 집을 지어주고자 애쓰던 동안의 고투孤鬪와, 그 옛날 이 문학의 산책로를 지났던 선비님의 발자취를 더듬고 캐어서 그들이 필경에는 건너갔음이 틀림없는 그 나루를 발견했던 순간들의 기쁨 등을 잊을 수 없다.

1985年 6月 夏至日

汝矣堤 白江陋舍에서

金昌龍은 쓰다

『丁民 정연길 교수 화갑기념논문집』 賀序

1950년대, 옥설玉雪처럼 수려한 양자樣子로 시단詩壇의 풍운을 새롭혔던 우리의 시인 정연길鄭淵吉 선생께서 어느덧 오늘은 갑연甲宴을 마주 대하시는가 한다.

이제, 선생의 청춘시절 고왔던 용안容顔에도 시러곰 노시인의 숨은 시름만같은 주름살이 그만큼한 광음光陰의 자취를 숨기지 못하였고, 선생의 반백斑白 얼마간 흐뜨러진 머리카락의 그레이는 세월을 뒤두고 왔어도, 이마적 선생의 금수장錦繡腸이 이뤄놓으신 멋과 정치情致가 넘치는 주옥의 시편들이여. 그리고 여즉도 변치않을 손 하늘의 무지개 빛과 백설白雪의 흩날림에 흔들리는 들뜬 순정은 다시금 육십 청춘을 다잡아 계심만 같아 저으기한 행幸을 느낀다.

'生涯酒一杯생애주일배'란 말이 있다. 어쩌면 선생의 풍정風情을 새기어보랴 하고 생겨난 표현도 같고, 어쩌면 당신 스스로조차 잘 자각 못하시는 겨를의 인생관이 이쯤에 있지는 않을까 생각 드는 말이기도 하다.

삼간두옥三間斗屋이 선생의 거소居巢이다.

선생에게는 오랜 세월 묵어 낡아진 시책과 문예지 몇 시렁, 그리고 곁에 두고 완상하실 초화草花 서너 분盆이면 그뿐, 그밖에 자신을 위한 이재理財를 생각지 아니하셨다. 그만큼 허영에 물들어 얽매이지 않으심인가.

카랑카랑하나 결코 모질지 못한 것이 선생의 소리이다.

그의 제자는 물론이려니와 시정인市井人 누구나와도 대화가 자연스런 이 시인에게 〈시인과 시민들의 대화시간〉이 문단 앵천鶯遷의 첫 계기가 되었음은 너무도 당연한 숙명같은 것인가!

선생께선 당신의 시를 묻는 이들에게 〈시인과 시민들의 대화시간〉외에 언제든 〈기상통보〉를 이야기하고, 〈온실溫室〉 등을 잊지 않는다. 그의 시의 경계境界에 관해, 초기의 주지적主知的 경향이 차츰 서정의 세계로 전환하였다고 평하기도 한다.

하지만 그것이 대표작이든 아니든, 혹은 주지적이거나 서정적이거나를 막론하고 그의 시집을 읽어 가노라면 갈피 또 갈피마다 어김없이 살아 전개되는 멋스런 풍치風致가 있다.

나는 언제든 선생의 시를 대할 때면 너른 평원 사이의 에굽어 벋은 한갓진 길을 늘씬하게 가르며 달리는 듯한 삽상颯爽한 기분에 젖곤 한다.

선생의 시 이렇듯 탄탄하였으니, 그 분이 가시는 앞으로의 행로 또한 그렇게 밝고 왕양旺洋하지 아니하랴.

선생이시여!

일신이 비록 선선한 학처럼 수척하시나, 고고하며 깨끗한 학과 더불어 등년等年하소서.

겨울 소나무 비록 교교히 홀로 외로우나, 그 솔도곤 더욱 오래고 푸른 만수萬壽를 누리소서.

그리고 이제, 깊은 염원으로 드리는 청복淸福의 무강주無疆酒 한 잔을 받으소서!

1988년 2월
김창룡 삼가

『우리 옛 문학론』 머리말

여기, 우리 한국의 옛글과 이야기며 노래 속에 담긴 숱한 의미들의 한 가닥이라도 손끝에 붙들어보고자, 나름으론 제법 둔재를 혹사하고 일월을 소모시킨 나머지의 비박菲薄의 글 10편을 모두어 한자리에 놓고 일컬어 『우리 옛 문학론』이라 했다.

이는 가장 담박淡泊하고 별 육중치 못한 명칭인 듯하나, 내 한편 생각에는 그런대로 친근미 있고 소박한 느낌이 들어서 싫지 않은 이름이다.

하긴 책의 위품이야 어디 붙인 제목이나 겉표지 등에 따라 결정될 노릇이랴, 다만 그것 안쪽의 문제이지. 짐짓 혼자서 위무慰撫해도 보지만 어느 때는 스스로의 능력에 대한 혹 못미더운 자의감自疑感과 글의 책임에 따른 저어함마저 말끔히 씻어 없애기 어려운 심사로 남게 된다.

이 안의 내용들은 지난 10여 년간 필자가 각별한 관심으로 다루어왔던 논고들 중에 시가詩歌, 소설小說 부분만을 특히 추린 것이다. 그러므로 이 책의 편성은 크게 '우리 옛소설론'과 '우리 옛시가론' 같은 개념의 의도적인 합철合綴인 셈이다. 그 발생의 시점에서 아마도 시가를 앞자리에 두는 것이 더 순서에 타당한 것일지 모른다는 생각도 없지는 않았지만, 그것이 심각한 일 아닌 바에 여기선 거의 필자의 손대인 자취, 관심이 자라가는 흐름의 역정을 따라 이렇게 배열하였다.

처음엔 『우리 옛 시가론』이거나 『우리 옛 소설론』이란 명칭하에 우선 한 가지 만에 보다 집중하여 펴볼 생각도 있었고, 또는 지금 이 책의 방법대로 하되, 한문학 · 기타의 명목으로 몇 편 논고를 더 수록해 볼 생각도 하였으나 일단 과욕으로 돌려 이쯤 요족聊足키로 한 것이다.

이것은 애초에 훨씬 다양한 장르의 광범위한 문학론을 감히 염두한 것이 아닌, 단지 몇 편 문학론의 집합輯合에 지나지 않는 것이지만, 앞으로 그 필의筆意의 확장擴張과 묵적墨跡의 점진漸進에 따라 지속해서 이와 같은 공작工作을 꾸준히 해나가노라면 훨씬 나중에는 그런대로 볼품없지 않은 형태와 규모는 갖추이게 될 것이다.

옛 시 구절 가운데 '粒粒皆辛苦'란 말이 떠오른다. 누구든 마찬가지이겠으나, 이 안을 메운 내용들 또한 글자의 알갱이 알갱이마다에 나름으로는 정신을 괴롭히고 피를 말리었던 생생한 기억들이 숨어 있다.

하지만 소위 인문학의 한 분야로서의 국문학 연구라는 것도 백가쟁명百家爭鳴과 구왈여성具曰予聖으로 그 각각 논하여 주창主唱하는 이는 많아도, 마침내 그 정확한 진리의 나루에 대한 물음의 끝이 쉽지 않은 그러한 공부아님에랴. 정답을 대조하여 정正과 곡曲을 가려 판별하기 어려운 학문이 아닐 것인가. 또한, 보다 많은 수의 대중 보편이 돌아보거나 반겨주는 그러한 역사役事도 아니리라.

시대의 기다림도 요청도 없는 어떤 일을 하는 사람은 고달프기 마련이다. 그런 줄 번연히 알면서도 기꺼워 그 일을 계속할 수 있는 사람은 상당히 뜻있는 사람일 것이다. 필자야 그런 경지에 현절히 못 미치거니와, 그래도 이것저것 갈등하는 틈새에서조차 애오라지 머리를 묻고 몸을 빠뜨려 골몰하는 시간이 어느 만큼은 주어져 있음을 다행으로 여긴다.

무언가를 궁리하고 쓰는 일에 몰두하거나 하는 그 바쁜 뇌리의 어느 한 켠에서, 또는 무심 속에 지내는 생활의 어느 한 가운데서 문득문득 생각으로 스치우는 연민淵民 선생님이 계신다. 나의 가슴 속에서의 선생님이야 아직도 내가 풋내기 대학생이던 시절 처음 뵙고 따르던 57세의 모습 안에 머물러 계신다.

나의 이 자잘은 보람을 선생님이 대강이나마 훑어 보셨으면 한다. 그리하여 '에에, 이것도 글이라고 썼나'고 의젓하게 나무라시는 그 관대한 목청이라도 듣고 싶다.

의미에 새로운 원고 묶음을 어엿한 한 권의 모양 갖추인 책으로 만들어 준 새문사에 정녕한 감사의 뜻을 새긴다.

1991년 2월 雨水
夢碧山房에서
著 者

『학생생활연구』 제4집 발간에 부쳐

이제, 한성대학교 학생생활연구소 간행의 『학생생활연구』가 1988년 12월의 그 첫 개간開刊 이래 저근덧 그 네 번째 마당에 성큼 들어서게 되었다.

돌이켜 보면 그 사이에 이루어졌던 논문집은 그 안의 내용을 일단 접하기 전에, 우선 그 외형 체재에서 볼 때 별반 넉넉지 못한 것이었다.

본래 어느 논문집의 중요한 바란 반드시 그것이 수록하고 있는 글의 부피보다는 거기 속한 글의 질적인 면에 있을 테고, 따라서 당연 이것의 우선됨이 마땅한 것이다.

그러나 만일 그 안의 내용 문질文質이 빈빈彬彬한 위에 그 물량마저 별 손색 없을 만치 갖추어져 있다면 이야말로 가히 금상첨화라 할 것이다. 본래 논문집이란 게 여러 사람의 중지衆知를 한데 모은 서책이라고 했을 때는 적어도 해당 논집 연구의 인원 또한 어느만큼 갖춰짐에 더욱 든든한 바 있겠기 때문이다.

다행히 이번에는 학교 당국의 예년에 더한 연구소 지원의 혜고惠顧에 힘입어 앞의 연도에 비해 논문집의 체재를 더욱 여유롭게 할 수 있었다. 아울러 그 모아진 옥고들이 또한 그 전문 분야별 제법 골고루 한 안배를 이루는 바, 본 연구논집을 위해 사뭇 긍하肯賀로운 일이었다.

한편 생각건대 『학생생활연구』의 기획은 나타난 제목 그대로 최우선은 학생 생활에 직접 비익裨益될 일을 애당초 염두해 있었다. 이 같은 의도 하에 만들어내는 것이니만큼, 해당 분야 전공자에만 거의 한정되는 다른 연구논집과는 구별되는 장처長處가 따른다. 다시 말해, 학과와 전공에 무관하게 대학 생활을 영위하는 모든 이들에 필요한 독서 자료로서의 특징을 지녀 있는 점을 지적하는 뜻이다.

그리하여 가르침을 베푸는 이에게는 책을 통해 제자의 생활 지도와 관련한 일조一助를 기대 받을 수도 있음과 동시에, 학생들에게는 일상 속에서 여러 천 명의 각자각자 앞에 일일이 알려주고 충고해주기 어려운 말들을 활자를 통해 섭취하기 바라는 속 깊은 저의에서 해마다의 출간이 이루어지는 것임이다. 하지만 정작은 과연 어느 정도의 학생이 이를 잘 참계參稽하고 있을는지 의아로움이 마저 없지 않다.

『학생생활연구』가 또한 그저 타성에 따라 만들어지는 책이 아니요, 그렇게 적지 않은 물·심의 노비勞費를 들여 만들어지는 책이니만큼, 그 활용의 쓰임새에서 보다 내실 있고 보람된 것이기를 바라는 절실한 뜻이 있다. 책의 보람은 역시 가치 있게 읽혀지는 데 있겠기 때문이다.

끝으로, 다시금 이 『학생생활연구』 제4집의 책 펴냄에 이바지하신 모든 분들께 은근한 감의感意를 표한다.

1991년 12월 19일

김 창 룡

『한국의 가전문학』 自序

꼭 열두 해 성상星霜이 흘렀다.

일찍이 '광음光陰이란 백대百代의 과객過客'이라던 이백李白의 명언이 가도록 가슴에 저며든다.

이 책은 그 해 1985년의 역저譯著 『한국가전문학선韓國假傳文學選』의 증정판이다. 책의 내용을 늘려 증보增補하고, 고쳐 수정修訂한다는 증정增訂의 원의原義에 그대로 부합한 것이다.

대저 가옥이란 것도 어느 계제에는 터를 더 늘려 짓는 증축이 요구될 때 있고, 틀어진 곳을 바로잡는 보수가 필요하듯, 지금 이 한국가전의 역주집譯註集도 12년 세월을 지내놓고 보니 증수增修가 크게 요망되는 계제에 이르렀다.

그리하여 늘 지나다니면서 눈에 거슬리던 자리부터 골라 수선하기로 하였다. 곧 덜 정제整齊된 듯한 구문을 다듬어 조탁彫琢하고, 구독법의 와류訛謬로 인정되는 부분이라든가, 해석상의 분위기가 달라진 부분 등을 찾아 손질하였다.

아울러 그때 거두어 번역해 놓은 것이 30편이었는데, 이후 20편 정도가 더욱 수습收拾되었다. 그 사이 수습되어진 것 가운데 눈길이 우선 가는 순서대로 주석을 가하여 여러 논집들 갈피에 상당 부분 소개하여 왔고, 여분의 몇몇 작품들을 마저 손보아 이 마당에 취합하니, 총 50단위의 수록을 보게 되었다.

그 결과, 암만해도 책의 편제編制는 2부로 나뉘어졌다. '상권'에서

〈국수재전麴秀才傳〉·〈저군전杵君傳〉·〈청풍선생전淸風先生傳〉·〈산군전山君傳〉 등 모두 12편이 새로 편입되었고, '하권'에서는 박윤묵朴允默의 문방사우文房四友 가전 및 〈국청전麴淸傳〉, 조규철曺圭喆의 〈공방전孔方傳〉 등 8편이 추가로 영입되었다. 이쯤, 한국의 가전이 그 나름으로의 격양格樣과 체재體裁를 갖춘 규모 있는 장르임을 알리는데 손색이 없다 할 것이다.

속언에, '구슬이 서 말이라도 꿰어야 보배'라는 말이 있다. 이에 저에 흩어져 있던 여러 요주瑤珠들을 하나로 묶어주는 일은 어여쁜 끈의 역할이다. 그렇게 예쁜 끈이 되어 준 태학사에 속깊은 감사의 마음을 새긴다.

1997년 8월 14일
夢碧山房에서
김 창 룡

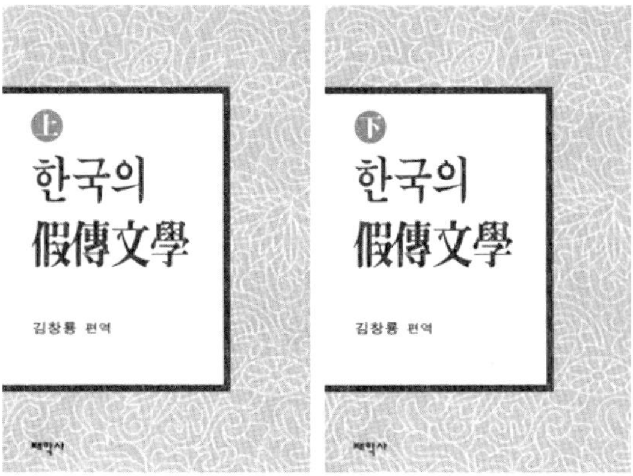

『중국 가전 30선』 自序

1984년 한여름부터 늦가을까지 외곬로 정신을 팔면서 만들어 두었던 두 권의 노트가 있었다. 다름 아니라, 당시 박사논문이었던 『한중가전문학의 연구』의 중국 쪽 자료로서 뇌진雷瑨이 묶은 『고금골계문선古今滑稽文選』 중에 들어있는 마흔아홉 편 가전假傳 작품 하나하나를 한글로 풀고, 거기에다 대략의 주석을 매겨두었던, 나름으로 비장秘藏의 묶음이었다.

이 책은 바로 그 시절 내용 담기에만 급급한 나머지 전혀 퍼벌하여 볼품없던 노트를 매만져 말쑥하고 단정한 모습으로 치장시켜 놓은 한 낱의 결실이다. 하지만 단지 겉치장만 아니라, 목재木梓의 과정에서 문장은 거듭하여 손보고, 주석은 한차례 더 강화하였다.

한편 여기서는 49편 전부를 다 옮기는 대신, 우선은 중국 가전의 세계가 어떠한 모양새와 무드 안에서 전개되어 왔는지에 대한 깔끔한 간파를 위해 적합하다고 판단되는 작품 30개 만을 골라 선보이기로 하였다.

그같은 선정의 바탕 위에서, 한중가전의 시원始原이자 원천이 되는 〈모영전毛穎傳〉이야 더 이를 나위가 없겠으나, 한중 비교문학 연구의 일차적인 요리 재료가 될 작품들을 종요로운 대상으로 인식하여 포함시키었다. 한국과 중국의 가전문학, 그것은 정녕 비교문학의 새로운 경지요 참신한 지평임이 분명하다. 그럼에도 아직까지는 고작해서 〈청화선생전淸和先生傳〉과 〈국순전麴醇傳〉·〈국선생전麴先生傳〉 및 두 나라 공유의 〈죽부인전竹夫人傳〉 정도의 대조가 있을 뿐이지만, 정작은 중국의 〈빙호선생전氷壺先生傳〉과 한국의 〈빙호선생전氷壺先生傳〉, 중국의 〈탕온전湯媼傳〉과 한국의 〈탕파전湯婆傳〉, 한국의 〈저생전楮生傳〉과 중국의 〈저선생전楮先生傳〉·〈저대제전楮待制傳〉 등이 온통 이 분야의 개척해야 할 마당이 된다. 아름다운 섬 하나가 있는데, 아직 사람들이 많이 건너가 보지 못한 햇빛 찬란하고 열매 풍부한 경계境界이다. 그리하여 이 안의 내용들이 그곳으로 안내하는 첫 청사진의 구실이고자 감원敢願한다.

꿈만 꾸면서 더 늑장을 부린 채 있었을 것을, 태학사의 후의와 한성대학교의 지원에 힘입어 늦게나마 이 책이 세상의 빛을 볼 수 있게 되었다. 고마운 뜻을 밝힌다.

2000년 2월 雨水日
景游書屋에서
김 창 룡

『가전문학의 이론』 自序

1985년 그 뜨거웠던 여름, 『한중가전문학의 연구』를 상재上梓한 지 저근덧 십유오十有五 년의 광음이 간 곳 모를 데로 흘러갔다. 이는 다름 아닌 나의 박사학위논문이 책으로 장식된 첫 번째 보람이었다.

그 뒤의 시간들 속에서, 이 책을 어디서 구할 수 있느냐는 물음도 심심하지 않은 만큼 받아 왔다. 또한 세월의 15년 동안 적어도 한국 가전의 분야에서만도 스무 개 단위가 넘는 새 얼굴들을 접하였으매, 그들이 이 장르 이론에 끼치는 지각변동을 앞에 두고서 더 이상 느긋이 천연遷延할 계제가 아니라는 자각이 일었다. 그리하여 이 『가전문학의 이론』의 출간은 그러한 정신적인 부채들로부터 다소나마 자유롭고자 하는 욕구에 따른 것이고, 나름으론 앞의 책에 대한 탈태奪胎, 또는 거듭나기 작업의 결과적 산물이다.

그같은 업데이트 뿐 아니라, 더불어 당시의 난만했던 한자 표기도 최대한 한글로 고쳐 표기하였다. 그만큼 세상이 달라진 것이지만, 읽기는 비할 수 없이 편해졌다.

그 시간들 안에서 연민 선생께서 유명을 달리 하셨다. 선생의 안정眼睛이 머물렀던 글들이요, 그것을 새로 내는 오늘, 선생에 대한 그리움이 눈물처럼 간절하다.

이 책이 새로 나오는데 있어 박이정 박찬익 사장의 무조건적인 호응을 잊을 수 없고, 한성대학교 연구지원과의 뒷받침을 새겨 적지 않을 수 없다.

이 자리를 빌어 감사의 뜻을 전한다.

2001년 雨水
夢碧山房主人
金昌龍 識

『고구려 문학을 찾아서』 自序

일찍이 연민 선생께서 커다란 액자 한 폭을 내게 주신 적이 있다. 1985년 9월 초에, 제자가 박사 학위 수득했다는 기념으로 또 하나의 호와 더불어 주신 것인데, 한눈에도 선생님의 호일豪逸의 기풍이 그대로 나타난 '白江' 두 글자였다. 그리고, 선생께서 항상 즐겨 쓰시는 바 큰 글자 옆의 소자小字 들어가는 여백에다가는 이 일을 대견해하시고 기뻐하신다는 뜻을 특유의 넘치는 분방의 필치로 가득 낙관해 놓으셨다. 그 글 거의 말미에 하였으되,

余嘉其篤學成名 錫以一號曰 白江 蓋君之鄕 白頭浿江也.

'내 그가 착실한 공부로 이름을 나타낸 것을 어여삐 여겨 호 하나를 준다. 일컬어 '白江'이라 하였으니, 대개 군의 고향이 백두산과 대동강의 땅인 연유이다'고 쓰셨다.

아예 끝의 '也'자에 닿아서는 그 분방이 겨운 흐드러짐이 급기야 크기의 파격과 모양의 일탈을 야기한 나머지, 그 자리가 천연히 눈에 두드러지고 말았다. 아마도 '백두 패강白頭浿江'의 대목 앞에서 문득 저 웅건한 기상이 넘치는 북방 고구려에 대한 감개무량의 속뜻이 드러나신 풍운風韻이었음을 어렵지 않게 느낄 수 있었다.

그리고 십유오 년의 시간이 더 지나버린 오늘, 나는 그 옛 북방의 문학들에 대한 천착의 졸렬한 묶음들을 또 한 낱의 책으로

내 볼 욕심에 눌려 이처럼 힘겨운 공작을 펴고 있다. 암만 이 같은 일이 물질적인 욕망과는 다르다 하여 청욕淸慾이 될는지는 모르지만, 아무튼 이도 필경 하나의 욕심임엔 틀림없다는 생각이다.

하지만 정녕 초기엔 지금처럼 한 권의 『고구려 문학론』 같은 형태로 묶어 볼 구상 같은 것은 꿈에조차 몰랐는데, 중간에 관심이 끌려 손대어 왔던 글 몇몇을 한 군데 놓고서 보니, 그것들이 그만 어떠한 구심점을 지향하고 있음을 깨달았다. 그야말로 우연히 만나진다는 뜻의 '불기이회不期而會'란 이런 것을 두고 하는 말인가? 하였다. 아니면, 이 또한 어쩌면 사람의 무의식이 어떤 약속된 운명을 따라 호응하는 필연의 결과일는지도 몰랐다.

가만 생각해 보면, 따로 전공이 아닌 이들에게조차 국문학 가운데 상당한 관심을 끌만한 분야는 삼국의 문학일 터이요, 삼국의 문학 중에서도 그 인지도가 단연 높고 큰 것은 고구려의 문학이 아닐까 한다.

이 땅에 사는 사람들로 세상에 〈호동왕자와 낙랑공주〉하며, 〈바보온달과 평강공주〉 이야기를 모르는 사람은 없을 것이다. 저 아득한 옛날부터 연령의 높고 낮음과 사람의 현우 귀천을 막론하여 누구든 친근히 알고 있고 입 언저리에 회자되어진, 이를테면 역사 이야기의 대명사격이라 해도 과언이 아닌 것이다. 〈동명왕〉 신화도 이와 크게 다르지 아니하다. 이는 또한 〈단군〉 신화와 나란히 이 땅에 전승된 뭇 신화들 위에서, 신화 이야기의 전형과 같은 지위를 누리고 있다. 뿐만 아니라, 유리 태자가 부왕 동명과의 극적 상봉, 그리고 화희 · 치희와의 염사艶史, 또 그의 노래 〈황조가〉 등등… 어느 것도 외진 메시지일 수 없다.

혹 그만큼이야 아닐는지 모르지만, 살수대첩이 남긴 을지문덕의 시와, 고구려 가사부전의 세 노래인 〈명주가〉, 〈연양가〉, 〈내원성가〉 등이 또한 만만찮은 지명도를 확보하였음이 사실이다. 각별히, 〈명주가〉 배경담 같은 것은 그 로맨틱한 분위기와 화제로 인해 여직도 그 사랑을 잃지 않고 있다.

과연 고구려의 문학이야말로 삼국의 문학 중에서도 그 대중적 인지의 폭이 훨씬 넓고 각인의 골이 더욱 깊다는 건 역시 부인하기 힘든 진실인가 한다.

이렇듯 보다 자주 언급되어지는 작품들을 위주로 삼다 보니, 고구려의 더 많은 설화 및 역시 이 시대 문학의 편린으로 언급되기도 하는 〈영고석詠孤石〉이나 〈인삼찬人蔘讚〉 등을 포함시켜 다루지 못한 유주遺珠의 아쉬움이 있다. 그것은 후일의 기약에 담고자 한다.

민족문화의 중대한 유산을 살려 연찬하는 일은 학자의 일이지만, 이를 뒤에서 밀어주고 챙겨줌이 없으면 그 또한 힘을 얻기 어려울 것이다. 그런 의미에서 도서출판 박이정의 협조 및 한성대학교 연구지원의 일을 여기 기록하여 새기지 않을 수 없다.

2002년 2월 雨水
景游書屋에서
著 者

『한국 옛 문학론』 自序

그때 『우리 옛문학론』을 출간한 것이 1991년 신미辛未 해였다. 그리고 만 12년이 꿈같이 흘러갔고 올해는 2003년 계미癸未 해이다. 열두 개의 지지地支가 각각 시간의 주역을 맡았다가 다시 양띠 해가 주인 되어 돌아와 있는 것이다.

이렇게 책을 출간할 때마다 갖는 느낌은 그것이 유연한 기쁨이어야 하건마는, 그보다는 오히려 지나쳐버린 세월에의 가슴시린 비감만 더할 따름이니, 참으로 아이러니한 일이 아닐 수 없다.

어떤 저서라야 그 사람을 다 알릴 수가 있을까? 차마 그럴 수야 없겠지만, 적어도 그 사람의 일부분 혹은 상당 부분을 알게 할 수 있는 방편은 되지 않을까. 글이란 바로 글쓴이 정사情思의 편린이요, 의식의 그림자 정도는 될 테니까.

가만히 생각하되, 책 쓰기란 어쩌면 정서와 사상에 대한 공허감 때문에, 그것이 겨워 그것을 잊기 위한, 혹은 최소치나마 채워 보기 위한 열띤 몸부림은 아닐까. 이번의 작업 또한 그 지적인 공허감을 메워보려는 작은 노력은 아닐까. 그래서 거듭 이 노릇을 계속하는 건지 모른다.

유한하기만 한 인간이요, 촌분이 아까운 시간이지만 적어도 이 책을 완성하기까지에 들인 시간이며 공력에 대해서만큼 아깝다는 생각을 떨쳐내려 한다. 무정 세월의 회한도 없이하고자 한다.

내 번로煩勞의 오랜 보람들을 가려내고 매만지어 전체 12편의 글로 조성시키었다. 시가 장르류에 드는 작품들에 대한 여섯 개의 시가론과, 소설 장르종과 연관성 있는 여섯 개의 소설론을 합친 결과이다. 어느 것 하나도 진실의 발견을 위한 새로운 시금석 역할을 의식하지 아닌 채 쓴 것은 없으니, 이는 한결같이 나의 주관과 소신에 빛나는 논의의 결정체들이다.

바야흐로 한글 위주의 시대적 추이에 맞춰, 읽기에 번거로울 수 있는 한자어 및 한자 표기를 최대한 한글로 전환한 일도 독서의 편의에 이로움이 있을 것이다. 이른바 '세계 속의 한국'이란 글로벌 시대를 의식하여 책제冊題의 면모 또한 『한국 옛문학론』의 이름으로 새롭게 하였다.

저기 중국 송나라 시절에 임포林逋라는 은둔거사는 결혼하지 아니한 채, 매화를 심고 학을 기르며 짝을 삼았다 하여 사람들이 매처학자梅妻鶴子라 불렀다는 옛일이 있다. 이 정도는 거의 강 너머의 풍류로만 들리는 얘기지만, 나 또한 적어도 노마연도奴馬鉛刀일망정 지어놓은 책들이 하나하나의 자식과도 같이 느껴지는 때가 있다. 이는 그만 내 정신의 분화요, 분신만 같기 때문이다.

문득, 12년 전 썼던 『우리 옛문학론』 서문의 한 모롱이가 눈에 들어왔다. '시대의 기다림도 요청도 없는 어떤 일을 하는 사람은 고닯기 마련이다. 그런 줄 번연히 알면서도 기꺼이 그 일을 계속할 수 있는 사람은 상당히 뜻있는 사람일 것이다.'

그런데 지금에 이르러 그 생각이 더더욱 사무치게 와 닿는다. 꼭 잊혀진 사랑만 같은 이 인문학의 손을 앞으로도 놓지 않으려 한다. 이 책의 탄생을 도와준 새문사와 한성대학교 연구지원의 일을 이곳에 함께 새겨 간직하지 않을 수 없는 이유도 여기에 있다.

2003년 2월 雨水日
景游書屋에서
著者自撰

『가전 산책』 自序

이 책은 지난 1982년의 발표 글로서 석주 권필의 게 의인 작품에 대한 「곽삭전 연구」에서부터, 가장 최근에 쓴 「이규보 가전의 동기와 시기」까지 22년에 걸친 가전문학 관련의 글들을 추려 한 자리에 묶은 것이다.

저 곤륜산 언덕이 미옥을 간직하듯, 가전 연총淵叢 안의 상당수 개체는 그 깊이에 높은 단위의 주옥들을 품고 있다. 이제 그러한 보배를 큰 덩어리로 건져내지는 언감 못하겠지만, 미감微感의 옥설玉屑이나마 주워 챙길 수 있는 작은 가이드 역할이기를 기대한다.

이는 필자가 열 번째로 내는 책이다. 근자에는 필자가 재직하고 있는 대학에서 출판에 관계된 책임을 맡게 되었는데, 나 또한 맡은 일의 충실을 돕는 뜻에서 학교 출판부 명의 책을 펴내기로 했다. 그런데 그것이 공교롭게도 내 책 만들어진 순서의 열 번째를 장식함에 묘한 느낌을 자아낸다.

동시에, 이 책 내는데 억석당년憶昔當年이라는 말처럼 괜스레 옛날 생각이 새롭다. 내가 박사학위를 받았던 1985년 여름, 학위논문을 들고 나손羅孫 김동욱 선생께 찾아뵈었더니 선생께서 내게 축하의 선물이라면서 '석중옥石中玉'이란 예서체의 휘호를 써주셨다. 또 언젠가는 가전 문학에 관해 담소하였는데, 내게 이 공부에 대한 계획을 물어 오심에 내가 꼭 10년만 이 장르에 용심하겠다고 답하자, 울림 있는 목소리로 "허허, 그래?" 웃으시던 선생의 모습이 아직도 눈에 선히 뵈는 듯하다. 이후에 선생 댁으로 새해 인사를 드리러 갔더니, 문득 나더러 한국 의인문학의 전체를 모두 뽑아 체계 있게 다루어 보라신다. 난 그때 좀 쉬고 싶은 때였던지라 선선한 대답을 드리지 못하고 말았는데, 지금 와서 생각하면 선생이 내게 거시던 믿음과 기대를 저버린 것만 같아 하나의 회한처럼 남아 있다.

연민淵民 이가원 선생께서 이제 얼마면 있을 정년을 앞두시고 소설적 산문 100편을 선정하여 『여한전기麗韓傳奇』를 펴신 적이 있다. 그 책이 나는 너무도 기꺼웠던 나머지 1982년 초봄, 당시 시청 부근에 있던 우일출판사 앞을 지나는 김에 들러서 한 권을 더 여벌로 장만해 두었다. 책의 표지는 고풍이 나는 연노랑 바탕이었는데, 빈번한 손길을 타서였는지 두 권의 책 모두 겉표지가 달아나 버리고 말았다. 지금, 『가전산책』의 상재를 코앞에 두고 표지의 문양을 구상하다가, 최종적으로 조선의 권필과 중국의 곽복형이 주인공으로 세운 '곽삭郭索'의 이미지를 오원 장승업의 〈어해도魚蟹圖〉 가운데서 재량하였다. 그렇게 바탕을 살려 디자인하다보니 홀연 연민 선생께서 22년 전 출간하셨던 『여한전기』 표지의 영상이 눈앞에 어른거리는 것 아닌가! 순간, 그 시절의 기억들이 아지랑이처럼 애연히 피어났다.

이 책 만들지 않았더면 지금은 계시지 않은 그 두 분에 대한 가슴 찡한 추억과 뭉클한 그리움에 젖어 볼 길 있었을까? 또한 영영 다시 돌아올 길 없어 괴롭지만, 나는 그 무작정 잘 가노라

닫기만 하는 시간의 존재가 두려워서 조금이나마 그걸 잊어보려 하고 자주 책 만드는 일에 매달리는지도 모르겠다는 생각이 들 때가 많다.

한자·한문 많은 고전문학 관련 책을 만드는 일은 그렇지 않은 책에 비해 언제나 번거롭기만 하여, 출간까지 몇 배나 손이 가고 시간이 걸린다. 그렇기 때문에 출간의 공정에 인연 있는 이들에 대한 고마움의 크기도 그만큼 다를 수밖에 없다.

이 책이 가전이라는 또 하나의 스페이스, 문예의 뜨락으로 안내하는 어설픈 길잡이 노릇이라도 할 수 있다면 다행이겠다. 그리하여 이 문예가 예상하는 것보다 훨씬 가치 있음을 알리는 작은 시금석 역할일 수 있다면 더 이상의 보람이 없겠다.

2004년 4월 청명일
夢碧山房에서
김 창 룡

『인문학 산책』 自序

인문학의 위기, 심지어는 인문학의 죽음이라는 말까지 들리는 시대에 산다. 하지만 대학가에 글쓰기 교재가 진지하게 만들어지고, 서점가엔 문학 관계 책이 끊임없이 나오는 것을 보면 세상이 쉽게 인문학의 손을 놓지는 않는가 보다. 정녕 누군가의 일침대로 인문학 전공자의 위기감과 인문학의 위기를 혼동 없이 구별해 주어야 할 필요가 있을는지도 모를 일이다.

그리고 어차피 평생에 하는 일이 인문학 관련의 공부라고 한다면, 인문학이 무엇인가에 대해 보다 핵실한 답을 갖고 있는 편이 좋을 듯싶다. 이건 반드시 누가 꼭 물어 올 때를 대비하기 위해서라기보다는, 종사자 자신을 위해서 먼저 필요하리란 생각이다. 우선 인문학이란 '인간다운 삶에 대한 탐구를 목적으로 하는 학문'으로 풀어 밝힘은 타당하고 적절하다. 참으로 괜찮은 답안이긴 한데, 그래도 이것만으로는 무엇 하나가 어쩐지 빈 듯한 구석이 있다. 왜냐하면 천문학이든 지리학이든, 공학이든 농학이든, 예술이든 운동학이든 인간이 인간답게 살기 위한 노력의 방편 아닌 것이 없기 때문이다. 그러니까 반드시 인문학뿐만 아니라 사회과학, 자연과학, 예·체능학 어느 공부든지 막론하고 궁극의 목적은 다 인간적 삶의 질을 향상시키는 데 있음을 알겠다. 이 마당에 개념을 좀 더 구체화시킬 필요에 닿았다. 그래서 이렇게 정의해 두기로 하였다. 과학이거나 의학이 물질적·형이하적 탐구를 통해 인간적 삶의 질을 높이는데 목적이 있다면, 인문학은 정신적·형이상적 탐구를 통해 인간적 삶의 질을 높이는데 그 목적이 있다. 그리하여 '인간과 인류 문화를 다루는 정신과학'으로 정의하기도 한다. 그러나 더 쉽게 말해보라고 한다면, 인문학은 '사람 생각의 흐름을 다루는 문학·역사·철학 중심의 공부'라고 대답해서 그다지 벗어나지 않으리라 한다. 결국 또다시 '문文·사史·철哲'이라는 유서 깊은 용어와 만나게 된다. 일면 광의적 측면에선 법칙 정립적인 성격을 띠는 자연과학 이외의, 이를테면 정치·경제 등을 포함하는 사회과학 분야까지도 인문과학의 범위 안에 아우르고자 하는 경향도 없지는 않다고 하니, 참으로 세상 모든 학문의 출발이자 기본이 되는 인문학의 잠재력은 생각보다 훨씬 큰 것임을 알겠다.

이번보다 책 제목을 가지고 노심한 적 있었을까? 매번 책을 새로 낼 때면 그 일이 가장 큰 고민이 됐다가도 세월 다시 흐르면 항상 목전에 당면한 책이 가장 고민스럽게 느껴지니 더 그래 보이리라 하지만 이번에도 노심을 못 면하긴 매일반이다. 잠깐 주변에 물었더니 아카데믹한 분위기에 무게를 두는 이들은 '인문학 산고散藁' 편을 선호하고, 일반의 보편성을 우선하는 이들 사이엔 '인문학 산책'이 낫다고 했거니와, 실은 아직 대학 사회에서조차 '산고'란 게 별반 친숙한 어휘는 못되는 줄 알았다.

이 안의 내용들은 필자가 지난 1980년 박사과정 시절에 쓴 〈창극의 위상을 위한 시론〉에서부터, 가장 최근 에세이 형식으로 기고한 〈이백과 두보 사이에서〉까지의 대략 26년의 기간 안에 관심의 실마리를 붙들어 끄적거려 본 글들이다. 그야말로 '인문학 산책'이란 표현이 제격이라 할 만하다. 혹은 장기간에 걸쳤다는 점에서는 '인문학 여정旅程'이랄 수 있을 테지만 그 가운데는 정녕 '인문학 에세이'라고 이름붙일 만한 성격의 것도 포함되어 있다. 이는 어디까지나 나의 주관적 낭만에 따른 이름일 테요, 객관적 냉정으로 본다면 '인문학 편린'이라 함이 타당하겠다. 그러나 가일층 생각해 보면 인문학은 종횡무진에 광대무변, 그 범주가 오대양 육대주처럼 드넓기만 하다. 이 가없는 인문학의 바다를 생각한다면 여기서 다룬 것이 빙산의 일각은커녕 고작 창해의 일속에서 더 지나지 않을 것이다. 수박 겉핥기도 못되는 글로 편린이란 말조차 쓰기가 참으로 황송하지만, 여타의 다른 도리가 없기에 그냥 산책의 이름을 감행하기로 하였다.

여기의 글모음은 음악으로 치면 서곡이거나 즉흥곡 몇 편 쯤 되겠고, 미술에 비유하자면 큰 테마의 대작大作이 아닌 각양각색의 다채로운 소품전小品展 쯤 되리라. 작아도 볼만하고 들을만한 작품들을 선망하는 마음으로, 이 책의 몇 줄 혹은 몇 글자나마 애오라지 읽는 이의 소용에 닿았으면 한다.

4반세기가 넘게 지나쳐버린 세월 뒤에 그래도 불녕不佞의 자취 촌분이나마 남길 수 있음을 다행으로 여기려 한다. 하지만 일희일우一喜一憂이거니 글 한 줄, 책 한 페이지마다 맞바꾸어진 시간의 희생과 거기 따라진 회한이 깃들어 있다. 그 많은 시간들 안에서 이루 바라보아 주지 못한 처노妻孥에게 무한한 사랑과 고마움의 눈빛을 보낸다.

2006년 4월 청명일
夢碧山房에서
김 창 룡

『자유인』 40호 序文

- 자유인은 자율인 -

'자유인自由人'이란 근사하고 멋진 말에 대해 생각하다가, 그 김에 우선 '자유'에 대한 국어사전의 풀이를 보았다.

1. 외부적인 구속이나 무엇에 얽매이지 아니하고 자기 마음대로 행동함. 또는 그런 상태.
2. 법률의 범위 안에서 남에게 구속되지 아니하고 자기 마음대로 하는 행위.

그런데 혹 어리석은 이가 행여 글자 밖에 나타난 말만 보고 자유를 해석한다면 자칫 위태로울 수 있는 소지가 있다.

내가 만취한 상태로 길에서 고성방가와 방뇨를 맘껏 하면서 자유를 외칠 수가 없는 이유이다. 또 내가 중요한 시험을 앞두고 하기 싫어 졸린데 졸릴 때 자는 것도 나의 자유이니 내 맘대로 하겠다고 선언한다면 그것을 다른 이들이 잘 수긍하기 어려운 문제와도 관계가 있다. 마약의 환상에 빠짐도 내 자유이니 남이 관계하고 단속할 바 못된다고 강변한다면 사회가 용납하지 않을 것이다. 강의 시간에 내가 친구와 얘기 나누고 싶어 분위기에 구애받지 않고 하고 싶은 얘기를 계속하는 학생을 강의에 경청하는 학우들이 '자유니까 그럴 수 있지'로 수긍해줄까? 교실 안에서 강의가 있는지 없는지 개의치 않고 복도에서 맘껏 방담放談하는 이들을 수업하는 학생들이 '참 자유로운 사람이구나' 하고 생각해 줄 것인가? 한여름 염천에 내가 남의 결혼식에 더워 못 견디겠으니 타인의 눈치 따위 아랑곳 없이 러닝셔츠 차림으로 참석했다면 아무도 그를 분방하고 편히 사는 자유인이라고 생각해 주지는 않으리라.

이쯤이면 자유란 것이 생각처럼 그저 단순한 물건이 아니구나, 전제가 되어줄 그 무엇이 필요한 것이겠다 하는 느낌으로 다가올 것이다.

외부로부터 구속 받거나 얽매이지 않음은 물론, 자신도 외부를 구속하거나 얽매서는 안 된다는 전제 하나와, 자아성취에 방해가 되어서는 안 된다는 전제 둘! 이 두 가지 조건을 더 넣는다면 어리석은 이의 오해를 미리 예방할 수 있겠는데 하는 아쉬움이 있는 풀이인 것이다. 아마도 사전은 어리석은 사람 기준으로 쓰는 책이 아니니 그랬을 터이다.

가만히 새겨 보매, 그 두 개의 조건을 가능하게 해 주는 것은 바로 자율이었다. 자율은 외부가 당위와 의무로 누르는 '제재'거나 '속박'과는 다르다. 자기 스스로 기꺼워서 어떤 일을 해나가는 힘이다.

무릇 자유는 자율 안에 산다. 자율의 속에서 제대로의 숨을 쉰다. 자유는 자율 속에서 살기에, 자유가 가는데 자율이 따른다. 자유는 자율과 꼭 붙어 다니는 연인 사이이다. 아니, 연인 관계는 어쩌다가 떨어질 수 있어도, 바늘 가는데 실 가듯 자유와 자율은 서로 결코 떨어져서는 아니 되는 관계이다. 형제 사이는 의 좋다가도 재산이거나 이런저런 문제로 다툴 수 있을망정, 운종룡雲從龍 풍종호風從虎, 구름 가는데 용 가고 바람 가는데 범 가듯 자유와 자율은 서로 끊을 수 없는 일체일 뿐이다.

2008년 11월

김 창 룡

一史 선생의 칠질을 기리며, 축원하며

- 賀一史老伯七秩幷祝壽序箋釋 -

즐거워라! 금년 무자戊子 해 음력 11월 29일은 일사一史 구자무具滋武 선생께서 칠순을 맞이하시는 경사로운 멋진 날이다. 이날을 맞으면서, 온갖 정회가 유연히 피어나고 뭉클한 감격을 가누기 어렵다. 그것은 다름 아니라 언제든 선생의 굳센 기상과 미소 띤 모습을 대할 수 있고, 씩씩하며 웅근 목소리를 들을 수 있는 까닭이다.

선생은 일찍 역당亦堂 부주父主로부터 인성과 학예의 기틀을 지승祗承하였던 이래, 일중一中 선생으로부터 서예를, 심산心汕 선생과 월전月田 노백으로부터 전통의 문인화를, 월당月堂 선생으로부터 서화론을, 연민淵民 선생과 백아白牙 선생으로부터는 시문을 사사하였다. 한 몸에 가통과 학통을 이루 흡령翕領하였으니, 돌이켜 인간에 학예가 생겨난 이래, 누구라 선생보다 더 사복師福을 누린 이가 있을까?

무릇 선생은 자별한 융사隆師 정신으로 우러러 스승을 청종聽從하였으되, 한 분의 스승에게만 종당 매이거나 갇히지 않았다. 일찍이 한창려韓昌黎는 '성인에겐 고정된 스승이 없다聖人無常師'고 했는데, 여지없이 선생에게 계합契合하는 말인가 한다.

선생이 자신만의 개성과 고유를 찾는 일에 성력誠力을 다한 여餘

에, 급기야 지천명의 초반에는 활연豁然한 독창의 경계를 세상 앞에 거연居然히 펼쳐보였다. 글자 그대로 시서화 세 가지 길 가운데 어느 한 곳 소략함 없이 두루 회홍恢弘하여 곧장 삼절三絶을 이룩하셨으니, 정녕 맑은 욕심이 끝이 없는 그러한 분이라 하겠다. 또한 그렇게 학자와 예술가의 삶으로 달려온 사십여 성상星霜에, 오늘은 말안장 위에 높이 앉아 사방 둘러보는 위치에 이르렀으니, 참으로 대단하구나!

선생의 성품은 곧고, 태도는 늠연凜然하다. 세속의 추이에 전혀 구애받음이 없는 독립불기獨立不羈의 정신을 품수하시었다. 그렇게 물외物外의 높은 경지 안에 처하다 보니, 세도가 어지럽고 또한 예단藝壇이 흐트러져 있는 현상에 못내 금할 길 없는 차탄의 목소리를 종종 선생으로부터 듣기도 한다.

이제 선생을 그려보매, 속은 통해 있고 겉으론 꼿꼿하니, 정정亭亭한 자태에 멀도록 향 맑다는 그 연꽃 찬사는 선생의 이미지와 영락없이 닮아 있다. 세한歲寒에 닥쳐서야 매운 기상 알 수 있다고 하는 소나무며 잣나무는 선생다운 기상을 은근 연상케 해주는 맑은 구실만 같다. 선생의 2002년 임오세壬午歲 작인 〈거상화拒霜花〉의 화제畵題, 그 친작시親作詩의 요체라 할, '한 꽃가지 홀로 서리와 맞서네!一朶獨拒霜'의 한 구절은 당신조차 차마 깨닫지 못한, 바로 선생의 자화상이 아닐까 보랴!

선생은 평생을 변함없이 정통 문인화 한 분야에만 전심專心과 공력功力을 다 바치었다. 이때 선생의 붓끝은 단결端潔·정수精秀

하고, 화격은 청광清曠·돈아敦雅하다. 바야흐로 그림이 완성되면 필경 그 그림에 조화로운 화제畵題를 더하나니, 전통의 한철漢綴 고운 문장으로 마무리할 제 가히 금상錦上에 첨화添花요, 화룡畵龍 뒤의 점정點睛이라 할 것이다.

선생의 서화는 일언이폐지하면 내적 함양과 외적 구상이 일체로 어우러진 조화의 예술이라 하겠다. 이는 곧장 문인화 정신으로 통한다. 그 근저는 내적 함양에 있을지니, 추사의 경인구驚人句인 '문자향文字香 서권기書卷氣'가 하필 추사 당년에만 유효한 계훈이겠는가. 바로 금세 21세기 안전眼前에 이것의 부재가 극도로 문제시되고 있는 오늘의 예원에서는 더욱 뼈저린 일침이 아닐 수 없다. 문자와 서권의 향기, 요컨대 '문기文氣'란 말로 줄여 볼 길 있는 이 말은 '문文·사史·철哲이 몸에 밴 인문학적 온축蘊蓄'으로 설명할 수도 있고, 더 간략히는 '지적 함양'이라 풀어도 좋으리라. 이것은 대개 오랜 학문과 사색으로 숙성된 뿌리 깊은 교양 안에서 우러나는 최상의 에너지이다.

대저 문인화란 가장 단순하게 말하면 '문인의 그림', 곧 독서적 수양이 깊은 선비가 풀쳐내던 그림이다. 오랜 학문과 사상의 숙성 끝에 일정 수준의 글을 지을 줄 알며, 글씨를 쓸 줄 아는 선비가 그려내는 그림만을, 일컫되 '문인화'라고 한다. 그러므로 선비 학자다운 기초가 없다면 암만 그림의 귀재라도 이미 문인화가는 아니다. 조선조 500년을 통해서 특별한 몇몇 문인들만이 이 조건에 든 문인화가로서 이름을 드리웠다. 조선 후기에는 표암 강세황, 자하 신위, 추사 김정희의 이름이 크고 높으며, 근세에는 운미

민영익, 월전 장우성 같은 분들이 아성을 구축했다.

그리고 지금, 바로 우리 시대엔 일사 구자무 선생이 오롯이 전통 문인화의 중축中軸으로, 최고의 정통 문인화가로서 고고孤高한 성명聲名을 떨치고 있다.

내가 지난날 연민淵民 스승의 서재에서 선생을 처음 뵌 이래, 흔연히 종유從遊한 지 저근덧 20년 가까운 광음이 흘러갔다. 그 세월 속의 지난 봄, 어느 밤엔가는 뜻밖에 선생께서 괘전掛電하사 참으로 송구하게도 불녕不佞에게 당신의 '칠질기념집'에 들어갈 서문을 직접 부탁하시는 게 아닌가! 나는 순간 창황 중에 감당이 어려운 여러 가지 이유를 들어 극구 사양하였으나, 선생의 성한 위세를 당할 수는 없었다. 그 바람에 오늘은 낮은 재주를 돌보지 아니한 채, 멋대로 황잡 조야한 언사로 선생이 내게 베푸는 각별한 배려와 진지한 명령에 애오라지 답하는 상황에까지 닿고야 말았다. 비록 어쩔 수없이 된 일이라고는 하나 암만해도 부끄러운 심사를 못내 이기기가 어렵다.

선생은 근본 체성體性이 강고强固하시니, 평상시 채신采薪의 근심이 있는 나로서는 외려 그 탄우呑牛의 기상을 늘 부럽게 바라보곤 하였다. 그런데 근년에는 우로憂勞가 남몰래 크셨던가, 전혀 예상도 못했던 옥체의 환우를 잠시 겪으시더니 지금은 다시 회복일로의 단계에 계시다. 나는 생각하기를, 선생께서 일반 사람은 상상할 나위 없이 과도히 근실하신 탓에 어쩌면 뜻하지 않은 자학自虐이 되고만 것은 아닌가 싶었다. 이래 그윽이 바라건대, 선생이야 진즉 사계斯界에서 더 이상 오를 데 없는 최고의 영예를 누려 계신 마당이니, 지금부터는 건강 면에 백분 주력하시기를 간곡히 소원한다. 그것은 동시에 선생을 아끼고 사랑하는 많은 이들의 중망과 기대에 보답하는 일이기도 한 소이이다.

오늘, 정녕 숫자뿐인 칠순을 맞으신 선생 앞에 감회는 하염없고, 무한 강녕康寧을 비는 염원은 절절하다.

- 2008년 12월 26일 -

『인문학 옛길을 따라』 自序

인문학이란 '인간다운 삶에 대한 탐구를 목적으로 하는 학문'으로 풀어 밝힘은 타당하고 적절하다. 참으로 괜찮은 답안이긴 한데, 그래도 이것만으로는 무엇 하나가 어쩐지 빈 듯한 구석이 있다. 왜냐하면 세상 어느 분야이든 그 목적은 인간답게 살기 위한 노력의 방편 아닌 것이 없고 인간적 삶의 질의 향상에 있는 까닭이다.

이 마당에 정의를 좀 더 구체화시킬 필요에 닿는다. 그래서 이렇게 정의해두기로 하였다. 과학이거나 의학이 물질적·형이하적 탐구를 통해 삶의 질을 높이는데 그 목적이 있다면, 인문학은 정신적·형이상적 탐구를 통해 삶의 질을 높이는데 그 목적이 있다. 다르게 표현하되, '인간이 처해진 조건에 대해 연구하는 학문 분야', 혹은 '인간과 인류 문화를 다루는 정신과학'으로 정의하기도 하지만, 보다 쉽게 말해보라고 한다면 인문학은 '사람 생각의 흐름을 다루는 문학·역사·철학 중심의 공부'라고 대답해서 그다지 벗어나지 않으리라 한다. 결국엔 또다시 '문文·사史·철哲'이라는, 유서깊은 용어와 만나게 된다.

나아가 예술·종교는 물론이고, 보다 거시적인 측면에선 '법칙정립'적인 성격을 띠는 자연과학을 제외한, 정치·경제 등의 사회과학 분야까지도 인문과학의 범위 안에 아우르고자 하는 경향도 없지 않다고 하니, 참으로 세상 모든 학문의 기본이자 출발이 되는 인문학의 잠재력은 생각보다 훨씬 큰 것임을 알겠다.

이 안의 글들은 2006년 4월의 저서인 『인문학 산책』을 신증新增 개편한 것이다. 이 마당에 최근 3년 사이 쓴 주돈이의 〈애련설〉, 〈선덕여왕 모란고사〉, 〈옛 선비들의 정보 검색〉, 〈부채의 한국 문학적 심상〉, 〈서울 성북지역의 설화〉들이 새로 들어갔다. 문장도 보다 읽기 좋게 윤색했다. 뿐만 아니라, 글자의 삼림 중간 중간에 숲속의 호수처럼 삽화도 넣어 전체를 일신一新하였다. 그러면 이제 이 안의 내용들은 필자가 지난 1980년 박사과정 시절에 쓴 〈창극의 위상을 위한 시론〉에서부터 가장 최근 2008년 10월의 월간지 『묵가墨家』에 실은 글까지, 29년의 기간 안에 그러쥔 관심사의 총람이다.

짐짓 형상하자면 생각에 잠긴 채 거닐어온 산책의 동선動線인 셈이다. 거대한 옛 인문학의 숲속에서 마음이 가는 길을 따라 걸었으니, 그야말로 인문학 산책이란 표현이 제격이라 할 만하다. 혹은 장기간에 걸쳤다는 점에서는 인문학 여정旅程이랄 수 있을 테지만, 그 가운데는 정녕 인문학 에세이라고 이름붙일 만한 성격의 것도 포함되어 있다. 이는 어디까지나 나의 주관적 낭만에 따른 이름일 테요, 객관적 냉정으로 본다면 인문학 편린이라 함이 타당하겠다. 저기 저 바다에다 견주자고 할 때, 인문학은 그 범주가 종횡무진하고 무변광대하니, 오대양처럼 드넓기만 하다. 가없는 인문학의 바다를 생각한다면 여기서 다룬 것이 빙산의 일각은커녕 고작 창해滄海의 일속一粟에서 더 지나지 않을 것이다. 수박 겉핥기조차 못되는 글로 편린이란 말조차 쓰기 참으로 송구하지만, 일반적인 정서에 맞춰 그냥 산책의 의미를 살린 '인문학 옛길을 따라'로 제목하였다.

여기의 글모음은 음악으로 치면 서곡이거나 즉흥곡 몇 편 쯤 되겠고, 미술에 비유하면 큰 테마의 대작大作이 아닌, 각양각색의 다채로운 소품小品 전시라 하겠다. 작아도 볼 만하고 들을 만한 감명어린 작품들을 선망하는 심정으로, 책의 몇 줄 혹은 몇 글자나마 애오라지 읽는 이의 미취와 소용에 닿았으면 한다.

2009년 5월
書有畫樓에서
景游 金昌龍

『硯北淸話』 序

- 거장의 드맑은 이야기 -

금세의 시·서·화 거장이 드디어 문아풍류文雅風流의 법장法藏을 한 묶음에 나타냈다. 이름을 세우되 '연북청화硯北淸話'라 하였다. 청화淸話란 곧 청담淸談의 다른 새김일지니, 드높은 격의 진실한 삼절인 일사 구자무 선생이 드맑은 청담을 펼쳐 보인 것이다. 표제는 선생의 손수 지은 바로, 풀이하건대 '벼루 맡 서창書窓가의 맑고 고상한 이야기' 쯤 되겠다. 이 책제冊題의 관점을 선생 향해 바라보는 쪽에서 뜻매김한다면 '문인화 거장의 드맑은 이야기', 내지는 '거장, 이야기 풍류를 펼치다' 쯤 되지 않으랴.

그리하여 나는 이 서문에 임해 부제副題 또한 그 어간에서 정하기로 하였다.

일찍이 한국문학사에 '패관문학稗官文學'으로 불리는 일련의 글들이 있었다. 패관은 본래 중국 한무제 때 가담항설街談巷說, 도청도설道聽塗說을 수집하기 위해 설치한 관청 내지는 관리 이름이었으나, 공교롭게도 그 틀을 문학에 적극 이용한 당사자들은 패관이란 관청도 관리도 둔 일이 없던 고려의 문인들이었다. 동시에 그 수창首唱은 고려 인종조의 문인 정치가인 쌍명재雙明齋 이인로李仁老, 1152~1220였다. 그는 자신이 어느새 한 사람의 패관이 되어 자신의 신변잡기 및 세상에 대한 관심사를 아무런 형식의 구애 없이 자유롭게 써 나갔고, 그 결실은 오늘날 『파한집破閑集』으로 남았다. 제목부터 어딘가 형식적 속박에 대한 거부의 몸짓, 일체의 문형을 사양하겠다는 자유의 발상이 엿보인다. 그래서인가, 그 글을 써나간 모양새가 오늘날의 수필과 별반 다를 게 없는지라, 현대에 앉아 들여다보는 이들마다 환안歡顔으로 반가운 한 마디를 던진다.

이인로의 이후, 비록 각기 제목은 달리했지만 그 여향餘響으로 동산수東山叟 최자崔滋, 백운白雲 이규보李奎報, 익재益齋 이제현李齊賢이 각각 『보한집補閑集』, 『백운소설白雲小說』, 『역옹패설櫟翁稗說』 등으로 각자의 경계를 펼쳐 보였다. 계속하여 조선시대로 건너와서는 만필漫筆·만록漫錄·잡기雜記·잡록雜錄·쇄록瑣錄·기문記聞, 문답問答·시화詩話 등의 표제가 빈도 높게 표방되었고, 작은 단위로는 초담樵談·집화輯話·연담軟談·수록隨錄·총화叢話·냉화冷話 등등 매우 다채롭고 다양한 명칭들을 내걸었지만, 그 취지에서 별반 다를 바가 없었다. 선비들이 자기 전공의 언저리에서 수시隨時 수의隨意로 나름의 상념과 사색, 나아가 견해 주장까지를 펼친 글들이니, 말하자면 청담淸談의 문학이라 할 터이다. 이렇게 한국의 청담문학은 문필 종사의 당사자들에게 무장무애한 사유를 펼쳐내는 안온한 터전, 자유의 한마당이 되었다.

그런데 이같은 창작의 방식이 이마적엔 속절없이 종결되어진 일로만 알았다. 그리하여 이제 승람勝覽의 편력遍歷을 접으려던 순간이었다. 그런데 찰나, 전통의 필법대로 쓴 또 한 권의 편저가 사람의 눈을 놀라게 하였다. 바로 일사 구자무 선생의 『연북청화』였다.

하지만 괄목함이 어찌 이에 그칠까 보랴. 돌이켜, 재래의 이야기 주제가 대개 문인 문관의 신변담 아니면 한시 중심의 담화로 시종하였음이 엄연한 사실이었다. 그 화두가 차외의 분야에서 이루어진 일이 여간하여 있었던가? 참으로 희한한 일이었으나, 마침내 일사의 이 청담집에서 일약 혁신이 일어났다. 곧 『연북청화』에서 문학의 글은 물론이요, 화가 본령으로서의 신변담, 나아가 양주의 여덟 대가 및 완원阮元·추사秋史 같은 사계의 태두泰斗에 관한 고견高見의 논평 등이 이에 수반되었다. 그뿐이 아니다. 심산心汕·월전月田·남정藍丁 같은 당대 최고의 화백, 일중一中·검여劍如 같은 정상의 서예가와, 연민淵民·월당月堂·백아白牙 같은 대 학자들을 종유한 일화, 신동문辛同門·김문수金文洙 같은 광세曠世의 시인 소설가와 배유陪遊·교유한 정담情談, 한 시대에 이름난 서예·회화·전각·서지 등 각 분야 자성일가自成一家의 대방가들과 오유遨遊한 이야기 등등 그 사귀어 온 사연들이 일정 화제에 묶여 있지 않다. 특정 분야 안에서만 글쓰기가 진행되던 재래의 풍경들이 더 이상 아니었다. 이야기 경계가 종횡으로 무진한 바, 패관 청담의 흐름상 미증유의 참신한 지평을 열었다.

정녕 문인에게는 회사繪事가 요원하고, 화가에게는 문사文思가 쉽지 않았던 까닭이다. 그런데 『연북청화』 역시 일반의 서화 애기인가 했는데 문득 그 안에 서권書卷의 기운이 배어 있고, 심상한 글발이려니 싶었는데 어느새 후광과도 같은 명화와 명필이 둘려 있었다. 이것을 '예학합일藝學合一'이라 할는지, 도무지 예술과 학술이 어우러져 도는 혼함渾涵 속에 구분이 모호하다. 지금 새삼 또 대해 보매 비록 표방함이 문사로되 스스로 예술이요, 다시금 학문이다. 일사 글의 총화랄 수 있는 『연북청화硯北淸話』의 궁극적인 깊이와 매력이 여기에 있다.

화자의 감성은 인본주의 고답적인 영역 안에만 안주하지 아니한 채 문득 여치·방아깨비·귀뚜리·청개구리 같은 미물, 앳된 생명체들에게조차 유정한 눈길 건네는 자연주의의 피안을 넘나든다. 그곳 왕래의 경지를 담아내며 이신怡神한 바가 다름 아닌 문집 제일 앞자락에 있는 '수상隨想'과, 끝머리에 있는 한문체 그림 화제인 '제기題記'이다.

선생이 머무는 학예學藝의 산실産室, 성긴 그림자 파사婆娑한 소영루疎影樓는 선생만의 몽환적 운치가 절로 나는 환상의 공간이다. 이 고유한 누각의 맨 윗자리엔 선생 평생에 오매간 우러르는 추사 선생이 여상如常·함소含笑코 단좌端坐해 계신다. 주변엔 자별히 기애嗜愛하는 편액과 서첩, 단계·흡주·위원渭原·남포藍浦산産 종종의 명연名硯, 그리고 기괴奇瑰의 연적 종종들이 각득기소各得其所하여 있고, 다른 탁자에 놓인 감이며 황도黃桃가 탐스럽기 그지없다.

소영루는 또한 화훼의 낙원일지니, 실내에는 분경盆景의 매화·난초·수선·납매蠟梅·추해당秋海棠·파초 및 수반水盤 위 노석老石부付의 석창포石菖蒲가 가지런한가 싶었는데, 뜨락에는 노송老松과 수죽脩竹·매화·국화를 비롯하여 남천촉南天燭·해당·파초·앵두·자고茨菇·자완련茶碗蓮·수련·능소화·백합·길경桔梗·석죽화 등등 이루 매거하기 어려울 경수瓊樹와 기화琪花와 요초瑤草들이 꿈꾸며 있다.

조선시대 청나라에 다녀온 사람들의 보고서 또는 기행문을 연행록燕行錄이라 하거니와, 선생의 〈양주일박여일기揚州一泊旅日記〉는 이때 또 한 갈래의 금세기 특이한 연행록이 아닐 수 없다. 여기서 선생은 양주팔괴揚州八怪의 정체성을 명징明徵하는 한바탕의 파노라마를 전개했다. 이 마당에 선생의 별빛 같은 지성이 총총하였으니, 글을 위해 참작한 전고부터가 다 들어 소개하기 어려울 만큼이다. 대략한대도 청조淸朝 장보령蔣寶齡의 『묵림금화墨林今話』, 원매袁枚의 『수원시화隨園詩話』, 정섭鄭燮의 『정판교집鄭板橋集』, 이준지李濬之의 『청화가시사淸畵家詩史)』, 옹방강翁方綱의 『복초재시문집 復初齋詩文集』, 완원阮元의 『연경실집揅經室集』, 그리고 백화문의 『양주화파서화전집揚州畵派書畵全集』, 『양주팔가화집揚州八家畵集』, 조선인 초정楚亭 박제가朴齊家의 『정유각시집貞蕤閣詩集』 등등 거연히 하종遐蹤 섭렵涉獵하였다.

선생은 천래의 형안으로 중국의 자연 속에서 건강하게 생육하는 화훼 쪽에 애정 어린 시선을 던졌다. 박람博覽의 이 선비는 처음 본 양주의 납매蠟梅와 항주杭州 용정龍井 들판에 난 수세미, 상해 장터에서 마주친 여지荔枝, 서호西湖에 홀로 핀 거상화拒霜花들에 대한 가슴 설렌 체험을 아건雅健한 필치로 새겨 두었다.

하지만 선생이 그 소견所見을 문필 안에만 가둘 리 당연 없다. 강기强記의 이 문인 화가는 그 설렘의 순간, 흉중에 그려둔 그 홍섬洪纖의 기억들을 귀국 후 드디어 회심會心의 화폭에 담아 일일이 득의得意를 이루었다. 그리하여 문文·화畵 어우러진 조화의 경계가 여기서 빛이 났다.

'소고小考'라는 말로 겸사하였으나, 선생 생애 구원의 표상인 추사 선생의 서화 및 완집阮集 관련의 글, 예봉이 넘치는 지성의 논지들은 학자로서의 자질이 유감없이 드러난 완완完完의 징표가 아닐 수 없었다.

이하에는 자연을 응시한 애틋한 정사情思가 아리땁게 수놓아진 한시漢詩와 자찬自贊, 수십 편 화제畵題를 포함하여, 불망기不忘記 격으로 서책書冊과 장첩粧帖, 초본草本과 탑본榻本 등에 가해진 제발題跋들이 완전 순한純漢의 문장으로 넘치는 기량器量를 과시하고 있다.

학자의 소양, 문인다운 소질이 넘치는 예술가의 수상隨想이 이른 봄날 햇볕처럼 다사롭고 초가을의 바람처럼 삽상颯爽하니, 그런 서화 얘기를 가까이에 향유할 수 있다는 것 역시 지음知音이며 유지有志가 누릴 소중한 안복眼福이 아닐 수 없다.

돌이켜, 일사 구자무 선생의 『연북청화』가 갖는 의미는 단지 화가가 에세이를 썼다는 데만 놀라움이 있지 않다. 그 글에 참된 인정과 풍류, 그리고 선비의 높은 품격이 온축되어 있다는데 참된 의의가 있다.

아아, 동방에 학문과 예술을 사랑하는 한 선비 있어 이같은 문질빈빈文質彬彬한 글 자취를 이루어 내었다. 나는 청경淸勁한 선비, 문인화 거장의 미혼美魂이 그윽이 배인 『연북청화』가 세상 빛을 본 데 대해 더없이 감개무량하다. 말미암아 이 일을 기뻐하고 축하하며 기념하는 뜻의 칠절七絶 한 작품을 더 짓고 보태어, 선생의 운사韻事에 이바지하고자 한다.

高麗肇修淸話屛　고려 문사들 청담의 첫 울타리를 둘렀고
鮮壇紹展綺羅境　조선 문단이 잇달아 멋진 경계를 펼쳤네.
已來無狀偏覽休　이래 볼만한 품 없어 유람을 마치려다가
便得桃園一勝景　홀연 도원의 한 빼어난 경개와 마주했네.

2009년 秋色 짙은 날
夢碧山房 晴窓에서
景游 金昌龍

『고전명작 비교읽기』에 부쳐

1985년, 태어나 처음으로 내 이름으로 출간된 책이란 것을 세상에 내었다. 그것도 몇 날 간격으로 두 권 동시였다. 공교롭게도 출판사인 정음사와 개문사가 다 중구 오장동 인근에 자리해 있었고, 그 해 여름 책을 만들어 내려는 일념 한가지로 그곳 가는 염천의 길녘을 걷던 일이 어제 오늘만 같다. 하나는 나의 박사학위 논문을 멋스럽게 단장한 『한중가전문학의 연구』요, 다른 하나는 그 논문의 기본 자료 중 우리 쪽 가전 30작품을 번역 주석한 『한국가전문학선』이었다. 그리하여 우마주牛馬走의 분신 두 책은 세상 빛을 보았다.

처음 책을 받아 본 순간들의 감개가 얼마나 하였겠는가만, 어이된 일인지 지금에 와서 따로 그 기억에 선명함이 없으니, 참 인생무상도 가지가지다. 그 기억보다는 연민 이가원 선사先師께서 두 책 모두에 분외의 칭찬과 독려의 뜻을 서문으로 새겨 주신 일이 훨씬 광영과 희열이었던 회억만 가슴에 남아 있다.

그리고 흐르는 물보다 빠른 세월의 와중에 연민 선생께서는 더이상 찾아 뵐 수 없는 피안으로 떠나신 지 올해로 만 9년이 지나쳤고, 선생께서 나와 동행해 주신 그 책들 나온 뒤에 저근덧 24년의 광음이 흘러갔다.

그러한 형역形役의 세월 속에, 이전엔 차마 상상도 못했던 욕심 하나가 내 안에 자라나 있었다. 저서에 대한 욕망이 턱없이 커져 버린 것이다. 같은 욕심이라도 재물을 지나치게 좋아할 경우 면치 못할 탐욕의 비난에 비하면, 그래도 이건 맑은 욕심이란 그럴듯한 말로 덮어 가려 볼 나위가 없지는 않다. 하지만 암만 '청욕淸慾'이라 하나 이 역시 욕심임은 면하기가 어렵다는 생각이고, 또 그럼에도 난 당분간 이 욕심만큼 포기하기 어려울 것 같다는 예감에서 벗어나지 못한 채 있다.

1997년에서 2000년에 걸쳐 다시 태학사에서 여한의 가전 총 50편을 대상한 『한국의 가전문학』과 『중국가전 30선』의 역주본을 냈다. 그 이후로도 몇몇 작품이 시나브로 발견의 숫자를 더하고 있었다. 그리하여 '토주촉주兎走觸株'의 행운을 얻은 수주守株 고사故事의 송인宋人처럼 요행 필자의 눈에 띈 원대 양유정의 〈국생전麴生傳〉, 〈빙호선생전氷壺先生傳〉 및 북송 시대 소이간의 『문방사보文房四譜에 실린 바 문숭文嵩이 쓴 네 편 문방의 《사후전四侯傳》, 안병렬에 의해 소개된 조선말 신홍원의 〈사우열전四友列傳〉 등등을 새로이 주석하니, 한중 합하여 10편 정도가 더 보태질 수 있었다.

그런데 두 나라의 의인열전을 번역하는 어간에 지속적으로 가시지 않는 미련 하나가 못내 따라붙었다. 그것은 다른 것 아니라 한중 의인 열전들을 상대할 때마다 술·죽부인·탕파·문방사우 같은 사물가전이거나, 게·말 같은 동물가전 등의 동일 제재 편장篇章들이 일체되어 자꾸만 눈앞에 아른대는 것이었다. 두 나라의 의기가 투합한 이상동몽異床同夢의 명작들을 나란히 한 자리에 펼쳐 놓고 읽는 유혹적인 상상 앞에 안화이열眼花耳熱했던 일이 한두 번이 아니었다.

이제, 이 책은 바로 지나간 날들의 그같은 생심生心들을 현실 바깥으로 끌어낸 앙큼한 보람들이다.

그 사이 해당 작품들을 이루 휘집하고 번역해 두었지만, 동일한 소재라는 이유만으로 오늘 이에 다 싣지는 않았다. 대신, 우선은 양국 사이 연계 및 유사의 성향이 높은 36작품을 대상으로 삼아 한눈에 편람便覽할 수 있는 쪽에 목표를 두었다. 뿐만 아니라 읽는 기분을 조금이라도 돋우고자 글 내용에 상응할만한 삽화 넣기에도 기꺼이 주력하였다.

그리하여 한문으로 볼 때는 잘 몰랐는데, 국문으로 풀어 놓고 보매 어딘가 이야기책의 분위기마저 갖춰진 양하였다. 다소 과장적으로 방언放言한다면 이 책의 내용들은 그 흥미로운 허구가 한 권의 어른 동화라 해도 무방하고, 혹은 나아가 '동양의 이솝이야기'라 해도 그다지 지나치진 않으리라는 생각이다. 이러한 도취감으로 나 자신 흡사 아무도 몰래 깊은 숲속 산신령 만나고 돌아온 가슴 설렌 나무꾼이 된 채 지나온 언저리를 가만 넘겨다본다.

이 책 내면서 1971년 나의 고3 시절 담임이시면서, 지금껏 용장冗長한 글 새로 나올 때마다 짐짓 과람한 찬사로 날 허둥대게 만드시는 보산寶山 김진악 노사老師의 은정에 새삼 또 가슴 뭉클하다.

동시에 내 소년 같은 그리움을 흔들어 깨우는 세월 속 참한 얼굴들이 하나하나 꽃처럼 피어난다. 넌짓 이심전심의 눈빛을 보낸다.

2009년 늦은 가을
夢碧山房 晴窓에서
景游 金昌龍

石軒 선생의 小品展에 부쳐

- 渾厚 典重의 경계 -

글씨와 그림은 그 근원을 같이한다는 이른바 '서화동원書畵同源'이란 말이 있거니, 이는 석헌石軒 임재우林栽右 선생의 글씨와 그림에서 또한 이로이 생생하고 절절한 모습으로 그 의미가 재현된다.

그러나 어찌 서화에 한정할 것이랴. 필묵과 전각이 다시금 동일한 뿌리라 아니치 못하리니, 역시 선생에게서 붓으로 글씨 그림을 펼치는 일과 새김칼로 전장篆章을 수놓는 일은 그것이 일이관지一以貫之로 서로 간 경계 터울이 없는 유기적 동체同體임이다. 그야말로 선생의 글씨와 전각과 그림은 삼위三位가 일체되어진 경계를 이루노니, 방가위지方可謂之 '서화각書畵刻 동원同源'이란 말이 제격이 아닐까 보리오!

역시 서예 삼도三道 중 가장 나중 발 들인 분야가 그림이라지만, 그것이 또한 전혀 생경한 영역일 리 없다. 석헌자石軒子, 진즉에 글씨 안에서 그림을 꿈꾸며 살았던 까닭이다. 일찍부터 글씨의 회화성에 대해 심모深謨 그윽한가 싶더니 이윽고 천연한 서중유화書中有畵가 자태를 드러냈다. 그리하여 선생의 휘필 속엔 그림이 숨을 쉬며 꿈틀댄다. 갑골자甲骨字는 무론이요, 전篆·예隷의 활달 중후한 필치 안에 무수한 생명체들이 원연蜿蜒·약동躍動하니, 이는 반드시 구안자具眼者의 눈을 기다려서 나타나 보임이 아니다. 이윽고 회화 영역에 들어서는 순간, 〈묵죽墨竹〉·〈묵송墨松〉도 커니와 특히 〈호로도葫蘆圖〉 같은 것은 그 정취가 선생의 능장能長 신수神秀인 서書·각刻과 견준다손 손색을 찾기 어렵다. 정녕 선생의 예술은 그 넘나듦이 자유자재自由自在하고, 수용과 포용은 무량無量하고 무변無邊하다.

어느 때 선생의 그 같은 잠재력은 어디서 나왔을까 호기심이 일었던 적이 있다. 하지만 거연遽然히 선생 지닌 저력의 샘이 깊은 근원을 깨달은 순간, 궁금증은 이내 홍로상紅爐上 점설點雪이 되고 말았다. 선생의 선고先考이신 소심재素心齋 임형수林亨洙 대정大庭께서 바로 선생의 스승임에랴! 바로 아버지스승 -父師- 께서 몸소 행한 서書 예술에의 애정과 조예가 무언의 훈도와 선교禪敎를 이룬 셈이기에, 그 의미가 처음부터 예사 사람들과 같은 데 있지 않았다. 부자간 혈맥이 육신뿐 아니라 정신에조차 잇대어 있으니, 그런 일이 쉽지 않은 남들 부러워할 복을 선생은 지녀 나셨다 하겠다.

전각은 그 오롯한 사승師承이 근현대 사계의 거목으로 한 맥을 두른 석봉石峯 고봉주高鳳柱 선생에게 연원이 있다. 말미암아 석헌자는 그야말로 '온공자허溫恭自虛로 소수시극所受是極'한 바, 스승의 섬려纖麗한 인풍印風에서 출람出藍하여 마침내 선이 굵은 독자적 각풍刻風을 구축하기에 이르렀다. 그리하여 총중叢中에 외연巍然한 그의 성명聲名은 필경 스승의 이름을 더욱 영화롭게 한 소이가 되었다. 그렇게 보니 궁극 오늘날 석헌의 예술은 사師·부父·아我가 혼화渾和된 결정체가 아닐 수 없겠다.

그런 중에 선생은 자기 본령本領의 우선성을 글씨에 둔다. 이때 그 선질線質은 염야艷冶로 화려하지 않은 대신 충담沖澹 질박質朴하다. 그 선조線條에 예리한 능각稜角 없음이 아니로되 그 중심과 대체大體는 완전宛轉과 원융圓融이다. 당연히 그 바탕으로 조형된 글씨의 전반적 이미지는 온유돈후 속에 박실樸實하다. 굳세고도 순후醇厚하다. 그 진체眞諦는 선생의 전篆·예隷 안에서 진면모가 유감없이 발휘된다.

그렇게 혼후渾厚·질직質直의 일변도로 가는가 싶었더니, 문득 도연명陶淵明이거나 왕유王維들에 도취한 행서 쓰기에 들어서면서 놀라운 반전과도 같은 눈부신 교巧가 감탄으로 엄습한다. 하지만 이때의 공교工巧에조차 한 번도 무게와 부피의 전중典重을 놓치는 법일랑 없다.

나는 홀로 생각하되, 선생 공부의 근저가 반드시 저 일반의 필법인 당나라 구안歐顔의 경계 바깥쪽에 있겠다고 가만 예측해 놓았다. 차후의 감문敢問 뒤에, 천만다행 우愚의 가늠이 크게 벗어나지 않았음을 알고 내심 회심의 일성을 외쳤다. 석헌체石軒體 그 중후의 비결은 그 뿌리가 보다 멀리 육조六朝에까지 번어 있음이 과연果然이었던 것이다.

그 보람으로 글씨의 점획은 입립粒粒이 단아하고 전중하다. 그러면서 자자字字가 멋대로 앉아 일유逸遊하는 형상을 띠고 있다. 그야말로 당송팔가 한 인물인 소순蘇洵의 유명작 〈목가산기木假山記〉 안의 '거사踞肆'·'단중端重'이란 조어措語가 제격이다. 동시에 개개 글자가 상하 좌우 벌열한 전체의 문자군文字軍 안에서 조화와 상응을 놓치는 법이 없다.

전각을 '한 치의 우주'로 표현하는 수도 있거니와, 그와 동시에 서화가 문득 낱낱의 소우주가 아니랴. 전각과 서화 예술가에게 있어 인면印面과 지폭紙幅은 또 하나의 세계, 또 다른 우주가 아닐 수 없다. 석헌의 생애 안에서 그가 창출해 낸 일작一作 일품一品은 저마다 육합六合의 혼융 같은 질서, 어우러짐의 세계가 일관되게 담겨 있다. 선생이 그 경륜과 솜씨를 큰 크기의 대작大作 안에 담든, 작은 크기의 소품小品 안에 담든 그의 충실한 우주 생성의 태도는 원도原道를 망각한 본이 없다.

언제나 진기심盡己心 무자기無自欺로 성심을 다하는 선생이 오늘 한밭의 양춘陽春 꽃 숲속에 경연瓊筵을 펼친다. 이제 함께 자리하며 내 안에 고여 드는 감회를 서문의 이름으로 도두새긴다. 그리고 이 땅의 참된 아름다움을 사랑하는 이들과 더불어 우리 시대의 행운이며 기쁨인 선생을 자랑삼으면서 그 예술 삼매三昧에 슬카지 빠져 들고자 한다.

나아가 이 서문 뒤에 선생을 위한 찬贊 일편을 더하여 선생과 함께 오늘의 일을 영년永年 기념하고자 한다.

書如其人　글씨는 곧 사람이라 하니
石軒自得　석헌이 이 경계 바로 얻었네.
厥默其仁　묵묵히 깊은 속 어진 인품
琪印剛墨　빛나는 印篆 아로새긴 필치.

2010년 4월 17일
金景游 昌龍은 쓰다

『자유인』 41호에 부쳐

문학, 역사, 철학이라는 세 마리 명마가 끌고 가는 마차가 인문학이다. 이는 공부하는 이들에겐 진작부터 뿌리 깊은 상식이다. 문학하는 이도 역사와 철학을 몰라서는 안 되고, 역사하는 이도 문학과 철학을 망각해선 아니 되며, 철학하는 이 또한 역사와 문학을 못 본 채 외면해서는 안 된다는 엄연하고 중대한 진실인 것이다. 그야말로 내 전공은 이것이니, 이 하나면 족하리라는 생각을 지닌 이는 마침내 온전한 전공자라 할 수 없고, 완성된 인문학자가 될 수도 없다. 한 마리 말, 혹은 두 마리 말이 끄는 마차로도 수레를 끌 수야 있다지만, 어찌 그 힘겨움이 세 마리 끄는 왕성한 삼두마차의 든든함을 따를 수 있겠는가. 그야말로 전공의 나무도 보고, 인문학의 숲도 보아야 한다.

그렇건만 우리 한성대학교 인문대학 내에는 문학과 역사 전공의 문호는 열려 있어도 철학 전공의 학부가 없으니 못내 아쉽기만 하다. 그러나 없는 타령만 가지고선 아무 발전도 기약할 수가 없다. 외부에서 구할 수 없다면 바로 발치, 자유의 지식인인 우리 국문학도의 내재된 에너지로 그것을 찾아 구해야 한다.

우리 한국어문학부 자체로 아쉬운 것 하나가 더 있다. 다름 아닌 연구나 비평 뿐 아니라, 문학의 중대한 영역 가운데 하나인 문예 창작의 역량을 발휘할 공식적인 터전 없음이 그것이다.

하지만 요행으로 우리에겐 일찍부터 〈자유인〉이라는 작지만 아주 야무진 용트림의 터전이 있어 왔다. 뒤돌아보니 그 역사가 참 오래되었다. 1988년 무진戊辰년 올림픽이 있던 해, 내가 국어국문학과 학과장을 하던 시절에 이미 국문학도의 표현의 장으로서의 『용지龍池』라는 것이 있었다. 그때도 지금처럼 어떤 말로 한성 국문인의 자긍심을 북돋을 수 있을까 하며 글에 몰두하던 그 일이 어제 오늘만 같아 감회가 크다. 그런 마음 담았기에 그때의 그 책을 지금껏 나의 삶 기록의 갈피 속에 잘 간직해 두고 있다. 세월이 흘러 부르는 이름이 달라지고 관심의 대상도 시대와 자아 사이에 다양한 변동을 겪었지만, 푸른 빛깔 젊은 박동의 느낌만큼 달라진 것 없이 여전하다. 암만 세월이 가도 해마다 보는 봄의 풍경이 다르지 않은 것처럼….

젊은 그들 앞에 이 글 전해지면서 곧 듣게 될 청조靑鳥의 소리가 새삼 또 궁금해진다.

2009년 11월 18일

김 창 룡

竹林 선생의 開闢展에 부쳐

- 禪定과 飄逸의 미학 -

죽림竹林 정웅표鄭雄杓 선생을 올 4월 처음 만났다. 첫 눈에 비치어든 그 온윤溫潤의 용모가 잠깐 춘풍春風의 전령인가 하였다. 지면으로 대했던 모습보다 훨씬 돋보이니, 수려하고 단아한 상像이었다. 이후 몇 차례 더 회동할 기회가 있었는데 가도록 그 내면이 또한 비상히 맑고 고요한 천품이란 느낌을 갖게 되었다. 속계 바깥의 물이 흐르고 구름 떠도는 저 수운향水雲鄕에서 진환塵寰을 낮게 여겨 잠깐 내린 선인仙人의 풍골風骨, 이것이 선생한테서 받은 고스란한 이미지였다.

죽림은 기존 백가百家의 서체를 벗고 스스로 일가를 이룬 서가이다. 일찍 일중一中 선생 문하에서 오랜 연월 온고溫故·법고法古한 토대 위에서 자기적 숙성 단계를 거쳐 지신知新·창신刱新의 알뜰 산뜻한 결실을 이룬 작가이다. 그 형질에 어딘가 스승다운 기운이 배었겠다 싶었더니, 급기야는 여타자별與他自別의 고유한 일기一己를 끌어내 묘득妙得에 이르렀다. 사상 면에 비유하면 장횡거의 이른바 '탁거구견濯去舊見으로 신의新意에 도달함'이었고, 문학에 견주자면 저 고려의 문호 이규보가 작시作詩 상 독창의 경계인 '신의新意·신어新語'를 자아낸 일과 다르지 않은 경우라 하겠다.

돌이켜, 선생이 즐겨 옮겨 놓는 대상엔 수렴되는 바가 있으니, 그 내용은 거개 옛 선비들의 청정 쇄락한 심사가 담긴 고담적 운문들임이다. 다루는 바에 산문이 없음은 아니로되 그 대체大體는 율격의 한시에 있다. 거기에 다시 이두李杜거나 한산자寒山子의 선시禪詩 등이 없는 것 아니로되, 중국 쪽보다 우리 빛깔의 한시 옥영玉詠 쪽에 우선성을 두는 자주적인 대종을 나타낸다.

그같은 내면이 고스란히 바깥에조차 화현됨인가, 글씨를 자아내는 품에조차 건너편 아닌 아방我邦의 선계仙界를 꿈꾸는 태가 다분하다. 정말은 도무지 한중 서예 사상事象의 그 어디에다도 맥락을 걸어 보기 어려운 독자성이 선생의 글씨 안에는 있다. 진즉에 주된 유오游娛의 터전을 당唐에 두어 왔고, 그 가운데 안노공顔魯公의 〈안근례비顔勤禮碑〉·〈쟁좌위爭座位〉 같은 전아한 요대瑤臺와 왕탁王鐸의 『낭화관첩琅華館帖』 같은 시축詩軸의 난만한 누정樓亭 안에서 열락悅樂 침잠하였다.

동경이 어린 취향醉鄕의 경계에서 노닐었으되 거기가 궁극 뼈를 묻을 고향땅은 아니었나 보다. 감연 떨치고 나온 뒤에 길게 누워 꿈꾸어도 좋을 터전, 자신만의 낙토樂土를 어느새 그는 점유해 두고 있었다. 자유로운 혼으로 맘껏 오유遨遊할 가기可期의 제향帝鄕을 찾은 것이다.

죽림이 구사하는 모든 서체의 중추 심수心髓는 행서이다. 선생은 바로 이 글씨체를 기축機軸으로 하여 각 분야에 끊임없는 원심력을 발휘한다. 그리하여 해행楷行 원점으로부터, 점차 속도를 타니 초행草行·반초행半草行과 소행초小行草에까지, 또 초서라면 한예漢隸가 얹힌 장초章草든 나중 단계의 금초今草·광초狂草든 그 운행은 무소부지, 닿지 않는 곳이 없다.

그런데 기실 행초의 근체根蔕이며 권여權輿는 바로 예서가 아니런가. 필속筆速이 상대적으로 더딜 밖에 없는 이 권역에 들어서조차 행行의 통섭은 단 한순간도 망각되는 법 없다. 질박한 목독木牘·죽간竹簡의 서체 내지 법도 정연한 해예楷隸, 보다 탄력을 얻은 초예草隸, 나아가 이 사이에서 절충 융화한 목간예서체에 이르기까지 그 용사用事는 일관을 나타낸다. 이 일이 흡사 저 매월당 김시습이 '거리낌 없는 말'을 운문화한 〈방언放言〉 4수와 조화 호응하는 양, 이를 아로새긴 죽림의 글씨에서 또한 긴장 속박을 모르는 자유와 생동의 기운氣韻이 감지된다. 이는 이규보 〈산승山僧〉이거나 금강경구金剛經句, 상촌象村 시편들에 대한 수사手寫 등등, 그 어디에서든 고르로운 이미지로 다가온다. 빗다른 맵시, 선선한 풍표風標가 자랑인 이 예서 군群 역시 기왕에 통효通曉를 이룩한 행·초서 편에 자리 양보할 뜻이 여간하여 없다.

필의筆意는 의도적인 분식扮飾과 조탁을 사양하여 있다. 선자仙者다운 풍운風韻이 범속의 건너편에서 표연하고 초일하니, 그 표일은 행·초도 커니와 원류 원천의 예서에 이르도록 변함없고 한결같다. 마음이 호수처럼 한정閒靜코 그윽한데, 대관절 그같은 흐드러짐은 어디서 나오는 것인지 신기롭기만 하다. 명상의 경지에서 붓을 들고 기의 흐름에 따라 쓰인 글씨를 선필禪筆이라 하거니와, 죽림의 필이 또한 고요한 내면, 으늑한 묵상의 바탕 위에서 필筆과 아我가 일체된 기운으로 발양되어진 보람이었다. 이렇듯 선仙 같고 불佛다움이 어우러져 혼화하니, 일언이폐지로 죽림 필묵의 본체는 '선정禪定에 입각한 표일飄逸의 형표形表'라 하겠다.

'글씨 쓰기란 마음을 풀치는 것, 쓰고 싶을 때 먼저 마음을 풀고 성정을 멋대로 한 연후라야 붓을 댄다(書者散也 欲書先散懷抱 任情恣性 然後書也)'고 한 채옹蔡邕의 지표대로, 순백의 평원 앞에 선 죽림은 그 심상이 홀연 허령불매虛靈不昧해진다. 만려萬慮를 뒤돌린 '서아일체書我一體'의 삼매경에 빠져든다. 이윽고 그것이 행·초의 권역에 들어서는 찰나, 좌우상하로 의마意馬가 치빙馳騁하고 솔개가 번상飜翔한다.

이때는 동시에 '유流하고 창暢한 것을 귀히 여긴다'는 손과정의 초서 이념이 고스란히 지상紙上에 실현되는 순간이기도 하다. 이 마당의 유창은 조야한 분일奔逸이거나 천속한 횡사橫肆 따위 안중에 둠이 없다. 기실 세상엔 근본도 없는 호방연豪放然, 또는 저 혼자서 재세하니 얕은 수준의 속필이 얼마나 범람한가. 혹은 실컷 반복 연숙鍊熟한 끝에 계산된 자리를 따라 메워가는 그런 작위적 일기가성一氣呵成은 또 얼마나 한가. 그러한 염계染界 너머에 저 피안의 죽림 필은 다만 무위無爲와 즉자卽自에 맡긴 한달음의 휘쇄揮灑를 훌쩍 구현해낸다. 미리 책정하고 안배한 뒤의 도습蹈襲, 약속된 형사形寫가 아닌, 오랜 내공이 다만 정수定數에 맡겨 달리는 일운逸韻 가득한 자경蔗境이다.

하지만 선생의 필상筆相은 한눈에 반하고 대번에 혹하는 그런 항간의 염용 자태는 아니다. 일견 포착이 아닌, 두 차례 서너 번 느긋이 심멱尋覓함에 그제야 베일 벗고 웃어주는 은미隱微의 고운 낯빛이다. 별안瞥眼으론 제대로 잡아낼 리 없는 아른아른 한 무리의 야마野馬처럼 고요와 정관을 빌려야만 아렴풋 엿볼 길 있는 그윽한 무엇이다.

선생이 표현력 풍부한 장봉長鋒의 필을 제압하며 댓바람에 최치원의 시작詩作 두 편을 일좌一座에 동석同席시킨 휘묵에서 법식을 초극한 분방과 일탈의 미학이 한눈에 체감된다. 일거에 주필走筆한 허균의 〈도군등화학루到郡登化鶴樓〉 같은 작품도 가만 대하자면 애연藹然히 피어 이는 한 무리 아지랑이답고, 산화散花 제전祭典에 천공天空을 수놓는 꽃처럼 분화芬華롭기 그지없다. 그렇게 붓끝 가는 자리마다 점점點點으로 꽃 피어나니 '필두생화筆頭生花'이 아닌가.

선조線條가 맑고 깨끗하고 다소 수척한 양은 월하계변月下溪邊에 청수淸瘦한 대나무 가지를 닮아 있다. 이뤄낸 필치가 촌촌寸寸이 옥같고 편편片片이 향내 나니 '경지전단瓊枝栴檀' 분명하다.

그렇게 완성된 죽림의 서폭엔 글자의 대소大小 동전動轉 및 자획의 거세鉅細 변양, 나아가 장법章法의 변화 혁신 등을 이용하여 멋스럼을 더하려는 파격의 경관은 찾아보기 어렵다. 대신, 자칫 단조롭게 보일만한 지일遲日의 장하강촌長夏江村 풍광을 순식간 연하일휘煙霞日輝의 고운 산수화로 일변시킨 것 같은 경개가 그의 필묵 안엔 가만 펼쳐져 있다.

그가 흰 종이 바탕 위에 자아내는 점과 획은 저 명사십리 희고 고운 모래펄에 날아와 앉는 기러기의 모양이라 '평사낙안平沙落雁'이 완연하다. 때론 거대한 창해를 일사천리로 가르고 간 뒤편에 길게 남는 흰빛 포말을 방불케 하니, 다만 창해 더불어 다름이 있다면 종이의 바다는 그 빛깔이 잠깐 하양일 따름이다. 예문藝文의 모래펄, 법문法文의 바다를 표연히 왕래하며 유유자적하는 우리 시대의 작가! 그가 바로 죽림 정웅표이다.

글의 큰 표제를 죽림 선생의 '개벽전開闢展'이라 했다. 개벽이란 천지天地의 처음 생겨남, 또는 새로운 시대가 열린 것을 비유로 이르는 언어이다. 이 경하론 일이 주갑周甲에까지 미뤄진 것은 순전히 선생 과겸過謙의 소치였다. '과공비례過恭非禮'가 되고만 늦음이 지나치긴 했어도 대신 첫눈과도 같은 설레고 싱그러우며 포근한 느낌조차 안겨 받을 수 있었으매, 오늘 선생의 개벽전에 피어나는 소회가 이러타시 애틋하다. 아울러 저만치에 팔면八面 영롱한 분수처럼 퍼져나갈 선생의 무한 예기無限藝祺, 그 상서로운 전개가 안전眼前에 선연하다.

생각사로 오늘의 펼쳐냄이 기껍고, 서광의 미래가 미쁘니, 내 마음거울에 비친 선생의 예술적 초상을 열여섯 글자의 찬贊에 담아 서문 끝자리에 곱게 드리운다.

晬然天資　순수의 해맑은 바탕
法如眞性　불성을 법하여 예다.
乘坐筆端　붓끝 타고 승화할제
散花是競　눈부신 꽃잎 흩날려.

2010년 冬至節
夢碧山房에서
白江 金昌龍 識

『한국 노래문학의 의혹과 진실』 序

책의 표제를 '한국 노래문학의 의혹과 진실'이라고 하였다. 그럴 의도가 아니었는데 그만 제목이 길어져 버렸다. 그래도 하나하나 꼭 필요한 낱말로만 조성했으니, 단 한 글자도 낭비된 언어는 없다고 본다.

또 시가詩歌라는 말 대신, '노래문학'이란 표현으로 풀었다. 여기서 다룬 5작作 곧 〈구지가〉, 〈내여공덕가〉, 〈해가〉, 〈서경별곡〉, 〈이상곡〉이 하나같이 시가 아닌 본래 노래였는데 나중 단계에 문학으로 다루어졌기에 이 어휘가 훨씬 핍진하게 느껴진 때문이다. 게다가 일반의 눈에조차 '시가'라는 현학적인 용어보다는 노래며 문학이라는 말들이 보다 정감 어려 보이기까지 하니 금상첨화라는 생각이다.

평소 우리 국문학 작품 및 관련 연구들을 접하면서 의혹을 품게 만든 작품이 어디 이 다섯뿐이랴. 다만 보다 빈도 높게 뇌리를 맴돌던 우선순위의 선택일 따름이다.

가락의 〈구지가〉는 정말 거북 상대의 거북 들으라며 부른 노래인가? 신라의 수로부인은 정녕 외모 수려한 미인인지라 용이며 온갖 신물神物들이 납치해 간 것일까? 혼자 비행飛行해 다녔다는 양지 선사의 지팡이의 진정한 내막은 무엇일까? 〈서경별곡〉은 진정 남녀간 위대한 사랑 고백의 끝에 폭발한 증오의 노래, 파탄의 가곡일 것인가? 〈이상곡〉을 노래한 주인공 여인은 미혼의 유녀遊女

일까, 기혼의 과녀寡女일까. 그리고 작사는 유녀 층의 구기口氣일까, 아니면 보다 독서 범주가 넓은 지식인의 수적手迹일 것인가? 그런데 이런 종종의 의문들 앞에 당시의 문화 반경을 배려하지 않는 근시안적·평면적인 해석이거나, 또는 미스터리 신비주의 쪽으로 풀어서는 곤란하다는 생각이다. 진실이 언제든 표면의 언어이거나 미신 같은 불가사의 안에서 안주할 수만은 없는 까닭이다.

기실 이 글의 원형原型 모체는 저 멀리 1991년 출간의 『우리 옛 문학론』에 있다. 요행으로 이 책이 잘 버텨준 덕에, 2002년에는 모처럼 표제와 판형을 달리하여 『한국 옛 문학론』으로 상향을 기도하였다. 거듭 2007년에도 맘먹고 판형을 달리한 『한국 옛 문학론』으로 업데이트시킬 수 있었으니, 자못 그 연조 오래인 셈이다. 한자는 최대한 한글로, 전달력이 의심되거나 용장冗長으로 판단되는 부분은 탄탄하고 간결한 문장으로 지치도록 손질을 거듭하였다. 집에다 비유하면 '낡은 것을 보충하여 수리함'이란 보수補修의 뜻에 합당하고, '건축물의 내부를 그 쓰임에 따라 아름답게 꾸미는 일'인 인테리어의 의미에 걸맞았다.

'말한 것이 문채가 나지 않으면 멀리 전해질 수 없다(言之不文行而不遠)'는 말은 생각사로 뜻 깊은 명언이다. 『춘추좌씨전春秋左氏傳』과 『공자가어孔子家語』 출전의 공자 말씀이라 하거니와, 여기서 '멀리'란 말이 시간성과 공간성의 양면을 다 아우르기에 그 의미가 더욱 깊고 절묘하다.

바로 '문질빈빈文質彬彬'이라는 원지遠地를 향해 저자는 이번에 또 다시 우일신又日新의 일대 변혁을 기획하였다. 거듭 끝 간 데를 모르는 윤문潤文에다, 큰 제목·소제목 할 것 없이 일체를 보다 생생한 언어로 풀어 전달력을 강화했다. 소통의 인문학을 염두하고서 한문 글줄이 있으면 암만 그 단락이 소소해도 있는 한껏 풀어버렸다.

뿐만 아니라, 책은 더 이상 활자의 나열만으로 역할 수임이 끝난다는 생각을 지양, 해당 메시지에 뒷받침이 될 삽화들을 추가하여 실감을 높이고자 했다. 그렇게 놓고 보매 이전과 비해 사뭇 괄목상대刮目相對한 면모를 갖춘 양하였다.

그 일련의 공정이 흡사 이 시대 주거문화에 있어서의 리모델링 과정을 연상케 했다. 건축 용어로서의 리모델링이란 기존 건물을 헐지 않고 개보수하여 신축이나 증축보다 경제적으로 적은 공사비용으로 건물의 기능과 가치를 높이는 작업이라니, 사뭇 부합한 느낌이다. 동시에 제2의 건축과도 같았던 이번 공사가 처음 예상처럼 만만한 일이 아니었음을 절감한 계기가 되었다.

'뼈저리다', 동의어 '뼈아프다'란 말이 있다. '어떤 감정이 뼛속에 사무치도록 정도가 깊다'는 뜻이라 한다. 오늘 다시금 우리의 언어와 문화를 답사하는 이 연월 깊은 역사役事를 진행하면서 정녕 뼈저리고 뼈아픈 사실이 있다.

대저 우리의 옛 문학을 기록 현출해 온 삼대三大 언어는 바로 한자와 향찰과 한글이었다. 그렇건만 다수의 연구자들이 고전의 오의奧義에 부딪혀 당황하거나 전긍하는 계제에조차 끝내 돌아볼 줄을 모르니, 바로 향찰의 존재이다. 『삼국유사』 소재 14수 향가 논제와 맞닥뜨렸을 때 한해서만 내심 '참 이건 한자가 아니지!' 하며 향찰 모드로의 전환을 꾀한다. 그밖에는 한자어로의 소통이 암만 이상하고 야릇해도 더 이상 이 시스템을 가동하는 법이 없다. 미처 생각지 못한 상고의 시가와 민요의 도처에 깔린 부분자 향찰 앞에 영 무덤덤하다. 그렇게 몰락시켜 버린 채 다시 돌아볼 줄 모른다. 뿌리 깊은 향찰 언어에의 불감증, 그 문화적 매장의 연구 현실이 뼈에 저린 것이었다.

반만년 뿌리뭉치인 샤머니즘이 또한 옛것 찾기의 여정에서 향찰 이상으로 소외당하고 있음이 뼈아픈 일이 아닐 수 없다. 단군·동명왕·혁거세와 수로왕들이 죄다 무격 시대의 군주요, 그 후에도 이 이즘ism이 오랜 연월 삶의 기층에서 끈기 있게 붙어살았던 사실은 한시도 망각될 수 없는 일임이다. 거기 불구하고 고전시대의 샤머니즘 뿌리를 이 시대의 사위어버린 무당 보듯 둔감과 무감으로 홀시함이 답답하고 안타깝다. 민망하기 그지없다.

외지고 그늘진 데 버려져 있어서 차마 없는 존재인양 스쳐 지난 자리인 향찰 언어와 샤머니즘 문화에 시선이 돌아올 때까진 만만찮은 시간과 끈기가 필요하리라. 이 언어와 이 문화에 대한 재발견이 어디 문학과 역사 쪽에만 유효를 끼칠까. 바로 우리 시대가 필요에 따라 계발해 내고 애론愛論하는 '언어문화콘텐츠' 영역에도 새로운 구경이 펼쳐져 값진 자원들로 피어날 일이 절로 명백하다.

인류사 수천 년 동안 서신을 날라 왔다는 전서傳書 비둘기는 생각 때마다 마음을 설레게 한다. 이 책이 반가운 답장의 꿈 싣고 편지 물려 보내는 비둘기의 전서이고자 고대한다.

2010년 7월 한여름의
夢碧山房에서
金景游 昌龍은 쓰다

韓中假傳文學의 研究

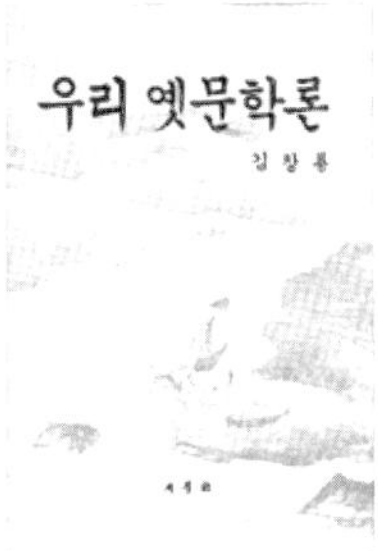
우리 옛문학론
김창룡

고구려 문학을 찾아서

인문학 산책
김창룡

가전을 읽는 방식

교양한문 100

교양한문 100

고전명작 비교읽기

우화의 뒷풍경

한국 노래문학의
의혹과 진실

大學漢文

시간은

04

잡 지 雜識

[시조]

아직도 그리움인 줄

이몽가몽 새벽 꿈에 옛 님을 보았어라
손길 마주 잡은 때엔 생시로만 녀기다니
아직도 그리움인 줄을 글로 하야 알괘라.

- 1976년 10월 12일 -

고운 님, 님을 들여

1.

고운 님 님을 들여 외오기를 즐겼더니
어느 결 고황膏肓에 든 상사의 병이 되다
살고서 못 잊을 양이면 되는 대로 가리라.

2.

올 일월 십삼일의 그대 만난 그날 밤아
그대는 무심 웃고 나 혼자 그댈 들여
그 후로 괴는 정이야 헤아릴 줄 있으랴.

- 1976년 10월 17일 -

무엇을 생각자면

무엇을 생각자면 그 생각이 슬프고
아니 생각 하자해도 그 사실 허망하니
생각고 말고나 간에 의지할 데 없어라.

- 1976년 11월 4일 -

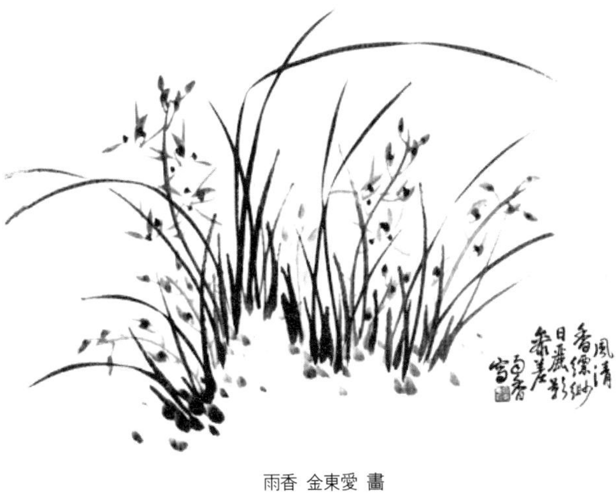

雨香 金東愛 畫

盤浦에 비 듣는 소리

반포에 비 듣는 소리 값없은 운치로다
저문 해 겨울비를 어디 두고 외로우랴
촌음도 무심치 말자 유성같은 내 청춘.

- 2000년 12월 19일 -

濯纓悼歌 2수

1.
관처사 묘지명은 몽당붓을 기려 있고
무오년 그날 일은 곧은 필에 죽음일세
오롯한 필생필사筆生筆死를 선생한테 보도다.

2.
관처사 손 붙잡고 의기 솟은 서른 나이
다섯 해 뒤 꺾일 삶을 꿈에조차 알았으리
무심한 탁영금濯纓琴 가락만 칠백 년에 맴돌레라.

- 2011년 6월 -

탁영 김일손金馹孫, 1464~1498의 거문고 탁영금濯纓琴. 보물 957호.

生母

1.
열일곱의 어느 날 배움터의 방문객
낯설은 여인이라 경계하며 상대했던
내게도 생모라 하는 어머니가 있었네.

2.
여인이 꺼내 보인 웬 아기의 돌 사진
누군지 알아요? 내 얼굴을 살펴보던
오래전 딱 한 번 만난 어머니가 있었네.

3.
여인의 고운 향내 곁의 노몬 눈물짓고
갸우뚱한 순간들 안도 속에 결별한 뒤
여태껏 별세의 시간도 모르는 어머니가 있었네.

- 2011년 10월 -

시간은 붙들 길 없으니

칠십년 대 팔십년 대 꿈 속에 아련하고
구십년 대 이천년 대 산 너머 구름일레
시간은 붙들 길 없으니 글로 묶어 두노라.

- 2011년 11월 4일 -

寶山밖에 누구료

해학을 즐기는 이 천지간 彌滿하고
골계를 잘하는 이 세상에 하다마는
근본을 조차 아실 이 寶山밖에 누구료.

\- 2011년 11월 19일 -

寶山 김진악 선생의『익살』표지

샌날 조성자 선생 頌歌

1.
정암 선생 내린 혈통 아결한 천품으로
갈물에 손 담그고 꽃뜰 향에 취하거다
아무 때 솔밭 사이론 눈부신 학 노니다니.

2.
옛 궁체 절마하여 회화경을 넘나드니
이금에 법고창신 샌날체에 완연하다
그 곁의 출람出藍 제자들은 정의돈목하나니.

- 2011년 11월 27일 -

샌날 조성자 作 〈솔학〉

7월의 유명산

양평 길 슬몃 빠져
돌아드는 유명산
아, 눈 맛이 반가운
사람 적은 유명산

굽이굽이 너른 고갯길
그 너머의 청평 길

내 안의 작은 마성魔性
질주로의 욕망을
쓰삭이는 유명산.

- 2001년 7월 17일 -

가을 밤, 강인수를 생각하며

인수,
그대의 속넓은 미소 뒤에
쓸쓸한 눈매가 보인다.

만추에 지는 붉고 노란 낙엽들도
지쳐 해가 저문 밤
굵다란 손끝에 붙든 와인 잔
해말간 빛깔 속에
그대의 한숨이 녹는다.
인정이 맴돈다.

- 2001년 11월 28일 -

河南에 사는 이(1)

포근히
어둠 내린
겨울의 검단산

그 아래 첫 꿈이 잠긴
하남 마을 위로
눈 내리기 시작할 때

동네 어귀 돌아들던
선한 이의 눈망울
처음 빛나고.

- 2002년 1월 27일 -

河南에 사는 이(2)

향기
아리따운
삶의 향기

여인의 향기도곤
다사로운
하와이언 코나

첫 향긋함 속에
그대 미소가 흔들린다.

- 2002년 2월 16일 -

촉촉한 미소로 지다

깨어나지 말자던
깊숙한 계절에 깨고 말다.

손 놓지 않으려던 안간힘
파르르 떨다 결국엔
모든 힘 다 부쳐
만추의 땅에 눕고만
발갛고 노란 화신들.

부끄럼조차 못 챙기고
아무러나 천지간 누워 버린
물기 빠진 젊음
청신했던 여인들

그 모습 가여워
차마 마음이 시려
먼저 참혹해져버린
날 올려다 보며
그럴 거 뭐 있냐는
촉촉이 젖은 핀잔
지상 마지막 윙크

- 2003년 11월 8일 -

새해도 엿새날에

모르는 속에 가버린 다섯 날
그리 되는 영문이었구나…
눈 깜짝할 사이 다섯을 잃고
꼭 그런 식으로 서른을 잃고
삼백 육십오도 잃는 거였구나.

사람은 무슨 일로
물질에 빠지고
명예에 홀리고
각자의 진리에 갇혀
낯빛을 고치는가
영혼을 팔고
시간을 팔고
利를 챙겨 달리다가
눈서리 백발 뒤에사
구슬피 痛惜는가.

잘가노라 닫지 말며
動中靜을 잃지 말자
煙朝月夕 夏雲冬嶺
値千金의 一刻까지
뜻에 맞든 맞춰서든 모로미
歡娛를 다할지라.

- 2004년 1월 6일 -

내 눈물의 샘이 마르는 날

그대여,
내 눈물의 샘이 마르는 날
저 죽음의 동산에 날 묻거라!

삶은 한 다발의 페이소스
아프리카 사막의 모래 같은
그 뜨거운 건조 위에 뿌려질
한두 방울 눈물의 구원조차 없는 정오
나는 죽음도 무섭지 않거니

삶은 한 묶음의 페이소스
서아시아 평원의 들풀 같은
그 지독한 망각을 달래 줄
한두 방울 눈물의 구원조차 없는 밤중
나는 죽음도 두렵지 않거니

그대여,
내 눈물의 샘이 마르는 날
저 죽음의 동산에 날 묻거라!

- 2004년 7월 17일 -

운명

거부할 길 없는 나의 운명
아버지, 오 나의 아버지
나 세상본 날 숨 죽여 지키시다
이읔고의 고고성에 환호하시던 이
아버지 돌아갈 제 넋없이 지키다가
숨 거두시는 하늘에 울부짖을 나
아아 나 죽도록
마다할 길 없는
육신의 두 생명
한 끈의 운명

- 2011년 6월 -

[국역]

김삿갓의 〈九月山〉

昨年九月過九月
今年九月過九月
年年九月過九月
九月山光長九月

김삿갓의 9월, 그리고 구월산

지난해 구월산 지났는데
올해도 구월산을 지나네.
해마다 구월에 구월산 지나거니
구월산 산색山色은 언제든 9월.

- 2001년 9월 1일 -

存齋 朴允默의 〈水滴〉

硯田通水利 墨壘售農兵
怒獸林中出 寒蟾月裏迎
盈虛眞造化 呼噏小經營
四友當爲五 嘉名並世鳴

박윤묵의 연적 예찬

벼루의 밭은 수리水利에 통하고
먹의 보루는 농병農兵의 품을 사네.
살진 짐승이 숲 가운데서 뛰쳐나온 양
두꺼비 차가운 달 안에서 마중을 나온 양
채움과 비워냄은 진정한 조화요
내놓고 들이킴은 자그마한 경영이라
문방의 사우四友는 마땅히 오우五友되어서
갸륵한 이름 나란히 누리에 울려야만.

- 2008년 4월 -

李賀의 〈楊生靑花紫石硯歌〉

端州石匠巧如神 踏天磨刀割紫雲
傭刓抱水含滿脣 暗灑萇弘冷血痕
紗帷晝暖墨花春 輕漚泡沫松麝薰
乾膩薄重立脚匀 數寸秋光無日昏
圓毫促點聲淸新 孔硯寬頑何足云

당의 시인 이하, 청화자석 벼루를 노래하다

재주가 귀신같은 단주端州의 석공들은
하늘 지르밟고 세련된 칼로 자운석 잘라낸다.
고르게 깎아 물 채우면 입안 그득 머금은 듯
어쩜 옛 흩뿌려진 장홍의 차디찬 핏자국일까.
따뜻한 햇살 비단 휘장에 봄꽃같은 먹
거품 살짝 피어날 제 솔 향긴가 사향인가.
마르며 젖은 곳, 얇게 두껍게 발치 고른 태는
저물 줄 모르는 자그만 가을의 풍광다워라.
붓 끝에 곱게 먹물 찍는 그 소리 청신하니
묵직하다는 공자의 벼루에 비할 길 있으리.

- 2008년 11월 -

白牙 金彰顯의 〈一史少友讚〉

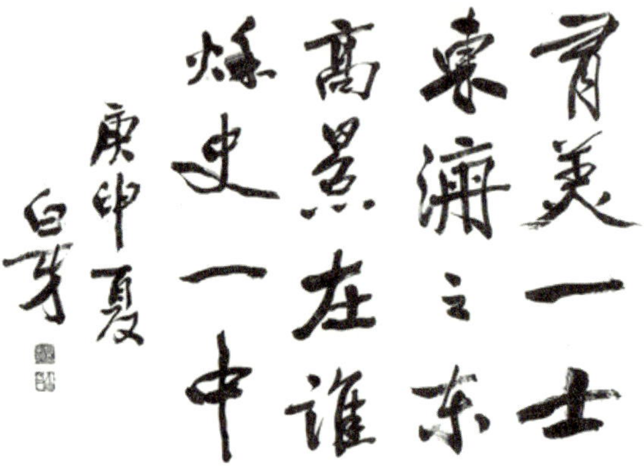

백아 김창현의 撰墨

젊은 벗 一史를 讚하노니

有美一士　갸륵한 한 선비 이샤매
東海之東　머리곰 동해의 봄빛일레.
高照在誰　뉘이런가 높이 비치오신 이
秋史一中　추사秋史와 일중一中이라네.

- 2009년 3월 -

企齋 申光漢의 〈硯銘〉

介乎石 君子之吉也

靜而受動 仁智之用也

管子發揮 墨卿潤色

與傳斯道 功載竹帛

爾固孔氏之徒也 吾亦賴而私淑

신광한, 벼루의 공적을 새기다

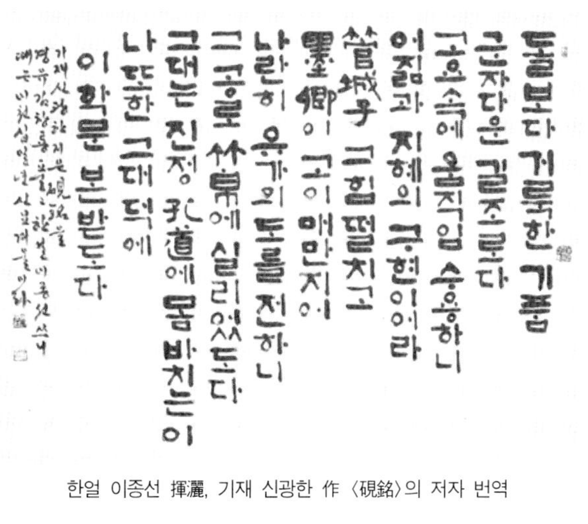

한얼 이종선 揮灑, 기재 신광한 作 〈硯銘〉의 저자 번역

- 2011년 10월 -

企齋 申光漢의 〈廣津船上望見三角山有感〉

孤舟一出廣陵津
十五年來未死身
我自有情如識面
青山能記舊時人

광나루 지나는 배 위에서 삼각산 바라보며

외딴배로 광나루 뒤로하는 이 몸
열다섯 해 지나오며 죽지 않았네.
나는 정이 겨워 그 모습 알듯하나
저 산도 옛사람을 기억하고 있을까.

- 2011년 10월 -

企齋 申光漢의 〈詠蛛網〉

稟賦吾憐汝
謀生豈不仁
抽絲機自熟
結網妙如神
蠆毒宜遭害
蟬淸未必嗔
掛花原爾罪
猶解罥靑春

거미줄을 읊다

타고난 너의 천성 가엾다 여기나니
생존의 방식이 어찌 그리 모질더냐.
실 자아내는 기술 너무도 숙련되고
그물 짜는 재주는 신묘키만 하고나.
전갈같은 네 독이야 뻔히 해나 끼치거니
매미처럼 이슬 먹으면 책할 일 없으련만.
상해를 끼치면 너의 죄 거듭될 뿐이니
옭아놓은 어린 생명 풀어준들 어떠리.

- 2011년 11월 -

[한역]

퇴계 이황의 〈陶山十二曲〉 중에서

靑山은 엇뎨ᄒᆞ야 萬古애 프르르며
流水는 엇뎨ᄒᆞ야 晝夜애 긋디 아니ᄂᆞᆫ고
우리도 그치디 마라 萬古常靑 호리라.

靑山奚以萬古靑
流水盍以晝夜舍
爲人所當法自然
萬古常靑亦不舍

청산은 어이하여 긴 세월에 푸르르며
유수는 어이하여 밤낮에 그치잖는가
우리도 그치지 말리라 변함없이 푸르리.

- 2004년 6월 -

황진이 시조

青山裡 碧溪水야 수이 감을 자랑마라
一到 滄海하면 다시 오기 어려오니
明月이 滿空山ᄒᆞ니 쉬여간들 엇더리.

青山裏 碧溪水 休自誇 流易去
一到之 渺滄海 不期歸 難其廻
明月兮 滿空山 暫憩止 亦如何

청산 속의 푸른 내여 사쁜 감을 자랑마라
넓은 바다 내닿으면 다시 오기 어렵거니
밝은 달 空山에 그득한데 쉬어간들 어떠하리.

- 2004년 6월 -

[한문]

答申先生範植書

不期而接申先生之雁報 不勝感悅 況其修辭雅結以純漢哉 余當奉吾子之書初 且疑且驚 靡他 此非時流之語言故也 然須臾間頓悟此書則吾子申生之積歲琢磨之驗 當然無異之事 言念申生 顔容超凡 風骨偉麗 余疇曩初對之時 竊嘆賞不已 居無何與之攻研矧既知其德全才高 盍禁稱賞哉 而反吾子不以我無似 欲推納諸賢之域 謂我窮理以惱神時 抑有愧赧 實予久不事鉛槧 以惰游消遣未免髀肉嘆息 何以當過譽之儀耶 止可怍矣 噫 何日返之乎 獨吾子 志氣恢弘 心根篤固 這間讀書著文 有裕餘矣 信之無疑 吾輩相識 于玆有年矣 數月隔阻 情思玆別 但望開講之期 携手分歡只其間 惟冀自愛珍重 不宣.

壬午載之公曆八月十日末伏
白江散士 金昌龍 謹識

신범식 선생에게 답합니다.

뜻밖에 신 선생의 서한을 접하니 기쁜 감정 가눌 길 없군요. 하물며 문장 표현이 온통 고상한 한문으로 연결돼 있다니요!

내가 그대의 서신을 받아보고 한편 의아하고 다른 한편으로 놀랐음은 다름 아니라 글이 현 시대의 언어가 아닌 까닭이지요. 하지만 한 순간에 깨달았으니 이 편지가 바로 그대 신생申生의 오랜 세월 갈고 닦은 보람이기에 당연 이상할 게 없지요.

신생을 생각하면 외모 뛰어나고 풍신 거룩한 바에, 내가 예전 처음 그대를 대면했을 때 속으로 감탄해 마지않았지요. 이윽고 함께 수업을 하면서 그대가 훌륭한 덕성에다 재주 높음을 알았을 때야 어찌 탄상하지 않을 길 있겠나요.

그런 마당에 오히려 그대는 나를 변변치 못하다 아니하고, 오히려 여러 인물들 사이에 올려세우면서 내가 연구하느라 마음 괴롭힐 것으로 생각함에 문득 부끄러움이 일었다오.

기실 나는 오래도록 문필에 종사하지 않은 채 게으른 소일로 살만 찌고 있으니 어찌 지나친 칭찬의 인사를 감당할 수 있겠습니까? 그저 부끄러울 뿐이지요. 아, 언제나 제자리로 돌아갈 수 있겠나요.

반면에 그대는 뜻이 크고 넓으며 심지가 든든하니 요즘에도 책 읽고 글 쓰는 정도가 너끈하리라 믿어 의심치 않답니다.

우리가 서로 안 지 지금껏 여러 해 되었는데, 이렇게 몇 달 서로 떨어져 소식 통하지 못하매 유난히 더 생각나는군요. 다만 기약건대 이제 강의가 시작되면 그때 손 붙잡고 기쁨을 나눕시다.

그 사이에 스스로를 잘 돌보고 몸 소중히 여기기를 바라면서 이만 줄입니다.

2002년 8월 10일 말복에
백강산사 김창룡

❖ [前信]

上金景游先生主

拜辭數月 鄙吝復萌 自愧其不能變化氣質之頑 不勝恨恨 景慕之私 尤切於他辰 每欲以書 探候爲料 而塵累倥傯 尙未修候 主臣盡達 而況在門下人事 未能躬進承誨 乃失事師之道 雖因於旁午之致稱以拘碍 然都歸飾辭 言念及此 豈敢望容乎哉 自顧臨事 每常如是則遲遲之倣 必無所施矣 是所憂懼者耳 伏未審庚炎比酷 道體候靜養萬康 日夜硏理 無至惱神否 區區至祝不任 下生 劣狀未免 無足仰道者耳 就白 先生主 去數年間 於小生 時賜淸誨 使此茅塞以開胸 實無非眷焉愛焉之盛德 莫知措身之所矣 小生 識薄人微 還恐爲先生主之累 自不禁汗背也 今玆數字替告 伏悚如燭 從速拜面爲計餘惟伏冀道體候 應時萬康 寶庇均安 不備謹上候禮.

2002年 8月 8日
侍生 申範植 頓首

김경유 선생님께 올립니다.

선생님을 뵌 지 수개월이 지나니 비루하고 인색한 마음이 다시 싹트매, 스스로 기질을 변화시키지 못하는 미련함에 부끄럽고 한탄스럽기 그지없습니다.

우러러 사모하는 사사로운 정은 더욱 다른 때보다 간절하여 매번 글을 올려 안부를 물을 계획이었으나, 속세의 일이 번잡하여 여태 편지를 올리지 못하였으니, 죄송스러움을 다 말씀드릴 수 있겠습니까? 더구나 문하에 있는 사람의 처사處事로, 능히 몸소 찾아뵙고서 선생님의 가르침을 받지 못하고 있으니, 이것은 스승을 섬기는 도를 잃은 것입니다. 아무리 번잡한 일의 소치로 인하여 구애되었다고 칭탁하나, 모두 변명에 불과합니다. 생각이 여기에 미치니 어찌 감히 용서해 주시길 바랄 수 있겠습니까? 스스로 돌아보건대 모든 일이 늘상 이와 같은 지라 지지부진한 공부가 반드시 다른 사람에게 별로 좋은 일도 못되어 줄 것 같습니다. 이것이 걱정되고 두려운 바입니다.

안부를 살피지 못한 복더위가 심한 이 때에, 도체후 정양靜養하시고 만강하시온지, 밤낮 연구에 너무 신경을 쓰지는 않으십니까? 구구하게 지극히 비는 마음 가누지 못하겠습니다. 저는 용렬한 상태를 아직도 면하지 못하여 우러러 말씀드릴 것이 없습니다.

드릴 말씀은 선생님께서 지난 수년간 저에게 수시 맑은 가르침을 주시어 이런 가슴이 막혀있는 사람으로 하여금 흉억胸臆을 열게 해주심은 실로 돌봐주시고 아껴주시는 성덕盛德 아님이 없으매 몸 둘 바를 모를 뿐입니다. 저는 지식도 얇고 사람도 미천하니 도리어 선생님에게 누가 될까 염려되어 절로 등이 땀에 젖는 것을 금할 수 없습니다. 이제 몇 자의 편지로 대신 말씀드리게 되었습니다. 죄송스럽지만 용서하시고 통촉해 주시기를 바랍니다. 속히 찾아뵙겠습니다.

나머지 엎드려 바라옵기는, 도체道體께서는 때에 따라 만강하시고 보배로운 가족 분들도 고루 편안하시기를 빕니다. 삼가 안부의 글 올리는 예를 이만 줄입니다.

2002년 8월 8일

侍生 신범식은 머리를 조아립니다.

賀一史老伯七秩幷祝壽序

樂乎 今玆戊子載之十一月晦日 陽曆十二月念六日 一史具滋武老師七旬盛筵嘉辰也 余當是朝 千緖之懷 萬端之情 油然不禁連茹不勝感悅之意 此非他矣 先生如常在其位 恒久可仰其豪爽笑顔及莊莊厲聲故也 顧先生 未嘗不想韓退之師說 有聖人無常師之言 老伯丁寧 躬踏此理 以遂成者也 自古藝壇 皆羨慕詩書畵三絶然果到彼岸者幾何 先生曩在庚戌歲 肇叩一中先生門下 修之書學又詣心汕月田畵堂 錬之後素 靡止于此 賴以紹受于亦堂家親之天資 迺尋白牙暨淵民先生書樓 勤覲趨蹌 習之文詞 旣已總括 孜孜營營 切磨自彊 乃得恢弘三路 不容一蹉 果是淸慾無外人也 夫如斯沈潛以降 迄今殆經四十星霜 豁然自占獨創處 據鞍顧眄 誠大端哉 先生性情耿介 不拘趨勢 卓犖高致 往往嘘唏世道之萎靡 歎憤藝路之敗爛 眞介士也 夫何以譬諸先生乎 嘗措大間頌讚之辭 有中通外直 亭亭香遠者 酷肖先生之風韻矣 曰歲寒然後 知松柏者暗惹先生之姿儀焉 且先生曾年作拒霜花圖 其親製詩要諦語 一朶獨拒霜者 豈先生之自像耶 老伯惟堅執傳統文人畵 其筆趣也 端潔精秀 畵格也 淸曠敦雅 一旦畵之成矣 仍用文詞 期在必照應時發揮漢綴文藻以遂畵題 髣髴添花於錦上 若似點睛于龍畵 老伯果然 允書允畵 能文善詩 固足謂今世文人畵家之正宗也 間有嗜愛先生墨者 歎其唯寡作之稍貽惜 然寔良有以也 其苟非爲天機所應雖一毫而不染故耳 是以其揮灑 無別大作小品 莫匪爾雅

走與先生 昔日偶然同座于淵民先師書齋 其幸遇以來 相知歡愜者 庶幾二十年 今春忽焉 猥聆親囑紀念集序文 輒然遽色 極口辭避以難堪之由 而先生威燀 予終竟不顧菲才 敢冒粗語蕪辭 以聊酬老伯之殊遇懇命 雖然亦不勝愧赧 於戲 先生雅剛健 尙誇呑牛氣象 幸之無已 但冀者 益加餐 尤張樂 侶松鶴以等年.

戊子公曆十二月廿六日

景游 金昌龍 獻芹

즐거워라! 금년 무자戊子해 11월 그믐이요, 양력 12월 26일은 일사 구자무 선생의 칠순 큰 잔치가 있는 아름다운 날이다.

나는 이날 아침을 맞아 천 갈래 생각, 만단의 정서가 샘솟음을 막을 길 없고, 연달아 감격과 기쁨을 가누기가 어렵다.

이는 다른 것이 아니라, 평소와 다름 없이 그 자리에 계셔 언제나처럼 서글서글 웃으시는 선생의 얼굴과 쩡쩡한 음성을 대할 수가 있기 때문이다.

선생을 생각하면 한퇴지의 〈사설師說〉 중 '성인은 정해진 스승이 없다'는 말씀을 떠올리게 되니, 선생은 정녕 이 진리를 몸소 실천하여 끝내 완성을 이룬 분이다. 그리하여 예로부터 예단藝壇에서는 하나같이 시詩·서書·화畵 삼절三絶을 선망하고 흠모하였으되, 거기 피안彼岸에 도달한 이야 과연 몇이나 될 것인가?

선생은 지난 경술년(1970) 처음으로 일중一中 선생 문하門下를 두드려 서예를 수업하고, 다시 심산心汕·월전月田 선생을 모시면서 그림을 연마하였다. 이에 그치지 아니하니 역당亦堂 부친의 천품 자질을 고스란히 이어받은데 힘입고, 그 위에 거듭 백아白

牙와 연민淵民 선생의 서재를 심문尋問하여 부지런히 뵙고 예도로 섬기면서 시문을 익혔다. 그렇게 세 분야를 하나로 총괄, 꾸준히 절차탁마切磋琢磨하여 스스로를 강화한 나머지 마침내 세 가지 길을 크게 터 놓았다. 단 하나의 누실도 허용치 않았으니, 진정 맑은 욕심이 끝 간 데가 없는 그런 분이었다. 이처럼 침잠하고 전심專心한 이래 거의 40년 성상을 지나서는 통달하여 스스로 독창의 경계를 점유한 데 이르렀다. 말안장에 높이 앉아 사방 둘러보는 위치가 되었으니, 참으로 대단하구나!

선생의 성정은 굳세어 세상의 추이에 매이지 아니한다. 월등하게 높은 경지에서 종종 세상의 도가 쓰러져 가는 것에 한숨짓고, 예원藝苑의 앞길이 문드러져 감을 탄식하니, 진정 기개의 선비이다.

무릇 이제 무엇으로 선생을 비유할 수 있을런가? 지난날 지식인 선비들 사이 기리고 찬양한 말에, 속은 통하고 겉으로 곧으며 우뚝 솟아 채 멀리까지 향기롭다 함은 속절없이 선생의 풍격과 운치를 닮았다. 세한歲寒 연후라야 소나무·잣나무의 의연 불변을 안다 함은 은근 선생의 자태를 생각게 함이 있다. 또한 선생이 향일 〈거상화拒霜畵〉를 그릴 적에 손수 지은 제화題畵 시의 요체인 '한 떨기가 홀로 서리를 견딘다[一朶獨拒霜]' 함은 그것이 바로 선생 자신의 초상이었던 것이다.

선생은 오직 전통의 문인화만을 굳게 고집하시니 선생 붓의 귀취歸趣는 단아하고 깨끗하며 섬세하고 빼어나다. 그림의 격은 탁 트이어 넓고, 정성스러우며 고상하다. 한 번 그림이 성사되면 이어 문장으로 그림의 조화 상응을 기약한다. 이때 근사한 한문의 사장詞章을 발휘하여 화제畵題를 수행함에, 비단 위에 꽃을 더 수놓음 같고 용 그림에 눈동자를 찍는 양하다. 선생은 과연 글이면 글, 그림이면 그림, 문장에 시까지 능하지 않음 없으매, 진실로 너끈히 이 시대 문인화가의 으뜸이라 하겠다.

간혹 선생의 서화를 아껴 사랑하는 이들이 그 작품의 수가 적어 어딘가 안타까움을 부른다고 한다. 하지만 여기엔 정작 이유가 있는 것이니, 선생이 진정 천기天機에 따라 감응된 바가 아니면 비록 털끝 하나도 적시지 않는 까닭일 따름이다. 이렇기 때문에 선생이 붓 한 번 휘두르면 대작大作이든 소품小品이든 가릴 것 없이 바르고 우아하지 않음이 없는 것이다.

내가 지난날 선생과로 우연히 연민 이가원 스승의 서재에서 자리를 같이 하였는데, 그러한 다행한 만남 이래 서로 이해하고 기뻐하며 즐거워한 지 거의 20년이나 되었다.

그런데 금년 봄 문득 외람되게도 선생으로부터 친히 기념집 서문을 부탁하는 말씀을 들었다. 이때 나는 급작스런 안색으로 감당하기 어려운 이유를 들어 극구 피하며 사양하였다. 그러나 선생의 성한 위세에 눌려 종당 하찮은 재주를 돌보지 않은 채 황폐한 언어를 무릅쓰며 선생의 각별한 지우知遇와 간곡한 명령에 값하는데 이르게 되었다. 하지만 암만해도 부끄러워 얼굴이 달아오름을 견디지 못하겠다.

아아, 선생께서 평소 강건하시어 황소조차 삼키는 큰 기상을 과시하시니 다행하기 그지없다. 다만 바라기는, 음식 더욱 잘 드시고 즐거움 한층 늘이시사 저 소나무 학들과 짝하며 장수를 누리소서!

2008년 12월 26일

경유 김창룡 쓰다

與玄君振煥

昨夜講議時 余之無端暗惹空蕭懷者 則必有以也 蓋汝不在焉 汝唯以木曜受誨見志 他日定不可乎 若如是也 余謂以李鍾宣先生最爲適 益詳者 日後待相見 交談可矣 益調餐 留念保健 不備.

2009年 9月 26日

현진환 군에게.

어젯밤 강의에 내 어쩐지 괜스런 쓸쓸함이 나도 모르게 일었던 데는 필경 이유가 있었더구나. 생각해 보니 네가 자리에 없어서였던 거다. 너는 다만 목요일에 수업을 받을 수 있다는 계획을 말했지만 다른 날은 정히 안되겠는가? 만약 그렇다면 내 생각에 한얼 이종선 선생이 제일 맞겠다 싶군. 보다 자세한 것은 일후 서로 얼굴 보고 얘기 나누는 게 좋겠다. 음식 잘 챙겨 들고 건강에 유의하여라. 이만 줄인다.

與鄭詞伯珉

曩在新元吾子惠送之墨 感荷怡賞 方覽舒其跡 奔逸淸巧 含意亦懇 隨時展翫 其雅韻未盡 今日又擎吾子之惠貺鉅著 不勝克其眷遇情誼 銘謝幸甚 但冀之吾子斯界北斗 行李珍重 庚寅新春 昌龍頓首.

정민 사백詞伯에게.

먼저 새해에 그대가 보내 주신 글씨 아주 고마운 마음으로 기쁘게 감상하였습니다. 처음 그 필적을 열어 보았을 때 청일淸逸하고 흐드러진 솜씨에다, 간직된 의미 또한 간절하였기로 수시로 열어 보며 완미하였습니다. 그 멋스러운 여운이 다하기도 전에 오늘 또 다시 끼쳐 주신 대단한 저서를 받아드니, 그대가 날 생각하는 교분의 정을 차마 가누기 어렵군요. 깊이 감사하고 몹시 행복한 일입니다.

다만 바라기로 그대는 이 분야에 가장 높임 받는 대가이니 귀한 몸을 소중히 하시기 바랍니다.

경인년 새봄
김창룡 드림

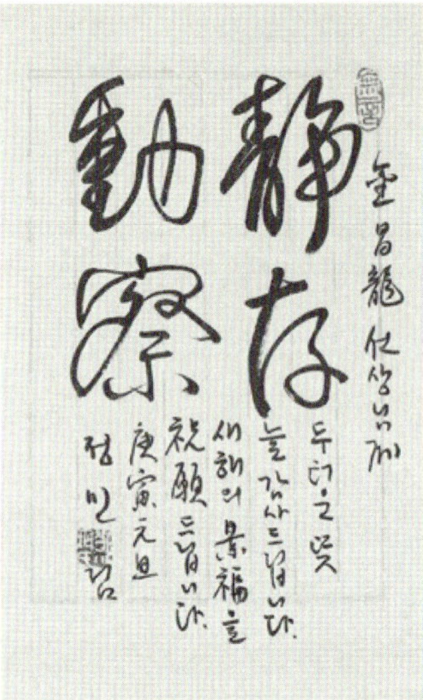

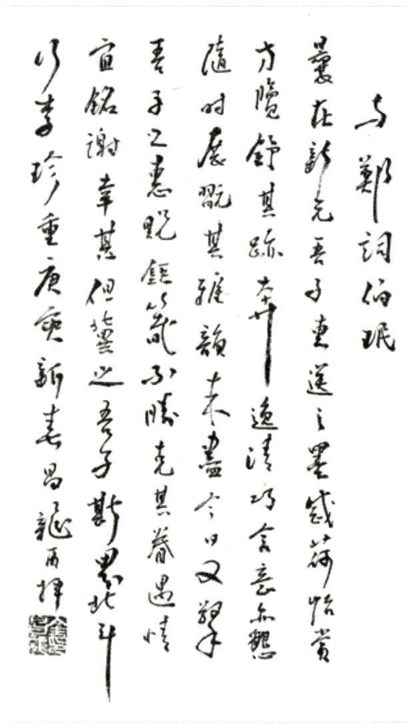

정민 교수의 新年賀筆(上)
저자의 答墨(下)

答申教授範植書

日間又安寧否 這般汝以偕憂 所送寄來 多荷良感矣 予兮子兮罕得相見 況有雷逢電別 而每對顔時 余竊謂吾子以恒心 孜孜營營 我心亦逐怡然也 勉勵荏苒 焉知異日不享春景乎 而如今日掛電通話 傳付吾子之昔年翰簡 請汝以麗文雅章飜譯回示 餘縮不縷 恭希文祺.

2010年 5月 22日

신범식 교수께 회답합니다.

일간에 또 평안한지요? 이번에 그대가 내 환우를 함께 걱정하며 다정히 써서 보낸 글을 자세 읽고 자못 뭉클한 마음을 가누지 못했습니다. 나하고 그대하고 서로 볼 기회가 아주 적은데다, 하물며 번갯불처럼 만났다가 헤어지곤 하였군요. 그렇지만 매번 그대 얼굴을 마주할 때마다 나는 속으로 그대가 한결같은 마음으로 부지런히 힘쓰는구나 생각하곤 이 마음 역시 거기 따라 흐뭇해지곤 했지요. 열심히 노력하는 세월을 지내다 보면 훗날 아름다운 경치를 누려 볼 날이 없겠습니까? 오늘 전화로 이미 얘기했듯이 그대가 여러 해 전 내게 보낸 편지를 부치노니 고운 문장으로 번역하여 회답 주시기 바랍니다. 나머지 말은 줄이옵고 삼가 그대의 문운文運을 바랍니다.

❖ [前信]

上景游先生大雅

拜違門屛 已經數週 景慕之忱 還切於前 就悚下囑 何敢當此 然誼不敢辭故 如添附謹呈 或可試之否 特加調攝 遄復天和 至祝 至祝 不備上候禮.

2010年 5月 24日
侍生 申範植 拜揖

경유 선생님께.

선생님을 뵙고서 떠나온 지 하마 몇 주가 지나가니, 우러러 사모하는 정성은 도리어 예전보다 간절합니다.

드리올 말씀은 부탁하신 것을 저의 변변찮은 재주로 어떻게 감당하겠습니까? 그러나 정의상 감히 사양할 수 없기에 첨부와 같이 삼가 올리오니, 혹 시험삼아 봐주시겠습니까?

특별히 조섭을 더하시어 빨리 병환에서 회복되기를 지극히 빌고 빕니다. 올리는 禮를 이만 줄입니다.

試製竹林處士錄秋日偶成款識

閑來無事復從容　睡覺東窓日已紅
萬物靜觀皆自得　四時佳興與人同
道通天地有形外　思入風雲變態中
富貴不淫貧賤樂　男兒到此是豪雄

- 程顥, 「秋日偶成」

此夫明道先生作秋日偶成 百世膾炙之淸音 而吾友金景游 懃以余墨 欲揭于其著間 我欣然酬答而輒遂焉 辛卯載之蒲月 懷明齋主人竹林寫也.

죽림처사가 쓴 〈추일우성〉 낙관에 시험하다

이는 저 정명도 선생 지은 〈추일우성秋日偶成〉, 긴 세월 회자되는 맑은 절조絶調이다. 이제 나의 벗 김경유金景游가 은근한 뜻으로써 자신의 저서에 내 글씨를 올리고자 한다. 이에 곧 화답하고 곧장 실행하노라. 신묘년 음력 5월, 회명재 주인 죽림 쓰다.

- 2011년 6월 -

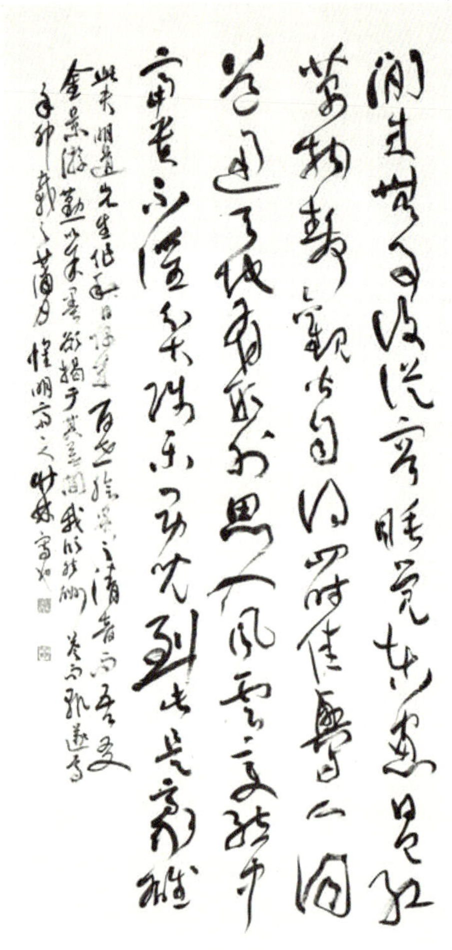

竹林 정웅표 揮墨의 〈秋日偶成〉 - 2011년 作

製爲石軒先生文房圖書題 (一)

金景游圖書銘序謂 朴允默題水滴詩 升此曰 四友當五友 嘉名幷世鳴 於我圖書固然 遂不可去也已.

석헌 선생의 문방 그림을 위한 화제 (1)

경유景游 김창룡金昌龍의 〈도서명圖書銘〉 서序에 이르기를, "존재存齋 박윤묵이 〈수적水滴〉 시를 지었거니, 연적을 올려 말하되, '문방의 사우는 모름지기 오우五友 되어서 갸륵한 이름 나란히 누리에 울려야만!'이라고 했는데, 나에게는 도서圖書가 진정 그러하다. 마침내 저버릴 수 없을 따름이라"고 하였다.

- 2011년 8월 -

製爲石軒先生文房圖書題 (二)

余嗜愛文人畵者 不讓於人 但才倆雖無狀 聊遺羞拙品若干 而關於文房 唯嚮乙酉載之操筆淸香一室圖一介有之矣 其圖中添圖書三兩 則吾生平不離之衿契故也 昔朴允默嘗題水滴詩 加此以當五友 猶印信也須然 缺之 作未至于點睛已.

석헌 선생의 문방 그림을 위한 화제 (2)

내가 문인화를 좋아하고 아낌은 누구에게도 양보치 못한다. 다만 재주와 기량이 내세울 정도가 못되기는 하나 그런대로 부끄러운 작품 약간을 남겨두었다. 그나마 문방文房 관련해서는 오직 지난 을유년(2005)에 붓 잡아 그린 〈청향일실도淸香一室圖〉 한 작품이 있을 뿐이다. 그림 안에 도서圖書 두엇을 덧붙여 그렸음은 그것이 내 평생에 떼어놓을 수 없는 간절한 연분인 까닭이다. 옛날 존재 박윤묵은 〈수적水滴〉 시를 지으면서 연적을 더하여 문방오우文房五友로 해야 마땅하다고 했는데, 오히려 신장信章이야말로 모름지기 그럴지니, 만약 빠진다면 작품은 완성에 이르지 못할 따름이다.

- 2011년 8월 -

石軒 임재우의 〈文房嗜愛圖 II〉
2011년 월전미술문화재단
선정지원작가 전시작

[평설]

논어 속의 명언(1)

吾嘗終日不食
終夜不寢以思
無益
不如學也
내 일찍이 종일토록 먹지 아니하고
밤새도록 자지 아니하며 생각했지만
별 보탬이 없더라.
배움만 같지 못하더라!

『논어』〈위령공衛靈公〉 편에 있는 공자의 말이다. 그러나 이것은 부질없이 생각에만 잠기는 것을 경계한 뜻일 뿐, 사색의 불필요를 얘기한 의미는 결코 아닌 것이다.

나의 대학 시절, 처음 제대로 『논어』에 반했던 무렵, 그 책 안에서 이 글을 처음 발견했을 때 - 1972년으로 기억된다 - 의 기쁨이 다시금 생생하다. 이 구절을 머리로 새기고 입으로 외면서, 생어사生於斯 장어사長於斯의 영등포 큰길 가를 군자대로행으로 걷던 흥겨운 기억이 지금 다시 영상처럼 떠오른다.

논어 속의 명언(2)

學而不思則罔
思而不學則殆
배우고 생각하지 아니하면 어둡고,
생각하고 배우지 아니하면 위태롭다.

『논어』〈위정爲政〉 편에 나오는, 공자의 학문과 사색에 관련한 가르침이다.

무릇 '學'이란 말의 참뜻은 무엇인가? 이제까지 몰랐던 것을 처음 배워 알게 되는 것이다. 어제까지 몰랐던 것, 아니 방금 전까지 알지 못했던 것을 이제 비로소 알게 되었다면 그것이 바로 학學인 것이다. 그리하여 그렇게 알게 된 내용을 다시 반복하는 것을 '습習'이라 한다. 『논어』의 개권 첫머리에 저 유명한 '학이시습지學而時習之면 불역열호不亦說乎아!' 할 때의 그 '學'이며 '習'이란 게 다름 아닌 이 뜻인 것이다. '배우고, 그것을 틈틈이 익힌다면 그야말로 즐겁지 아니하랴!' 한 이 말은 가장 인구에 회자되어진 『논어』 최고의 명언 가운데 하나이다.

그만큼 배움이란 중요한 것이지만, 다만 거기에도 삼가 주의해야 할 일은 따른다. 그것이 무엇이던가?

이 세상의 가르침이라고 해서 아무 내용이든 무조건하고 수용할 수 없다는 것이다. 그 가운데는 올바른 가르침이 많겠거니와,

그와는 반대로 옳지 않은 가르침도 적잖이 있을 것이다. 처음 알게 된 '學'을 내가 받아 들여야할 지, 사양해야 할 지와 같은 판단은 배우는 이의 몫이다. 배우는 이의 사색적 판단과 결정에 전적으로 달려 있다. 이는 다독多讀 만이 능사가 아니란 얘기와도 통한다. 선현의 지식이며 지혜는 대부분 우리들 정신을 위해 영양가 있는 것이지만, 그 가운데는 삶의 독소가 될 내용도 없지는 않을 터이다. 이것을 경계한 언어이다.

역으로, 생각에만 몰두하고 선현에의 지식 및 지혜 습득이 이루어지지 않을 때의 결과는 위태함이라고 했다. 삶의 올바른 나침반이 없는 까닭이다. 세계의 이름난 범죄자들일수록 가일층 비상한 머리로 더 많은 생각을 한다. 하지만 그 생각의 말로末路는 마침내 인간에게 환영받지 못하고, 그것이 마침내 인류 사회에 해가 되는 범죄로만 그친다. 이는 다름 아니라 그 지식이며 지혜가 정당성의 방향을 상실했기 때문이다. 이상한 쪽으로 비껴 나간 결과이다.

또는 평범한 머리를 가진 사람이, 아니 그의 두뇌가 암만 우수하다고 치자. 한 평생 - 대략 100년 수명이라 하자 - 삶의 방식을 궁리하고 애써 본다고 해야 인류 역사 속의 수많은 선현과 천재들이 지난 수천 년 동안 쌓아 왔던 진리의 총체·정화를 덮고 그 위에 선다는 것은 거의 생각하기 어려운 일일 것이다.

이제 온통 생각만 하고 앞 시대의 슬기를 접하지 않음은 아무런 지리적인 지식이나 나침반 등이 없는 채로 밤의 숲 속을 우왕좌왕 헤매는 것과 다를 게 무어랴. 공자같은 위인조차 종일 먹지 아니하고 잠자지 아니하고 생각했지만 별 도움이 없었다 하였거늘, 보통의 필부필부匹夫匹婦에 있어서랴!

논어 속의 명언(3)

知之者 不如好之者
好之者 不如樂之者
무언가를 안다는 것은 그것을 좋아하는 것만 못하고,
무언가를 좋아한다는 것은 그것을 즐기는 것만 같지 않나니라.

『논어』〈옹야雍也〉 편 중에 나오는 공자의 말이다.

위에서 '무언가'라고 풀었지만, 그 일차적인 의미는 통상 '道', 혹은 '학문적 진리' 정도의 내포적 의미로 이해하고 있다. 여기에서의 '도'란 당연히 유가적 진리의 세계를 말한다.

'者'에 대한 해석 또한 '사람'으로 풀어도 좋고 추상적인 뜻을 나타내는 불완전 대명사 '~것'으로 이해해도 무방하다. 그 두 가지에 똑같이 해석의 타당성이 부여되어 틀리지 않으니, 한 가지만 맞다고 주장한다면 그것이 틀린 것이다.

여기에서의 '무언가'의 의미 또한 일차적으로는 진리를 일컬음이지만 그것의 의미는 얼마든지 확대 가능하다. 반드시 그 대상을 진리 한 가지에만 국한시킬 이유는 없다는 뜻이다. 사람이 접할 수 있는 생산적인 가치 일체에 통용되는 의미로서 가능한 것이다. 곧 그 대상은 어떤 종류의 기술일 수도 있고 예술일 수도 있다. 그것이 술이라도 좋고 운동이라도 좋으며 사람이어도 애기는 안 될 것 없으니 여기에 빗대어 보자.

우리가 어떤 운동에 대한 상식이거나 지식이 있다는 것과, 그것을 좋아하기에 그것과 마주할 상황에 부딪혀서 사양 아니하고 행하는 것, 한 단계 더 나아가 자신의 삶 속에서 건강과 즐거움의 방편으로 삼고 그것을 최대한 탐미하는 것, 이 셋은 결코 같을 수 없고 결과로서의 삶의 질도 큰 차이가 난다.

우리가 어떤 인물에 대해 잘 알고 있다 하는 것과, 그를 좋아하는 것은 서로 같은 말이 될 수 없다. 또한 어떤 사람을 좋아하는 것이, 어찌 그 사람과 더불어 즐기는 것과 같을 수 있겠는가? 그것이 남녀 사이라면 요즘 사람들의 언어로 '좋아함'과 '사랑함'의 차이에 해당할 것이다. 경험이 있는 남녀들은 쉽게 와 닿음이 있으리라. 좋아하는 사람에 대한 의미와 사랑하는 사람에 대한 의미, 그 양자간의 차이를.

그런데 '樂'이란 사람이 누릴 수 있는 최고의 생산적인 경지이긴 하지만 그것도 또한 지나치면 더 이상 바람직한 일이 못되고 만다. 그 비생산적인 지나침을 '淫'으로 표현하기도 했다. 이같은 일을 경계한 말이 '즐기되 빠지지 않는다'는 뜻의, 이른바 '낙이불음樂而不淫'인 것이다. 기분 좋게 취하여 정신과 육체가 쾌적한 경지를 즐긴다면 '樂'이라 하겠으나, 그 단계를 넘어서서 주정이나 난동으로 흐를 때 문득 '淫'으로 변질된다.

독서 또한 이에 예외는 아니다. 독서는 생산적인 행위임이 분명하지만 그조차도 지나치면 '음'을 면할 수는 없는 것이다. 그리하여 삶의 다양한 가치와 의미를 알지 못한 채 지나치게 책에만 매달리는 것을 '서음書淫'이라 한다.

우리 동방의 지혜인 '낙이불음'의 묘미를 체득하과저!

논어 속의 명언(4)

生而知之者 上也
學而知之者 次也
困而學之者 又其次也
困而不學 民斯爲下矣
나면서부터 아는 이는 으뜸이요,
배워서 아는 이는 그 다음이다.
곤란을 느낀 뒤에 배우는 사람은 또 그 다음이요,
곤란을 느껴도 배우지 않는 이는 사람으로서 아래 치에 둔다.

인간의 품등을 크게 네 가지로 분류한 〈계씨季氏〉 편에 들어있는 공자의 명언이다.

공자의 이른바 '生而知之者'는 요즘 말로 한다면 천재형이거나 수재형 쯤 되리라. 또한 그의 소위 '學而知之者'는 학구파 노력형 정도 될 듯싶다.

세 번째의 '困而學之'는 둔재형 부류 쯤 될 것 같다. 여기의 '困'은 인생을 살아가면서 부딪히는 갖가지 불편함을 이르는 정도의 의미로서 타당하다. 인간이 육체적인 쾌락이거나 물질적인 풍요만으로 일약 완성된 행복을 이루었다고 볼 수 없다. 인간은 삶의 도정에서 종종 보다 인간적인 삶을 누리기 위해 필요한 문화 또는 문명상의 지식을 요구받게 된다. 더 나아가서 자아의 문제에 부딪히거나, 존재와 존재 사이에 벌어지는 정신적인 갈등의 문제를 겪지 않을 도리는 없고, 이 또한 현실로부터 그것의 해결을 요구받는다. 이러할 때 닦아 온 지식이라든가 그 지식에서 우러나는 지혜가 없으면 스스로가 답답하고 막막한 감정에 빠져들 수 있다. 무지에 따른 답답증에 빠지는 것이다. 보다 현명하지 못했던 데 대한 자기 혐오증 같은 감정도 생길 수 있다. 이런 것을 문화적 충격이라 해도 좋다. 그런데 그나마 이런 자기 충격이라든가 회의나마 느낄 수 있다면 그건 불행 중 요행이라 할 수 있다. 그리하여 각성은 늦었지만, 늦은 가운데라도 배워야겠다는 마음이 피어나서 애써 고달픈 노력이나마 보이는 사람이라면 맨 하위는 면할 수는 있다는 것일 게다.

제일로 한심한 유형은 오로지 형이하적인 물질 일변도 안에서만 사는 인간이다. 그리하여 삶 속에서 부딪히는 갖가지 형이상적인 문제점들로 인해 제아무리 답답하고 막막한 감정이 엄습해도 배워야지 하는 마음을 끝끝내 가지지 않는 그런 인간이다. 비유하자면 자기 앞의 행로가 암만 캄캄하고 어두워도, 심지어는 어딘가에 부딪혀 넘어진다 할지라도 등燈을 찾지 아니하는 그런 한심하고 어리석은 인간 유형인 것이다.

그런데 공자는 생전에 벌써 큰 스승이 되었고 사후에는 더더욱 위대한 성인의 이름을 남겼으면서도, 자신이 첫 번째가 아닌 두 번째 유형에 속한다는 말까지 남겼으니 희한한 일이다.

子曰 我非生而知之者 好古敏以求之者也 〈述而〉
공자 이르기를, 나는 나면서부터 아는 사람이 아니다. 옛 것을 좋아하여 그걸 재빨리 알아내는 사람이다.

논어 속의 명언(5)

飯疏食飮水
曲肱而枕之
樂亦在其中
不義而富且貴
於我如浮雲
거친 밥 먹고 물 마시고
팔을 굽혀 베개 삼을진정
즐거움은 그 속에도 있나니.
떳떳치 아니코 부귀하여짐
내게는 뜬 구름과 같나니.

전체 20편으로 구성된 『논어』 가운데 일곱 번째인 〈술이述而〉편에 나오는 바, 공자의 정도正道 사상을 잘 나타낸 명구이다.

생각건대, 『논어』 안에서도 가장 문학적 아름다움을 지닌 구절이 아닐까 한다. 그리하여 흡사 한 편의 시를 읽고 외는 듯한 느낌마저 불러일으킨다. 지금까지도 우리에게 널리 회자되어 이숙耳熟해진 바, "나물 먹고 물 마시고 팔을 베고 누웠으니, 대장부 살림살이 이만하면 족하도다…" 운운은 공자 끼치신 이 명언을 바탕으로 만들어진 구절인가 한다.

여기서 공자의 빈부 및 귀천에 대한 사유를 잘 엿볼 수가 있다. 주지하는대로 유가의 기본 이념은 '입신양명立身揚名'에 있다. 결코 부정적이지 않은 의미로서의 출세주의인 것이다.

대저 출세는 두 가지를 보장해 준다. 하나는 경제적인 가멸짐이요, 다른 하나는 정치적 지위 및 사회적 신분의 상승이다. 전자는 세상에서 말하는 '富'인 것이고, 후자는 '貴'인 것이니, 바로 '富貴'의 의미이다.

부귀는 사람마다 동경하는 것이지만, 만약 그것을 얻는 과정이 의롭지 않은 것이라면 취하지 않겠노라고 공자는 경건히 말한다. '義'는 '정당함', '떳떳함', '경우 있음'의 뜻이다.

유의할 일은 공자의 이 말이 어디까지나 가난을 옹호하거나 합리화시키는 의미는 결코 아니란 것이다. 앞서 말했듯 유가의 목표가 입신양명의 출세에 있다는 사실을 한시도 망각해선 안 된다. 그러니 공자가 가난을 좋아하거나 합리화시킬 이유는 하등 없다. 다만 떳떳치 않은 재물과 지위의 획득을 거부함에 그 본의가 있는 것이다. '가난은 죄악이 아니나 불편한 것'이라는 현대적 정의가 있거니와, 공자의 생각도 이와 먼 것이 아니다. 그도 가난이 달가울 리 없었을 터이다.

그러나 정당한 방식으로 얻을 수 있는 부귀가 못된다면 차라리 가난을 감수함이 옳다고 가르치고 있다. 이때는 출세 대신, '道' 곧 진리 추구의 방면으로 그 즐거움을 대치할 수 있다고 유가는 가르치고 있다. 다름 아닌 '안빈낙도安貧樂道' 정신이다.

공자는 이 안빈낙도를 제일 잘한 인물로서 제자 안회顔回를 앞세운다. 그는 가난을 탓하지 않고 진리 탐구에 최선을 다한 제자 안회를 극구 칭찬하였던 적이 있다. 〈옹야雍也〉 편 가운데의 글이다.

賢哉 回也 一簞食 一瓢飮 在陋巷 人不堪其憂 回也 不改其樂 賢哉 回也
어질구나, 안회는! 한 소쿠리 밥, 한 표주박의 물로 움막살이 하게 되면 사람들은 그 괴로움을 견디지 못하련만, 회는 그 즐거움을 바꾸지 아니하니 어질구나, 안회는!

論語卷之一
學而第一
朱熹集註
監本
子曰學而時習之不亦說乎
有朋自遠方來不亦樂乎

주자가 集註한 『논어』의 첫 장-국립중앙도서관

장자 이야기 산책

『장자莊子』는 전체 33편으로 되어 있는데, 그것은 다시 내편(7편), 외편(15편), 잡편(11편)으로 나뉜다. 하지만 이 세 가지가 똑같은 비중을 지닌 것은 아니니, 앞 쪽에 있는 내용일수록 보다 이 사상가의 생각을 잘 대변한 것이라고 보면 무난하다. '소요유逍遙遊'는 『장자』 책의 맨 벽두, 곧 내편 중에서도 가장 첫머리에 있는 것이니 만큼, 장자 사상의 전체를 함축적으로 요약 대변시킨 내용이라 해도 크게 벗어난 말이 아니다. '소요逍遙'란 말은 정한 곳 없이 슬슬 거닐어 돌아다니는 것, 자유로이 거닌다는 뜻이니, '소요유'란 말의 의미도 따라서 짐작이 가능하다. 곧 아무런 속박받음이 없는 정신의 자유, 생각의 노닒을 일컫는다.

아래의 이야기는 '작은 쓰임[小用]'과 '큰 쓰임[大用]'이 서로 다르고, 더 나아가 '쓸모없음[無用]'이 '큰 쓰임[大用]'으로 될 수 있음을 지적한 뜻이다. 말하자면 세상 사람들의 고정적인 가치관, 관념이 때로는 얼마나 의미 없고 허무한 것인지를 은근히 일깨워 주는 대화이다. 곧 인간 사회에서 절대적으로 믿고 추구하는 가치 – 그것을 '절대 가치' 혹은 '가치의 절대성'이라 해도 좋다 – 란 것이 더 크고 높은 차원에서 바라보면 문득 허망한 것일 수 있다는 깨우침이다. 세상이 정해 놓은 가치의 상대적 진실에 대해 생각케 만드는 장자 특유의 효유법인 것이다.

혜자惠子가 장자에게 말했다.

"위나라 임금이 내게 큰 박씨를 주기에 내 그것을 심었더니, 닷 섬 들이 큰 박이 열렸네. 그래 그 속을 파내고 장을 담갔더니 무거워서 들 수가 없더만. 바가지로 써 볼까 하여 둘로 쪼갰더니, 너무 넓고 납작하여 쓸 데가 없데그려. 크기만 하고 쓸모도 없길래 그만 부숴 버리고 말았지."

이에 장자는 대답하였다.

"그대는 큰 물건을 쓸 줄을 몰랐던 것이군. 송나라에 손 트는 데 쓰는 약방문을 가진 사람이 있었네. 하지만 그 사람은 그런 기술을 가지고서도 고작 대대로 빨래하는 것으로나 집안의 생계를 삼아 왔다네. 어느날 한 손님이 그 소문을 듣고는 찾아 와서 백금을 줄 테니 그 약방문을 팔라고 했다네. 그 사람은 집안 식구 전부를 모아 놓고 말했지. '우리집이 대대로 빨래 일로 생활을 해 왔다만 기껏 몇 푼 벌이밖에 안 되고 큰돈은 만져보지도 못했는데, 지금 하루 아침에 백금이 생길 판이니 그 사람에게 이 약방문을 넘기도록 하자!' 하고는 그것을 팔았다고 하네. 그 사람은 그 방문을 얻자 곧바로 오나라 왕을 찾아가서 왕에게 약에 대한 선전을 했지. 마침 월나라와 전쟁이 있었는데, 오왕은 그 사람을 전쟁터로 보내어 그 약을 팔도록 하였고…. 그해 겨울에 월나라와 수전水戰을 했을 때 그 약 덕분에 손이 트지 않고 월나라 군사를 크게 쳐부술 수 있었다네. 그래서 오왕은 그 사람에게 땅을 봉해 주었다는 것일세. 이걸 보면 같은 손 트는 데 쓰는 약인데도 한 사람은 땅을 얻어 가졌고 다른 한사람은 빨래쟁이 신세나 면하는데 그쳤으니, 그 차이가 뭘까? 쓰는 법이 달랐던 것이었네. 이제 자네는 닷 섬들이 박을 가졌는데 왜 그걸로 큰 두레박을 만들어 저 강이나 호수에다 띄워 볼 생각은 못하고 그저 넓기만 해서 거둬 쓸 일이 없다는 걱정만 하는가? 자네야말로 참 답답한 생각을 가진 사람이로세!"

같은 〈소요유〉 편에 있는 다음의 대목도, '用'의 '無用'에 관한 일례로서 위의 내용과 호응하여 참고가 될 만하다. 연숙連叔이 견오肩吾에게 한 말이다.

> "송나라 사람이 갓을 팔려고 월나라에 갔더니, 그 나라 사람들은 모두 머리를 깎고 문신을 하였기 때문에 그들한테는 그 물건이 쓰일 데가 없었네."

이밖에 저 유명한 '요동遼東의 백시白豕' 이야기도 이와 다를 바가 없는 맥락이다. 요동 땅에 고향을 벗어난 적이 없는 농부가 있었다. 기르던 돼지가 머리가 흰 새끼를 낳자 농부는 이 희귀한 돼지를 황제께 바치리라 생각하고 자기 땅을 떠났다. 그러나 요동을 벗어나자마자 주변엔 온통 머리가 흰 돼지 뿐이었다. '요동시遼東豕', '요시遼豕'라고도 하니, 식견의 좁음을 나타내는 말이다.

아아! 세상 사람들이 가치 있다며 높이고 추구하는 일들이 과연 모든 상황에 절대 진실일까? 어느 국면 안에서만 진실일까? 절대 가치, 절대선은 존재하지 않음을 장자는 역변한다.

왕예王倪는 요 임금 때의 현인이라 한다. 물론 요 임금 자체가 신화시대의 인물이니 그 역시 실제 인물이라기보다는 장자가 설정한 가공의 인물로 봄이 좋겠다. 그가 제자인 설결齧缺에게 해준 다음의 말이 『장자』의 두 번째 편인 〈제물론齊物論〉 안에 있는데, '彼'와 '我', '是'와 '非'를 초월하는 장자의 사상을 가장 무난하게 이해할 수 있는 부분이 된다. 〈제물론齊物論〉이란 말은 세상의 모든 물론物論, 곧 세상사 만물에 대한 논쟁을 가지런히, 동일시한다는 뜻이다.

설결 : "물物이란 원래 알 수 없는 것입니까?"

왕예 : "내가 그것을 어찌 알겠는가? 하지만 내 시험적으로 말해 보도록 하지. 내가 안다고 하는 것이 사실은 모르는 것이 아닐는지 어찌 알겠는가? 또, 내가 모른다고 하는 것이 사실은 내가 아는 건 아닐는지 누가 알겠는가? 내, 또 자네한테 물어볼까? 사람이 습기 있는 곳에서 자면 허리가 잘못되어 반신불수가 될 수도 있지만, 미꾸라지도 그렇던가? 사람이 나무 꼭대기에 올라앉게 되면 몸이 떨리고 가슴이 두근거리는데, 원숭이도 그렇던가? 또 사람은 짐승의 고기를 먹고, 고라니 사슴의 무리는 풀을 뜯고, 지네는 뱀의 골을 맛있다 먹고, 솔개나 올빼미에겐 쥐가 별미인데, 그러면 이 네 가지 맛 가운데 어느 것이 진정한 맛인 줄 누가 알겠는가? 또 침팬지는 다른 종류의 원숭이를 암컷으로 좋아하고, 고라니는 사슴과 짝하며, 미꾸라지는 다른 고기들과 어울려 놀지. 사람의 세계에서는 월왕의 애첩이던 모장이거나, 진나라 헌공이 사랑하던 여희를 사람들이 아름답다고 부러워하더군. 하지만 물고기는 그녀들을 보면 깊이 숨고, 새들이 그녀들을 만나면 멀리 날 것이요, 고라니나 사슴이 그녀들과 마주치면 죽어라 하고 달아날 것이니, 이 네 가지 아름다움 가운데 어느 것이 대자연 중의 진정한 아름다움일까? 내 보기엔 저 '仁'이니 '義'니 하는 구실이거나 '是'니 '非'니 하는 갈래가 뒤엉켜 어지러우니, 내 어찌 그것의 구별을 알겠는가?"

이백과 두보 사이

이백(右)과 두보

중국문학사의 서술 과정에서 흔히 '당시唐詩, 송사宋詞, 원곡元曲, 명소설明小說'이라고 말한다. 당나라 때에는 역시 한시가 이 시대 전반을 대표할 만한 장르였다는 말이고, 이때의 한시란 다름 아닌 5·7언 절구거나 5·7언 율시와 같은, 이른바 근체시近體詩를 이름하는 것이다. 또한 당대 근체시의 흐름 전개를 『창랑시화滄浪詩話』의 저자인 남송시대 엄우嚴羽의 견해를 따라 크게 초당初唐, 성당盛唐, 중당中唐, 만당晩唐의 넷으로 구분하여 보는 수가 있고, 보다 간략하게 초당, 성당, 만당의 세 가지로 나누어 보겠다는 견해도 있다.

하지만 그 방식의 차이에도 불구하고, 당시의 흐름 가운데 가장 왕성한 굽이를 '성당'이라 하는 데야 생각이 다를 리 없고, 바로 이 성당의 때에 이룩되어진 시들 덕에 당나라 시대의 간판격이 되는 문학적 틀이 '한시'라는 것에 같은 소리를 내게 된 것이다. 말하자면 8세기 전반기, '개원開元'과 '천보天寶'의 시대로 대표되는 이 성당의 시간대야말로 그냥 제일의 황금기일지니, 꽃으로 비하자면 만화방창萬化方暢하는 개화開花의 시기였던 것이다. 이 때야말로 가히 명실상부 성당이라는 이름에 손색이 없는 기라성 같은 시인 역군들이 혜성처럼 나타나 빛을 발하였다. 이를테면 이백李白, 701~762, 두보杜甫, 712~770, 왕유王維, 699~759를 비롯하여, 맹호연孟浩然, 고적高適, 잠삼岑參, 왕창령王昌齡, 왕지환王之渙, 장설張說, 저광희儲光羲, 배적裵迪, 최호崔顥, 가지賈至 등이 그들이다.

그런 중에도 오랜 문학사 안에서 이백은 시선詩仙으로, 그리고 두보는 시성詩聖으로 일컬어져 왔다. 나아가 송대의 동파거사 소식蘇軾이 "시중유화詩中有畫, 화중유시畫中有詩"라며 찬사를 극했던 왕유가 또 한 자리를 차지하게 된 바, 이렇게 세 사람을 각별한 위상에 두는 것이다. 공교롭게도 이들이 이룩해 놓은 시작詩作의 경향이 하나같지 않아서 각각 도교적인 풍정을 띤 것, 유가 사상에 충실한 것, 그리고 불가다운 선미禪味를 띤 것으로 나눠볼 길 있어, 마침내 의취 면에서 유·불·도의 균형과 함께 조화 어린 문학적 개성이 도출되었다.

그러나 다시금 이 세 사람 가운데 누구나의 귀에 이숙耳熟하고 듣는 이의 마음 속에 친근하기 비할 데 없는 인물을 가린다고 할 때 이백과 두보 두 인물을 선정하는 데에 이구동성 별 이의가 없을 것이다.

이백은 701년생이요, 두보는 712년에 태어났으니 두 사람 사이엔 11살의 나이 차가 난다. 그런 중에 이백은 만 61세를 살았고 두보는 만으로 58세를 산 셈으로, 그 삶을 향유한 햇수에 있어서는 별반의 차이가 없다. 세상을 하직한 원인이 두보는 빈궁에 지친 몸이 폭식에 의한 관격으로 인해, 이백은 술로 인한 부협병腐脇病 때문이라 함이 신빙도 높다. 역시 생사유명生死有命이라 하겠지만, 거친 삶의 와중에서 단 몇 년이라도 더 천수를 누린 쪽은 역시 낙천을 앞세운 풍류거사 쪽이라는 사실 앞에 전혀 아무런 느낌도 없지만은 않다.

주지되었듯이 두 사람 사이의 기질과 품성은 서로 완연한 대조를 이룬다. 이백은 낭만적이고 태탕한 풍정을 타고나서 그에 따라 다소 초현실의 환상 속에 살았고, 두보는 사실적이고 근실한 성정을 품수 받아 현실을 직시하며 살았으니, 이 두 사람이 기질적으로는 거의 상반되다시피 하다고 말할 수 있겠다. 세칭 이백을 시선詩仙 혹은 낭만주의 시인으로 부르며, 두보를 시성詩聖 또는 사실주의 시인으로 부르는 이유도 아마 이런 차이에 기인하는가 한다.

두 사람은 시작詩作의 태도에서도 서로 간에 판연히 달랐다. 이백이 방음放飮의 뒤에 일기가성一氣呵成으로 천래天來의 기어綺語를 토해 내는 스타일이라고 한다면, 두보는 심각하고 진지한 태도로 최대한 시어詩語를 밀고 두드리는 전형적인 형상이었다. 좀 과장하여 말한다면 한 글자에 일천 번을 다듬는, 이른바 '일자천련一字千鍊'의 각고 뒤에 애절의 옥음玉音을 창출해 내는 유형이었다.

이처럼 빠르고 느린 차이에도 불구하고, 일생을 통해서 그 남겨놓은 작품의 숫자에서 대략 1,500편을 헤아리는 두보 쪽이 1,100편 정도를 남겼다는 이백보다 더욱 많은 창작의 보람을 남겼다. 재기발랄한 이백이지만 음주와 행락에 들인 시간이 상대적으로 많았던 반면, 두보는 느리되 꾸준한 소의 걸음처럼 시 짓는 일에 꾸준히 주력하였던 데서 나온 차이가 아니었나 여겨진다. 흡사 이솝 우화에 나오는 토끼와 거북이의 경주가 연상되는 국면이기도 하다.

그러나 두 사람 사이에 공통점도 없지 않았다. 똑같이 중국 각처를 돌며 자신들의 시적 경계를 넓혀 나갔다. 이들의 시는 한결같이 유랑과 만유가 낳은 결실이라 해도 과언이 아닐 만큼 생애의 전반을 거의 '행운유수行雲流水'처럼 떠돌았다.

그들 생의 한가운데였던 서기 744년(天寶 3년)에는 각각 중국 전역을 종횡하던 두 사람 사이에 역사적인 만남이 이루어졌다. 동도東都 즉 낙양에서였는데, 이것도 다름 아닌 두 사람이 똑같이 그렇게 천하를 주유하던 덕분에 얻어진 극적인 만남이었다. 중국문학사상 아니 세계문학사상 불멸의 기념비가 될만한 일대 사건, 감동적인 명장면이 아닐 수 없었다. 이백은 44세, 두보 33세의 일이었다. 서로의 명성을 생각만으로 간직해두었던 그들 사이의 첫 만남이었고, 여러 날 기거를 함께했던 것으로 알려져 있다.

그들은 헤어졌으나 약속대로 그해 가을 '양송梁宋'이란 곳에서 재회, 고적高適과 셋이서 한껏 오유傲遊하였으니, 이것이 그들의 두 번째 만남이라 할 수 있다. 머지않아 고적이 먼저 남쪽으로 떠나고, 이두李杜는 나란히 황하 건너에 있는 왕옥산王屋山의 도사인 화개군華蓋君을 찾아갔다. 그러나 도사는 이미 별세한 뒤였고, 이어 둘은 제주濟州까지 동행하였다. 이백이 고천사高天師라는 도사에게 도록道籙을 얻으러 간다 하매 두보는 일단 이백과 헤어졌다. 이때 둘 사이에 후약이 있었던가 보았다.

이듬해 가을 745년, 두보가 다시 이백이 결혼해 살고 있는 노군魯郡을 찾아감으로 하여 두 사람 사이 세 번째 만남이 이루어졌다. 이때 몇 날을 함께 하다 석문石門이란 길녘에서 석별의 정을 나눈 끝에 헤어졌다 하니, 이것이 결국 지상에서 그들 회동의 마지막이 되었고 각자의 인생 노정에서 다시는 보질 못하였다. 이 두 사람의 방랑의 여정은 마침내 먼 훗날 객지 타관에서 최후를 장식했다는 점에서도 공통하였다.

이제 이 둘 사이에 또 한 가지 서로 통하는 점을 찾는다면, 그들이 하나같이 마음의 밑바닥에 깊은 우수憂愁를 간직하고 있다는 사실을 지나칠 수 없다. 두보의 경우는 이른바 그의 인간적 성실이 낳은 우수이고, 그것은 시의 전면에 고스란히 표출되어 있으니 간파하기 어렵지 않다. 이백 역시 표면으로는 그토록 명랑하고 낙천적인 양하며 어쩌면 슬몃 퇴폐적인 분위기마저 띠고 있는 그 이면에는 짙은 우수가 깔려 있었을 것으로 추측된다. 이

이백의 필적

백 또한 기실은 문벌의식에 따라 출세와 권력의 길을 모색한 한 사람이었다. 드디어 당 현종을 가까이 섬기는 위치에 있다가 쫓겨난 이후 입신양명에의 이루지 못한 꿈에 대한 울분이 당연 없지 않았을 터이다. 혹은 그의 흉중에 간직된 낭만주의적 자유와 이상이 까다롭게만 보이는 현실과의 괴리에 따른 환멸이 유연油然히 솟았을 것이다. 크게는 〈춘야연도리원서春夜宴桃李園序〉나 〈장진주將進酒〉에서도 드러났듯이, 유한한 인생이 무한의 시공과 마주하면서 감당하기 벅찬 만고萬古의 우수에 더더욱 취생몽사로 살았을는지 모른다. 하물며, 그가 반드시 달이거나 시주미인詩酒美人 만을 노래했던 것은 아니었다. 우국의 열정으로 충신열사를 사모하는 시, 혹은 자기 시대에 일어난 안록산의 난리통 속에서 시대적인 고통을 읊은 사실적 경향의 시도 지었던바, 그러한 일련의 시들을 통해 그의 흉금을 헤아리기 어렵지 않다. 어쩌면 이백의 방음과 유랑, 도선적道仙的인 취향도 그러한 개인적·사회적인 괴로움을 잊기 위한 자구自救의 몸부림은 아니었을까 하는 생각마저 떨치기 어렵다.

하기는 실의 내지 좌절, 우수야말로 위대한 문학을 가능케 만드는 원동력이요, 추진자라 아니할 수 없다. 한국문학사 안에서만 본다 해도 동봉 김시습의 전기 소설인 《금오신화》, 백호 임제나 석주 권필의 주옥같은 한시, 송강 정철의 〈사미인곡〉·〈속미인곡〉 같은 가사 문학, 고산 윤선도의 영롱한 시조 명편들, 그리고 서포 김만중의 소설 〈구운몽〉과 연암 박지원의 한문 단편 등이 하나같이 그들 당사자의 낙척불우落拓不遇와 비수울읍悲愁鬱悒의 산물 아닌 것이 없다는 점을 상기할 때, 이백 문학의 근저 또한 이와 아주 먼 거리에 있다고만은 생각되지 않는다.

元稹

그런데 이백과 두보보다 약 70년 늦게 태어난 중당기中唐期의 문인으로, 전기傳奇소설 〈앵앵전鶯鶯傳〉의 작가로 유명한 원진元稹, 779~831은 〈이두우열론李杜優劣論〉이란 글을 써낸 일이 있다. 이백과 두보가 세상을 떠난 지 얼마 지나지 않아서였고, 동시에 이는 이 두 시인 중 누가 더 나은 지에 대해 논한 최초의 글이기도 하였다. 원진은 여기서 "선두후이先杜後李", 곧 두보가 앞서고 이백이 뒤진다고 말했는데, 이것이 후대의 문단에 긍정적인 반향을 가져온 것만은 아니었던 모양이다.

당의 문인으로 중국 산문학의 일인자로 추허되는 한유韓愈, 768~824 같은 이는 11년 연하인 원진의 그 주장에 대해 〈조장적調張籍〉이라는 고시古詩 안에서 이를 크게 경계하고 견제한바 있다. 곧 '장적에게 농弄한다'는 뜻인 이 시의 허두에서,

> 李杜文章在　이백하며 두보 문장의 의연함이여,
> 光焰萬丈長　그 찬란한 불꽃은 만 길 높이에 이르네!

라고 하여 두 사람에게 나란한 찬사를 베풀었다. 뒤미처 그는, "어찌하여 어리석은 무리가 이런저런 말로 트집을 잡는단 말인가. 개미가 큰 나무를 흔들 듯 제 분한分限 모르는 짓이 가소롭기만 하다"라는 말로 우열론의 어리석음을 비웃었다.

송대의 이름난 문인정치가였던 왕안석王安石, 1021~1086과 소동

파로 더 잘 알려진 소식蘇軾, 1036~1101 또한 이백을 옹호하던 보기 드문 경우에 해당한다. 물론 이 두 사람은 본디 두보 예찬론자들이었으니, 누구를 위에 두고 누구를 아래로 두는 일에 찬성하지 않았을 뿐이다. 같은 시대의 문인인 황정견黃庭堅, 1045~1101 역시 '이두우열론'이 옳지 않음을 언급한 적이 있다. 다름 아니라, "내 친구 황개黃介가 〈이두우열론〉을 읽고는 논하는 글이 참으로 그럴 수 없이 부당하다고 했는데, 나 또한 그것이 일리있는 말이라 생각한다"는 말로 반박을 가한 일이 있다.

하지만 역사적으로는 대부분이 원진과 같이 두보를 보다 앞세우는 분위기가 우세했음이 진실이다. 심지어 송대의 몇몇 문인들, 이를테면 소식의 아우 소철蘇轍을 비롯하여 석혜홍釋惠洪·조언재趙彦材·육유陸游·나대경羅大經 같은 이들은 아예 이백의 인품이 천박하고 시 또한 그 내용이 가볍다는 뜻의 말들을 서슴지 않았다. 호준豪俊한지는 모르지만 주색 풍류거나 신선 허무 등에 그친다는 것이다. 교화敎化에 도움이 되지 않는다는 말도 나왔다. 그러한 이백과 대조하여 유교정신이 밑바탕에 굳건히 깔려 있는 두보의 시야말로 지식인들의 작시作詩의 표본이 되고 아울러 정신적·정서적 귀감이 되기에 부족함이 없었던가 보았다. 그리하여 두보에게는 일일이 매거하기 어려울 만큼 천가千家의 주註가 받쳐주어 크나큰 보급을 보았지만, 반면에 이백의 시를 해석하거나 연찬한 이는 송대의 양제현楊齊賢, 원대의 소사빈蕭士贇, 청대의 왕기王琦 등 겨우 손에 꼽을 정도로 빈약을 면치 못하였다.

이러한 양상은 비단 중국에서만 그런 것이 아니었다. 한국의 문단에서도 이 두 거인 사이에 우선성을 부여받았던 쪽은 두보였음이 감추기 어려운 사실이었고, 또 그리된 데는 바로 위에서 말하는 교화의 문제가 상당한 부분을 차지했으리라는 것은 이해하기 어렵지 않다. 두보 쪽에 더 무게를 주었던 층은 벼슬길에 나아가지 못한 시인묵객들 뿐만이 아니었으니, 조선시대의 지배계층에서 더욱 비중 있게 나타났다. 다른 것은 고사해 두고라도 이 땅에 『두시언해杜詩諺解』라는 책은 있어도, 이백의 시를 번역한 '이백언해李白諺解' 같은 책은 존재하지 않았다는 사실 한 가지만으로도 두보 우선주의의 인식을 단적으로 입증할 수 있다.

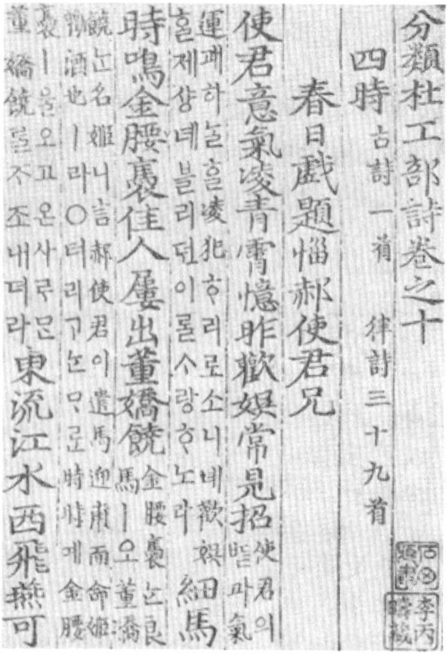

『分類杜工部詩諺解』 목판본

무슨 일로 조선이라는 봉건주의 시대의 위정자들은 두보를 택하고 이백을 버렸을까? 어렵게 설명할 것도 없이 이렇게 얘기하면 간단히 이해될 수 있을 것이다. 만천하가 모두 나라와 백성을 걱정하고 충군효제忠君孝悌하는 두보와 같다면 어떠할까? 반면, 온 세상이 이백처럼 별천지의 동경, 달과 미인, 술타령으로 장취長醉한 채 온통 조선 천지를 메운다고 할 때 그 또한 어떠할까? 지배층의 심사로야 "천금이야 탕진해도 다시 돌아오는 것[千金散盡還復來]", "오직 술 마시는 자만이 그 이름 남기나니[惟有飲者留其名]"라고 외치는 이백의 탕정과 풍류를 이해 못할 바 아니다. 그럴망정 그 흐드러짐을 백성들 앞에 고스란히 내놓기엔 암만해도 위태롭다 판단했을 터이다. 그러면 그렇게 불안정한 일을 굳이 앞세워 선전할 이유가 나변에도 없었다. 반면, 조선의 모든 백성들이 다 우국연민憂國憐民하고 충군효제忠君孝悌하는 두보와 같은 모습을 보여 준다면 그 자체가 고소원固所願이었으리라. 두보의 시는 따로 어디라 할 것도 없이 애국연민愛國憐民과 효제충신孝悌忠信의 내용이 봉건주의가 추구하는 가치관에 제대로 부합함과 동시에 성실한 인생의 귀감을 잘 제시하고 있었다. 그리하여 두시를 언해한 동기는 바로 당시의 지배층이 『소학언해小學諺解』를 편찬했던 이유와 동일한 수준에서 이해가 수월하다고 하겠다. 이렇듯 과거에 애써 두보를 지향志向해 나갔던 데는 어쩌면 사람이 전체 단위의 객관적 가치에 충실해야 한다는 의도가 반영되었을 테요, 반면에 이백을 지양止揚했던 데는 개인 단위의 주관적 가치에 대한 무언의 경계가 밑에 깔려 있었을 터이다.

그런데 그와 같은 시대에는 전자를 질서로, 후자를 혼돈 쯤으로 판단했겠지만, 그러한 인식이 오늘날의 우리에게조차 그대로 수용 가능한 지에 대해서는 마침내 회의가 없을 수 없다. 문학이란 오로지 교화와 같은 지시(Instruction)의 기능만을 위해 존재하는 것이 아니라, 거기에는 즐거움 쪽 흥미(Interest)의 기능이 마저 중요하게 강조되는 까닭이다. 생활 속의 보람과 즐거움에 해당되는 이른바 교훈과 쾌락, 이 두 가지는 문학의 양대 기능으로서 나란히 존중되는 명제임이다.

전반적으로 음색吟索하였을 때, 두보의 시는 꾸준히 성실한 긴장 속에 인간다운 삶의 의미를 제시해 주고, 이백 시의 대부분은 긴장 없는 편안함 속에 우리에게 기분 좋은 삶의 기쁨을 선사해 준다. 그리하여 전자를 '긴장의 미학', 후자는 '이완의 미학'으로 이름 붙여 무방할 것같다. 인생에는 성실의 보람을 위한 긴장이 필요하지만 후생의 즐거움을 위한 이완이 또한 그 못지않게 필요한 구실이 아닐 수 없다. 두보가 일이라면 이백은 휴식이고, 두보가 맑은 물이라면 이백은 시원한 바람이리라. 그랬을 때 오늘을 사는 우리에게 필요한 것은 하필 둘 가운데 어느 쪽 하나만을 선택해서 직성을 푸는 일이 아니라, 두 군데 각각에 내유해 있는 그 빛나는 가치를 고루 누리고 선용하는 일이다.

그런데 '이두우열론'은 이것이 처음 등장했던 저 9세기 초의 당나라 때부터 전통 시대의 오랜 기간을 거쳐 심지어는 21세기의 현재에 이르기까지도 사람들의 마음속에 포기하기 어려운 미련처럼 집요하게 상존尙存해 있는 듯싶다. 흡사 어떤 모양으로든 승자와 패자가 결정 지어지는 격투기 시합을 보듯 이 두 사람 사이에 승패와 우열을 가르고 싶어 한다. 정녕, '이두우열론'의 불가능을 말한 엄우의 표현처럼 "이백 편에서 승勝한 것은 표일 호방飄逸豪放이니 두보가 미치지 못하고, 두보 쪽에서 묘妙한 것은 침울 웅경沈鬱雄勁이라 이백이 미칠 수 없는 것"인데, 이렇듯 서로 같지 아니한 정신적 형이상의 세계를 형이하적인 힘과 기술의 논리에 맞춰 결과를 보고 싶어 하는 것이니, 참으로 난망할 뿐이다.

대개 이백과 두보 사이에 우열을 가리고자 함은 마치 그림에서 유화와 수채화 사이에 어느 편이 더 훌륭한 장르인가, 혹은 동양화 중에선 산수화와 문인화 사이에 어느 쪽이 더 미적인 양식인가를 논정해 보이겠다는 의도와 크게 다를 바 없을 것이다. 글씨에 있어서의 예隸와 전篆, 혹은 해행楷行과 행초行草 사이에 어느 쪽이 보다 예술성 높은 형태인지 굳이 확정짓겠다는 의도와 다를 바가 없다. 일상의 사물에 비유하자면 산이 더 좋은가 바다가 더 좋은가를 선택하는 일과 별반 다를 것이 없다. 이 마당에 굳이 말한다면, 두보가 아주 느리지는 않게 곱고 차분히 써나간 해행楷行의 글씨 같다면, 이백은 한 달음에 유창히 일필휘지한 행초行草의 글씨다워 보인다. 두보가 가까이에 정진해서 오르는 조용하고 든든한 산의 심상이라면, 이백은 탁 트여 시원한 바다의 이미지에 가깝다고나 할까. 우리는 건강을 위해 산에 오르지만, 바다도 보면서 기분을 전환하고 생활의 재충전을 기한다. 서화에 있어서도 한 장르의 그림 대신 보다 다양한 장르의 그림, 한 가지 서체 대신 여러 서체의 아름다움을 두루 향유하는 속에서 미취味趣를 더해 볼 길 있다.

결국 당시唐詩 애호가들에게 이두우열론李杜優劣論의 운명적 향방은, 이를테면 '우열불가론優劣不可論' 외에 따로 갈 곳이 없을 듯싶다. 더 이상 이두우열론은 사뭇 난감하기 짝이 없는 고루한 상극의 명제일 뿐이다. 이제 현자의 선택은 뻔하다. '이두상승론李杜相乘論', 혹은 '이두효용론李杜效用論'과 같은 상생의 명제로써 문학의 시너지 효과를 상승시키면서 더 조화롭고 풍윤豊潤한 삶의 길로 나아가는 것이다.

당나라 초기의 서예

- 전아한 해서와 현란한 초서의 시대 -

당나라 초기 서예가 어떠한 형상인지 곧장 펼쳐 보임은 저 노래하는 이가 무대 위에 나서자마자 전주前奏도 나오기 전에 다짜고짜 첫 소절로 돌입하는 상황에 비해 나을 바가 없어 보인다. 역시 본론 이전에 당 이전 시대의 글씨 흐름에 대해 주마간산의 스케치나마 필요할 듯싶다.

무릇 글씨라는 것은 글자의 시작과 더불어 비롯된 일이라고 해도 과언이 아니다. 그리하여 글자 및 글씨를 표출해 낸 최초는 거북의 등껍질[龜甲]이나 소의 넓적다리 같은 짐승의 뼈[獸骨] 위에 새겼다 하여 이를 줄인 소위 갑골문甲骨文이겠다. 이는 기원전 12세기 이상을 넘겨보는 아득한 시절 바로 은殷, B.C.1120경 나라 때의 일이었다. '동물의 시대' 뒤에는 쇠붙이와 돌로 대신하는 '금석金石의 시대'로 들어간다. 직후 주周, B.C.1046~B.C.256 나라 시절 청동기의 발달과 함께 종과 솥에 주조된 종정문鐘鼎文 - 금문金文이라고도 한다 - 과, 북 모양의 돌에 새겼으니 이른바 대전大篆체로 불리게 된 석고문石鼓文이 그것이었다.

진秦, B.C.221~B.C.206 대에는 앞 시대의 대전에 이어 소전小篆이 개발되었다. 그렇게 전서가 이 시기에 완성을 보았다면, 다음 시대인 한漢, B.C.202~A.D.220 대 들어서는 예서隸書가 상징적 구실을 하였다고 보겠다. 전한 시절이 질박한 고예古隸라면 후한 대에는 세련된 팔분예八分隸이니, 이 과정 속에서 〈예기비禮記碑〉·〈을영비乙瑛碑〉·〈사신비史晨碑〉·〈조전비曹全碑〉·〈장천비張遷碑〉 등의 명품이 출현했다. 또한 이 기간 안에서 문장과 글씨 매체의 획기적인 발명인 '종이'의 본격 시대를 맞이하는 거대한 혁신도 일어났다.

위魏·오吳·촉蜀의 삼국시대220~280 짧은 기간 안에 해서, 행서, 초서가 처음 그 모습을 드러냈다. 삼국을 마감시킨 위魏와, 이내 그 권력을 선양 받은 진晉, 280~420 시대에 이르면 특히 행·초서가 원숙의 경지에 오르니 이른바 서성書聖의 칭호를 얻은 왕희지王羲之 및 그 아들 왕헌지王獻之 등이 그 또렷한 징표 구실을 하였다. 남북조南北朝, 420~568시대는 남조南朝와 북조北朝라는 이원적 전개 안에서 전자는 왕희지다운 온화·세련의 행서 쪽으로, 후자는 〈장맹룡비張猛龍碑〉, 〈용문조상기龍門造像記〉 같은 굳세고 질박

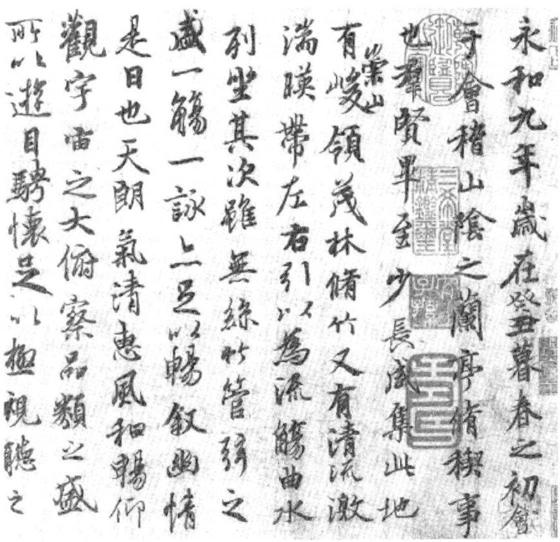

왕희지의 〈蘭亭序〉

한 해서 쪽에 기력을 나타냈다. 수隋, 581~618나라는 개국한 지 8년 만에 열조列朝를 통일했지만 고작 37년 만에 국체를 잃고 말았으니 이에 해당 문화도 정착의 겨를이 없었다. 다만 이 시대는 전반적으로 북조 계통이 남조에 비해 우세하다고 할 만하였다.

바로 근체시의 황금기였던 당唐, 618~907 시대는 또한 서예 분야에 있어서도 전성기를 구가하던 시절이었다. 전·예·행·해·초서의 모든 글씨체가 이미 육조 이래 당나라 초에 걸쳐 정착을 보인 마당이었다. 이렇게 서체가 정착된 다음, 이후로는 서풍書風의 변화만 남게 되었다.

당나라 초기의 서예를 말하기에 앞서 잠깐 중국서예사에서의 시대구분 문제가 논란거리로 제기될 수 있다. 하지만 초당初唐, 성당盛唐, 중당中唐, 만당晩唐으로 나눠 보는 중국문학사의 시대구분을 서예사가 그대로 따라야만 할 필연적 이유와 명분을 찾기 어렵다. 또한 이를테면 손과정孫過庭, 648~703을 성당기盛唐期 서법가로 넣는 경향도 혹 목격되거니와, 이른바 초당사대가初唐四大家 안에 설직薛稷, 649~713이 포함되는 사실과 대조하여 모순과 저촉이 일어난다. 당나라 서예사를 전체로서 조감한 결과, 관견管見에 초당기는 당대 서법의 상징 태두泰斗인 구양순557~641부터 안진경709~785 이전으로서 타당한 것으로 보고, 아래에 서술해 나가고자 한다.

이제 당나라 초창기의 서예가로 가장 첫 획을 긋는 인물은 구양순歐陽詢과 우세남虞世南이었다. 그리고 바로 차세대의 서가로 저수량褚遂良, 당태종唐太宗, 구양통歐陽通 등을 들 수 있다. 한 세대 뒤에는 측천무후則天武后가 글씨로 거론되는 수가 있고, 다시 한 세대 건너 손과정孫過庭과 설직薛稷이 대가의 반열에 들어간다. 저명한 시인인 하지장賀知章, 659~744 또한 이 시기의 서예사에 한 이름을 장식한다. 그는 취한 상태로 글씨 쓰기를 좋아하였기로 장욱張旭, 675?~750?·이백李白, 701~762과 함께 '음주팔선飮酒八仙'에 든 인물임과 동시에 당시唐詩의 흐름상 초당과 성당의 경계에 처한 인물이기도 했다.

특히 맨 선두에 열거된 세 사람은 '초당삼대가初唐三大家'의 영예를 얻은 바로, 이들을 위시하여 아래에 생년의 선후를 기준으로 간명히 나열해 보이기로 한다.

구양순歐陽詢, 557~641 : 초기에는 왕희지 체를 배웠으나 뒤에 독자적인 서체를 세워 해서의 일대 규범이 되었다. 우세남·저수량과 더불어 당나라 초기의 3대 서예가로 추앙된다. 험경險勁한 용

구양순의 〈구성궁예천명〉

우세남의 〈공자묘당비〉

필과 결구가 빼어난 대표작 〈구성궁예천명九成宮醴泉銘〉을 비롯, 〈화도사비化度寺碑〉·〈황보탄비皇甫誕碑〉 등을 꼽는다. 앞 시대 남조의 정제整齊와 북조의 준엄峻嚴을 겸비하였기에 후대에 '해법楷法의 극칙極則' 혹은 '정서제일正書第一의 체體'라는 칭을 들었다.

우세남虞世南, 558~638 : 왕희지의 필법을 배웠으니, 특히 해서체의 아름다운 모양을 완성한 사람으로 알려져 있다. 구양수, 저수량과 더불어 당나라 초기의 3대가로 일컬어진다. 남진 작품으로 〈공자묘당비孔子廟堂碑〉·〈여남공주묘지汝南公主墓誌〉 등이 있으며, 『북당서초北堂書鈔』의 저서가 있다.

저수량褚遂良, 596~658 : 당 태종의 서예 분야 일등 고문임과 동시에 태종의 왕희지 글씨 수집을 담당하였다. 구양순, 우세남과 함께 초당 해서의 일인자로 추허받는다. 뒤에 벼슬이 상서시랑에까지 이르렀으나, 황제의 잘못을 상소하다가 노여움을 사서 쫓겨났다. 해·행·초서에 능했으되, 특히 해서에 뛰어났으니 〈안탑성교서雁塔聖教序〉가 유명하다.

저수량의 〈안탑성교서〉

구양통歐陽通, ?~691 : 구양순의 넷째 아들로 소시에 아버지를 여의고 홀로 부친의 서법을 익혀 대가가 되니, 구양순과 함께 '대소구양大小歐陽'이라 한다. 강직하여 측천무후則天武后의 국권 계승을 반대하다 피살 당했다. 〈도인법사비道因法師碑〉와 〈천남생묘지명泉男

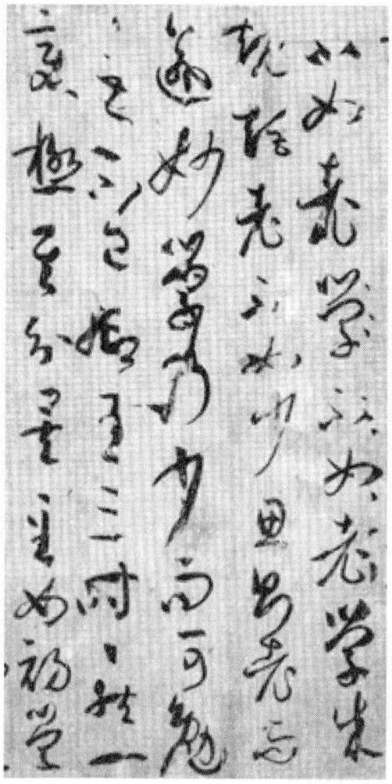

손과정의 『書譜』

설직의 〈신행선사비〉

生墓誌銘〉이 뛰어나다.

손과정孫過庭, 648~703 : 왕희지 · 왕헌지 부자의 서법을 배워 초서에 능하였으니 글씨 뿐 아니라 서법 이론에서 또한 왕희지에 대한 숭념崇念이 배어있다. 687년에 자필로 편저한 『서보書譜』 2권 외에 〈초서천자문草書千字文〉, 〈경복전부景福殿賦〉가 있다.

설직薛稷, 649~713 : '초당삼대가'에서 한 사람을 더 추가하여 '초당사대가初唐四大家'라 할 때 포함되는 인물이다. 저수량의 서풍書風을 닮았다 하여 '저설褚薛'로 병칭되기도 한다. 〈신행선사흥교비信行禪師興教碑〉·〈승선태자비升仙太子碑〉 등을 대표작으로 꼽는다.

장욱張旭, 675?~750? : 당현종의 개원開元, 713~741 연간에 활동한 서법가이다. 특히 광초狂草에 뛰어나매 초성草聖의 영예를 얻었다. 두보가 하지장·이백과 함께 주중팔선酒中八仙이라 불렀을 만

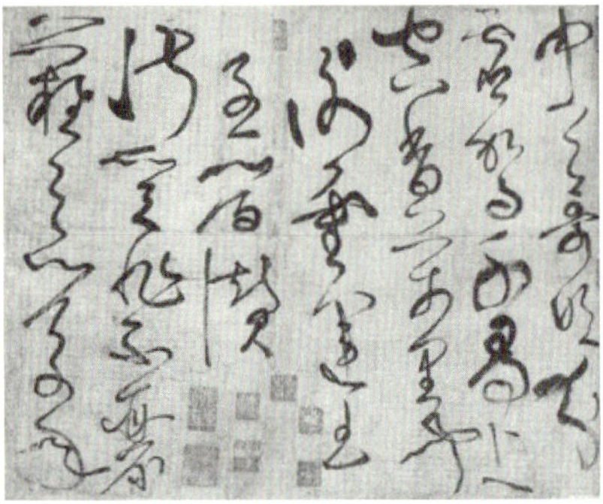

장욱의 초서

큼 호음가였다. 왕공 귀족 앞에서 모자를 벗어던진 채로 글씨를 쓰는 등 즉석 취필醉筆한 숫자가 이루 헤아릴 수 없었다고 하니, 이에 '전초顚草'로도 일컫는다.

이옹李邕, 678~747 : 행서에 특히 능했으니, 왕희지법에 변화를 가해 필법이 일신一新했다. 아울러 당태종 이세민李世民의 〈진사명晋祠铭〉을 계승하여 개성적 굳센 필력을 계발하였다. 비문을 수많이 쓴 것으로 유명하고, 대표작으로 행서의 〈법화사비法華寺碑〉·〈청열첩晴熱帖〉 등을 꼽는다.

안진경, 709~785의 출생 이전까지를 기준 삼았거니와, 그밖에 서예사상 함께 드리워진 인물들을 들자면, 안진경의 5대조로 훈고학과 속문屬文에 뛰어나고 〈등자사비等慈寺碑〉를 쓴 안사고顔師古, 581~645, 〈마주비馬周碑〉로 이름난 은중용殷仲容을 중심으로 한 은영명殷令名, 은현조殷玄祚 3대와, 우세남의 사위로 〈오언난정시五言蘭亭詩〉를 쓴 육간지陸柬之, 585~638, 글씨에도 일가를 확보했던 당태종唐太宗 이세민李世民, 599~649, 〈이정비李靖碑〉·〈대당천후어제시서비大唐天后御制诗书碑〉·〈서계통장마명舒季通葬馬銘〉 등의 작가인 왕지경王知敬, 600경~?, 당고종의 황후로 황제에까지 등극한 여걸, 측천무후則天武后, 624~705, 측천 시대에 화가이면서 초서와 예서에 능했다는 왕소종王紹宗, ?~?, 역시 같은 시기 시인임과 동시에 저수량을 배워 수경瘦硬하되 보다 섬세한 해서를 구사했던 설직의 아우 설요薛曜, 655경?~?가 있다. 이어서 칠언절구 〈회향우서回鄕偶書〉로 이름난 시인으로 초서와 예서를 잘 썼다는 하지장賀知章, 659~744, 〈척령송鶺鴒頌〉으로 남은 당 현종唐玄宗 이융기李隆基, 685~762 등이 있었다.

이 시대의 여러 특징 가운데 가장 대서특필할 것은 해서楷書가 이 시대를 당하여 최고의 성황을 누렸다 하는 사실이겠다. 이른바 '초당삼대가'로 불리는 구양순·우세남·저수량의 수우殊尤가 하나같이 해서 쪽에 있으니, 해서 기반의 공고함이 바로 이들을 통해 확립되었던 것이다. 더 나중의 중당기에 이르면 중국서예사의 큰 재목인 안진경顔眞卿, 709~784이 출현, 이른바 '안체顔體' 혹은 '노공체魯公體'라는 이름으로 기존 해서의 고정관념을 바꾸는 일대 혁신이 일어났다. 이러한 일이 가능하게 된 계기도 알고 보면 앞 시대 초당 대가들의 기반 조성에 힘입은 바가 적지 않았을 터이다. 이는 저 행서에서 성전聖典이나 다름 없던 왕희지 글씨를 기틀삼아 새로운 형태의 행서들이 창출된 것과 같은 이치라 하겠다. 아울러 이 무렵 해서의 전승은 서첩書帖 대신 비문碑文 형태가 대세를 이루었다는 점도 간과할 수 없다.

다음으로 행서와 초서가 또한 당 초기에 번영과 도약을 이루었다는 사실을 높이 세워 말하지 않을 길 없다. 행서에서는 당태종이 왕희지 글씨를 혹애酷愛하여 함께 묻었다 할 정도였고, 672년에는 홍복사弘福寺의 승려 회인懷仁이 칙령에 따라 궁중 비장의 왕희지 법첩 중에서 글자를 모은 〈집자성교서集字聖教書〉가 만들어지기도 했으니, 모두 왕희지를 배우며 계발하고자 하는 의지의 표상에 다름 아니었다. 특히 초서에 있어서는 손과정이 초당의 중간 무렵에 출현하였는가 하면, 끝무렵에는 광초狂草의 본격화가 이루어졌다. 이때의 '狂'은 맹렬한 바람의 '狂風'·드센 물결의 '狂瀾'에서와 같이 기세의 맹렬함을 뜻하니, 세찬 기세로 쓴 분방한 초서란 의미이다. 한나라 때 장지張芝에 의해 처음 개창되었다고 하는 초서가 당현종 시절에 음중팔선飮中八仙의 한 사람이기도 한 장욱張旭에 와서 본격화된 것이다. 이는 더 나중에 회소懷素, 725~785에 연결되어 이것이 유행되는 중요한 계기가 되기도 했다. 이런 일련의 현상들이 대개 왕희지의 권위를 사양하고 초극하려는 데서 생겨난 결과로 보기도 한다. 아무튼 이 시대에 기존 패러다임에 대한 보수·혁신의 교착 속에서 초·행서가 발달했음을 너끈히 가늠해 볼 길 있다.

요약컨대 구양순에서 안진경 직전까지의 당나라 초기 서예는 해서와 초서가 각별 활기찬 에너지를 발휘한 시기라 할 수 있다. 즉, 이 기간은 군신君臣이 글씨로 의기투합한 속에서 해서가 전성을 구가하고, 행서는 온고지신하는 중에, 초서가 일대 전환을 맞이한 '풍운지회風雲之會'의 시대였다.

구양순 우세남 저수량 안진경

唐의 四大家 필법 비교

[축사]

1989년 2월 한성대학교 졸업식 축사 代作

졸업생 여러분, 그리고 이들의 영광된 졸업이 있기까지 뒤에서 헌신의 노력도 아끼지 않으신 졸업생 학부모 여러분!

오늘의 이 졸업을 충심으로 경하하고 거듭 축하를 드립니다. 아울러 그간의 노고에 대해 위로와 감사의 뜻을 보냅니다.

이 뜻깊은 날, 적어도 4년 이상의 서리서리 갖가지 기억과 회상이 담겨 있을 여러분의 교정 위에 공식상으론 마지막 서있는 이 순간입니다.

천금千金보다도 귀중했던 그 시간 속에서 꾸준한 적공積功을 이룩하여 한 개의 커다란 결실을 본 졸업생 당사자의 감회가 어떻습니까?

그야 일일이 말로 표현해 볼 나위가 없으려니와, 그 이면에서 바깥으론 보이지 않으나 속 깊은 애정과 이해와 대견한 심사로, 혹은 노심초사하신 가운데 그들을 지켜보아 주신 우리의 학부모님 또한 저 보람의 의미를 새기며 있는 졸업생들 못지않은 졸업의 의미를 새기며 느꺼워할 만한 날이 오늘인가 합니다.

더욱이 오늘의 졸업은 본인이 우리 한성대학에 부임한 이래 제일 처음 맞는 졸업 행사이기에 저로서도 한층 의미가 크다 아니할 수 없겠습니다.

무릇 졸업이 의미하는 것이 무엇이겠습니까?

사전적인 해석을 빌리자면 '규정된 교과 과정을 모두 끝마친다'는 뜻을 지니고 있습니다. 그렇습니다. 여러분은 우리 한성의 안에서 교과로 정한 일체의 과정을 잘 마무리해 주셨기에 오늘 졸업이라는 자랑스런 통과의례를 맞이하게 된 것입니다.

그러나 '졸업'이란 말뜻이 이것 하나만 있는 것은 아닙니다. '처음엔 틀렸던 어떤 일을 익숙하게 할 수 있게 되었다'고 한다면 이 경우에도 이 말을 쓴다고 사전은 설명해 주고 있습니다.

하지만 그뿐일까요? 문득 '졸업'이라는 말 속에서 또한 우리 모두는 서로 무언중에 강하게 연상하고 있는 또 한 가지 사실이 있는 줄로 압니다.

우리가 일상 듣고 쓰는 졸업의 말에는 비단 방금 말씀드린 바와 같이 일정 수준의 학교 생활을 마감한다는 의미 내지 어느 일을 충분히 마스터 했음을 지적하는 뜻 외에, 인생의 중요한 부분부분들에 대한 계기거나 고비를 말하게 되는 경우가 적잖이 있다는 것을 말입니다. 예컨대 '나의 오랜 정신적 방황도 이제 졸업을 맞았다'고 한다면, 이는 바로 한 사람의 삶에 중요한 매듭을 지었다는 뜻이지요. 의미 있는 일의 성취를 말합니다. 이 경우 역시도 분명 졸업이란 말이 주는 이미지는 '중요한 일의 성취로 인해 그 값이 긍정적이요, 매우 유익한 것이다'라는 사실만큼 틀림이 없으리라 생각됩니다.

그러나 인간에겐, 특히 건실하고 옹골찬 삶을 살고자 노력하는 사람에게는, 한 가지 일의 성취 뒤엔 거기에 이은 또 다른 것을 성취하고픈 욕구가 우러나게 됨을 우리는 알고 있습니다. 만약 그렇지 못하다면 스스로의 발전적 삶을 포기하게 되든가 또는 자신을 어느 한계에다 몰아놓는 지경으로 가기 쉽습니다.

그래서 '졸업'의 교훈을 얘기할 때, 아주 진부해져 버린 말이지만, 졸업은 또 다른 출발이요, 새로운 약속의 뜻으로 강조되기도 하는 것입니다.

다시 생각해 봐도 졸업은 또 하나의 새로운 출발이라고 확신하고 싶습니다. 하도 평범하고 해묵은 말이라서 누구나 다 아는 말이기도 하지만, 졸업식이 끝나고 얼마 안지나면 거의 누구나가 망각하기 쉬운 말이기도 합니다. 쉬운 진리이면서 그와 동시에 쉽지 않은 진리의 말이 바로 졸업의 뜻이 아닐까 합니다.

졸업생 여러분!

여러분은 오늘의 이 졸업의 보람과 영광을 또 다른 보람과 영광으로 끊일 새 없이 이어갈 수 있는 계기로 만들어야 합니다. 이렇게 하는 것이야말로 우리 학교 교훈이 가리키고 있는 '진리眞理'와 '지선至善'의 참뜻에 가까이 가는 길이 아닐까 합니다.

우리 학교 설립자이신 우촌又村 김의형金義衡 선생님께서 이 학교 건교健校하실 적에 건학의 이념인 진리·지선을 말씀하셨습니다. 한성인의 가슴마다 기억하고 있는 '진리와 지선'은 바로 우리 학교 교훈입니다.

비록 표면상으로 두 마디에 불과한 짤막한 말인 듯해도 여기엔 그 이상 가는 더 큰 의미가 내포되어 있다고 생각됩니다. 다시 말해 진리와 지선의 참된 본질과 바탕 위에서 여러분의 무한한 발전을 기약하는 뜻이 함축되어 있다고 해석하고 싶은 것입니다.

졸업생 여러분!

여러분 생애의 소중한 청춘 시절 4년, 혹은 그 이상의 소중한 시간들을 여러분은 이 한성의 터전 위에 고스란히 쏟아 바치다가, 의식과 정해진 절차에 따라 오늘은 작별이라는 이름 앞에 서게 되었습니다.

그러나 이는 어디까지나 의식상儀式上의 이름일 뿐입니다. 이것이 4년여 세월을 함께 나눈 여러분의 은사, 여러분의 학우와의 영원한 이별일 수는 없습니다.

오늘 여러분이 떠나는 것은 단지 몸이 떠나는 것일 뿐 마음이 따라 떠나는 것이 결코 아니라 함은, 가고 남는 우리 모두가 하나같이 잘 알고 있습니다.

여러분의 마음을 이 한성의 터전에 곱게 심어놓고 오늘은 떠나십시오. 그리고 발전의 또 다른 고원高原을 향해 다시금 힘찬 일보를 내딛기 바랍니다.

그리고 지금은 다시 한 번 졸업생 여러분의 내일을 위한 축복과 격려의 박수를 보냅니다!

1989년 2월
한성대학장
신영기

1989년 3월 한성대학교 입학식 축사 代作

오늘, 여러분은 여러분 생에 소중한 한 기원紀元을 이룰 만한 의미 있는 발걸음을 여기 한성의 땅에 처음 들여놓으셨습니다. 그리하여 우리 모두는 오늘 한성漢城이라고 하는 공동의 터전 위에서 첫 만남의 상견례를 갖기 위해 이 자리에 함께 서 있는 것입니다.

이제 이렇게 찾아오신 우리 한성의 새 가족 여러분을 두 손 맞잡고 맞이합니다. 진심으로 환영하는 바입니다.

신입생 여러분!

어둡고 기나긴 터널에서 벗어나 이제 막 환한 대지 바깥으로 뛰쳐 나온 듯한 여러분의 심사는 그 얼마나 자유롭습니까? 지나간 고난의 시간들을 생각하면 스스로가 그 얼마나 대견스럽고 가슴 뿌듯할까요? 저 구름에라도 닿을 것 같으리란 여러분의 포부가 한없이 부러운 심정입니다. 그리하여 이제 대학생으로 변모한 여러분의 희망찬 앞날을 위해 먼저 아낌 없는 축복의 힘찬 박수를 보냅니다.

변모라 했군요. 그렇습니다! 오늘은 여러분 각자 앞에 대학생이라는 당당한 이름이 처음 붙게 된 일대 변신의 날입니다. 그와 동시에 대학인으로서 대학 생활, 그 첫 번째 날의 출범이 이루어지는 뜻 깊은 날이기도 한 것입니다. 희망찬 출항을 외치며 닻을 올리는 항해의 처음 순간과 같다고 할까요? 아니면, 긴긴 마라톤에 성큼 내딛은 첫 발걸음에 비유할 수 있을까요? 이 모두가 하나같이 중요한 의미를 지닌 순간들입니다. 항해사가 생명을 걸고 바다에 나서듯이, 마라토너가 선수로서의 명예를 걸고 대지 위를 힘차게 뛰쳐나가듯, 여러분 또한 여러분 생애의 가장 고귀한 청춘을 걸고서 상아탑의 터전에 기념비적인 첫 자취를 새긴 것입니다.

이미 새로운 각오와 만반의 준비는 다 되어 있습니다. 이제부터 해야 할 일은 목표한 대로 충실하게 한걸음 또 한걸음 실천해 나갈 따름일 것입니다.

그 계획이 크게 무리해 보이지 않고, 그것을 관철해 보이겠다는 의지가 남달리 확고한 것이라면, 이 얼마나 마음 든든하고 가슴 설레는 일이겠습니까?

여러분에게는 이러한 계획 뿐 아니라 대학 생활의 낭만을 펼쳐 보일 수 있는 충분한 시간들이 앞에 한껏 전개되어 있습니다.

바로 여러분이 갖고 있는 젊음을 말하는 것입니다. 그 무엇으로도 살 수 없고 아무 것과도 바꿀 수 없는 젊음이 있습니다. 황금으로도 살 수 없고 권력으로도 바꿀 수 없는 그러한 젊음 말입니다. 그러한 젊음은 인생에 단 한번도 더 와 주지 않습니다.

그러면 여러분은 부와 권세로도 어쩌지 못하고 두 번 다시 찾아와 주지 않는 이 소중한 젊음, 젊음이란 보물을 손 안에 들고서 이제 무엇을 하시겠습니까? 이 보물 하나하나를 어디에다 부어 쏟고 바치렵니까?

그러고 보니 여러분은 이제 중요한 선택의 첫 번째 문전에 있는 셈이 되었습니다. 정말 이제부터 여러분은 여러분 생활의 모든 부분들을 스스로의 판단의 힘으로 꾸준히 선택해 나가지 않으면 안 되는 성인의 자세로 대학 생활을 영위해 나가야만 하겠습니다. 권리도 책임도 각자 스스로가 도맡아야만 할 그러한 자세 말입니다.

대학을 얘기할 때 흔히 '자율'을 말하는 것을 우리는 듣습니다. 그런데, '자율'하면 '이성에 의한 자기 조정 능력'이란 뜻이 있고, 이는 바로 방금 말씀 드린 권리와 책임의 의미와도 무관하진 않다고 봅니다. 대학은 다름 아닌 그같은 자율이 살아 숨쉬는 공간인 것입니다.

자율의 바탕은 이성에 따라 행동하는 데 있고, 그러한 이성은 지적·학문적 토대 위에서 더욱 찬연한 빛을 발할 수 있습니다. 우리의 신입생 여러분은 앞으로의 대학 생활 4년 동안 무거운 지식과 빛나는 이성을 연마하여 스스로의 지성을 고양시키는 데 조금의 노력조차 아낄 수 없음을 함께 인식하십시다. 지성이야말로 대학이 대학다운 대학의 금자탑이 아니겠습니까?

거듭 당부해 드리니, 앞으로 주어진 시간동안 여러분은 대학의 낭만을 맘껏 구가하십시오. 그리고 그와 함께 대학인다운 지성을 한껏 고양시켜 주시기 바랍니다.

아울러 이제 지성의 드높임을 생각하면서 두 가지만 여러분 앞에 제안하고자 합니다.

무엇보다 최우선, 열심히 전공에 충실하십시오. 세상사世上事는 혼자의 생각만으로 잘 되는 것이 아닙니다. 생각에만 치우치고 배우지 않으면 위태하다고 공자께서는 일찍이 말씀하셨습니다. 성실한 진리 탐구를 통해 올바른 인격에 접근하고자 함이 대학의 이상입니다. 대학이 여러분 앞에 제공할 수 있는 다양한 학문적 체험에 흠뻑 젖어볼 수 있는 시기가 바로 지금입니다.

다음으로, 삶의 방식에 대해 이 기간 동안 충분히 독서하고 사색하기 바랍니다. 이러한 것은 대학을 졸업한 후 여러분의 삶의 방향에 아주 큰 영향을 미칠 것으로 생각됩니다. 그렇기 때문에 '학문만 있고 사색이 없으면 어둡다'고 공자 또한 우려를 표했던 것인지도 모르겠습니다. 이렇게 여러분은 삶에 대한 교양을 살찌우고 드높이십시오.

그렇게 해서 여러분이 여기서 대학생활을 끝마칠 무렵에 가서는 '나 자신의 대학 생활이 성공적이었노라' 자랑할 수 있는 것이어야 합니다. 사회에 나가 그 어디에 놓여진다 하더라도 전혀 손색이 없는, 아니 오히려 뛰어난 품격을 지닌 어엿한 한 지성인의 모습으로 거듭나기를 고대합니다.

새 한성 가족 여러분!

재삼 여러분의 입학을 크게 환영하고 축하해 마지않습니다. 여러분의 정진을 기대하며 인사에 가름합니다.

1989년 3월 2일
한성대학장
신영기

「국제한국언어문화학회」 북경대회 축사 代作

이 자리를 빛내주신 모든 국내외 귀빈들께 진심어린 감사를 표하고 싶습니다. 무엇보다 여기 중국의 수도인 '북경'에서 저희를 따뜻하게 맞아주신 '화북전력대학華北電力大學'의 총장님과 학장님, 그리고 관계자 여러분들에게 깊은 사의를 표명합니다.

아울러 멀리 고국에서부터 저와 함께 오시고 오늘의 대회를 위해 힘을 쏟아주신 '국제한국언어문화학회'의 회장님을 비롯한 여러 학자 분들께 찬사를 드립니다.

지난 수천 년 간의 역사를 통해서 중국과 한국은 가장 유대가 깊은 형제지국이었고, 가장 친밀한 우방, 곧 친구의 나라였습니다. 그랬습니다. 한국과 중국은 비록 언어는 서로 다르지만 문화에 있어서만큼 뜻을 같이 하는 불가분의 절친한 사이였습니다.

대성大聖 공자의 어록인 『논어』의 개권 첫머리에는,

'유붕有朋이 자원방래自遠方來면 불역낙호不亦樂乎아'

라는 유명한 말씀이 기록되어 있습니다. '벗이 있어 먼 곳에서부터 찾아오면 그 또한 즐겁지 아니한가?'란 뜻의 이 말은 새길수록 그 맛이 살아나는, 참으로 묘미 넘치는 구절이 아닐 수 없습니다. 여기에서 말하는 '벗'이란 그 나름대로의 특별한 의미가 들어있습니다. 그저 함께 술이나 마시고 한담이나 하는 그런 정적情的인 친구가 아니라, '뜻을 함께 하는 벗'이란 뜻으로 새겨집니다. 다시 말해 정치나 학문에 같은 생각을 가지고 함께 노력하는 벗이 여기서의 '朋'인 것입니다. 똑같이 벗을 의미하는 '벗 우'할 때의 '友' 자와는 다소 구별을 두어 말한다고 합니다. 이 말은 응당 여기 중국에서 맞이하시는 분들이 저희 앞에 하실 수 있는 표현이 되겠지만, 그러나 '불원만리不遠萬里'하고 찾아 온 한국의 저희들 입장에서조차 쓰지 못할 말은 아니라고 생각합니다. '朋友' 사이에 누가 기다리고, 누가 찾아가고 하는 것은 중요한 문제가 아니기 때문입니다. 학문에 뜻을 서로 같이 하여 이렇게 한 자리에 만났으니, 이것이야말로 '유붕이 자원방래'가 아니고 또 무엇이겠습니까?

우리는 친구 나라의 문화를 한 가지라도 더 알고 싶고, 친구 나라에 우리의 문화를 하나라도 더 알려 보이고 싶은 마음에서 거리의 멀고 가까움을 묻지 않고 이렇게 여기까지 온 것입니다.

우리 '국제한국언어문화학회'는 바로 두 나라 간의 언어와 문화에 대한 사명의식을 누구보다 먼저 자각하고 그 선도적인 역할을 다하고자 하는 모임인 줄로 알고 있습니다.

'국제한국언어문화학회'는 이태 전인 2001년에 설립하여서 그 역사는 아직 깊지 않지만, 그간 중요한 몇 가지 일들을 수행해 왔습니다. 이를테면 일본 동경의 '한국 YMCA' 빌딩에서 일본 내의 한국어를 교육하는 선생님들을 대상으로 세미나도 가진 바 있습니다. 뿐만 아니라, 작년 8월은 '한중수교 10주년'이 되는 의미

깊은 해였습니다. 이 때를 맞이하여 우리 학회에서는 중국 대련에서 중국 내 한국어학과 교수와 강사를 대상으로 워크샵도 가진 바 있습니다.

오늘의 이 학술대회 개최도 이와 같은 학회 사업의 저력에 힘입은 것이니, 문화관광부의 후원도 결코 우연히 이루어진 성과는 아닙니다. 앞으로도 한국의 언어와 문화를 국제적으로 보급하는 것은 물론, 보다 지혜로운 방향으로 모색해 나가는 일에 있어 이 학회에 거는 기대가 막중합니다.

우리는 한국문화에 매력을 느끼는 이곳의 붕우들에게, 혹은 어떤 필요가 생겨서 한국의 언어와 문화를 알고자 하는 이들에게 기쁜 마음으로 최선을 다해 그 메시지를 전하고자 하는 의지가 확고합니다.

그런데 이 같은 역할을 위해서는 한국과 중국이 서로 같지 않은 부분, 곧 언어 문제를 해결해야 합니다. '언어'란 말의 정의에 대해 언어학자 E. H. Sturetevant가 한 말이 마음에 와 닿습니다.

> "A language is a system of arbitrary vocal symbols by which members of a social group cooperate and interact."
>
> 언어는 자의적恣意的인 음성기호의 체계로서, 이것을 통해 그 사회 집단의 구성원이 서로 협동하고 상호 작용하는 것이다.

이 정의에서 '협력'을 언어의 중요한 메커니즘으로 강조하고 있습니다. 한국과 중국은 바로 언어의 원활한 소통을 통해서 서로의 문화를 긴밀히 주고받고 돈독히 해야 할 것으로 생각됩니다.

그런 의미에서 오늘의 이 모임, 그리고 이날 이후에 계속될 오늘과 같은 모임의 의미는 실로 소중한 것이 아닐 수 없겠습니다. 전통적으로 지속되어 왔던 중국과 한국, 한국과 중국의 우의는 계속 지켜져야 합니다. 그러기 위해서는 한국과 중국, 중국과 한국의 언어적·문화적 만남은 계속되어야만 합니다.

거듭 이 자리를 빛내주시고 경청하여 주신 여러분들께 진정어린 사랑과 감사의 말씀을 전합니다. 고맙습니다!

2003년 10월 3일

한성대학교 총장

한완상

『墨家』 창간 5주년에

2006년 2월 1일은 '지성인을 위한 서예문인화 교양지'를 기치로 삼은 월간 『묵가墨家』가 첫 탄생을 본 날이다. 그리고 2011년이 2월로 접어든 오늘은, 바야흐로 이 서화지가 그 나이 만 5년을 헤아리고, 지령誌齡 61호를 새김하는 날이다.

이렇게 창간 5주년을 맞이한 『묵가』가 불민不敏에게 기념의 축사를 청한다. 생각하기에 따라, 또 무심한 제3자의 눈으로는 그깟 5년이 무슨 대수이랴 할 수도 있는 숫자이다. 그러나 역시 제대로의 산고産苦를 60차례나 치렀으니, 그 걸어온 길을 뒤돌아보는 마음이 도정표道程標 하나 없이 그냥 눌러 지나치기가 차마 어려웠을 터이다.

다만 잡지의 본질이며 생리에 관해 전혀 일견식도 없는 문외한인데다, 하물며 서화에조차 멸여蔑如 비학非學을 못 면하는 당사자에게 이러한 주문은 자체로 곤혹이 아닐 수 없다. 애오라지 피상의 느낌 약간을 수록해 보이는 일로 그 단성丹誠에 답할 뿐이다.

서화지로서의 『묵가』 최고의 특장을 천거하라면 단연 '이달의 제호작가'와 '이달의 표지작가'를 선두에 내세우지 않을 수 없다. 이 별스런 기획, 두드러진 특화特化에 대해서는 암만 칭선稱善을 반복해도 지나침이 없어 보인다. 이것의 처음 구상은 본지의 고문이신 보산寶山 김진악金鎭嶽 선생에게서 나왔다고 들었다. 잡지의 문패인 '墨家' 두 글자를 매달 한·중·일 서예계의 유수한 대가들 상대로 청촉請囑을 갈마들면서 다달이 새로운 작가의 자필 진적眞迹을 표지에 세우는 이 기발한 착상은 일찍이 이 분야에서 유례가 없던 일이다. 동시에 '월신月新 우월신又月新'의 참신함이 가득한 이 아이디어는 묵가가 존재하는 한 중단 모르고 지속될 전망이다. 이 묘안이 한갓 겉 장정에만 그치지 아니하고 속장 앞마당에 다시금 4면 분량으로 클로즈업을 나타낸다. 결과로 작가에겐 영예를, 독자에게는 훈염薰染을 더 보태는 보람을 낳고 있다.

'일품一品'과 '도남지명圖南之命'의 체재 역시 이와 같은 이유에서 크게 고동鼓動할 만한 착안으로 상찬賞讚 받아 마땅하다. '도남圖南'이란 용어는 『장자莊子』 출전으로 북쪽 바다의, 길이가 수천 리인 거대한 붕鵬이라는 새가 장차 남쪽 바다로 옮겨가고자 하는 원대한 뜻을 나타낸 말이다. '붕도鵬圖'·'붕정만리鵬程萬里'라고도 하니, 대업에의 계획을 은유한 멋진 표현인 것만큼 분명하다. '일품'이란 타이틀은 굳이 사족 설명 없이도 전달력 있어 보인다. 아울러 기획상의 이유가 따로 있겠지만, 현하 이 두 코너에 선정된 작가 소개가 딱 한 장 분량의, 작품 한 컷에서 더 지나지 않는다. 단작單作 만으로는 일면식 아닌 반면지분半面之分 조차 따라잡기 쉬워 뵈지는 않는다. 작가에 대한 정체성 파악까지야 고사하고라도 2~3작품 어간에서의 얼굴 익히기가 종요롭다. 그러나 여전히 작가로서 자신을 알릴 수 있는 절호의 찬스요, 독자 입장에서 역시 작가 탐방할 수 있는 훌륭한 기회의 공간이다.

어느 시대거나 문학과 예술에는 아정雅正과 통속通俗, 혹은 순수와 대중 사이에 대척對蹠과 갈등이 수반되어 왔다. 음악에 아악과 속악이 있고, 문학에도 순수문학과 대중문학의 구별이 있으며, 영화에서 역시 작품성과 흥행성 사이에 고민이 따르는 법이다.

서예 문화를 다루는 잡지 분야가 또한 이러한 문제들 앞에서 선택을 요구받기 십상이다. 곧 경영 현실과 예술 정신 간에 선택과 결단이 만만치 않으리란 생각이다. 모든 대중매체가 끝까지 경계해야 할 부분은 그 격을 추락시키는 지나친 상업주의이고, 서화 잡지 역시 예외일 수 없다. 그러나 서화지가 몇몇 기류氣類끼리 서로 만들어서 돌려 보는 동인지同人誌는 아니다. 진정한 대가들을 만날 수 있는 곳이지만, 그렇다고 '그들만의 축제', 유명인만의 도록집도 아니다. 불구하고, 백화점의 명품코너처럼 독존獨尊의 명품주의만을 고수했다간 물 너무 투명해 고기마다 달아나는 곤란지경에 빠질 수 있다. 청淸을 근간으로 하고 탁濁의 경우 타산지석 삼으면 되는 것이다. 서화지는 자체로 서예인구의 저변확대는 물론, 서예 종사자를 위한 기회제공 및 지적·정서적 공익公益에 대한 사명을 띤다. 맘에 맞는 소수자들만의 계회契會가 아닌, 그냥 글씨가 좋고 그림 반가운 이들이 다달이 청유淸遊할 수 있는 모꼬지 한마당 정성껏 마련해 주는 일로 그 의미가 빛난다. 바로 『묵가』의 5년이 슬기롭게 점진해 온 과정이기도 하다.

『묵가』의 이미지는 사람으로 치면 살거리 좋고 얼굴에 윤기 흐르는 상은 아닌 듯하다. 차라리 조금 말라 보이는 듯싶지만 몸 야무지고 정신 강건한 청춘의 느낌이다. 차에 비하면 큰 덩치에 외장이 수려한 세단 대신, 작으나 탄탄하고 소담스런 승용차라고나 할까.

저 중국 춘추전국 시대 기원전 4, 5세기경에는 유가·도가·묵가·음양가·종횡가 종종의 제자諸子들이 저마다의 이념으로 백가쟁명百家爭鳴의 논쟁을 펼쳤던 일이 있었다. 서로 우열이 없는 가운데 저마다 '구왈여성具曰予聖'으로 자신의 학문과 사상이 지고지선하다고 외쳤다. 이때 열혈 무대 한 중앙에 있던 묵자 중심의 묵가 학파도 이른바 '마정방종摩頂放踵'의 희생을 통한 '겸애兼愛'와, 그 연장선에서의 오늘날 반전反戰 개념인 '비공非攻' 내지 경제적 '절용節用' 등을 주창하며 일세 풍미한 바 있다. 그 사상의 다른 건 차치하고라도 적어도 다수의 공익을 위하겠다던 그 뜻만큼 살만한 것이라고 하자.

그런데 오늘날 21세기 우리 한국의 서단에는 별천계別天界의 『묵가』가 있어 서화 예술 전문가 다수의 기회를 최대화한 지혜의 토대 위에서 독자의 지식과 정서를 위해 성력誠力을 다하고 있다. 하물며 그것이 대립과 훤쟁喧爭이 아닌, 경청과 화합 속에 윈윈win-win을 구가하며 날로 영명令名을 더하니, 크게 경하할 일이 아닐 수 없다.

연하여 저 고려 정사간鄭司諫의 회자시 〈대동강〉에서 용운用韻한 칠언고시 일작一作으로 『묵가』 5주년을 송축함과 동시에 가없는 발전을 촉망한다.

墨家頌

- 묵가를 노래함 -

摩頂放踵墨家波
戰國當時喧傳多
今韓書壇別墨家
携手百匠宣謳歌

온몸 희생 외쳤던 묵가의 걸너비
춘추전국 시절에 시끌벅적했었지.
오늘 우리 서단에 특별한 묵가 있어
대가들과 손잡고 선양을 구가하네.

- 2011년 2월, 『월간묵가』 -

『월간묵가』 창간5주년 기념호

[홍보]

『우리 옛 문학론』이 소개된 신문 기사들

\- 한국일보, 1991년 5월 8일 -

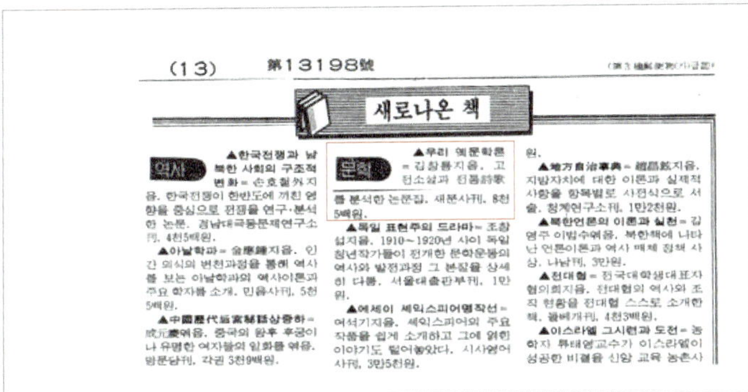
(13) 第13198號

새로나온 책

역사

▲한국전쟁과 남북한 사회의 구조적 변화=손호철外지음. 한국전쟁이 한반도에 끼친 영향을 중심으로 전쟁을 연구·분석한 논문. 경남대극동문제연구소刊. 4천5백원.

▲아날학파=金應鍾지음. 인간 의식의 변천과정을 통해 역사를 보는 아날학파의 역사이론과 주요 학자를 소개. 민음사刊. 5천5백원.

▲中國歷代后宮秘話상중하=成元慶엮음. 중국의 왕후 후궁이나 유명한 여자들의 일화를 엮음. 명문당刊. 각권 3천9백원.

문학

▲우리 옛문학론=김창룡지음. 고전소설과 전통詩歌를 분석한 논문집. 새문사刊. 8천5백원.

▲독일 표현주의 드라마=조창섭지음. 1910~1920년 사이 독일 청년작가들이 전개한 문학운동의 역사와 발전과정 그 본질을 상세히 다룸. 서울대출판부刊. 1만원.

▲에세이 셰익스피어명작선=여석기지음. 셰익스피어의 주요 작품을 쉽게 소개하고 그에 얽힌 이야기도 털어놓았다. 시사영어사刊. 3만5천원.

▲地方自治事典=趙昌鉉지음. 지방자치에 대한 이론과 실제적 사항을 항목별로 사전식으로 서술. 청계연구소刊. 1만2천원.

▲북한언론의 이론과 실천=김영주 이범수엮음. 북한책에 나타난 언론이론과 역사 매체 정책 사상. 나남刊. 3만원.

▲전대협=전국대학생대표자협의회지음. 전대협의 역사와 조직 현황을 전대협 스스로 소개한 책. 돌베개刊. 4천3백원.

▲이스라엘 그시련과 도전=농학자 류태영교수가 이스라엘이 성공한 비결을 신앙 교육 농촌사

\- 국어교육월보, 1991년 6월 1일 -

新刊소개

▲「우리 옛문학론」

지난 10여년간 필자가 각별한 관심으로 다루어왔던 논고들 가운데 詩歌, 小說 부분만을 특히 추린 것이다. 그러므로 이 책의 관심은 크게 우리 옛소설론과 우리 옛 시가론 같은 개념의 의도적인 合編인 셈이다. 제1부 小說論에서는 「고소설의 愛情과 反倫理」, 「天官說話의 小說的 變貌」, 「韓國古典小說의 紀元論」, 「九雲夢의 몇가지 問題」, 「兎鼈歌의 寓喩의 公式」에 관해 集意하였고, 제2부 詩歌論에서는 「黃鳥歌의 底邊」, 「龜旨歌의 검·수 論證」, 「龜旨歌의 何·也 論猎」, 「海歌詞의 諸問題」, 「霜霜曲의 比較文學的 考究」에 관해 천착한바, 도합 10編의 논문을 수록하였다. 이는 비록 기왕에 상당한 주목을 입었던 사항이라도 미처 다 擴言치 못한 듯한 아쉬움의 境界로서 사료되는 부분, 또는 解論이 이룩시켜 놓은 지혜가 보다 相應을 요하는 것, 또한 그 慧見을 바탕과 힌트로서 삼았으되 마침내 같은 소리로 나지 않는 것들을 우선적인 테마로 선정하여 다룬 책이다.(金昌龍 著/새문社/8,500원)

▲近代轉換期의 言語와 文學

이 책은 고려대 민족문화연구소에서 발행하는 〈민족문화연구총서〉제 53집이다. 지난해 12월 고려대 국어국문학연구회가 개최하고 민족문화연구소가 후원한 "근대 전환기의 언어와 문학"이란 주제의 학술대회에서 발표되었던 논문을 수록한 것이다.

김승렬교수의 '근대전환기의 국어문제' 서연호교수의 '근대전환기에 있어 희곡 장르의 성립과정' 등 총 12편의 논문이 실려있다.

근대전환기에 대두되었던 다양한 변화의 모색과 그에 대한 지식, 실천적 충동들이 갖는 역사적 의미를 '언어'와 '문학'이라는 문화양식을 축으로 파악한 이 책은 근대전환기의 언어와 문학, 사상과 의식의 가려진 부분을 밝히는 데 도움이 될 것이다.(고려대 민족문화연구소 발행/6,000원)

▲청람어문학 제4집

이 책은 청람어문학회(회장 : 성기조)에서 발행한 논문집.

이 책에는 김영선씨의 '〈梁山伯傳〉연구'와 김유진씨의 '〈唐太宗

- 동아일보, 1991년 6월 4일 -

新刊안내

【인문】

◆강물은 흘러도 바윗돌은 남는다 (閔丙秀著)

신라이후 우리나라 古典속에 나타난 아름다운 말과 행동을 찾아 현대어로 적은 評釋고전에세이。原文을 붙여 한문의 맛을 접할수 있게 했다。 <우석・4,200원>

◆문학의 논리와 전환사회 (吳養鎬著)

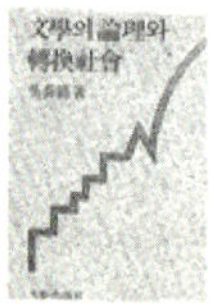

「문학과 사회의관계에대한 성찰」이란 큰 주제로 포괄될수있는 40여편의 글을 실은 문학평론집。60년대 이후 한국문학이 당면했던 참여적 성향을 시대적 상황과 연관지어 의미를 찾아내려고 시도했다。 <문예출판사・7,000원>

◆불안한 마음을 가져오너라 (정찬주編)

평범한 삶속에서 끊임없이 일어나는 의문들에 대한 답을 「법구경」의 법문에서 찾도록 엮었다。이호중그림。 <우리출판사・3,000원>

◆태고사의 수수께끼 (알렉산더 고르보프스키著)

마지막 빙하기가 끝날무렵인 1만2천년전의 세계에대한 가설을 과학적 근거에 입각해 서술했다。김현철譯。 <이성과 현실・3,500원>

◆우리 옛문학론 (金昌龍著)

한국의 옛문학중 시가와 소설부문에 대한 논문들을 모았다。특히 소설중 구운몽과시가중 황조가 구지가 이상곡등을 집중적으로 다뤘다。 <새문사・8,500원>

- 조선일보, 1991년 7월 1일 -

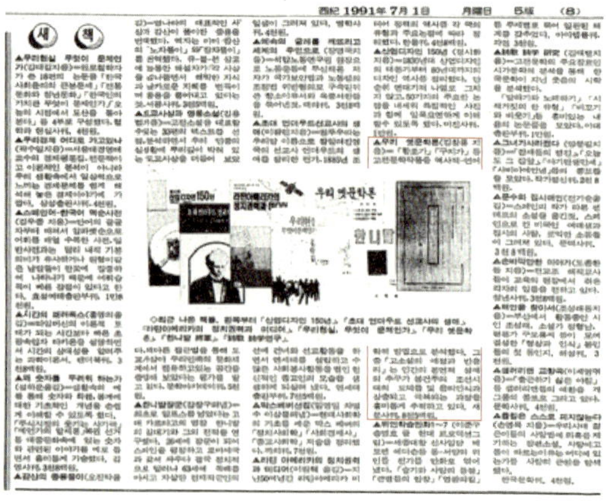
西紀 1991年 7月 1日 月曜日 5版 (8)

- 국어교육월보 52호(1991. 11. 30) : 나의 애장도서 15 게재 -

처음엔 애장愛藏의 이유가 전적으로 희귀에 있는 줄로만 알았으나, 말뜻을 더욱 음미하고 새겨보매 이건 반드시 그 근거가 서지적 골동 가치에 있어서의 희귀본 지닌 긍지만을 의미함은 아니었다. 곧, 어느 사람의 개체 안에 신변적 내밀內密한 사연이든지 의미가 담겼거나 주관적 애호의 정도가 높거나, 학구적 의존도가 깊은 책까지를 포괄하여 그 가운데 하나만 공개하여 보라 함이 분명할 것이었다.

이같은 의미일진대, 나는 사뭇 무거운 심정으로 중화학술원中華學術院 인행印行의 『중문대사전』 전체 10권 한 질을 천거하고자 한다.

그 마음의 무거운 까닭은, 이것과는 선후를 다툴 것도 없이 들어서 얘기해야 마땅하나 그같은 여지를 얻지 못한 나의 다른 애서愛書들 종종에 대한 미안감 때문이다. 그러나 나의 가장 가까이에 시측侍側하였으니, 그가 곁에 있는 것만으로도 마음 든든한 안온安穩을 느끼며, 과연 그 일상 속에서의 접촉과 친분이 가장 빠른 연상으로 다가온 바에, 감연히 이 책을 수위首位에 내세웠다.

이는 내가 지난 1983년 7월 30일, 여름의 무더위에 묻혀 대북臺北 유력遊歷하던 기억과 늘 함께 있다. 풍광風光과 물색物色이 새롭고도 반가웠던 이역異域, 저녁 풍경에 들뜬 대북의 어딘지 알 수 없는 거리를 택시로 달려간 서점가 - 그때적 수첩 적은 기록을 보매 중경남로重慶南路의 「문원서국文源書局」인가 하였다 - 의 일우一隅에서 이 양인良人을 만났던 것이다. 정말로 이 책이 이국의 서사書肆, 쾌활한 상고商賈의 손에 들려 꿈꾸듯 내 눈앞에 보여졌던 순간 두근두근한 마음을 억눌러 진정하느라 애쓰던 장면이 지금에 생생하다.

도합 열 책이나 되는 물량 안에 실려 있는 수록 한자 5만의 숫자도이려니와, 각 단자單字마다에 딸린 사휘辭彙의 섬부贍富함과, 해석의 정밀精密, 문헌 박종博綜의 철저함에 나는 몇 년을 두고 쓸 때마다 탄복했다. 나의 졸역 『한국가전문학선』을 포함하여, 내가 혼자서 두서없는 해독이라도 애써 끌고 갈 수 있음은 이것이 언제든 내 곁에 있어서 의문 때마다 넌짓 오의悟義토록 해주는 덕택에 절대적으로 힘입은 것이다. 과연 이 책은 내 생애의 문자사文字師로서, 다문多聞의 익우益友로서 내 가장 가까이에 붙어 앉은 서창書窓의 반려로서 미래에도 변함없이 남아 있게 될 것임을 강하게 예감한다.

그리고 나는 오늘도 무슨 글을 쓰든지 해석 때의 적확的確과 작문상의 묘미를 얻으려 할 때마다 문득 평생의 지우摯友같은 이 책을 공손히 받들어 자문을 구하는 것이다.

나의 愛藏圖書 15

「中文大辭典」

- 東方學 연구의 필수적 裝備 -

◇소장자 : 김창룡 (한성대학 교수)

처음엔 愛藏의 이유가 전적으로 稀貴에 있는 줄로만 알았으나, 말 뜻을 더욱 음미하고 새기어보매 이건 반드시 그 근거가 書誌的 골동가치에 있어서의 희귀본 지닌 긍지 뿐만 아니라, 어느 사람의 개체 안에 신변적 內密한 사연이 든지 의미가 담겼거나, 주관적 애호의 정도가 높거나, 학구적 의존도가 깊은 책까지를 포섭하여 그 가운데 하나만 공개하여 보라 함이 분명한 것이었다.

이같은 의미일진대 나는 사뭇 부시운 심정으로 中華學術院 印行의 『中文大辭典』 전체 열卷 한 帙을 천거하고자 한다.

그 마음의 부시운 까닭은, 이것과는 先이라 後라 할 것도 없이 들어 얘기해야 마땅하나 그같은 여지를 얻지 못한 나의 다른 愛書들 종종에 대한 미안감 때문이다. 그러나, 나의 가장 가까이에 侍側하였으니, 그가 곁에 있는 것만으로도 마음 든든한 安穩을 느끼며, 과연 그 인상 속에서의 집착과 친분이 가장 빠른 연상으로 다가온 바에 감연히 이 책을 首位에 내세웠다.

이는 내가 지난 1983년 7월 30일, 여름의 무더위에 묻혀 臺北 遊歷하던 기억과 늘 함께 있다. 風光과 物色이 새롭고도 반가웠던 異域, 서너 공성에 묻힌 대북의 어딘지 알 수 없는 거리를 택시로 달리어간 서점가 — 그때적 수첩 적은 기록을 보매 重慶南路의 「文源書局」인가 하였다 — 의 一隅에서 이 良人을 만났던 것이다. 정말로 이 책이 異國의 書肆 쾌활한 商賈의 손에 들려 꿈꾸듯 내 눈 앞에 보여졌던 순간 두근두근하는 마음을 억눌러 진정하느라 애쓰던 장면이 지금에 생생하다.

도합 十冊이나 되는 분량 안에 실려있는 수록 한자 五萬의 숫자도이려니와, 각 單字마다에 딸린 語彙의 瞻富함과, 해석의 精密, 문어 博採의 철저함에 나는 몇 년을 두고 쓸 때마다 탄복했다. 나의 拙譯『韓國假傳文學選』을 포함하여, 내가 혼자서 무시 없는 해독이라도 애써 찾고갈 수 있음은 이것이 언제든 내 곁에 있어 의문 때마다 낱낱 指義케해주는 덕택에 절대적으로 힘입은 것이다. 과연 이 책은 내 생애의 文字師로서, 多聞의 益友로서, 내 가장 가까이에 붙어앉은 書窓의 伴侶로서 미래에도 변함없이 남아있게 될 것임을 강하게 예감한다.

그리고 나는 오늘도 무슨 글을 쓰든지 해석때의 的確과 작문상의 妙味를 얻으려 할 때마다 문득 평생의 摯友같은 이 책을 공손히 받들어 자문을 구하는 것이다. 〈글 : **소장자**〉

- 월간 『오토바이크』 2000년 10월호 -

이버지, 어머니, 아들, 딸 모두 라이더

우리는 바이크 패밀리

예사롭지 않은 가족을 만났다. 가족 모두 바이크를 타는 심상치 않은 가족이다. 심상치 않은 바이크 가족과 범상치 않은 여성 라이더가 있다

글/강형석 기자, 사진/김병찬 기자

촬영 스케줄을 확인하기 위해 전화를 걸었다. '아~ 예~ 어제 저희 가족이 강원도 봉평으로 투어를 다녀오느라고요!' 강원도 봉평이라면 결코 만만치 않은 장거리 투어길이다. 더욱 놀라운 것은 여성 라이더가 두 명이나 포함되어 있다는 것이다. 인터뷰 장소로 향하면서 뭔가 심상치 않은 가족임을 느낀다.

김창룡 씨와 바이크 가족의 탄생을 주도(?)한 정영희 씨 그리고 그들의 애마인 로얄스타

심상치 않은 가족

인터뷰 장소에 10분 정도 일찍 도착한 촬영 팀은 '대체 어떤 가족이기에 남녀노소 불문하고 가족 모두가 바이크를 타는 것일까?' 라는 의문을 갖기 시작했다. 이제 와서 하는 이야기이지만 여성 라이더가 포함되어 있다고 해서 나름대로 상상의 나래를 펼쳤었다.

"음… 아마 어머니와 딸 모두 상당한 터프(?) 레이디겠군…!' 하지만 이런 허무맹랑한 상상은 하얀 햇살을 받으며 아름답게(?) 등장하는 두 모녀를 보며 무참하게 깨져 버렸다.

자상하신 어머님은 손수 준비하신 파이와 음료수로 촬영 팀의 심금을 울렸으며 다소곳이 인사를 하는 딸 또한 바이크의 이미지와는 동떨어진 이미지였다.

촬영을 위해 바이크를 이동시키는 모습들이 예사롭지 않다. 김창룡(아버지) 씨는 건조중량이 300kg을 상회하는 로얄스타를 수족 다루듯이 움직이고 김우연(딸) 씨의 액시브 RR을 다루는 모습 또한 한 치의 머뭇거림이 없으며 김상빈(아들) 씨 또한 드래스타400을 다루

남자들도 취득하기 힘든 2종 소형면허를 단 한 번에 따냈다는 김우연 씨와 엑시브 RR

바이크로 화합하는 김창룡 씨 가족

클래식하지만 도심의 이미지와 잘 어울리는 드랙스타 400 클래식과 김성민 씨의 모습

는 품이 결코 예사롭지 않다.

화기애애한 분위기 속에서 사진 촬영을 마치고 등나무 그늘에 앉아 정성희(어머니) 씨가 손수 만든 맛있는 파이와 음료수를 마시며 인터뷰는 진행되었다.

엄마가 주동자(?)

인터뷰 전에는 상당히 특별한 분위기의 가족일 것이라는 생각을 했다. 하지만 너무도 화기애애한 분위기에 나도 모르게 녹아들어 지금까지 바이크에 대한 것은 단 한마디도 물어 보지 못했다.

정신을 차린 뒤 국어국문학과 교수로 재직 중인 김창룡(아버지) 씨에게 바이크를 타게 된 동기를 물어 보았다. "현재 대전 배재대학 국문과 교수로 재직 중인 전용오 교수의 바이크를 인수 한 것이 계기였죠! 대학교 동문인 친구의 바이크를 인수한 것이 계기가 되었다는 김창룡 씨는 그 이후로 한동안 바이크와 인을 끊고 있다가 마그마로 다시 시작을 하여 현재의 로얄스타에 이르렀다고 한다.

고개를 끄덕이며 메모를 하고 있는데 너무나도 뜻밖의 말을 듣고 다시 한번 되묻는다. "예~?어머니께서 바이크를 권유셨다고요~?

뭔가 심상치 않은 가족임이 확실했다. 아니 심상치 않은 가족에 범상치 않은 여성임이 확실했다. 어머니를 제외한 아버지, 아들, 딸 모두가 2종 소형 면허증이 있으며 더욱 놀라운 것은 남자들도 취득하기 어려운 2종 소형 면허를 김우연(딸) 씨는 가녀린 여성의 몸으로 단 한 번에 따냈다는 것이다.

놀란 입을 가까스로 다물며 이런 저런 이야기를 하고 있는데 자상한 미소를 보이시던 정성희(어머니) 씨가 논리 정연한 말투로 이야기 한다. "한국의 교통 법규는 잘 못 되어 있어요!로 시작한 정성희 씨의 논리 정연한 이야기는 한국의 불합리한 교통 체계에서부터 외국의 사례까지 일목요연하게 피력해 낸다.

바이크 가족을 이끌어 나가는 보이지 않은 원동력은 어머니였다. 물론 아버지와 아들 그리고 딸의 화합이 지금의 바이크 가족이 있게 한 힘이겠지만 보이지 않는 곳에서 후원하는 어머니가 있었기에 바이크 가족이 탄생한 것이리라.

바이크는 가족의 연결 고리

"가장 위험한 것은 음성적으로 바이크를 접하는 것입니다. 어차피 바이크를 탈 거라면 밝은 곳으로 끌어내서 체계적으로 배우는 것이 중요하지요!" 라고 김창룡 씨가 말한다. 바이크 가족은 인위적으로 탄생한 것이 아니라 새로운 문물에 대한 거부감 없는 마인드를 가진 부모와 올바른 환경에서 성장한 자녀들이 선택한 자연스런 것이었다.

"바이크는 우리 가족의 연결 고리입니다! 우리 가족은 한 달에 두 번 정도 투어를 떠나죠! 답답한 도시를 벗어나 주위의 풍경을 감상하며 달리다 보면 어느새 도심에서의 시름은 어디론가 훨훨~ 날아가 버립니다!" 라고 말하는 김창룡 씨는 바이크가 가족 화합의 중요한 매개체 역할을 하고 있다고 말한다.

그들에게 가족 모두가 바이크를 탄다는 것은 특별한 것이 아니다. 단지 생활을 영위하기 위한 한 부분이며, 현대 사회에서 자칫 금이 가기 쉬운 가족의 화합을 위한 윤활유 같은 것일 뿐이었다.

듬직한 로얄스타 만큼이나 넉넉한 성격의 아버지와 바이크 가족이 탄생하는데 중요한 역할을 한 어머니, 엑시브 RR의 차분한 미소의 딸 그리고 클래식하지만 세련된 느낌을 가진 드랙스타400과 함께 샤프한 외모를 자랑하는 아들 등 김창룡 씨 가족은 바이크를 구심점으로 서로가 믿고 의지하며 건강한 바이크 라이프를 영위하고 있다. M

- 월간 『모터바이크』 2002년 10월호 -

끈끈한 정으로 똘똘 뭉친 또 하나의 가족

반달곰 라이더즈 패밀리

윗사람은 아랫사람을 보살피고 아랫사람은 윗사람을 공경하며, 서로의 안전을 걱정하고 지켜주는 가족적인 클럽. 인터넷 다음 카페에 둥지를 틀고 있는 반달곰 라이더즈 패밀리는 어느 바이크 클럽보다 끈끈한 정으로 뭉쳐 있었다.

가족 같은 분위기로 최대의 자유를 추구

반달곰의 시작은 정확히 언제부터인지 모르나 세 남자로 시작됐다. 사회적으로 일정한 위치에 오른 지긋한 나이의 세 남자가 98년 당시 반달곰 클럽의 신입이었던 한성대 김창룡 교수에게 반달곰을 키워줄 것을 부탁했고 그로부터 1년 뒤 김창룡 교수는 반달곰을 온, 오프라인에 알리면서 클럽이름을 '반달곰 라이더즈 패밀리'로 개명, 새로운 활동을 재개, 클럽을 활성화시키기 시작했다. 나이에 상관없이 몰려든 라이더들은 형, 아우하며 가족처럼 지냈고 이러한 분위기가 이 클럽을 대표할 수 있는 이미지로 남게 되었다.

명절과 악천후를 제외하고 주말이면 늘 투어를 떠나는 반달곰 라이더즈 패밀리는 최소치의 규율과 최대치의 자유를 추구한다. 자유가 지나치면 방종이 된다고 하지만 회장을 중심으로 가족 간의 존중을 시키는 한 그런 일은 없다.

이러한 존중과 라이더로서의 규율을 지켜준다면 어떤 자유도 침해하지 않는다는 것. 때문에 투어 참여에 있어서도 강제성은 전무하다. 가겠다는 이 말리지 않고 남겠다는 이 잡지 않는 자유로운 마음이 중심에 선다. 투어의 목적지도 다수결로 확정한다. 이렇게 모인 투어인원은 늘 10여명. 라이더가 바뀌긴 해도 매주 투어에 참가하는 라이더 수는 좀처럼 줄어들지 않는다.

이들은 또 당당히 주장한다. 상시적인 안정감 속에 하루를 달리는 이들이 바로 반달곰 라이더즈 패밀리라고…

김창룡회장 가족 인터뷰

한성대 한국어문학부 교수이자 한 바이크 동아리 회장인 김창룡교수는 엄연히 반달곰 라이더즈 패밀리를 만든 장본인이기에 누구보다 동아리에 대한 애착이 강하다. 그러나 그는 지난 3년간 해온 회장직을 이제 물려주려 한다. 창립자라 해도 너무 오래 회장직을 맡고 있는 듯 하다며 이제는 후배들에게도 책임감과 소속감을 느낄 수 있도록 회장직을 물려줄 필요성을 느낀다는 것. 나이에 상관없이 반달곰 라이더즈 패밀리에 열정을 보이는 이에게 6개월에 한번씩 회장직을 물려줄 계획이다.

아내의 권유로 바이크를 타게된 김창룡 회장, 적극적인 지지로 자녀들마저 라이더로 만든 김회장 아내 [illegible]씨의 알콩달콩 이야기를 들어봤다

성희 모든 부부들에게 바이크를 타보라고 권하고 싶어요. 사실 전 늘 남편 뒤에 [illegible] 하지만 그게 얼마나 좋은지 몰라요. 둘이서 바람을 맞으며 함께 여행을 떠나고 추억을 쌓고 목적지를 찾아가는 동안 서로 믿고 의지할 수 있다는 것. 그러한 애틋한 마음이 절로 생긴답니다. 가까이는 경춘가도를 타고 [illegible]을 다녀오기도 하고 멀리 갈 땐 또 [illegible] 찾아가죠. 이만큼 두 사람을 밀착시킬 수 있는 레저는 많지 않을 거예요.

[illegible] [illegible]

반달곰이 추천하는 베스트 투어코스 3

1) 편안하게 다녀올 수 있는 코스

▶ 약 1시간 30분 소요

시간적으로도 가뿐하고 코스도 무난하기 때문에 초보자들도 따라올 수 있는 코스. 때문에 반달곰 라이더즈 패밀리가 가장 선호하는 코스이기도 하다.

서울 → 홍천 → 느랏재 → 가락재 → 춘천

2) 가까우면서도 풍광이 좋은 코스

▶ 편도 약 2시간 30분 소요.

거리도 가까울뿐더러 산수가 수려하고 맑아 누구라도 감탄하는 코스.

서울 → 성남 → 이천 → 장호원 → 여주

3) 늘 가도 좋은 곳 BEST 1

▶ 왕복 400km

한국에는 구룡령 뿐 아니라 미시령, 한계령, 진부령 등 험준한 산세와 수려한 장관을 내뿜는 재가 있는데 어디를 가도 좋다. 그러나 구룡령은 이 모든 조건을 갖추었으면서도 라이더들이 달리기에 좋은 길을 제공하고 있어 회원들 사이에 BEST 1으로 꼽히고 있다.

서울 → 홍천 → 서석 → 구룡령 → 양양

반달곰에 가입하는 법

http://cafe.daum.net/bandalgom에서 회원가입 후 온, 오프라인 활동을 시작하면 누구나 회원의 자격을 가진다. 물론 온라인 보다 오프라인 활동이 활발해야 클럽 회원으로서의 자부심을 고취시킬 수 있다.

『고구려 문학을 찾아서』를 소개한 기사

- 연합뉴스 2002년 3월 29일 기사 -

김창룡 한성대 국문학과 교수인 저자가 『가전문학의 이론』과 『우리 옛 문학론』에 이어 세 번째로 낸 국문학 이론서로 문자 그대로 고구려 문학에 대한 전반적인 해명을 시도하고 있다.

시가와 설화를 고리로 삼국 및 가야 문학을 일별하면서 고구려 문학의 특성을 적출한 다음, 본격적인 고구려 탐구로 들어간다. 동명왕 신화, 황조가, 호동왕자와 낙랑공주 이야기, 바보온달과 평강공주, 을지문덕이 수나라 장수 우중문에게 주는 시 등, 일반에도 잘 알려진 주제를 다룬다.

이어 가사는 전해지지 않고 배경이나 줄거리만 전하는 '명주가'와 '연양가', '내원성가'가 한국 고전문학에서 차지하는 위치를 고찰한다. 부록에는 본문에서 다룬 고구려문학 원전을 영인해 실었다.

2003년 한성대학교 입학홍보

- 2003년 9월~2004년 1월까지 지하철 3,4호선에 게재 -

- 종류 : 액자형 3종, 와이드 1종(총 4종)
- 크기 : 액자형(51.4×36cm)
  와이드형
  (225×400cm / 200×300cm)
- 내용 : 3호선 액자형 3층(교수·학생·동문)
  250개(지하철 10량×25차량)
  4호선 액자형 3층(교수·학생·동문)
  250개(지하철 10량×25차량)

- 2003년 일간신문에 소개된 한성대학교 입학홍보 사진 -

- 2003년 한성대학교 홈페이지 -

모터사이클과 고전문학에 넘치는 사랑

- 인터넷 〈뉴스인물〉 2004년 4월 20일 기사 -

고전이라 이름 붙여진 문학 작품들을 되새겨보며 그 의미에 대해서 생각해보는 것은 현재를 살아가는 우리에게 참 많은 것들을 전한다. 그 시대의 삶, 사랑, 아픔 등이 고스란히 녹아있기에.

그리고 고전과 현대를 이어가는 그 중간에는 사람이라는 매개체가 존재한다. 오늘, 오로지 그 한 분야에만 집중하며 살아가고 있는 문학박사 한성대 김창룡 교수님을 만난다.

교정을 따라 강의실 건물을 향해 달리는 모터사이클 한 대가 있다. 그에 걸맞는 옷차림까지. 당연히 학생이겠지… 라고 생각하는 모두의 예상을 그는 깨뜨린다. 바로 한국어문학부에서 학생들을 가르치고 계시는 교수님이시기 때문이다. 모터사이클을 타고, 라이더 재킷을 입으시고, 징이 박힌 멋스런 가죽 구두를 신고 다니시며, 고전문학을 강의하시는 교수님.

그에게서 듣는 고전문학의 이야기에는 무언가 색다름이 있지 않을까? 고등학교 2학년 재학 시절, 완판본 〈춘향전〉을 읽고나서 받은 설렘과 충격, 그리고 가슴 속에서 꿈틀대던 무엇.

"내가 대학을 진학할 때에는 선택의 여지가 없겠구나… 라고 생각했었지요. 고전문학에 완전히 매료되었다고 할까?"

그렇게 운명처럼 선택한 고전문학의 길은 올해로 34년이 되어

간다고 한다.

연세대학교 국어국문과 재학 시절, 고전문학에 있어서의 양대 산맥이라고 할 수 있는 연민 이가원 선생과 나손 김동욱 선생에게서 강의를 들으며 많은 영향을 받았다고 이야기한다. 그들에게서 익힌 학문적 분위기는 어느덧 김창룡화 되어가고 있는 듯 보인다. 그에게서는 모든 것들이 결코 인위적이지 않다. 자연스럽게 묻어나는 것들 뿐이다.

25년째, 학교에서 고전문학에 대한 강의를 하고 있는 그는 모터사이클을 타고 출퇴근을 한다. 어릴 때부터 바퀴 달린 것들을 유난히 좋아했었기에 모터사이클에 관심을 가지게 된 것도 자연스러운 것이었다. 79년부터 타고 다니던 모터사이클을 사고 이후 그만두었다가 98년부터 다시 타고 다니기 시작했다고 한다. 꽉 막힌 도로 위 차 속 공간에서 느끼는 답답함이 가장 큰 이유였다고 하는데, 놀랍게도 모터사이클을 다시 타보라고 제안한 이가 바로 아내란다. 그래서 현재 모터사이클은 그에게 자유로움과 해방감을 느낄 수 있는 시간을 선사한다.

그에게 요즈음 가장 큰 화두 중 하나는 고전문학의 대중화라고 할 수 있다. 그의 열 번째 저서인 『가전산책』까지가 전공자들을 위한 책이었다. 앞으로의 저서들에서는 고전문학으로 일반인들에게 다가갈 수 있는 시도를 해 볼 계획이란다.

그 계획을 살짝 엿볼까 한다.

"개인적으로 가장 매력적이라고 생각해 오던 작품 중 하나가 바로 〈춘향전〉입니다. 춘향전 완판 84장본… 그 중에서도 으뜸

부분이라고 할 수 있는 '열녀춘향슈절가'는 문학적인 아름다움이 아주 뛰어난 부분입니다. 〈춘향전〉의 다른 이본들에 비해 리얼리티는 떨어지지만, 그 상상력과 문학적 요소들은 최고라고 할 수 있죠. 하지만 그 분량이 상대적으로 방대하기 때문에 쉽게 다가가기 힘든 부분이 있었다는 겁니다. 그래서 그 부분을 압축시키고 간략화시키는 과정을 통해 대중에게 전하고자 하는 거지요."

그리고 또 하나, 그는 그림과 고전문학의 연계 등을 이야기한다. 흔히 매난국죽의 사군자나 지필묵연의 문방사우 등을 멋스럽게 그린 그림 옆에 화제畵題로 쓰이는 글이 있는데, 그 글들이 대부분 중국의 한시였다는 것이다. 그러나 우리 시조에서 그러한 그림들에 어울리는 수려한 작품들은 얼마든지 있다는 것. 그래서 우리의 그림과 우리의 아름다운 한시나 시조들을 하나에 담아보겠다는 것이 그의 생각이다.

"양주동 선생은 학문적으로 정말 존경할만한 분이셨지요. 6,70년대 라디오 등에 출연하시면서 대중들에게 고전의 세계를 알리고자 노력했지만 절대 학문의 중심은 잃지 않았다고나 할까요."

이렇게 이야기하는 그의 모습에서 또다시 일반인들에게 한걸음 다가서는 학문의 모습을 살짝 엿보게 된다.

그는 고전문학, 좀 더 크게 통틀어 보아 인문과학 분야를 공부하는 것은 웬만한 각오 없이는 참으로 힘든 길이라고 이야기한다. 자신과의 끝없는 싸움이요, 진심으로 좋아해야만 갈 수 있는 길이라는 것이다.

그는 이야기한다.

"그럼에도 불구하고 나는 간다!"

한때 그는 이런 생각, 이런 문제에 대해 고민한 적도 있단다.

"버스 운전기사나 의사들이 파업을 하면 전 사회가 동요하는데, 만약 국문과 교수들이 파업을 한다고 가정했을 때…" (뒷말은 잇지 않으시고 그냥 웃어버리신다)

하지만 지식과 인성이 동시에 해결될 수 있는 지점이 바로 인문과학이며, 이 학문이야말로 저 심연深淵으로부터 보물을 끌어낼 수 있는 성스러운 작업이 아닐 수 없다고 말한다.

그는 이야기한다.

"어떻게 사는 것이 사람답게 사는 것인가? 이런 물음들에 대한 대답은 다른 어느 곳 아닌 인문과학에서 찾을 수 있다는 거지요."

학생들에게 인간적인 교수로 기억되고 싶다는 그. 저 『논어』 중에, '남이 알아주지 않아도 노여워하지 않으면 어찌 군자가 아니겠는가!'라는 구절을 늘 염두에 두며 겸손하고자 노력하는 그. 〈춘향전〉의 문학적 아름다움에 대해서 이야기하며 마치 자식 자랑을 하는 아버지의 모습인 듯한 그.

현대문학을 잘 접해 볼 시간이 없었다며 겸연쩍게 웃음 짓는 외곬수적인 모습에 오로지 고전문학을 사랑하는 그의 앞으로의 행보가 기대된다.

뉴스인물

한국최초 인물 전문신문

모터사이클과 고전문학에 넘치는 사랑

한성대 한국어문학부 **김창룡** 교수

김창룡 교수

'WINE세대' 새 삶 찾는다

- 문화일보 2004년 5월 7일(금) 기사 -

인터넷 즐기며 젊은세대와 동화
부부함께 해외여행·취미 즐기고
전통적 어버이날 개념 바뀌어야

틈만나면 대형오토바이 뒷좌석에 아내를 태우고 질주하는 김창룡 한성대 교수는 '이제 오토바이는 삶의 일부"라고 말했다. 곽성호기자 tray92@

▌역사적 굴곡기를 거친 40대후반~60대초반인 세대는 사회적으로 잘 숙성된 어른세대를 지칭하는 뜻에서 '와인세대 (WINE·Well Integrated New Elder)' 라고 부른다. 이 와인세대들이 자신의 풍부한 경험을 바탕으로 자기재발견을 해내는, 제 2의 인생을 시작하는 경향이 짙어지고 있다. 이들의 변화된 생활 방식은 가정내 권력의 이동 현상, 부부 중심의 라이프 스타일, 디지털 라이프, 여가생활 강조 등 전 세대와는 변별되는 새로운 모습을 보여주고있다. 제일기획 유정근 수석국장은 "와인세대의 가장 큰 특징은 젊은 세대의 라이프 스타일을 모방, 적극적으로 자신의 인생을 즐기는데 주력한다는 점"이라며 "이에 따라 '전통적인' 어버이날의 개념도 다소 수정돼야 하지 않을까 생각한다"고 밝혔다.

◇젊어지는 취미생활=김창룡(51) 한성대 한국어문학부 교수는 자신의 취미인 오토바이에 '올인' 한 상태. 출·퇴근을 오토바이로 하는 것은 물론 주말이면 동호회 회원들과 경기도, 강원도, 충청도 일원을 오토바이를 몰고 질주한다. 부인도 자신의 취미생활에 끌어들였다. 오토바이를 타고 교외에 나갈때면 언제나 뒷좌석에 부인을 태운다. 김 교수가 본격적으로 오토바이를 타기 시작한 것은 지난 98년. 출·퇴근용으로 오토바이를 몰았으나 점차 삶의 일부가 돼버렸다. 김 교수는 "오토바이에 오를 때마다 자유의 느낌을 만끽할 수 있고 갑갑한 현실로부터의 해방감을 느낀다"고 말했다.

◇디지털라이프=김미순(여·56·서울시 양천구 신정동)씨는 인터넷에 쏙 빠진 케이스. 중국여행을 위해 동사무소에서 하는 중국어 인터넷 강의를 듣고 있다. 강사와 수시로 e메일을 교환하는 한편 컴퓨터를 하다가 모르는 것이 있으면 아들에게 즉시 물어본다. 최근 남편 몸이 갑자기 안 좋은 적이 있었는데 인터넷 의료상담사이트를 통해 남편의 증세 확인, 간단한 가정 치료법 등을 배워 남편을 씻은듯이 낫게 해 가족들을 놀라게 하기도 했다. 또 두 아들과도 전화보다는 주로 e메일 대화를 선호하는 편이다.

◇가부장에서 가모장으로= "요즘도 마음대로 TV 프로그램을 보는 남편이 있네." 오래간만에 가족 모두가 모여 'TV를 보던 중 남편이 채널을 돌리자 민화자(여·54·서울 서대문구 남가좌동)씨는 대뜸 쏘아붙였다. 남편은 민씨와 가족들의 위세에 눌려 다시 TV 채널을 돌리고 말았다. 가족들의 대화에서도 남편은 대화흐름을 제대로 따라가지 못한다. 집안의 경제권 역시 민씨에게 있다. 명예퇴식과 함께 가성의 주도권은 서서히 민씨에게 넘어왔다. 민씨는 "지난 96년 다니던 회사에서 명퇴를 한 게 남편에게는 큰 충격이었던 모양"이라며 "회사에 모든 걸 걸었다가 세상이 바뀌자 제대로 적응을 못하는 것 같다"고 말했다.

◇새롭게 시작하는 삶=김모(50·회사원)씨는 올해초 결혼정보회사를 통해 만난 장모(여·51)씨와 재혼을 한 뒤 제2의 인생에 대한 꿈에 부풀어 있다. 지난 90년 이혼한 뒤 아들과 딸 뒷바라지에 모든 것을 쏟았던 김씨. 현재 고3인 아들이 대학에 들어가면 자녀들 둘만 따로 살게 하고 자신은 새 부인과 함께 인생의 후반생을 '전적으로 자신의 행복을 위해' 보낼 계획이다.

유회경·이종석기자 yoology@munhwa.co.kr

부부 행복에 아낌없이 투자하는 부부들

'EBS스페셜' 24일 '부부이야기' 편 방송

- 일간스포츠 2006년 2월 20일 기사 -

'EBS스페셜' 24일 '부부이야기' 편 방송

부부의 좌우명이 '다 털어먹고 죽어라'라고? 'EBS스페셜'은 둘만의 행복에 힘을 쏟으며 즐겁게 살아가는 중년 이상의 부부들에게 초점을 맞춘다.

일흔 안팎의 나이에 배낭여행을 즐기는 대구의 방수영(75)-홍기량(67) 부부. 유명한 냉면집을 운영하지만 매년 4월1일부터 추석까지만 일하고 나머지 시간엔 부부가 함께 여행길에 올라 세계를 둘러본다.

부부의 행복을 위해 아낌없이 투자하는 노부부의 좌우명은 '다 털어먹고 죽어라'. 끝나지 않는 자녀 뒷바라지에 부부의 삶을 뒷전으로 밀어둔 사람들의 눈을 틔워줄만하다.

오토바이 여행을 즐기는 김창룡 한성대 교수와 그림에 푹 빠진 정성희 부부의이야기도 마찬가지다. 자녀들이 독립한 이후 둘만 남았을 때의 삶을 준비해온 이 부부는 각자의 취미를 존중해주며 부부의 행복을 키워간다.

부부란 '한장의 그림을 함께 완성해 나가는 좋은 친구'라는 것이 이들의 정의.

'부모'라는 이름에서 다시 '부부'의 이름을 찾은 50대가 즐거울 뿐이다.

'EBS스페셜'은 '부부이야기'라는 부제로 나이가 들어갈수록 부부의 행복에 아낌없이 투자하는 이들의 이야기를 소개한다. 방송은 24일 오후 11시5분. (서울=연합뉴스)

부부란 한 장의 그림을 함께 그리는 것

'특별한 커플' 세 쌍 통해 '되찾은 부부의 삶' 조명

- 문화일보 2006년 2월 22일 기사 -

50대인 김창룡(한성대 교수)·정성희 부부는 오토바이 여행을 즐긴다. 부부는 자녀들이 독립하고 두 사람만이 남았을 때의 삶을 진작부터 차근차근 준비해 왔다. 그 중 하나는 두 사람이 공유할 수 있는 취미를 찾아보는 것. 유별난 부부라 불리면서도 오토바이 여행을 즐기는 이유가 그것이다.

부부란 한 장의 그림을 함께 완성해 나가는 좋은 친구라고 말하는 이 부부가, 두 사람에게 남겨진 삶을 즐겁게 준비하는 모습을 담아 본다.

"선비가 말타듯 오토바이 위서 낭만 만끽"

김창룡 한성대 인문대 학장, 오토바이 출퇴근 8년째

\- 문화일보 2006년 3월 15일 기사 -

▶오토바이로 출퇴근하는 한성대 김창룡(사진 왼쪽) 인문대 학장과 그의 부인 정성희씨.

"오토바이를 탄 고전문학자."

김창룡(52·**사진**) 한성대 인문대 학장은 8년째 오토바이를 타고 출퇴근하고 있다. 서울 서초구 반포동 집에서 성북구 삼선동 학교까지 걸리는 시간은 20분 남짓. 출퇴근시간의 '교통지옥'을 피할 수도 있는 것도 매력이지만 스트레스 해소에도 이만한 것이 없다.

김학장은 "남산 터널에서 30분 넘게 갇혀 있다 보면 짜증이 나서 견딜 수가 없었는데 오토바이를 타면서 그런 일이 사라졌다"며 "오토바이에 오를 때마다 자유의 느낌을 만끽할 수 있고 갑갑한 현실로부터의 해방감을 느낀다"고 말했다.

한국고전문학 전문가인 김 학장은 지난 1983년부터 한성대 강단에 서 왔으며 부인의 권유로 젊은 시절 즐겼던 오토바이를 다시 타게 됐다. 그는 "매일 아침 반포대교와 동호대교를 건너면서 유유히 흐르는 강물을 바라보며 출근하는 낭만을 만끽하고 있다"고 자랑했다.

김 학장은 "처음에는 교수라는 신분 때문에 행여나 학교 안팎에서 뒷말이 나오지 않을까 걱정했다"며 "막상 이런 사실이 알려지자 동료 교수들 사이에서 반응이 매우 좋았다"며 웃었다.

현재 김 학장이 몰고 있는 '애마'는 1800cc급 혼다 골드윙. 김 학장은 오토바이로 출퇴근을 하는 것은 물론 주말마다 부인 정성희씨를 뒷좌석에 태우고 바람처럼 전국을 누비고 있다. '반월검 라이더스'라는 오토바이 동호회를 운영하고 있기도 한 김 학장은 오토바이의 가장 큰 장점으로 '생활 속의 여유'를 꼽았다.

그는 "버스나 지하철은 목적지에 도착하는 게 목적이지만 오토바이는 과정 자체를 즐길 수 있어 좋다"며 "특히 타고 가다 마음 내키는 대로 설 수 있고 주차공간 걱정이 없다"며 끝없이 '오토바이 예찬론'을 펼쳤다.

제자 이현주(여·23)씨는 "교수님이 오토바이를 타신다는 걸 처음 알았을 때는 솔직히 좀 놀랐지만 보면 볼수록 교수님과 오토바이의 자유로움이 잘 어울리는 것 같다"고 평했다. 김 학장은 "선비가 말을 타고 풍류를 즐기듯 나는 오토바이 위에서 인생의 자유와 낭만을 만끽하고 있다"고 말했다.

전영선기자 azulida@

2006년 3월 16일 목요일 **사람들** 한국일보 29

9년째 오토바이 출퇴근 학장님

한성대 김창룡 교수 "한강 건널때 알싸해"

오토바이를 함께 탄 김창룡 학장과 부인 정성희씨.

아침 출근길에 오토바이 헬멧부터 챙기는 유별난 교수가 있다. 김창룡(52) 한성대 인문대학장이 주인공. '흑룡(黑龍)'이라는 애칭으로 부르는 1,800cc 오토바이에 올라탄 김 학장은 서울 강남 반포의 집을 출발해 시원스레 한강 다리를 질주한다. 1998년부터 벌써 9년째다. 김 학장의 오토바이 통근은 출퇴근길에 살인적인 교통체증으로 승용차 안에서 1시간씩 꼼짝없이 갇혀 있다가 집에 돌아오면 짜증만 부리는 그의 모습을 보다 못한 부인이 "오토바이를 한 번 타보면 어떻겠느냐"고 권유하면서 비롯됐다. 젊었을 때 오토바이를 타본 경험도 있어 결정을 내리는 것은 그리 어렵지 않았다.

오토바이로 출퇴근하면서 소요시간이 절반으로 줄어 하루 일과가 한결 여유로워졌다. 물론 주차 걱정도 없다. 김 학장은 "한강을 건널 때 온몸에 전해지는 알싸하고도 차가운 느낌은 묘한 쾌감을 준다"고 말했다. 김 학장은 "오토바이는 자유와 낭만을 상징하는 내 인생의 놓칠 수 없는 즐거움이자 엔돌핀"이라며 크게 웃었다.

김광수기자 rollings@hk.co.kr

28 세계일보 **People** 2006년 3월16일 목요일

학장님은 '오토바이족'

8년째 출퇴근
한성대 인문대 김창룡학장

김창룡(사진) 한성대 인문대학장(한국어문학부 교수)이 8년째 오토바이를 타고 출퇴근해 화제가 되고 있다.

1983년 한성대 강단에 처음 선 김 학장은 자가용 승용차를 타고 출퇴근하다 살인적인 교통체증 때문에 1998년부터 통근 수단을 오토바이로 바꿨다.

"선비가 말타고 풍류 즐기듯 오토바이위에서 낭만 만끽"

서초구 반포동 집에서 한성대를 매일 오가는 김 교수는 "남산터널에서 30분 이상 서 있다가 집에 들어가면 교통체증으로 받은 스트레스를 아내에게 쏟아붓기 일쑤였다"며 "보다 못한 아내가 젊었을 때 잠깐 탔던 오토바이를 타 보라고 권했다"고 오토바이 통근을 시작한 배경을 설명했다.

처음에는 학교에서의 시선이 걱정돼 오토바이를 탄다는 것을 숨겼지만 막상 이런 사실이 알려지자 동료 교수와 학생들 사이에서 반응이 좋았다. 한국어문학과 석사과정을 밟고 있는 이현주(23·여)씨는 "교수님이 오토바이를 타신다는 걸 처음 알았을 때는 솔직히 좀 놀랐지만 보면 볼수록 교수님과 오토바이의 자유로움이 잘 어울리는 것 같다"고 말했다. '반월검 라이더스'라는 오토바이 동호회 카페도 운영하는 김 학장은 오토바이의 가장 큰 장점으로 생활 속의 여유를 꼽았다.

김 학장은 "선비가 말을 타고 풍류를 즐기듯 나는 오토바이 위에서 인생의 자유와 낭만을 만끽한다"며 밝게 웃었다.

백소용 기자 swinia@segye.com

metro

2006년 3월 16일 목요일

우리 교수님은 "빠라 바라 밤~"

한성대 김창룡 인문대 학장 8년간 오토바이 출퇴근 화제

"출근길은 괴로움이 아니라 낭만 그 자체 … 선비가 말을 타고 풍류를 즐기듯 오토바이 위에서 인생의 자유와 낭만을 만끽하죠."

50대의 대학교 학장이 8년째 오토바이를 타고 출퇴근해 화제다.

한성대 인문대학 한국어문학부 교수 겸 인문대 학장을 맡고 있는 김창룡(52·사진) 학장은 1998년부터 통근 수단을 오토바이로 바꿨다. 자가용 승용차를 타고 출퇴근을 하다 살인적인 교통체증 때문에 연일 쌓인 스트레스를 쏟아 붓는 그에게 아내가 젊었을 때 잠깐 탔던 오토바이를 타 보라고 권한 것이 계기가 됐다.

그는 "매일 아침 반포대교와 동호대교를 건너면서 유유히 흐르는 강물을 바라보면 출근길은 괴로움이 아니라 낭만 그 자체로 다가온다"고 자랑한다. 처음에는 교수라는 신분 때문에 행여나 학교 안팎에서 뒷말이 나오지 않을까 걱정돼 처음에는 오토바이를 탄다는 것을 숨겼지만 막상 이런 사실이 알려지자 동료 교수들 사이에서 반응이 매우 좋았다고 한다.

'반월컵 라이더스'라는 오토바이 동호회 카페도 운영하는 김 학장은 오토바이의 가장 큰 장점으로 생활 속의 여유를 꼽았다. "버스나 지하철은 목적지에 도착하는 게 목적이지만 오토바이는 과정 자체를 즐길 수 있어요. 타고 가다가 마음 내키는 대로 세울 수 있고 주차공간 걱정도 없죠"라며 오토바이의 장점을 열거했다.

한국어문학과 석사과정을 밟고 있는 제자 이현주(23·여)씨는 "교수님이 오토바이를 타신다는 걸 처음 알았을 때는 솔직히 좀 놀랐지만 보면 볼수록 교수님과 오토바이의 자유로움이 잘 어울리는 것 같다"고 말했다.

김 학장은 "선비가 말을 타고 풍류를 즐기듯 나는 오토바이 위에서 인생의 자유와 낭만을 만끽한다"며 밝게 웃었다.

/박태정기자 ptj@metroseoul.co.kr

AM7

2006년 3월 16일 목요일

오토바이로 출퇴근 낭만 즐겨요

김창룡 한성대 인문대 학장 8년째 이용

대학교 학장이 8년째 오토바이를 타고 출퇴근해 주변의 시선을 끌고 있다.

한성대 인문대학 한국어문학부 교수 겸 인문대 학장을 맡고 있는 김창룡(52) 학장이 주인공. 1983년 한성대 강단에 처음 선 김 학장은 자가용 승용차를 타고 출퇴근을 하다 살인적인 교통체증 때문에 1998년부터 통근 수단을 오토바이로 바꿨다.

서울 반포 집에서 한성대를 매일 오가는 김 교수는 "남산터널에서 30분 이상 서 있다가 집에 들어가면 교통체증으로 받은 스트레스를 아내에게 쏟아붓기 일쑤였다"며 "보다 못한 아내가 젊었을 때 잠깐 탔던 오토바이를 타 보라고 권했다"고 오토바이 통근을 시작한 배경을 설명했다.

그는 "매일 아침 반포대교와 동호대교를 건너면서 유유히 흐르는 강물을 바라보면 출근길은 괴로움이 아니라 낭만 그 자체로 다가온다"고 자랑한다.

'반월김 라이더스'라는 오토바이 동호회 카페도 운영하는 김 학장은 오토바이의 가장 큰 장점으로 생활 속의 여유를 꼽았다.

"버스나 지하철은 목적지에 도착하는 게 목적이지만 오토바이는 과정 자체를 즐길 수 있다. 타고 가다가 마음 내키는 대로 세울 수 있고 주차공간 걱정도 없다"라며 오토바이의 장점을 열거했다.

연합뉴스
바른언론 빠른뉴스
www.yonhapnews.co.kr The Yonhap News 2006년 3월 15일 수요일

오토바이 출퇴근 학장님

'8년째 통근' 김창룡 한성대 인문대학장

한성대 인문대학 한국어문학부 교수 겸 인문대 학장을 맡고 있는 김창룡(52) 학장이 주인공.

1983년 한성대 강단에 처음 선 김 학장은 자가용 승용차를 타고 출퇴근을 하다 살인적인 교통체증 때문에 1998년부터 통근 수단을 오토바이로 바꿨다.

반포 집에서 한성대를 매일 오가는 김 교수는 "남산터널에서 30분 이상 서 있다가 집에 들어가면 교통체증으로 받은 스트레스를 아내에게 쏟아붓기 일쑤였다"며 "보다 못한 아내가 젊었을 때 잠깐 탔던 오토바이를 타 보라고 권했다"고 오토바이 통근을 시작한 배경을 설명했다.

그는 "매일 아침 반포대교와 동호대교를 건너면서 유유히 흐르는 강물을 바라보면 출근길은 괴로움이 아니라 낭만 그 자체로 다가온다"고 자랑한다.

처음에는 교수라는 신분 때문에 행여나 학교 안팎에서 뒷말이 나오지 않을까 걱정돼 처음에는 오토바이를 탄다는 것을 숨겼지만 막상 이런 사실이 알려지자 동료교수들 사이에서 반응이 매우 좋았다고 한다.

'반월검 라이더스'라는 오토바이 동호회 카페도 운영하는 김 학장은 오토바이의 가장 큰 장점으로 생활 속의 여유를 꼽았다. "버스나 지하철은 목적지에 도착하는 게 목적이지만 오토바이는 과정 자체를 즐길 수 있어요. 타고 가다가 마음 내키는 대로 세울 수 있고 주차공간 걱정도 없죠"라며 오토바이의 장점을 열거했다.

김 학장은 "자동차로 40~50분 걸리는 거리를 오토바이는 20~30분이면 갈 수 있어 차가 밀릴수록 오토바이를 타는 쾌감이 더욱 커진다"며 "마치 축지(縮地)법을 쓰는 기분"이라고 전했다.

'오토바이 예찬론자'로 비춰질지 모르지만 김 학장은 고등학교 2학년때 춘향전에 감동받아 고전문학을 전공으로 택하고 20년 간 쓴 논문을 모아 고구려 문학에 대한 책을 펴낼 정도로 권위있는 학자이다.

한국어문학과 석사과정을 밟고 있는 제자 이현주(23.여)씨는 "김 교수님에게는 범접할 수 없는 특유의 학문적 권위가 있으면서도 수업이 전혀 딱딱하지 않아 내용은 좀 어렵지만 시간가는 줄 모른다"고 '스승님' 자랑에 열을 올렸다. 이씨는 "교수님이 오토바이를 타신다는 걸 처음 알았을 때는 솔직히 좀 놀랐지만 보면 볼수록 교수님과 오토바이의 자유로움이 잘 어울리는 것 같다"고 말했다.

김 학장은 '유생지락(有生之樂)'과 '허생지우(虛生之憂)'를 좌우명으로 삼고 있다. '살아 있는 즐거움을 놓치지 않으려고 애쓰고(유생지락)' '인생을 공허하게 살지 않을까 걱정하면서 보람있는 삶을 살려고 노력한다(허생지우)'는 뜻이다.

김 학장은 "선비가 말을 타고 풍류를 즐기듯 나는 오토바이 위에서 인생의 자유와 낭만을 만끽한다"며 밝게 웃었다.

장하나 기자 hanajjang@yna.co.kr

오토바이 타고 질주하는 교수님

- 일간스포츠 2008년 2월 1일 기사 / 중앙일보 2008년 2월 2일 기사 -

일간스포츠

2008년 2월 2일 토요일 | 20판 isplus.com

달린다 (走)

블로그에 오토바이

5 내가 사는 곳은 인터넷 이 재미를 모른다면 '캐안습'

6 세단이 좋다면 아저씨 오토바이 타고 질주하는 교수님

한성대 김창룡 교수

대학 신입생에게 드리는 글

- 경향신문 2008년 3월 10일 -

'맹자' 첫 머리 양혜왕 편을 보면 맹자와 양梁 혜왕과의 대화가 나온다. "노인장께서 나를 찾아오신 것은 우리나라를 이익 있게 해주시기 위해서인가요?" 그러자 맹자는 대뜸 "왕께서 나라 이익을 논하시면, 아래 정치가들은 집안 이익을 챙기려 할 것이고, 일반인은 일신상 이익을 챙기려 할 것인데, 왕께서는 어찌 인의를 묻지 않으시고 이익부터 물으십니까?"

학창시절 이 대목을 처음 접했을 때 "과연! 이래서 맹자구나" 라며 감탄을 금치 못했다. 그런데 세월이 흐른 지금, 맹자의 그 대목에 대해 생각이 많아졌다. 과연 일국의 왕으로서, 백성을 책임져야 하는 나라의 최고책임자로서 국익을 생각하는 것이 그렇게 문제가 있는 일일까?

공자 언행을 담은 '논어'에도 이익 얘기가 나온다. '군자는 의리에 밝고, 소인은 이익에 밝으니라.' 그런 반면, 또 공자는 세 가지 유익한 친구와 세 가지 손해나는 친구에 대해 가르친 적도 있다. 공자가 친구를 선택하는 문제에 관해 손익을 따져서 말한 일은 조금 놀라운 일이기도 하다. 우리는 그냥 이익이라고 뭉뚱그려 말하지만, 사실은 유가에서는 이利와 익益에 대한 일정한 구분이 있는 것 같다. 이利는 어딘가 사리사욕과 관계된 의미를 내포하고, 익益은 학문이나 덕행의 보람과 관련된 방향인 듯싶다. 그럼에도 이利는 시대적 흐름 안에서 이용후생이거나, 이타利他처럼 좋은 의미로 쓰이는 경우도 없지 않다.

이제 대학에 있어서도 이익 문제는 아주 중요한 기제가 아닐 수 없다. 예를 들어 말로만 공부를 열심히 해야 한다고 충고했을 때 호응하는 학생이 얼마나 될까? 그러나 때맞춰 시험이라도 보니 학점에 이롭고자 한 글자라도 더 본다. 소극적 의미에서는 학점에 불이익이 날까 해서 한 번 더 몸부림하고, 보다 적극적 의미에선 장학금을 타기 위해 조금이라도 더 노력을 기울이는 것이다. 말하자면 학업 에너지를 높이기 위한 방편이 되는 시험이나 장학금 등은 하나같이 그것의 동기유발이 결국 이익 개념에 근거를 둔 시스템인 것이다.

관계가 없는 듯 보여도 '감정과 이성' 같은, 보다 도덕적 문제에서도 마찬가지다. 교육 현장에서 '교양인이란 이성을 따라 사는 사람이다, 교양 있게 행동하자'라고 강조해봤자, 우이독경처럼 별반 소용이 없는, 공허한 가르침으로 증발되기 십상이다.

아무런 감흥도 따르지 않는 훈교 대신 감정대로 움직이는 것보다 이성을 따르는 것이 왜 더 나은 건지 일깨워 주는 편이 훨씬 효과적일 것이다. 감정에 맡겨 행동했을 경우에 일어날 수 있는 물질적·정신적 손해 정도와, 이성에 따라 잘 견뎠기 때문에 건질 수 있었던 비용이나 이익의 규모에 대해 조리 있는 설명이 있다고 하자. 용하게 그것이 수긍을 주었을 때, 인간은 '이성'이라는 명제에 대해 훨씬 호감 있게 반응할 것이 분명하다.

기고

대학 신입생에게 드리는 글

'맹자' 첫 머리 양혜왕 편을 보면 맹자와 양(梁) 혜왕과의 대화가 나온다. "노인장께서 나를 찾아오신 것은 우리나라를 이익 있게 해주시기 위해서인가요?" 그러자 맹자는 대뜸 "왕께서 나라 이익을 논하시면, 아래 정치가들은 집안 이익을 챙기려 할 것이고, 일반인은 일신상 이익을 챙기려 할 것인데, 왕께서는 어찌 인의를 묻지 않으시고 이익부터 물으십니까?"

학창시절 이 대목을 처음 접했을 때 "과연! 이래서 맹자구나"라며 감탄을 금치 못했다. 그런데 세월이 흐른 지금, 맹자의 그 대목에 대해 생각이 많아졌다. 과연 일국의 왕으로서, 백성을 책임져야 하는 나라의 최고 책임자로서 국익을 생각하는 것이 그렇게 문제가 있는 일일까?

공자 언행을 담은 '논어'에도 이익 얘기가 나온다. '군자는 의리에 밝고, 소인은 이익에 밝으니라.' 그런 반면, 또 공자는 세 가지 유익한 친구와 세 가지 손해나는 친구에 대해 가르친 적도 있다. 공자가 친구를 선택하는 문제에 관해 손익을 따져서 말한 일은 조금 놀라운 일이기도 하다. 우리는 그냥 이익이라고 뭉뚱그려 말하지만, 사실은 유가에서는 이(利)와 익(益)에 대한 일정한 구분이 있는 것 같다. 이(利)는 어딘가 사리사욕과 관계된 의미를 내포하고, 익(益)은 학문이나 덕행의 보탬과 관련된 방향인 듯싶다. 그럼에도 이(利)는 시대적 흐름 안에서 이용후생이거나, 이타(利他)처럼 좋은 의미로 쓰이는 경우도 없지 않다.

김창룡
한성대 교수
한국어문학부

이제 대학에 있어서도 이익 문제는 아주 중요한 기제가 아닐 수 없다. 예를 들어 말로만 공부를 열심히 해야 한다고 충고했을 때 호응하는 학생이 얼마나 될까? 그러나 때맞춰 시험이라도 보니 학점에 이롭고자 한 글자라도 더 본다. 소극적 의미에서는 학점에 불이익이 날까 해서 한 번 더 공부하고, 보다 적극적 의미에선 장학금을 타기 위해 조금이라도 더 노력을 기울이는 것이다. 말하자면 학업 에너지를 높이기 위한 방편이 되는 시험이나 장학금 등은 하나같이 그것의 동기유발이 결국 이익 개념에 근거를 둔 시스템인 것이다.

관계가 없는 듯 보여도 '감정과 이성'같은, 보다 도덕적 문제에서도 마찬가지다. 교육 현장에서 '교양인이란 이성을 따라 사는 사람이다, 교양 있게 행동하자'라고 강조해봤자, 우이독경처럼 별반 소용이 없는, 공허한 가르침으로 증발되기 십상이다.

아무런 감흥도 따르지 않는 훈교 대신 감정대로 움직이는 것보다 이성을 따르는 것이 왜 더 나은 건지 일깨워 주는 편이 훨씬 효과적일 것이다. 감정에 맡겨 행동했을 경우에 일어날 수 있는 물질적·정신적 손해 정도와, 이성에 따라 잘 견뎠기 때문에 건질 수 있었던 비용이나 이익의 규모에 대해 조리 있는 설명이 있다고 하자. 용하게 그것이 수긍을 주었을 때, 인간은 '이성'이라는 명제에 대해 훨씬 호감 있게 반응할 것이 분명하다.

이처럼 인간은 이익을 좇아 움직이고 생각하게 마련이다. 사실 공자나 맹자가 여러 나라를 주유하면서 인의를 설파했던 것도 알고 보면 자신들의 이념 펼치기를 통한 명예의 욕망 때문에 그랬던 것이 아닐까? 명예욕 또한 자기적 이익 개념이 아닐 수 없다. 요컨대 이익은 곧 사람을 움직일 수 있는 힘이다. 이익은 그 자체로 나쁜 것이 아니다. 진정으로 나쁜 것은 자신의 이익을 위해 남의 권익을 침해하는 그런 이익인 것이다.

이러한 의미에서 신입생 여러분은 앞으로의 학창생활 동안 어떻게 하는 것이 자신을 위해 유익한 것인지를 유심히 생각해 보기 바란다. 그리고 그렇게 얻은 유익의 에너지를 국가와 사회, 그리고 세계와 함께 나눌 수 있기를 기대해 본다.

이처럼 인간은 이익을 좇아 움직이고 생각하게 마련이다. 사실 공자나 맹자가 여러 나라를 주유하면서 인의를 설파했던 것도 알고 보면 자신들의 이념 펼치기를 통한 명예의 욕망 때문에 그랬던 것이 아닐까? 명예욕 또한 자기적 이익 개념이 아닐 수 없다. 요컨대 이익은 곧 사람을 움직일 수 있는 힘이다. 이익은 그 자체로 나쁜 것이 아니다. 진정으로 나쁜 것은 자신의 이익을 위해 남의 권익을 침해하는 그런 이익인 것이다.

이러한 의미에서 신입생 여러분은 앞으로의 학창생활 동안 어떻게 하는 것이 자신을 위해 유익한 것인지를 유심히 생각해 보기 바란다. 그리고 그렇게 얻은 유익의 에너지를 국가와 사회, 그리고 세계와 함께 나눌 수 있기를 기대해 본다.

로맨틱한 교수님, 에너제틱한 바이크와 만나다

- 한성순보 2008년 가을호 통권 83호 인터뷰 기사 -

Q. 정적인 한국어문학부 교수님께서 동적인 바이크에 매력을 느끼신다고 하셔서 조금 의아하게 생각하기도 했는데요. 바이크를 사랑하는 이유? "바이크 이래서 매력있다" 정의해 주신다면?

누구나 운동의 유익함을 말합니다. 건강에 좋음은 물론 스트레스 해소, 체형도 개선되고 자신감도 붙는 등 좋은 점이 한 가지에 머물지 않지요. 바이크 또한 부가가치가 높은 교통수단입니다. 첫째, 지상의 다른 어느 것보다 기동성이 좋습니다. 인간이 축지술은 할 수 없지만, 바이크가 적어도 시간을 줄이는 축시술縮時術은 가능한 문명의 이기입니다. 둘째, 자연과의 스킨십이 놀랍습니다. 자연의 바람을 피부로 감촉하고, 그 소리와 교감하고, 강과 산의 빛깔 냄새를 그대로 느낄 수 있습니다. 셋째, 접근성이 뛰어납니다. 길을 가다가 머물고 싶은 곳 바로 앞에까지 가서 내 시야 안에 둘 수 있습니다. 넷째, 전시효과가 있습니다. 제 바이크의 경우 그럴듯한 규모 때문에 어디 세워 놓는 것만으로도 누구구나 하는 이미지 효과가 적지 않습니다. 게다가 많은 이들이 마주치면 부럽다거나 멋지다고 거들어 줍니다.

Q. 활동 운영하시는 동호회 "반달곰 라이더즈 패밀리"에 대해 이야기해 주세요.

1998년부터 오프라인으로만 활동하다가 2000년 여름 인터넷을 활용하였더니 그 규모가 놀랍게 확대되어 거쳐 간 라이더만 200명 가량 되었습니다. 바이크 사상 온라인 동호회로서는 아마도 최초일 것이라 자부합니다. 이후 수많은 온라인 동호회가 우후죽순처럼 생겨났습니다. 반달곰은 한국 최초의 신화에도 등장하는 상징적 존재로, 그 안에 깊은 은유적 의미를 담고 있습니다.

Q. 요즘 가장 꽂혀 있는 것! 가장 몰두하는 생각은?

요사이는 『교양한문』 책 만들기에 진진한 재미를 느낍니다. 바야흐로 말하기 및 글쓰기가 중요 이슈로 된 세상인데, 동양문화읽기 차원에서 옛 한국과 중국의 명작들을 실감나게 감상할 수 있는 터전을 마련하고 싶은 욕구가 일었습니다. 그래서 얼마 전 그림이 있는 『교양한문 100』을 출간했는데, 제가 쓴 어떤 책들보다 반응이 좋더군요. 과거 한문책이 흰 것은 종이, 검은 것은 활자 하는 아날로그 시대의 한문교재 대신 이제 멋진 그림이 있고 명필 서예가 있고, 시처럼 영롱한 번역글이 있는 그런 책을 다시금 바라보고 있습니다. 문학이 홀로, 솔로가 아닌, 회화와 서예, 사진 예술 등과 손잡는, 신명나는 작업입니다.

Q. 한성인 김창룡, 매순간 그러하시겠지만, 특별히 '한성인'으로서 자부심을 느끼게 되는 순간, 계기가 있다면?

무엇보다 우리 한성대학교가 아주 최강의 우수한 교수진으로 포진되어 있다는 사실에 긍지를 느낍니다. 모든 분야에 능력과 경륜을 갖춘 직원 선생님들이 학생들을 위해 성심을 다하는 모습이 자연스럽습니다. 학교의 규모가 크지 않은 대신, 교수와 학생 사이에 가족적인 친화와 인간미가 각별하다는 점도 한성대학교의 특별한 그림으로 자랑할 만합니다.

Q. 수험생, 재학생(젊은이)에게 한마디

공자 말씀에 '무언가를 아는 사람은 좋아하는 사람만 못하고, 좋아하는 사람은 즐기는 사람만 못하다'라는 명언이 있습니다. 아는 천재가 즐기는 바보를 이기지 못한다는 뜻입니다. 수험생과 재학생, 젊은 우리는 과연 나는 무엇에 푹 빠져서 즐겁게 일할 수 있는지, 어떤 분야에서 그런 즐거운 초능력을 발휘할 수 있는지, 진지한 자아발견을 바랍니다.

Q. 추천해 주고 싶은 책, 문구, 경구

사마천의 『사기』에 나타난 수많은 인물 군상들의 다양한 삶의 방식은 오늘의 우리에게 '어떻게 살 것인가'에 대해, 또는 '이럴 때 어떻게 해야 하는가'에 대한 숙제와 지혜, 교훈을 던져 줍니다. 『장자』에서는 인간 세상에서 부러움의 대상인 미인 서시가 숲속의 동물세계로 들어가면 두려움의 대상일 뿐이라는 이야기를 펼칩니다. 산속의 잘생긴 나무가 나무꾼의 도끼질을 받고, 못생긴 나무가 외려 천수를 다한다는 식의 반전이 계속됩니다. 우리가 절대라고 판단했던 일에 대한 상대적 진리, 발상의 전환에 대한 놀라운 우화들로 넘쳐있습니다.

Q. 인간 김창룡, 나는 이런 세상을 꿈꾼다! 이런 세상을 만드는데 일조하겠다. 내가 바라는 세상?

자기에게 있는 것, 자기가 할 수 있는 것으로, 보다 많은 존재들에게 기쁨을 베풀 수 있는 세상이었으면 합니다.

Q. 인생의 좌우명

일찍부터 사람의 일을 다 하고 하늘 뜻을 따른다는 의미의 '진인대천盡人待天'을 늘 염두에 두며 살아왔어요. '진인사대천명盡人事待天命'을 줄인 말이지요. 자신의 부모 및 타고난 신체처럼 내가 선택할 수 없었던 선천적인 조건들을 체관하고, 자기 안에서 항시 최선을 다한 연후, 하늘 뜻에 맡긴다면 후회 없는 삶이겠지요.

한국인이 사랑하는 우리 문학

김부식의 〈호동왕자와 낙랑공주〉 편

- KBS 라디오 독서실 2010년 2월 14일 방송 -

〈방송시간〉 • 2R 08:05~08:57 (51:55)
•1R(月) 02:00~02:50 (50분)
•3R 10:10~11:00 (49:41)
•한민족 08:05~08:55 (50분)

[# 평론가 초대석 – 김창룡 교수(한성대 국문학과)]

김경란 : 네, '호동왕자와 낙랑공주' 함께 하셨는데요. 호동왕자와 낙랑공주 모두 비극적인 종말을 맞았습니다. 가슴이 아프지 않으세요?

도움말씀 주실 분 모셨습니다. 한성대학교 국어국문학과 김창룡 교수님, 어서오세요.

1. 작품에 대한 얘기부터 나눠보죠. 호동왕자와 낙랑공주, 이 얘기가 김부식이 쓴 삼국사기에 전해오는 거지요?

2. 그런데 두 사람 모두 결말이 비극적이에요. 마치 한국판 로미오와 줄리엣을 보는 것 같은데 그래서 요즘에도 다양한 장르로 각색이 돼서 무대에 오르나 봐요. 원작에도 결말은 비극적인거지요?

3. 그런데요. 원작이 워낙 짧다보니까 다양한 버전으로 각색이 되는데요. 호동왕자의 죽음과 관련해서 여러 이야기가 있더라구요. 원작은 어떤가요?

4. 저는 가장 궁금한게 자명고, 스스로 울리는 북. 이런 북이 실제로 존재를 했는가 하는거예요. 어떨까요?

5. '호동왕자와 낙랑공주' 이 작품에서 말하고 있는 것은 뭘까요?

6. 이 작품은 김부식의 『삼국사기』에 전하는 내용입니다. 저자인 김부식에 대해서도 소개를 좀 해 주시지요.

7. 오늘 소개한 '호동왕자와 낙랑공주'는 고구려 문학을 대표하는 작품이라고 할 수 있는데요. 우리가 조선시대 문학은 많이 접하지만 고구려나 삼국시대의 문학에 대해서는 생소한 편이거든요. 교수님께서는 『고구려 문학을 찾아서』라는 책도 내셨는데 고구려 문학도 종류가 상당히 많지요?

8. 고구려 문학 작품 중에서 오늘 소개한 작품 외에 어떤 작품을 읽어보면 고구려 문학에 대해 좀 더 자세히 이해하게 될까요?

9. 이번 겨울이 다 가기 전에 우리 애청자들도 고구려 문학을 한번 접해봤으면 합니다.
교수님, 오늘 말씀 고맙습니다. 지금까지 한성대학교 국어국문학과 김창룡 교수였습니다.

[# 후시그널+클로징]

김경란: 오래될수록 그 가치가 더 빛나는 것들이 있지요. 일단 술도 그렇고 친구도 그렇고…. 오늘 소개한 것처럼 고전 문학도 오래될수록 빛이 나는 것 중의 하나가 아닐까요?
오래된 이들의 숨결을 만나보는 고전 속으로의 여행.
지금까지 김부식의 〈호동왕자와 낙랑공주〉편 함께 하셨습니다.
음악 최현석 / 효과 안익수, 노동걸, 김기평 / 기술 이흥규 / 극본 서현이, 제작 박기완, 진행에 김경란이었습니다.

"오토바이 탈 때마다 '물아일체' 느껴요"

대학가 최초 '교수 라이더', 김창룡 한성대 한국어문학부 교수

- 한국대학신문 2010년 10월 11일~16일 '피플' 기사 -

"오토바이 시동을 걸 때 묵직한 엔진음과 시원한 가을바람을 가르는 기분은 오로지 라이더만이 누릴 수 있는 특권이죠. 호접지몽의 주인공인 장자가 나비를 통해 느끼는 '물아일체'를 마치 저는 오토바이를 타는 순간마다 느낀다고 할까요. 오토바이는 평범한 제 일상에 작은 충격을 던진 활력소에요."

한성대에서 '교수 라이더'로 통하는 김창룡 한국어문학부 교수는 교수사회에서 오토바이 예찬론자로 꼽히는 보기 드문 교수다. 김 교수는 지난 1998년 이래로 줄곧 12년 동안 오토바이로만 출퇴근해 대학가에서 교수 라이더라는 호칭을 얻은 첫 번째 인물. 그렇다면 어떻게 교수가 탈권위脫權威의 상징인 오토바이를 탈 생각을 했을까. 이 질문에 김 교수는 손사래를 치면서 지난 에피소드를 털어놨다.

"12년 전 오토바이로 첫 출근하면서 '학교가 과연 오토바이를 타고 다니는 교수를 이해할 수 있을까'라는 생각이 문득 들었어요. 교수 라이더에 대한 확신이 없었던 거죠. 그 당시만 해도 오토바이를 타고 다니는 교수가 전무했기 때문인 것 같아요. 그래서 고심 끝에 미봉책으로 헬멧으로 얼굴을 완전히 감추고 1년 동안 출퇴근했던 에피소드가 떠오르네요."

하지만 얼굴을 가리고 다닌 것은 '기우'였다는 것을 이내 알았다는 김 교수. 덕분에 김 교수는 한성대에서 유명세를 탔고 학생, 교수, 직원 할 것 없이 모두 오토바이에 대한 이야기로 학내가 떠들썩했다고.

김 교수는 "10년 가까이 타고 다니는 애마는 '더 킹 오브 모터사이클'을 목표로 개발된 혼다 오토바이의 최고급 기종인 '골드윙'"이라며, "크루즈 컨트롤, 전자식 후진장치, 버튼 조절식 리어서스펜션 등 첨단장치를 사양으로 수평대향 6기통 1832cc 엔진을 자랑하기 때문에 웬만한 자동차보다 마력이 뛰어나다"고 엄지손가락을 치켜세웠다.

인터뷰 내내 '오토바이'나 '모터사이클'이 아닌 '바이카'라고 부르는 김 교수. 김 교수에게 이유를 물었더니 '교수 라이더'답게 바이카라는 이유를 생각보다 쉽게 설명했다.

김 교수는 "우리나라는 오토바이라는 말보다 다소 교양 있는 표현으로 바이크라는 단어를 주로 사용한다"며 "하지만 바이크는 자전거와 혼동되는 것 외에도 영미권에서는 비속어로 사용되는 일이 적지 않기 때문에 '바이카(Bicar)'라는 단어를 만들었다"고 말했다. 바이카란 이륜성을 나타내는 'bi'와 자동차의 뜻인 'car'의 언어적 합체를 통해서 '이륜자동차'의 의미를 가장 잘 표현하는 김 교수만의 새로운 영단어. 바이카라는 생소한 영단어에서 김 교수의 오토바이에 대한 철학을 엿볼 수 있다.

2학기 개강과 함께 학생들에게 항상 새로운 강의로 흥미를 불어넣기 위해 준비하느라 눈코 뜰 새 없이 바쁘다는 김 교수. 최근 김 교수는 호동왕자, 낙랑공주, 바보 온달, 평강공주, 선덕여왕의 모란고사 등이 그림책처럼 펼쳐지는 『삼국시대 설화문학』을 학생들의 입맛에 맞춰 새롭게 한문 원전으로 강독하는 재미에 푹 빠져있다. 이처럼 김 교수의 연구와 강의라는 '두 마리 토끼'를 잡으려는 노력이 고스란히 결실로 나타났다. 최근에 김 교수가 펴낸 『고구려 문학을 찾아서』가 대한민국학술원 추천 우수학술도서로 선정됐기 때문이다.

오토바이를 타고 다니면서 시적 영감까지 받았다고 자신 있게 말하는 김 교수. 혹자에게 오토바이는 이동수단이지만 교수 라이더인 김 교수에게 오토바이는 시적 영감을 주는 대상이기도 하다.

"오토바이는 무엇보다 자연과의 스킨십이 놀라운 것 같아요. 바람을 피부로 직접 느끼면서 소리도 듣고 강과 산의 계절색이나 냄새를 그대로 보고 맡을 수 있기 때문이죠. 자작시인 '선비가 말 타듯'도 10년 이상 오토바이를 타고 다니면서 자연과의 스킨십을 통해 '자연'스럽게 나온 시가 아닐까요."

如士之騎馬 - 선비가 말 타듯

我愛騎摩托　바이크 타기만 오로지 한 나를
衆人笑戲謔　사람들은 웃으면서 재밌어하네
必警敲危多　여지없이 위태롭다 경계하지만
未解馬上樂　마상의 유유자적 알 리는 없네.

대학가 최초 '교수 라이더' **김창룡** 한성대 교수

"오토바이 탈 때마다 '물아일체' 느껴요"

"오토바이 시동을 걸 때 묵직한 엔진음과 시원한 가을바람을 가르는 기분은 오로지 라이더만이 누릴 수 있는 특권이죠. 호접지몽(胡蝶之夢)의 주인공인 장자가 나비를 통해 느끼는 '물아일체' 를 저는 오토바이를 탈 때마다 느낀다고 할까요."

한성대에서 '교수 라이더' 로 통하는 김창룡 한국어문학부 교수는 교수사회에서 오토바이 예찬론자로 꼽힌다. 김 교수는 한성대로 부임한 지난 1998년 이래 12년 동안 줄곧 오토바이로만 출퇴근해 대학가에서 '교수 라이더' 라는 호칭을 얻은 첫 번째 인물. 그렇다면 어떻게 교수가 탈권위의 상징인 오토바이를 탈 생각을 했을까. 이 질문에 김 교수는 손사래를 치면서 지난 에피소드를 털어놨다.

"12년 전 오토바이로 첫 출근하면서 '학교가 과연 오토바이를 타고 다니는 교수를 이해할 수 있을까' 라는 생각이 문득 들었어요. '교수 라이더' 에 대한 확신이 없었던 거죠. 당시만 해도 오토바이를 타고 다니는 교수가 전무했기 때문인 것 같아요. 고심 끝에 미봉책으로 헬멧으로 얼굴을 완전히 감추고 1년 동안 출퇴근했던 에피소드가 떠오르네요."

하지만 얼굴을 가리고 다닌 것은 '기우' 였음을 이내 알았다는 김 교수. 덕분에 김 교수는 한성대에서 유명세를 탔고 학생, 교수, 직원 모두 오토바이에 대한 이야기로 학내가 떠들썩했다고.

선비가 말 타듯

바이크 타기만 오로지 한 나를
사람들은 웃으면서 재밌어하네
여지없이 위태롭다 경계하지만
마상의 유유자적 알 리는 없네.

김 교수는 "십 년 가까이 타고 다니는 애마는 '더 킹 오브 모터사이클' 을 목표로 개발된 혼다 오토바이의 최고급 기종인 '골드윙'"이라며 엄지손가락을 치켜세웠다.

인터뷰 내내 '오토바이' 나 '모터사이클' 이 아닌 '바이카' 라고 부르는 김 교수. 김 교수에게 이유를 물었더니 '교수 라이더' 답게 이유를 쉽게 설명했다.

김 교수는 "우리나라는 오토바이라는 말보다 다소 교양 있는 표현으로 바이크라는 단어를 주로 사용한다"며 "하지만 바이크는 자전거와 혼동되는 것 외에도 영미권에서는 비속어로 사용되는 경우가 적지 않기 때문에 '바이카(bicar)' 라는 단어를 만들었다"고 말했다. 바이카란 이륜성을 나타내는 'bi' 와 자동차 'car' 의 언어적 합체를 통해 '이륜자동차' 의 의미를 가장 잘 표현하는 김 교수만의 새로운 영단어. 생소한 이 영단어에서 김 교수의 오토바이에 대한 철학을 엿볼 수 있다.

오토바이를 타고 다니면서 시적 영감까지 받았다고 자신 있게 말하는 김 교수. 혹자에게 오토바이는 이동수단이지만 '교수 라이더' 인 김 교수에게 오토바이는 시적 영감을 주는 대상이기도 하다.

"오토바이는 무엇보다 자연과의 스킨십이 놀라운 것 같아요. 바람을 피부로 직접 느끼면서 소리도 듣고 강과 산의 계절색이나 냄새를 그대로 보고 맡을 수 있기 때문이죠. 자작시 '선비가 말 타듯' 도 10년 이상 오토바이를 타고 다니면서 자연과의 스킨십을 통해 '자연' 스럽게 나온 시가 아닐까요."

이정혁 기자 blinddance@unn.net

KBS 학자의 고향

백운거사 이규보 편(1부, 2부)

- 방송일 : 2011년 9월 25일, 10월 2일 -

한성을 빛낸 지식인

한국어문학부 김창룡 교수님

- 한성순보 2011년 가을호 통권 89호 인터뷰 기사 -

Q. 한국어문학부에서 고전문학을 가르치고 계신 것으로 알고 있는데요, 학생들에게 고전문학을 쉽게 이해시키기 위해 어떤 수업 노하우를 가지고 계신지 궁금합니다.

이천 년 이상 된 한문 문화의 전통 안에서 이 땅의 고전문학 또한 한문 표기로 시작되지요. 훈민정음 창제 이후에도 역사의 기록뿐 아니라 이 표현 방식이 전 분야에 여전한 압도를 이룹니다. 따라서 고전문학 시간에 한문을 풀이해야 할 경우도 적지 않아요. 오늘날 학생들에겐 그 부분이 장벽처럼 느껴질 테지요. 그런데 공교롭게도 한문의 문장 구조는 영문 문장의 법칙과 십중팔구 서로 통합니다. 이미 중학교와 고등학교에서 영문법을 배워 익숙한 학생들인지라 영문법과 대비하여 설명하면 문득 무거운 글이라는 부담에서 벗어나 소통에 이르게 되지요.

Q. 강단에 계시면서도 여러 권의 책을 집필하셨는데요. 어떤 책들이 있으며 책을 쓰실 때 주안점을 두고자 하시는 바는 무엇입니까?

『고구려 문학을 찾아서』, 『우화의 뒷풍경』 등을 포함한 총 18권의 고전문학 관련 저서를 낼 수 있었습니다. 현대를 사는 우리가 어떻게 하면 나의 삶을 교양 있게 하고, 남의 삶에 대한 이해도 넓힐 수 있나, 요컨대 어떻게 살 것인가(how to live)를 추출해내는 데 역점을 둡니다. 근자에는 상아탑 울타리 안의 전공자들 상대보다는 전공 바깥의 사람들도 반갑게 펼쳐 볼만한 책, 곧 일반인과의 소통을 염두에 둔 저서 쓰기 쪽으로 에너지를 쏟고 있습니다. 제 가장 최신의 저서인 『대학한문』도 그런 마인드를 가지고 만들었더니 다들 친근하다고 해요. 이에 힘입어 다음 단계로는 한문원문의 내용을 전부 고운 문장으로 풀어 한중 명작 감상의 공간으로 만들어 보일 계획입니다.

Q. 가사, 시조, 한문학 등 고전문학하면 고루하다는 편견을 가지고 있는 사람들이 있는데요, 어떻게 하면 이들이 좀 더 고전문학을 쉽고 재미있게 접할 수 있을까요?

이를테면 한국의 고전은 최소한 『삼국사기』에 B.C.17년이라고 밝힌 고구려 〈황조가〉부터 잡아도 그 역사가 이천 년을 넘어갑니다. 기라성 같은 고전문학들 가운데 오늘날 명작으로 추려진 작품들을 기반으로, 그것이 지니고 있는 막강한 콘텐츠를 활용하는 것이지요. 그것을 현대의 여러 다양한 장르, 이를테면 연극·영화·뮤지컬·드라마·애니메이션 등 현대인이 좋아하는 엔터테인먼트의 틀 안에서 흥미롭게 연출시키고 변신시키는 방법 이상 없다고 봅니다. 책이라면 그림·글씨·사진 등 선본善本의 시각자료를 활용하여 각인 효과를 상승시키는 방법 또한 놓치면 아까운 경우가 되겠지요.

Q. 요즘, 인문계뿐만 아니라 이공계 학생들에게도 인문학의 중요성이 부각되고 있는데요. 인문학 중에서도 특히 우리 문학을 많이 접해야 하는 이유는 무엇인가요?

흔히 문文·사史·철哲이라고 하여 인문학의 영역을 크게 문학, 역사, 철학으로 3대분 합니다. 이 3자 가운데 문학이 문학다운 가장 큰 특징을 일언이폐지하면 상상력이라고 할 수 있습니다. '실제로 경험하지 않은 현상이나 사물에 대하여 마음속으로 그려 보는 힘'이 상상력이라고 한다면 바로 이 상상력이야말로 문학의 존재 이유이자 생명이 아닐 수 없습니다. 그런데 이 가상의 그려 보는 힘은 이학과 공학 쪽에서조차 절대 필요한 에너지일 것으로 믿습니다. 그것이 곧장 그대로 발명하고 발견할 수 있는 저력이요 원동력이 될 테니까요. 상상력의 창고인 문학이 그 역할을 도와 줄 것입니다.

Q. 요즘의 학생들은 어렸을 때부터 대학교, 취업을 하기까지 항상 경쟁 속에서 살아가고 있는데요, 그런 학생들에게 힘이 될 만한 고전문학이 있다면 무엇이 있을까요?

신라의 최치원은 12살에 당나라에 들어가서 중국의 인재들을 제치고 당당 장원하였고, 18세에는 그곳의 관리가 되어 명문장으로 명성을 떨쳤지요. 이같은 인물들이 내면적으로 어떻게 자신을 채찍질하면서 앞날을 헤쳐 나갔는지를 알려주는 일대기를 살펴 접하는 일은 오늘날 공부하는 이들에게도 여러 가지 생각을 불러일으키겠지요. 조선시대 다산 정약용도 상황을 극복하면서 스스로의 공부에 성공한 좋은 귀감이라 하겠습니다. 한편, 연암 박지원이 쓴 〈허생전〉 같은 것은 공부가 현실적 문제 해결에 이바지 할 수 있는 것이라야 한다는 이른바 '실학' 정신에 입각하여 현실 직시, 발상의 전환 내지 차별화된 사고 등에 대해 생각하게 만드는 사례가 됩니다.

05

유기 游記

[2000년]

2000년 초창기 투어 斷片들

[2001년]

수안보로 간 사람들

어제 충주 수안보 가는 길.

굽이굽이 길녘마다 아직은 지지 않은 개나리 진달래꽃.

안타까이 가는 봄을 붙들고 있는 듯한 애련의 모습들.

그 꿈꾸는 대지, 아름다운 풍경 속으로의 늘씬한 질주.

17명의 회원, 11대의 바이크가 출정했다. 귀경 후의 장안평에서의 뒤풀이 모임에는 김선명과 김우연이 미리 마중 나와 기다리다가 자리를 나란히 하였다.

특히 어제의 나들이에는 커플 회원이 유례없이 많아 기념비적인 사실로 기록될 만했다.

- 2001년 4월 23일 -

그 하루 무더웠던 날의 기억

6월 10일, 부쩍 다가온 더위에 발을 적셔보자 하고 찾아간 가평의 용추계곡.

오랜 가뭄으로 계곡의 물도 반나마 줄어 있었고…. 작년 5월의 그곳은 진정 말 그대로의 출렁이는 계곡이었는데, 불과 1년 만에 그만 벽해상전의 의미를 실감케 했던 오늘.

오늘은 갑수 씨, 창규 씨, 종익 씨, 용준들과 함께 그 자리에 새로운 추억을 새겨 두고 온 날이었네.

점심 뒤, 비록 먼저 돌아가야만 했던 해왕海王 임원섭 사장과 귀로의 벗 되고자 게서 발길을 돌렸지만, 마음은 내내 거기 남은 이들을 떠나지 아니하였네라.

저녁 8시, 행군의 끝을 알리면서 안용준으로부터 걸려온 전화. 그 시각 어느 결에 현수까지 합류하여 모두 태릉의 어느 어간 휴게소에서 쉰다는 전갈을 받았을 때의 반가움이야!

무더웠던 속에서도 젊음과 인정이 겨웠던 오늘 하루를 기억하면서….

- 2001년 6월 11일 -

30년 지기와의 첫 바이크 투어

지금은 대전에 사는 30년 지기의 친구.

'능수야 버들은 흥~'의 현장, 바로 그 천안삼거리에서의 약속.

내가 서울~수원~오산~평택~천안의, 오늘따라 차 많은 100km 길을 허위대며 약속시간 12시를 20분이나 넘긴 시각에 숨가쁘게 도착하였을 때, 그는 대전에서 조치원~천안의 70km 길을 단숨에 달려와 기다리고 있었다.

몸 안에 밴 서늘함을 달래기 위해 길 앞의 주막, 천안삼거리 그곳의 역사를 다 간직한 듯한 고즈넉한 공간에 들어가 따끈한 커피 한 잔 씩을 나누었다.

그는 이미 오늘 하루 안에 다닐 곳을 다 예정해 두었던가 보았다. 대뜸 저 서해변 보령 남당리를 가서 새우 소금구이 점심을 하자고 한다.

을씨년한 날씨에 거기까지 가는 일이 그다지 내키는 일 아니었지만, 그와 함께하는 우리 생애 첫 번째 투어에 그의 제안을 거절할 아무런 저항력도 나는 가지지 못하였다. 벗에게 차마 거스르지 못한다는 의미의 막역莫逆이 바로 이런 걸까?

그를 앞에 세우고 내가 그의 뒤를 따라 달린다.

아! 27년 만에 친구가 오토바이 타는 모습을 다시 보고 있다.

1975년, 1976년. 그가 한창 오토바이를 타던 시절이었다.

내 생애에 다시는 볼 수 없을 줄만 알았던 장면이 내 눈 앞에 현실로 펼쳐져 있었다.

그래, 내 상상 속에서만 그칠 줄 알았던 나와 그의 동반 투어! 그것이 꿈 아닌 현실로 찾아 온 것이다.

아산 온양온천 역 앞을 지난다. 도고온천 들어가는 길이 곧 시야 뒤로 밀려간다. 27년 시간의 공백도 운전에 타고난 재품을 지닌 그를 어쩌지는 못함을 절감하면서 길들을 본다.

그는 유유히 홍성 군내를 통과하고, 굽이굽이 펼쳐 있는 곡선 길도 하나 힘들이지 아니한 채 보령으로 돌아들고 있었다.

광천은 그의 오랜 고향이다.

그곳 들어가는 초입의 주유소 앞에서 그와 그만 작별을 나누었다. 아직 1시간쯤의 낮 기운이 남아 있는 광천에서 홍성으로 빠지는 그 길녘에 서서 그가 내게 손을 흔들며 서 있다. 나는 차마 그런 그를 더 보지 않으려, 홍성으로 난 길 쪽 나의 애마를 박차며 달려 나갔다.

그와 생애 처음으로 함께 한 투어.

꿈만 같고, 사념思念이 많았던 오늘 하루.

내 계기판은 어느새 400km를 기록하고 있었다.

- 2001년 11월 3일 -

만추에

어제 늦 하오, 11월의 아쉬운 손짓과도 같은 전형적인 만추에 내린 비.

눈물처럼 처절히 흩날리다 길 위에 누워버린 단풍, 단풍들.

봄의 꽃잎보다 더 빨갛고 노란 처연한 그 단풍들. 그 위에 내린 비가 가져다 준 깊고 고즈넉한 여운.

그 여운의 뒤에 엄습한 오늘 아침의 작은 한파에 놀라기는, 저 홍유진 씨와 엄진숙 씨 같은 젊은 연인들에게조차 예외는 아니었나 보다. 하지만 한 계절을 잃어버린 대가로 얻어진 것만 같았던, 그 두 사람과의 상면은 날씨의 차가움마저 잊게 만들었다.

해왕 임원섭 씨, 부천으로의 부부 나들이가 즐거우셨길 바란다. 쌀쌀한 날씨도 아무 뜻 없게 만들면서 광풍狂風의 편운片雲처럼 떠나는 내외의 뒷모습이 흐뭇함으로 전달되어 왔다.

남규 씨. 분위기 넘치는 계절의 끝자락에 이루어진 그와의 오늘 만남이 한 폭의 수채화처럼 각인된다.

김우기 씨는 저녁을 내겠다는 그 약속, 추풍에 지는 낙엽처럼 잊으면 아니 되오. 그렇지 않아도 그 낙엽 서럽기만 한데….

따뜻한 사람들의 여운이 감아 도는 하루였다.

- 2001년 11월 25일 -

2001년 12월 23일, 시공 속의 동반자들

당초에 선언했던 근교 드라이브가 어찌타가 저기 원교遠郊 아산만 너머 당진이 되고 말았지만….

우리한테 너무도 다정했던 포도군관捕盜軍官들. 다정과 관심이 지나쳐 스토커다운 정열로 끝끝내 우리를 따라와 친히 쓴 글씨의 핑크빛 크리스마스 카드를 일일이 건네주던 그 다정 넘치는 포리捕吏들. 그 관심이 겨워 마침내 우울이 되어 버린 일.

하지만 이윽고 아산만 전방 그 탄탄대로를 맘껏 질주하던 순간, 그 우울의 타고 남은 재가 다시금 기름으로 승화되었던 일.

결국 두 계절을 잃은 뒤에야 만난 〈우렁박사집〉의 각시, 그녀의 매력에 흠뻑 빠져들었던 시간들.

그렇게 희비와 명암이 엇갈리고, 울적과 신명이 교차했던 이날. 덕분에 모두의 기억 속에 길이 남을 것만 같은 오늘!

- 2001년 12월 24일 -

[2002년]

춘천 투어 메모리

겨울 날씨로서는 이례적으로 온순한 기온에다 바람도 적당했다. 그러나 오랜만의 장거리 라이딩인지라 가평 지나 강촌으로 달리는 그 탁트인 도로에서조차 맘껏 달리기엔 다소 주저되는 국면이 없지 않았다. 한두 번 더 출정해야 나아질는지….

늦게 도착했음에도 〈오수물 막국수〉 집은 사람들로 들어설 자리가 쉽지 않았다. 하지만 그 집 주인들이 우리에게 베푸는 친절은 여전하였다.

오는 길에 해가 저무니 좀 쓸쓸한 기분 되었다. 라이딩 자체의 즐거움보다는 '얼른 집에 도착해야지' 하는 것이 목적이 되었다. 좀 더 이른 시간을 타서 귀로에 든다면 이것도 얼마간 극복될 것이다.

- 2002년 2월 3일 -

다시 넘은 느랏재

얼마 만에 찾아 본 느랏재던가.

한 해 세월을 빼앗긴 채 다시 넘는 그 고개.

작년 그 언덕 작은 휴게소에서 쉴 때 마주 뵈는 산등성이에 남아 있던 흰 빛 잔설殘雪들.

아직도 눈에 선하여 차마 보이는 듯한데, 오늘 붙여진 세월의 이름은 그날의 이름은 아니다. 그때와 하나 다름 없는 늦겨울 똑같은 바로 그 정경이련만, 오늘 보는 잔설은 영영 간 곳 알 수 없는 그날의 잔설은 아니다. 그 언덕의 잔설 바라보며, 그 고개 넘는 사람의 이마엔 스스로한텐 보이지 않는 주름 몇 개 더 늘었겠지.

일찍이 나 이십대 적에 옛 당인唐人의 싯구인,

年年歲歲花相似
歲歲年年人不同
해마다 해마다 피어나는 꽃 모양 같은데
해마다 해마다 바라보는 사람 같지 않네.

를 접하고서 길이 탄식했던 적 있었거니와, 어느덧 납득할 길 없이 사십대의 끝자락에 매달린 나….

오늘 굽이굽이 이 고개 넘어가며 낮은 한숨을 남몰래 흘리던 순간이 있었다.

그 순간을 위의 구절에 맞춰 나대로 하나 읊조려 내었다. 이에 하였으되,

年年麓上雪相似
歲歲耳下鬢不同
해마다 해마다 산 기슭 위 잔설 모양 같은데
해마다 해마다 귀 아래 살쩍 빛깔 같지 않네.

라 하였다.

- 2002년 2월 24일 -

오호, 대천!

대천!

1970년. 나의 고교 2년 시절이다. 이제 곧 여름 되면 꼭 32년 앞의 일이 되겠구나.

당시에 수학이 취약했던 내게 그 과목을 가르쳐 주었던 최길문 형. 그와 함께 했던 그 여름의 추억.

그 해 여름 방학에 대천을 찾았던 때, 바닷가 백사장 곳곳에 여기저기 들뜬 분위기 속에 앉으며 혹은 선 채로 즐거움에 젖었던 사람들의 기억과 또 그 여름에 유난히 많이 흘러나왔던 그룹 키보이스의 노래.

'바닷가에 모래알처럼, 수많은 사람 중에~' 하던, 노래의 제목이 〈바닷가의 추억〉인지 하던 그 선율이 지금도 귀에 듣는 듯하다.

그리고 다시 대천 해수욕장을 찾았던 때는 1974년으로 기억된다. 대학 3학년 여름 방학에 사촌 동생과 함께 계룡산 갑사며 대전역 등지를 돌다가 기차를 탔던 일. 기차에서 은근한 매력의 여인을 알게 되고, 그녀의 호의로 예정에도 없이 광천역에서 내려 사촌 녀석과 광천에서의 하룻밤을 지내고 다음 날 찾아 갔던 대천 너른 바닷가.

그렇게 70년대, 나의 20대, 내 설레던 꿈과 낭만의 그 시절에 스쳐 지나갔던 대천. 그 곳을 30년도 더 지나버린 세월의 뒤에 찾았던 어제.

달리는 중간에 광천 들어가는 이정표를 스쳐 보면서 대천까지 또 한 20~30km 달리던 그 길.

그 길이야 필경 1974년 여름의 광천 머문 밤 다음 날에 버스로 달리던 바로 그 길이 아니었으랴! 그 한여름의 귀찮은 햇살과 무더위 속에 사람 많은 버스로 향해 가던 그 길.

내 20대 초반의 번민에 찬 청춘을 싣고 느릿느릿 달리던 그 길은 이제 확 트인 탄탄대로가 되었고, 그곳을 나는 이제 머리숱 적어지고 흰 머리 걱정하는 중년으로 찾아와 성능 좋은 바이크로 맘껏 달리고 있었다.

- 2002년 3월 31일 -

휴일 有感

황사도 걷힌 깔끔한 대지!

밝고 환한 대로大路를 달리다.

강남 → 성남 → 이천 → 장호원 → 충주 → 수안보.

특히, 이천에서 장호원 사이의 탁 트인 대로. 그리고 마지막 고비인 충주에서 수안보로 열린 길은 일사천리의 늘씬한 주행, 그것이었다!

이래서 그 소중하게 얻어낸 일요일 하루를 이륜으로 달리는 일 하나에 바치는 사람들도 있는가 보다.

더욱 소중할 듯 싶은 관계, 보다 즐거울 듯 보이는 것들을 다 뒤로하고, 다른 그 무엇보다 우선으로!

심지어는 서로 잘 알지도 못하는 사람들과의 섞임조차 불사한다. 혹 미약迷藥같은 대자연의 유혹 내지는 숨겨진 본능의 속도 오르가즘에의 갈망은 아닐까?

좋아하는 사람들을 가득 만난 일요일이었다.

늘 같이 투어 가고 오늘도 그렇게 한 네 사람. 김양호 씨, 안상건 씨, 황준식, 나경락, 연제호 씨는 나의 생애 오늘의 이름을 빌어 첫 만남을 이루었다.

그리고 그 뿐이랴, 행운은 거기서 끝나지 아니하였다. 엊그제 김양호 씨의 생일, 그 축하를 위한 〈소꼴집〉에서의 저녁 모임에서 불기이회不期而會로 만난 사람, 신준하 씨!

아아, 이만이면 가히 아름다운 날임에 부족됨이 없다 하지 않으료!

- 2002년 3월 25일 -

퇴촌 나들이

날씨, 속절없는 봄 날씨이다. 약간의 설렘으로 성남의 〈서울모터스〉를 향해 가는 눈앞의 봄 햇살이 눈부시다. 양재에서 세곡동까지 닫는 넓은 차선의 길은 역시 기대를 저버림 없이 한달음에 활연豁然히 관통하였다.

그곳 주인 임 사장은 여전히 자리를 지키며 있었는데, 그에게는 지나버린 세월이 별 관심 없는 듯이 보였다.

그런 그가 부럽기도 하다. 이같은 허다한 상념들이 내게 가져다주는 득得이 무어던가? 임 사장이 전송하면서, 나온 김에 양평길 한 번 나섰다 가라고 권한다. 나는 그냥 남한산성에나 들렸다 가겠노라 하고 나왔는데, 과연 말대로 남한산성을 아니 간 건 아니로되, 그 길이 그만 130km가 넘는 고단한 장정長程이 될 줄 누가 알았으랴.

남한산성 구불구불 도는 길의 왼편 산을 바라보던 처는 지난주 피지 않던 개나리, 진달래 피었다며 감탄을 한다. 88번 지방도를 타고 퇴촌면을 가로질러 달리다가 337번 지방도 쪽으로 선회하였다. 남한강을 끼고 저 반대편에 양평 길 바라보면서 남종면의 강안江岸 길을 다 도는데, 왜 이날따라 그 길이 그다지 길기만할까!

이태 전 주봉남 씨의 로드로 이원봉·구호석과 함께 달릴 적엔 그렇게 길다는 생각 없었는데…. 나만 그렇게 느낀 것이 아니었다. 뒤에 앉아 함께 가는 처도 나와 똑같은 생각을 말한다.

퇴촌 길 굽이굽이 밟아가노라니 옛날 반달곰 초창기의 사람들과 다니던 기억을 불러일으킨다. 감상感傷은 내게 아무런 득도 주는 게 없건만…. 퇴촌에서 나와서는 45번 국도로 팔당댐을 건너자 이윽고 꿈에도 반가운 6번 국도가 눈앞에 펼쳐진다.

하지만 고작 2km 미만에 팔당대교를 타고, 조정경기장으로 해서 문정동, 강남으로 들어섰는데 왼쪽 어깨가 또 다시 괴로움의 어필을 한다. 길 나설 때마다 거의 반복을 면치 못하는 이것.

처음의 즐거운 의미는 거세된 채 힘겨운 의무 주행으로 채워지는 마지막 한 시간….

늘 그것이 문제로 남는다. - 2002년 3월 27일 -

강화를 다녀오던 날

LG25에 나가보니 모여진 바이크는 나까지 여섯.

연제호 씨도 보이매 그 반가움이야 어디 말로 할 수 있으랴. 어젯밤부터 연락하려 애썼던 규봉 씨도 다행히 자리하였고, 그는 이번엔 형을 함께 대동한 채였다. 의외로 황준식, 전영훈이 같이 할 수 없음을 알았다.

세상만사 새옹지마라더니, 이 진리는 어제 오늘 사이의 작은 모임 안에서도 실감처럼 전개되었다. 꼭 갈 줄만 알았던 사람이 빠지고 전혀 기대도 못했던 이들의 등정.

김양호 씨는 가족 여행을 떠났으니, 로드마스터는 부득이 내가 서야만 했다.

노량진을 거쳐 영등포로 들어선다.

아, 어떠한 영등포던가!

생어사生於斯, 장어사長於斯라는 말처럼 내가 태어나고 또 자란 고향. 나의 청춘 시절이 모든 자리에 잠자고 있는, 꿈에조차 못 잊을 나의 땅.

그 영등포를, 시장 로터리를 통과한다. 통과하기 전 신호에 멈춰 섰던 그 잠깐의 시간. 나는 그 곳의 사위四圍를 그 짧은 시간 동안에 최대한 눈에 주워 담으려 애쓰고 있었다. 눈에 맺히는 그 땅 어느 한 군데도 나의 추억이 서리지 않은 곳이 있으랴.

강화의 〈삼부자집〉은 한 반년이 지나 다시 찾았을까? 오늘이 어제런듯, 변한 것은 단 하나도 보이지 않았다.

덕진진은 암만 보아도 내 맘엔 강화 제일경江華第一景임이 분명할 듯싶다. 그 언덕에서 내려다보면 한 눈에 펼쳐지는 그 낯익은 풍광. 그것은 필경 바다인데도 고요의 강 같은 아늑함이었다. 호젓한 평온감을 불러일으키는 한 폭의 그림 같은 정경이었다.

간 길 다시 돌아 달리는 해안 도로를 다 벗어나면서 타는 강화대교. 올봄도 보며 또 지나가는구나. 그러다가 두보의 명시 하나 불현듯 떠오른다.

江碧鳥逾白　파아란 강물에 물새 더욱 희고
山靑花欲燃　산이 푸르니 꽃은 붉게 타는 태양.
今春看又過　올봄도 그렇게 보며서 지나가니
何日是歸年　그 언제나 나 고향 돌아갈는지.

이렇게 강화와 만나고 헤어지는 몇 번에 한 해가 가고, 그것이 몇 차례 거듭하는 사이 늙음도 면치 못할 것이다.

귀로에도 영등포, 그 차마 형언할 길 없는 그 길을 통과하여 왔다.

오늘 만남의 아쉬움 달래보는 〈이가면옥〉에서의 저녁 자리에 황준식이 어느 겨를에 나타났다. 차 한 잔 베풀고 싶어 하는 연제호 씨의 호의가 마음만으로도 흐뭇하다. 커피숍 대신 바야흐로 봄꽃 지는 우리 아파트 앞, 정원같은 마당에 평상이 펼쳐졌다. 다들 거길 중심으로 앉거나 선 채로 떠들고 있었다.

문득 그의 모습이 잠깐 보이지 않아 의아해 하였더니, 그는 어느새 한아름 커피며 음료며 초콜릿으로 저만치 오솔길을 따라 걸어 들고 있었다.

모두는 이 얘기 저 얘기 시끌시끌 훤화喧譁로운 분위기 안에서 꽤 긴 시간을 함께 보냈다.

느른한 하오의 속에 서럽도록 어여쁜 봄날의 꽃과 나무 보며, 만개滿開가 겨워 눈처럼 하이얗게 떨어져 내리는 꽃잎을 맞던 그 아담한 작은 봄의 대지에 서서히 황혼이 내리었다. 젊었을 적 경험해 보고는 오래 잊었다가 긴 세월 뒤에나 찾아든 아름다운 꿈만 같은 기분이었다.

꿈결처럼 정겨운 저녁이었다.

- 2002년 4월 6일 -

덕진진 언덕 너머에 초지대교가 보인다

초여름의 바이크 대전 快走

즉흥적인 떠남의 설렘과 늘씬한 쾌주의 즐거움이 있던 하루. 초여름 날의 화려한 바이크 나들이었다. 여행에서 돌아오자 곧 그것을 카페의 자유게시판에 불망기해 놓았다.

처와 함께였고, 오랜 벗 전용오 교수 내외를 만났다는 얘기는 생략하였는데, 조금 더 부연하면 이러하였다.

출발은 오후 2시.

서울→봉담→아산만→온양→유구→공주→유성→대전

서구 도마동에 있는 〈배재대학교〉의 인문대학 주차장에 주차한 뒤에야 우리의 골드윙은 비로소 숨을 돌릴 수 있었다.

전 교수의 연구실 방문 앞에서 난감해 하고 있을 때 품안에 음료수를 안고 나타나는 그의 모습이 보였다. 그는 어제의 축구 응원 후유증으로 눈이 풀리고 피곤한 쌍꺼풀마저 나 있었다.

그의 승용차를 따라 우리의 골드윙이 뒤를 따른다. 그의 집 앞에서 기다리던 그의 부인이 동승하고, 바야흐로 2·4륜 두 대의 행렬이 나란히 유성을 지나 공주 쪽으로 향하였다.

공주 〈마티터널〉 앞 갈치구이 명소에서 저녁, 그리고 계룡산 〈동학사〉 앞에서 분위기 있게 커피까지 나눈 후, 밤 9시 13분 귀로에 들었다.

차 한적한 1번 밤 국도의 쾌속 질주!

유성 → 조치원 → 천안 → 평택 → 오산 → 수원 → 서울

도착은 오후 11시 50분. 꼭 2시간 37분의 야행이었다. 그리고 지금은 총산 9시간 50분 짜리의 서울~대전 왕복의 유절쾌절愉絶快絶한 바이크 객정客程을 긴 여운 속에 기록하다.

- 2002년 6월 5일 -

홍천·춘천 투어 단상

그것이 다음 날 소풍 가는 아이의 심정과 같이 돼버린 때문이었나? 어찌 그렇게 한 잠도 못 이룰 수가 있는가.

하절기에 가까워 가는지라 날도 빨리 밝는다. 그렇게 날 밝으려 하면 괜히 그 밝는 날이 원망스럽다. 결국 잠자는 일은 틀어져 버리고 말았다. 이 상태로 그 무더운 날씨를 헤치고 투어를 하려 하니, 나변那邊에 웃을 기분이 있겠나.

오랜만에 나들이에 나온 임원섭 씨 내외, 그리고 김양호 씨들에 대한 반가움! 그마저도 없었더면, 이 하루는 즐거움의 여정이 아닌 속절없는 고행이 되었으리라.

임원섭 씨의 골드윙까지 합세하니 행렬이 꽤 중후해 뵈는 맛은 있었다. 그는 폴라로이드 사진기도 가져와서 동행의 벗 모두에게 사진 몇 장씩 안겨 주었다.

- 2002년 6월 9일 -

아산만, 당진, 예산, 온양을 함께 달려준 사람들

오늘 6월 23일, 두 주 만에 가진 투어.

간간 빗방울이 오락가락했지만, 여름의 투어에 각오하지 않을 수 없는 찌는 듯한 더위도, 짜증나는 햇살도 없이 알맞게 흐린 날씨가 최적의 투어를 보장해 주었다.

아산만 방조제와 삽교천의 질주, 그리고 그렇게 도착한 당진의 〈우렁박사집〉 점심도 일품이었고, 조선조 최고의 명필인 추사 김정희 선생의 옛집이 있는 예산禮山 소재 〈추사고택〉, 온양溫陽의 명소 〈현충사〉에서의 잠깐 휴식도 기억에 남는, 근래에 드문 쾌적한 투어였다.

방금 헤어졌음에도 불구하고 오늘 함께 지낸 이들이 금세 또 그리워지고 고맙게 느껴지는 저녁이다.

- 2002년 6월 23일 -

파주 자운서원 가는 길

처妻가 그토록 문산, 파주를 노래하는 바람에 마침내 거스르지 못하고 모처럼 골드윙을 벗겨 함께 행주대교를 넘고 벽제와 연풍을 지나, 율곡 선생과 신사임당의 묘소가 있는 〈자운서원紫雲書院〉을 찾다. 왕복 165km의 도정이었는데, 서원에 도착한 즈음에 간간히 비가 뿌려 내심 말 못할 불안을 주었다.

알고 보매 그곳은 율곡이 후학들을 가르치던 현장은 아니었고, 다만 그가 돌아간 뒤에 그를 추종하던 제자 및 후생들이 스승을 기념하기 위해 지은 서원이었다. 선생을 흠향하는 사당 위엔 효종이 직접 '紫雲書院'이라 쓴 사액賜額이 걸려 있었는데, 글씨는 별반 대수로울 것 없이 범연한 양하였다.

근처 불과 몇 km 떨어져 있는 〈화석정花石亭〉도 마저 찾아보고 싶었지만, 쏟아져 내릴지 모를 비가 못 미더워 한갓 다음을 기약하면서 아쉬운 발길을 돌리기로 하였다.

다행히 비는 약간의 산발성에 그쳐 무사한 귀가가 되었다. 뿐아니라 해 저문 저녁의 시원한 공기를 피부로 만끽하면서 주행할 수 있었다. 당초 지친 상태로의 출발인지라 비록 몸이 다소 힘들긴 했지만, 새로운 곳을 접하면서 유소사有所思를 더해 준 작은 투어 하나로 남았다.

사람은 역시 대자연을 가까이 해야지만 작은 호연지기浩然之氣라도 얻을 수 있는 것이런가 하였다.

- 2002년 7월 8일 -

파주 자운서원 前景

가랑빗속 이륜으로의 京田 왕복

창졸간에 바이카로 대전을 다녀오다. 전용오 교수와 약속한 대전 방문을 더 이상은 천연遷延하기 어려워 중남부 지역의 비 예보에도 이날 무조건하고 갈 마음을 먹었다.

시계 보니 하오 3시, 바야흐로 출발하였다. 과천, 수원, 오산, 평택까지 한달음에 질주하고 천안을 눈앞에 둔 주유소 곁의 한 식당 앞에 잠시 쉬었다.

크고 작은 강아지 두 마리가 우리를 반갑게 맞는다. 먹을 것이라도 주나 기대하는 눈치였지만 안타깝게도 수중에 줄만한 것이 단 하나도 없었다. 그 옆에 놓인 음료 자판기야 그 강아지들에게 무슨 의미가 있으리. 출발하여 달리면서도 그 둘에 대한 여운이 얼마 동안 애잔히 감돌았다.

천안, 조치원, 유성에 이르는 길. 그건 그대로 차 없는 고속도로였다. 질풍처럼 달린다. 그러나 조치원 지나서부터 슬몃 빗방울이 떨어진다. 아, 대전까지 50km나 남았는데…. 제발 대전 도착 때까지 만이라도 기다려다오!

그러나 유성에 들어섰을 때는 이미 속절없는 비가 되어 있었다. 전용오 교수가 전화를 받고 벌써 왔느냐며 반가워 한다. 하긴 정신 일도精神一到로 달렸으니까….

대전과 유성을 연결하는 만년교 앞의 〈띠울석갈비집〉에서 만나기로 약속. 도착 뒤에 한 10여 분 있자 승용차를 타고 들어서는 전 교수 내외의 모습이 눈에 들어왔다. 그렇게 기대해 오던 석갈비 만남이었건만 간밤에 잠 못 챙겼던 때문인지 갑자기 피곤이 엄습해 왔다.

그보다 차와 음료를 하러 다른 데 가자는 그의 얼굴에서조차 왠지 그만 힘들어하는 모양이 보였다. 나는 피곤해 보이니 들어가 쉴 것을 종용하였다. 동시에 다음 주중에 대전에서 있을 교수 연수를 얘기하면서, 그때 다시 보자 하였다.

그도 정말 힘든가 보다. 더 버티지 아니하고 응하였다. 작별하고 나설 때 유성에 멈춰 있던 가는 비가 다시 가늘게 내리고 있었다. 내리는 빗속에 이미 어두워져 버린 그 기나긴 길을 타고 서울까지 갈 생각에 마음이 암담하였다. 유성 가면 늘 반갑게 보는 〈리베라호텔〉도 그 순간은 그냥 하나의 우울한 검틱틱한 물체일 뿐이었다.

내가 고속버스로 떠나올 때 그와 이별하곤 하던 유성의 금호고속터미널에서 가득 주유하고 드디어 비장한 심정이 되어 1번 국도로 들어섰다.

그때가 밤 8시!

조치원까지 어두컴컴한 시야 속에 완전히 젖은 도로, 그리고 쉴드와 안경에 부딪치는 빗방울을 연신 오른손으로 훔쳐내며 조마조마한 야행을 계속해 나가야만 했다.

천안 쯤에 와서야 겨우 빗방울이 세勢를 잃었고, 어둠의 질주에 익숙해질 수가 있었다. 그쯤에서 쉬기도 할 겸 천안 명물이라는 원조할머니 호도과자를 사고 콜라도 한 캔 마셨다.

다음에 쉰 곳은 오산 다 지나고 수원 들어가기 바로 앞의 내삼미동內三美洞에 있는 〈초전비휴게소〉에서였다. 모진 피로에 견디기 어려웠다가 이제 그만 살 것 같았다.

과천 도착 밤 11시 경. 반포동 집 도착은 불과 15분이 지난 다음이었다. 경전京田 왕복 328km. 나눠 보니 편도 164km.

불꽃처럼 다녀온, 천방지축의 석찬夕餐 노정이었다.

- 2002년 8월 15일 -

당진, 아산만 오가는 길녘 위에서

올 여름처럼 비가 많이 오는 해가 얼마나 있었을까?

밤새 몸 상태가 아주 나빴다. 하지만 최소한 만나는 장소까진 나가야지 하고 서두르는데 연 관장의 전화를 받았다. 여섯 대나와 있단다.

오늘 투어의 원래 예정지가 대망의 〈구룡령〉이었으나, 행선지를 처음대로의 그 곳으로 했다면 난 가지 못했을 것이다.

누군가가 영동 지방의 비 예보 소식을 얘기했고, 드디어는 언제든 만만한 저 서해 아산만 당진으로 낙착되었다. 동해 쪽으로 가려던 처음의 목표가 정반대의 서해 쪽으로 바뀌어든 것이다.

동해 쪽이 '동경憧憬'과 '설레임'이라면, 서해 쪽은 '안정安靜'과 '그리움'이라고 말할까? 하여간 오늘은 안정의 땅을 향해 나아갔는데, 마음이 그리도 편할 수 없다.

과천, 의왕을 뒤에 두면 곧 오른편에 수원 첫 관문인 〈지지대遲遲臺〉가 거기 있다. 그러면 난 그때마다 고개 돌려 애써 한 번 더 그 쪽을 돌아보면서 뭉클한 가슴이 된다.

조선시대 정조가 아버지인 사도세자 묘소를 찾았다가 돌아가는 길. 차마 발길이 돌아서지 않아 머뭇대며 넘어갔다던 그 길.

그 길 위에 놓인 애틋한 〈지지대〉는 꼭 정조같은 효자 아니라도 그냥 범상히 지나칠 수 있는 데는 못되는 곳인가 하였다.

가는 동안 여름의 땡볕조차 없었던 것은 아니지만, 전반적으로 적당히 흐리고 괜찮은 일기 조건이었다.

〈우렁박사집〉의 나이든 부부는 이내 우릴 알아보고 반긴다. 우리 반달곰에 스쳐간 사람이 적은 수는 아니겠지만, 거기 우렁된장과 쌈밥의 체험에 다른 소리하는 사람은 아직 못 보았다.

아직 이른 시간이었지만, 그냥 귀로에 드는 분위기 되었다. 나는 속으로 시간 여유가 있으니, 의왕의 〈철도박물관〉이나 한 번 소개시켜주면 좋아하지 않을까 생각했다.

그런데 봉담휴게소를 나서려는 찰나 이런, 이 무엇인가? 갑작스레 소낙비가 떨어지는 것 아닌가!

어디서 갑자기의 소나기는 남의 애를 끊나니….

다들 우의雨衣거나 그 비슷한 것이라도 있는 사람들은 서둘러 그것들을 꺼내어 떨어지는 비에 대처하는 움직임을 보인다.

봉담에서 북수원 초입에 걸친 그 비의 노정路程, 침묵의 질주는 한 5분에 5km 정도 되었을 것이다. 그러나 〈수원여자대학교〉께 왔을 때 그 비는 한갓 거짓말이 되어 있었다. 그 소나기 뒤에 멀쩡히 나타난 마른 대지, 오오 건조의 도로라니!

국지성局地性이란 말의 진정한 의미를 다시 한 번 실감하는 순간이었다. 그때까지 노심초사하던 마음들은 어느새 편안함으로 바뀌어 들었고, 일행은 다시 언제 그런 일 있었냐는듯 북수원 성균관대 앞과 의왕, 과천으로 난 길을 힘차게 질주하였다.

처음 떠났던 그 자리로 돌아오면 - 항상 그렇듯이 - 마음이 이상하다. 아침과 저녁 사이의 잃어버린 시간들에 대한 회한인가? 그 생각이 더 자라나서 그만 인생의 지나쳐버림에 대한 비관적인 사유마저 불러일으키는가?

오늘 인연을 같이한 그들과도 헤어져 돌아온 뒤, 폭우가 쏟아졌다. 그것도 많은 시간을….

- 2002년 8월 18일 -

아산만 방조제

춘천·홍천 나들이 隨感

일요일 아침, 간밤의 몸살로 늦잠 생각만 간절한데 때맞춰 내리는 빗소리, 그리고 간간히 들리는 천둥소리….

그럼에도 난 어느새 하오 1시의 시간 속에서 청평~가평으로 번은 밝고 환한 대지 위를 질주하며 있었다. 떠올리면 언제든 기분 좋아지는 그 사람들과 함께….

2시 가까워서야 춘천 소양댐 들어가는 길녘의 〈오수물막국수〉에 도착할 수 있었다. 그런데 거기서 만난 사람은 L이었다. 그는 뜻밖에 부인과 함께였다. 그가 투어 나오기 어렵다. 이유의 장본인과 함께라니…. 몇 달 전 반달곰들과 금호동 한 아파트 주차장에서 보았던 그 BMW가 오늘은 전혀 꿈에도 예측할 길 없는 엉뚱한 자리에 서 있었다. 하지만 그는 앞으로도 반달곰에 나올 뜻은 없는 모양 같았다. 2년 남짓 바이크 동호회를 하면서 몸에 습득한 것이 있다.

來者不拒　오는 사람 막지 않고,
去者不追　가는 사람 잡지 않아.

반달곰을 스쳐 지나간 사람들이 아마도 일백 명은 넘으리라 한다. 일 년 반쯤 전에 함께한 이후 지금껏 의연히 볼 수 있는 사람들이 있고, 중간에 약간의 우여곡절을 겪기는 했으되, 더 오래

된 사람으로 아직까지 남아있는 이들도 있기에 울적하지 않다.

느랏재와 가락재를 넘는데 한 방울의 비 감촉이 왠지 초조를 일으켰다. 가락재를 거의 다 넘어 홍천 길에 드는 바로 앞의 도로에서, 비오는 양평으로부터 거슬러 우리를 찾아오던 전영훈과 상봉할 수 있었다. 그 순간 와인빛 골드윙이 예전보다 한결 찬연히 돋보였다.

홍천 길에서부터 폭탄 질주가 시작되었다. 해는 지고 갈 길은 먼데, 그 위에 덧친 비에 대한 불안의식 때문인 양 하였다.

옛 어투로 하자면, '일모도원日暮道遠 해 지는데 저너머의 먹구름은 무스 일고!' 하는 상황이었다.

과연 그 불안은 공연한 것만은 아니었으니, 〈양평휴게소〉에 들 때 쯤엔 만만찮은 비가 곤곤滾滾히 휴게소 앞터를 흩뿌리고 있었다. 이제로부터의 라이딩은 더 이상 '투어의 즐거움' 쪽이 아닌, 어느새 '재빠른 귀가' 쪽. 어쩔 수 없는 목적 변질이 불가피하였다.

비 내리는 양평로의 갓길을 달리다가 1999년 가을과 2000년 봄을 동반행同伴行했던 세 사람을 보았다. 가뜩이나 비 내려 암막한 길인데, 그들과의 만남에서 만단의 심서가 일었다. 본의 아니게 그들과 거의 3년 만에, 함께 달리던 그 양평 갓길을 같이 달리고 있는 형국 안에 빠져든 것이다.

사람의 만남과 헤어짐을 생각게 하는 그런 귀로였다. 하지만 강남역에 닿아 〈신흥관〉에서 오늘 함께한 이들과 나누는 따뜻한 저녁, 그리고 김양호 씨·황준식·전영훈 들과 나누는 대화 속에서 나른해진 몸이 돌아봐지고 마음도 어느새 많이 편안해졌다.

창 밖에 내리던 비도 어느새 멈춰 있었다.

전영훈은 다음 주 〈구룡령〉 투어를 제안하고, 난 다시 마다할 이유를 찾지 못한다. 그렇게 차례로 인사 나누면서 떠나는 그들의 뒤에 남은 〈신흥관〉 조명등 하의 앞마당이 문득 훈훈함으로 다가왔다.

\- 2002년 9월 30일 -

원주, 그리고 영월의 밤

첫째 날

토요일, 4시 10분에 정겨운 LG25를 뒤로하고, 이천에서의 김양호 씨와의 합류는 5시 20분에야 이뤄졌다. 이천에서 여주로의 질주, 그리고 몇몇 굽이의 협로狹路 곳곳에 산사山沙가 도사리고 있는 령嶺을 넘어 우리는 어느새 또 다시 원주의 그 황태집 앞에 웅성대며 서 있었다.

지난 3월 1일이었지, 그곳을 찾았던 그날이….

그날 보았던 신현종의 모습이 다시 꿈인 양 눈앞에 나타났다. 그러나 분명 꿈은 아니었다. 7개월 반의 세월을 어디다 묻은 채 우리는 어제가 오늘인 듯, 오늘이 어제인 양 아무렇지도 않게 만나서 또 웃고 있었다. 황태 해장국의 풍미하며 그 집의 분위기 모두 시간의 제도권 밖에 있었다.

그리고 현종의 형제가 운영하는 그 카페.

내가 그 상호조차 기억하지 못하는 것은 사람과 장소로서 족한 때문일까? 거기서 현종의 융숭한 대접을 받았다. 같이 간 다른 사람들이야 그의 마음 씀을 나만큼 알까? 나처럼 안절부절하였을까? 그는 친절히 원주의 밤을 권유했지만, 다들 영월로의 밤의 주행을 그냥 포기할 순 없었던가 보았다.

원주에서 제천 다다르면, 이제 영월로 들어가는 길. 그 길이 2년 전과 거의 변하지 않아 서러웠다. 달라진 것은 우리의 지나쳐버린 세월과 돌이킬 수 없는 나이 뿐이었다.

캄캄한 밤의 고갯길도 그때 그대로였다. 구비구비 돌 때마다 눈에 밟혀 오는 그 길녘의 그 모습들. 두해 전 뇌리에 묻어 간직되어 있던 기억의 잠재력을 하나하나 일깨워주는 시간들이 있었다.

그렇게 찾아간 영월에서, 오오!

백계목, 엄재현, 그리고 김만수, 그 친구들을 그렇게 다시 만날 수 있으리라곤 꿈도 꾸지 못했더랬다. 정녕!

원주 신현종의 카페에서 우연이가 백계목한테 전화하는 순간을 잠깐 봤지만, 그냥 전화 한 통의 일로만 그칠 줄 알았다. 그것이 곧장 현실의 일로 다가설 줄은 몰랐다. 천만!

영월 〈청령포〉 들어가는 길의 〈청령포모텔〉 뒤 너른 마당 안에서의 뜨끈한 모닥불과 함께하는 즉석구이의 주연酒宴, 그리고 영월팀과의 재상봉 마당은 그렇게 이루어졌다. 예상을 초월하는 여러 장의 멋진 그림으로….

내가 백계목과 엄재현을 다시 눈앞에 보고 흔건히 술기운마저 돌았을 때, 지금 벌어지고 있는 이 도취의 현상이 진정 생시의 일일까 하고 잠시 자의自疑하였다. 그래도 꿈이 아닌 줄은 알았지만, 정녕 꿈같은 장면임엔 틀림이 없었다.

우리를 힘들게만 하는 듯싶던 삶이 우리에게 선사하는, 또 하나 작은 안파眼波와도 같은 이 밤.

붉은 장작이 몇 번째 더 올려지고, 술과 안주의 흐드러짐 속에 꿈같은 영월의 밤이 지나가고 있었다. - 2002년 10월 12일 -

태백 너머 동해변 따라…
드디어 강릉의 밤에 떨어지다

둘째 날

영월의 아침이 밝았다.

역시 영월의 그 친구들은 어젯밤을 꼬박 새우다시피하며 음주연담燕談하였으니, 오늘 아침 굳이 나오겠노라 강변强辯하였으나 그 일이 처음부터 무리였을 줄 알았다. 영월 맨 가장자리에 있는 〈고씨동굴〉로 이동한 다음에조차 불러내는 전화를 마침내 받지 못하였으매….

우리는 그냥 정겨운 땅을 뒤로할 수밖에 없었다.

언제나 뒤두고 떠날 때면 애련하게 느껴져 오는 곳. 그건 반드시 단종이거나 김삿갓의 정한이 서린 곳이라서만은 아닐 것이다.

영월의 아래로 돌아 태백으로 들어서는 길은 예상대로 한갓진 풍경이 전개되었다.

그렇게 바다를 찾아 동쪽으로 열중하여 달리다가, 이름도 모를 어떤 한 음식점과 모텔이 덩그러니 있는 길가 모롱이에 조금 머물렀다. 그리고 다시 출발한 지 얼마 안 되어 내 몸에 찾아든 육신의 악령. 느닷없이 머리가 괴롭게 아파오고 안구가 앞으로 쏟아지는 듯 날빛이 시리는 증상과 함께 몸 상태가 급격히 나빠지기 시작했다. 그야말로 창졸간에 발생한 고통이었다.

끝이 없을 줄 알았던 인면忍勉의 주행도 끝은 있었다. 드디어 몽롱한 안전眼前 저편에 동해 바다가 기적인양 펼쳐졌지만, 그 감동보다 우선했던 것은 극악한 육신의 신고身故였다.

동해변 7번 국도를 조금 타다가 곧 들어가 쉬기로 한 〈임원〉, 그 해변가 장터에 바이크를 세울 무렵 괴로움은 절정에 달하였다. 거꾸로 치밀어 올라 역류할 것 같은 구토가 엄습했지만 어이없게도 토해지지는 않는다.

몇 병인지 알 수 없게 마셔댄 액상의 진통제, 그리고 소화제. 그 어떤 것도 이번엔 모두 무의미한 액체일 뿐 점점 약물중독의 느낌만 강하게 전해줄 따름이었다. 감당하기 어려운 육신을 어디 누이고만 싶은 원초적 욕구만이 머리에 그득하였다.

일행이 아예 점심을 해결하고 갈 양으로 거기서 머무른 객관적 시간이 꽤 된 듯싶었지만, 좀 더 주저앉고만 싶은 이 지독한 고역의 당사자한테는 그 휴식의 시간이 턱없이 짧기만 한 것이다.

그렇게 달린 이 날의 총 220km. 그 길은 더 이상 쾌快를 가져다 주는 주행일 순 없었다. 그냥그대로 고통의 한계상황 안에 갇혀버린 지옥의 행로였다. 끝나지 않을 것만 같은 악몽의 노정이었다.

사람에게 육체가 있음과, 여간하여 끝이 나지 않을 것 같은 그 망망대로茫茫大路가 그대로 원망이었다. 그러다가 드디어 내가 견뎌 버틸 수 있는 데드라인의 상황이 다가왔다.

어찌어찌 그렇게 강릉까지 달려갔지만 그 시내를 통과할 때엔 더 이상 죽음의 질주를 이겨 낼 힘이 없어졌다. 어딘가를 급히 찾아 이 끔찍한 육체, 무자비한 육신을 뉘여야만 했다. 후미에 서로를 챙기면서 가는 김양호 씨와 전영훈, 황준식에게 그리고 우연과 성민에게 결심처럼 부득이한 헤어짐을 알렸다.

그 시각이 5시 30분 쯤.

저물녘 해거름에 그만 아스라한 이역異域 땅에서의 어이없는 생이별이 일어났다. 기가 막히는 작별에 직면하게 된 것이다.

- 2002년 10월 15일 -

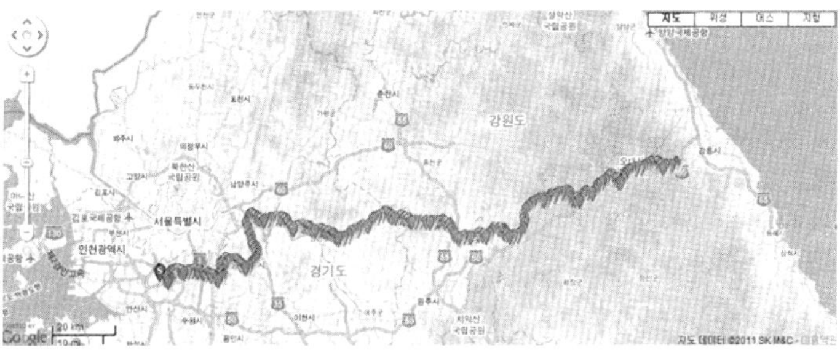

강릉과 양평 간을 수놓은 꿈의 로드

셋째 날

강릉역 도중의 〈힐튼모텔〉은 참으로 깨끗하고 조용하였다.

10시 50분에 햇빛 찬란한 그 곳 주차장을 나선다. 언제 다시 몸이 반란할지 내심 불안 없음은 아니나 이제 월요일, 더 이상 지체할 수도 없는 노릇이었다.

전날 저녁 우리의 일행이 멀어져 간 그 길 위를 밟는다. 어젯날 지나갔던 가족들의 행적을 그대로 뒤좇아 가는 것이다.

강릉 시내를 벗어나 7번 국도 따라 몇 km를 더 북상하다가, 연곡連谷 소금강 갈림길로 들어선다. 바야흐로 6번 국도에 접어든 것이다. 이제부터 이 길만 따라따라 가면 저기 꿈에조차 낯익은 양평의 그 6번 도로까지 우리를 데려 놓아 줄 것이다.

아직 오전의 시간대 안에 햇볕은 화사하고 바람은 부드럽다. 차 없어 한적한 월요일의 도로, 눈앞에 길게 펼쳐 있는 길이 유혹처럼 눈부시다.

힐끗 뵈는 이정표에 〈오대산〉 40km! 뜻밖이었다. 〈강릉〉에서 〈오대산〉이 그토록 가까운 거리였었나? 이런 최고의 날씨에 40km는 그냥 가뿐하게 보이는 숫자였다.

오대산.

가슴이 설레는 곳이다.

나의 대학 시절이었던 1973년, 1974년 여름 은밀히 두 번 찾았던 그곳, 그래서 이후 언제든지 아련한 추억으로 남아 있는 그곳.

1988년 여름에는 우리 아이들 아직 어릴 적에 승곤, 현복과 함께 찾았던 그곳.

바로 그 자리를 세월 저문 오늘은 투어러 바이크 골드윙으로 늘씬히 질주하는 것이다. 오대산 넘는 그 고개 이름이 〈진고개〉인 줄도 세월 다 지난 이날에야 알다니…. 나중에 지도 보니, 그 〈진고개〉 정상을 통과하는 길 오른편 산 위가 바로 〈상원사上院寺〉 올라가는 전정前程이었을 줄이야.

이제 와서 그 시절에 내가 여러 날 묵었던 그 회억 속의 여관, 그 자리가 어디쯤에 있었는지 더듬어 찾을 길이 막연할 따름이지만, 나의 의식이며 눈동자는 그래도 그날을 찾으려 잠깐이나 바삐 움직이던 순간이 있었다.

문득 〈월정사 4km〉라고 쓰여진 간판을 보고 난 다음에사 그냥 〈진부珍富〉 난 길로 차마 방향을 돌리진 못하였다. 왕복하여 8km는 귀가와 멀어진 거리요 시간이었지만, 그 마당엔 그것을 따지지 아니하였다.

그렇게 찾아 든 〈월정사月精寺〉 앞으로 난 길, 그리고 아아, 천수백 년의 사리를 봉안한 부도전浮屠殿! 나의 20대가 숨쉬던 시절 혼자 바장이며 걸음걸음 사색에 젖던 바로 그 자리가 아니던가!

그런데 놀랍게도 〈월정사〉에서 〈상원사〉로 가는 4~5km 그 시절의 자갈길 산책로, 그것은 여지껏 그 옛날 그대로의 비포장 맨 자갈길 그대로였다.

나는 그만 내 뒷자리 지키는 처의 말을 따르는 양 거기서 돌아

서기로 했다. 그렇게 〈월정사〉를 되돌아 나온 다음에는 더 이상 감상과 인정에 빠질 일일랑 없었다.

〈진부〉로의 쾌속 질주. 곧 풍광은 〈봉평〉으로 바뀌어든다. 주유를 해두는 것이 좋을 듯싶어 들어간 곳, 그 이름이 마침 〈메밀꽃 주유소〉이다. 그리고 불과 몇 km를 더 전진했더니, 이런! 2년 반 전에 찾아 왔었던 그 마을의 길들이 나타났다.

가산 이효석의 〈메밀꽃 필 무렵〉 문학의 고장을 찾던 그때가 기억 속에 새로웠다. 강릉 기점 90km 만에 보인 자리였다. 거기서 넘는 〈태기산〉 도는 길은 바로 앞에 넘었던 〈진고개〉를 무색케 할 정도의 곡선 급한 험난한 코스였다. 거침없는 질주 속에 〈횡성〉의 글자 힐끗 보곤, 또 다시 무장무애 신명나는 질주.

그 끝에 급격히 오른쪽으로 돌아감을 알리는 눈앞의 안내판 따라 들어 선 곳은…. 〈홍천〉에서 〈양평〉 달리던 바로 그 길 아니던가!

바야흐로 〈양평〉이 코앞임을 깨달은 순간, 지금껏 달리던 속도에 박차가 가해진다. 〈양평휴게소〉에 오면 더 이상 여행일 순 없고, 느긋한 안도만이 남는다.

그렇게 집 앞에 주차한 시각이 하오 3시 50분. 토요일 하오에 떠났던 바로 그 자리로 돌아온 것이다.

출발할 때 집 앞 〈삼풍주유소〉에서 0km에 맞춰 눌러 놓은 거리 미터는 주파 거리 총산 701km를 보여주고 있었다.

3일 간의 특별한 여정이 막 마무리되어지는 순간이었다.

- 2002년 10월 16일 -

가랑비 오락가락에 서해 아산만과 삽교호 당진을 바라보고 달리다

가랑비가 내리는 속에 출발한 〈아산만〉 행 원형이정元亨利貞 4대의 바이크.

가는 비는 간헐적으로 떨어져 실드shield를 어지럽히고, 눈 아래엔 촉촉이 젖어 걱정이 서린 대지大地.

그 위를 시속 60~80km 정도의 차분한 속도로 〈왕림휴게소〉, 그리고 〈봉담〉에까지 정속 주행하다. 〈안중〉으로 이어지는 안내판을 저만치의 눈짓과 함께 좌회전하여 〈아산만〉으로 돌아드는 그 대로에서부터 처음 가능했던 고속 질주는 오늘도 200km까지를 마킹하다.

〈아산만방조제〉 썩 지나서 〈당진〉으로 우회전 꺾어 들면 파죽지세로 〈삽교 방조제〉 건너 달려 당도하니, 바로 〈우렁박사집〉! 이웃집 같은 정겨움 여전한 속에 우렁쌈장 그리고 우렁된장의 넘치는 맛은 오늘도 변함없다.

가을비 투어 속에 일어난 이렇고 저런 이야기들. 그것을 어찌 몇 글자 문필로 일일이 형용해 볼 나위 있으리! 그것은 오늘의 궂은 날씨 속에 고락을 함께 한 우리 몇 사람끼리만 두고두고 누려 볼 수 있는 특이하고 재미로운 추억일지니….

- 2002년 10월 21일 -

서해, 10월이 가버린 자리

어느 겨를에 10월은 곁에 없고, 지난 해 떠나갔던 그 11월이 내 옆에서 고갯짓 해주기를 기다리며 있었다.

엊그제 일요일, 풍운風韻이 넘치던 그 서해 유정遊程을 생각하니 다시금 설레고 아련한 마음된다.

박현수 씨, 권기업 내외, 황준식과 동행했던 서정 어린 한 편 영화와 같던 하루. 우설雨雪이 난분분하고, 바람찬 서해 바다의 운치를 만끽하고 돌아왔나니!

눈보라 날리는 〈봉담〉의 그 휴게소, 그리고 〈발안〉으로 내닫는 길. 더욱 전진하여 〈아산만방조제〉, 그리고 〈삽교방조제〉의 물기 머금어 뽀얘진 대지를 꿈결인양 달렸던 날.

이날을 함께 한 이들에게 두고두고 잊기 어려운 기억으로 새겨질 것이다. 그리고 또다시 습관처럼 찾은 〈우렁박사집〉에서의 따뜻한 환대, 뒤미처 우렁쌈장의 넘치는 풍미.

이윽고, 서쪽으로 달려달려 그 끝에 닿은 〈석문방조제〉, 그리고 바로 너머의 바닷가! 거기서 맞이한 서해의 용용湧湧한 파도, 그리고 옷깃을 뒤흔드는 거센 바람.

현수 씨의 제안으로 노변에 둘러 앉아 초장에 찍어 맛보는 즉석 광어회와 문어 삶은 요리, 비닐 막사 바깥으로 간간히 노호怒號하는 바람 소리. 휴게소에서마다 서로서로의 따스한 웃음과 온정이 넘쳐 흐르고….

이런 멋진 장면들로 채워진, 최고의 분위기일 수밖에 없던 그 날 하루를 여기에 새겨 두고자….

- 2002년 11월 3일 -

석문방조제

만인산

오랜만에 아침이 눈부시다. 그 빛나는 햇빛을 받으며 경부고속도를 탄다. 오늘은 승용차로의 노정路程인 것이다. 천안휴게소에서 쉬었음에도 대전까지 1시간 반 만에 주파하다.

상봉한 곳은 만년동의 〈띠올석갈비〉. 그 얼마만이런고. 지난봄에 여러 반달곰과 와서 이 친구, 내 청춘시절의 벗 전용오의 푸짐한 대접을 받기도 한 곳이지.

점심을 먹으면서 알았거니와, 그의 왼쪽 가슴의 담이 엊그제부터 심하게 결린다 한다. 이제 정말 우리는 속절없이 나이든 사람이 되고 말았나 보다.

점심 후 어디를 갈까 한참을 번민한 여餘에 가기로 정한 곳이 〈만인산〉. 대전 교외의 바람쐬기 썩 괜찮다고 한다.

저기 남대전의 복잡함을 벗어나니 도로가 활연히 펼쳐진다. 더 아래의 금산군 쪽으로 난 가로수 길은 여름이면 그만 환상의 드라이브 코스였겠다. 도로 양편으로 나무들이 서로를 향하여 굽어진 형상이 완연한 나무나무의 터널이었다. 그 사이를 한 15분 달리노라 보니 〈추부터널〉이 나타났고, 그것을 바로 눈앞에 보면서 오른쪽으로 돌았을 때 〈만인산휴양림〉에 닿았다.

금산군 추부면 소재로 되어 있었다. 주차장이 유료화되지 않은 것은 아직은 인파 많지 않다는 뜻이기에 마음에 들었고, 무엇보다 그 위로 난 산책로가 그만 일품이었다. 기대를 안했다가 맞이한 낭만의 공간인지라 더욱 그랬는지도 모를 일이지만, 아무튼지 대전 남쪽으로 이런 절승경처絶勝景處가 있었다니…. 역시 삼남三南의 요로要路인 대전은 그 주변에 좋은 경관이 많기로 타처他處가 도저히 흉내낼 수 없는 곳이다.

산책로가 끝나면 이어 등산로로 이어지는데, 한눈에도 첫 도입부가 꽤 가파르게 보이는 것이 전혀 오르고 싶은 마음이 들지 않았다. 그래봤자 불과 500m 나지막한 산으로 30분이면 정상에 설 수 있단다. 등산 코스 축에도 들지 못하는 그런 산인데도 내게는 영 부담스럽게만 보인다. 대신 이에저에 나 있는 산책로마다 천천히 걸어서 다 돌아보았다. 그렇게 도는데도 1시간 15분이나 소요되었다.

몸에는 약간 땀이 배었고, 그가 마침 주차장 앞에 있는 레스토랑에 들자 하여 그렇잖아도 쉬고 싶던 차에 들어가 편히 앉았다. 보리차 한 잔과 주문한 콜라를 단숨에 들이키고 좀 앉아있노라니 슬슬 피로가 엄습하였다. 그도 피로한 모습이 역력했다. 담배를 연신 넉 대나 피워댄다.

근래 들어 그는 날 만날 때 처음 얼마간은 용케 좋은 표정 짓다가도 몇 시간 지나면 결국 힘들고 피로한 내색을 감추지 못하고 만다. 암만해도 나라는 존재가 좋으면서도 무언가 복잡한 생각을 불러일으키는 모양이다. 은근히 내가 서울로 떠날 것을 종용하고 있지 않은가! 오호라, 그쯤 되면 하는 수 없는 것이다. 그를 위해라도 내가 떠나줄 밖에….

그리하여 나는 그의 곁을 떠나 주기로 하였다.

광천에서 담가진 것, 그가 거기서 받았다는 그것, 포기김치들을 잔뜩 담아 보자기로 깔끔하게 묶은 플라스틱 박스 두 개를 밉고도 고운 청춘의 벗이 내게 건넨다. 그리고 내 차 트렁크에 옮겨 싣는다. 그거야 내가 사양할 리 없다. 차 트렁크에 싣고 그곳을 돌아 나와 얼마간 같이 앞뒤로 달린다.

대전~통영간 고속도로에 잠깐 들었는가 싶더니, 이윽고 청춘의 벗은 대전 시내로 들어가는 입구 앞에서 손짓한다. 나는 경부고속도로 로 진입하기 위한 길 쪽으로 더 직진하여 나아가야만 했다. 그가 손을 흔드는 모습이 앞 차창 사이로 보인다. 나는 아무렇지 않다는 태도로 그를 향해 힘차게 손을 흔들어 보인다.

서울 올라오는 길. 지지부진의 행로난行路難.

이날의 귀로는 운명적으로 그만 울적의 길일 수밖에 없었나 보다.

- 2002년 12월 1일 -

만인산 산책로

[2003년]

2003년 첫 등정, 경춘 240km를 왕복하다

영훈의 덕분으로 좋은 투어를 할 수 있게 된 하루였다. 아직 겨울인지라 기대도 안 했는데 그 이상이 되었다. 그의 씩씩한 제안으로 무료할 뻔했던 휴일이 활기의 이름으로 새겨졌다.

귀가하는 역삼동 대로에서 저만치 떨어져 내리는 해….

엄청나게 크고 붉은 해를 보았다. 그대로 장관이었으나, 사실은 말로 형언하기 힘든 벅찬 감동으로 바라다보는 순간이 있었나니….

- 2003년 2월 2일 -

안면도 주제의 충남 투어(1)

첫째 날

지난 해 12월에 우인友人과 함께 갔던 그 안면도를 다시 가게 되었다.

학교의 겨울 연수가 명목인데, 그게 용케 좋은 구실을 베풀었다. 그런 명분 없었더면 나의 2월에 안면도는 존재하지도 않았을 테니…. 다행히 날씨가 그다지 춥지 않았을 뿐더러 햇볕은 다사롭고 화창하였다.

갈 때 과천~의왕간 고속화도로 및 〈봉담인터체인지〉까지 연해 있는 312번 직진 길을 질주하다가 〈천천인터체인지〉를 빠져 84번 지방도를 따라 얼마간 전진하였다. 그랬더니 과연, 지도 그대로 오른편에 〈비봉인터체인지〉가 꿈인 양 나타났다.

이제 서해안 고속도로로 접어들었으니 크게 길 걱정 아니 해도 목적지에 갈 수 있으리란 안도감이 생겼다. 향후는 시간의 문제인 것이다. 하지만 난 개인적으로 그 서해안 고속도로가 썩 정감이 가지 않는다. 멋과 낭만이 느껴지지 않는 그 길을 계속하여 달리는 일은 아무런 흥취도 돋아내지 못한다. 궁극 여행의 의미보다는 교통의 방편일 뿐이라는 생각이다.

7km가 넘는 〈서해대교〉의 한 중간에 〈행담도휴게소〉가 있다. 거기서 아침 겸 점심을 먹기로 했다. 들어가 둘러보던 중에 사학과의 조용한 성격에 온화한 모습의 P교수가 두 사람과 같이 앉

아 있는 모습이 보였다. 유자차까지 한 잔 마시고는 휴게소 한켠에 상설로 열리는 충청도권 공예전을 잠깐 둘러보았다. 거기 이봉주 방짜그릇을 포함하여 안성 유기장의 작품, 문방사우, 글씨 등등 관심거리들이 제법 비싸지 않은 값에 전시되어 있었다.

다시 고속도로를 달리지만 그 무미 담백한 질주를 더 이상 참지 않기로 하고 〈당진인터체인지〉에서 일반 국도로 빠져나왔다. 당진에서 서산 가는 길. 여행은 암만해도 국도라야만 제 맛이고 제격인가 다시 한번 생각하였다.

서산은 다시 지나고 싶은 길 아니다. 유독 신호등이 많고 게다가 순탄히 진행할 수 없도록 만들어 놓은 턱들로 서다 가다를 수시 반복해야만 했다. 도로도 형편없고 길 주변도 그다지 깨끗지 못하였다. 그렇다고 시골스런 정취가 있는 것도 아니고….

태안 쪽으로 가서 안면도로 곧장 내려가려던 계획이었는데, 중간에 그만 '안면도 좌회전'이란 장삿속 간판에 깜빡 현혹되어 지방도 649번 길로 들었다가 홍성 간월도가 나오는 큰길까지 하릴없이 좁고 멋없는 길을 한참 동안 주행해야만 했다. 그 뭐라더라, 길가마다 생강 한과를 만들어 파는 간판 일색이었다. 처음 계획대로 그냥 32번 넓은 국도로 달리다가 40번 지방도를 타고 곧장 내려갔더라면 좋았을 걸 그랬다.

중간의 서산 길에 〈부석사浮石寺〉라는 절이 나타났다. 한국 최초의 목조불전이라는 무량수전이 있는 그 절인 줄 알았고, 그래서 그 4km 가까운 매우 좁고 험한 산길을 긴장하고 들어갔는데, 이런! 암만 해도 이 절은 그 절이 아닌가 보았다.

오늘 집에 와 책으로 확인해 보니 경상북도 영풍군 부석면에 있는 부석사가 다름 아닌 우리가 기억하고 있는 이른바 무량수전이 있는 절이었다. 서산 부석면 소재의 그 절은 그러니까 부석사②에 해당하는 절인 셈이었다.

멋쩍은 길도 끝나고 드디어 홍성에서 간월도로 연결된 40번 넓은 국도와 만나게 되었다. 그 때 오랜 친구 전 교수와 함께 동행하여 달리던 그 길이었다.

그리고 10km 못 가서 더 이상 직진 길은 없이 좌우회전 길만 있는데, 오른쪽 길은 태안으로 가는 길, 그리고 왼쪽 길이 바로 안면도로 내려가는 그 길이었다. 그리고도 한 20~30km 내려가면 안면도의 중간부에 해당하는 곳에 〈방포해수욕장〉- 바로 친구와 하룻밤을 같이 지낸 -과 바로 그 아래에 〈꽂지해수욕장〉이 나온다.

하지만 내 목적지인 〈롯데오션캐슬〉은 그보다 조금 더 내려가야만 했다. 안내 간판이 너무도 미온적이고 일관성 있지 못한지라 기연미연한 상태에서 찾을 수 있었다.

그렇게 찾아간 그곳은 명색만 콘도였지, 실상은 어지간한 호텔에 손색없는 훌륭한 규모와 입지적 조건을 지닌 그런 멋진 곳이었다. 안면도 최고의 절승경지를 잘도 잡아 세웠다.

하오 2시의 모임인데, 시계 보니 1시 48분. 이만하면 처음 계획에서 크게 어긋난 것은 아니었다. 그 착란의 〈부석사〉인지를 심방한다고 대략 40분 정도를 소모하였던 것 마련해선 괜찮게 닿은 셈이다.

- 2003년 2월 14일 -

안면도 주제의 충남 투어(2)

둘째 날

안면도 〈롯데오션캐슬〉의 밤. 그것은 온전히 기대 이상이었다.

그리고 그 밤 바다! 또한 지난 12월에 지우摯友와 함께 조개 구워 먹으며 보낸 〈방포해수욕장〉의 그 민박집에서의 그 밤보다 더 여유롭고 세련된 멋이 있었다.

거닐며 바라보는 밤 바다의 전망이 방포 앞바다보다 여기, 〈꽃지해수욕장〉 아래쪽이 더 드넓어 탁 트인 멋이 있었다. 그야말로 일망무제一望無際, 망무제애望無際涯 그 표현 그대로였다. 이런 정도라면 동해의 어느 앞바다에 견주어도 전혀 손색 있을 일이 없어 보였다.

동해가 웅건하고 장중하여 남성적인 느낌을 준다면, 서해는 어딘가 음전하고 조신한 여성의 이미지를 조출해낸다. 나는 이래서 동해에서 구할 수 없는 서해의 멋과 낭만을 똑같이 아낀다. 서해에 대한 그리움이 동해에 못지않고, 그 설렘이 동해에 견주어 결코 지지 않기에.

간 밤 거닐며 흰색 포말의 파도와 장난하던 그 바다 못잊어 아침에 출발하기 전 짐짓 차를 바닷가 쪽으로 돌린다.

눈앞에 환히 펼쳐진 아침의 바다! 그 맑고 환한 바닷가를 따라 서서히 달리는 기분. 생애의 동반자인 처가 나란히 앉아 있다. 왼편으로 하얗게 밀려드는 파도와 저 멀리의 바위섬들을 힐끗 힐끗 훔쳐보며 해안을 따라 드라이브를 펼친다.

조금 가다보니 오오, 그곳은 지난 해 〈안면도 꽃 박람회〉를 열던 그 장소가 아닌가! 그러나 관광 유치를 위해 애써 만들어 놓은 넓은 주차장은 안면도의 운치와 낭만을 위해서는 어두운 내일을 예견하는 듯싶어 우울하였다. 많은 무지한 발길은 또 서해의 비경 하나를 가차없이 훼손시키고 말 것이기 때문이다.

더 거슬러 올라가니 〈방포해수욕장〉 입구가 나왔다. 세월 속 그 친구와 함께 50~70년대의 선율을 들으며 조개며 새우를 구워 먹던 곳. 저녁의 추운 바람조차 오히려 즐겁기만 했던 그 곳, 바로 바닷가가 직전에 펼쳐 있는 그 깨끗하고 조촐한 민박집 앞, 그 기억의 공간을 일부러 찾아 들어간 것이다.

그날 함께 했던 그 사람이야 그 자리에 없을 줄 번연히 알건마는 그래도 그 고독 속으로 뛰어 들어가는 스스로가 이해되지 않는데도 번번이 같은 노릇을 한다. 하지만 그날의 그 장소는 이미 사람들에게 잊혀진 장소로 그냥 호젓하고 쓸쓸한 분위기 속에 있었다.

다만 주말의 밤이나 돼야 또 사람들의 관심과 욕망의 대상지가 되리라. 모두가 그토록 열광하는 곳, 한눈에 환상의 바다가 펼쳐져 있는 전망 좋은 바닷가 앞마당조차 그때가 아니면 이렇듯 외로울 수밖에 없는 것을…. 매혹의 자연도 이렇거늘 사람이야 더 이를 나위 있으랴!

더 내려가면 〈백사장해수욕장〉이다. 세월의 벗이 비싼 생새우며 조개를 잔뜩 장만하기 위해 처음 들어갔던 그 장소. 그리고 이제 추억 더듬기는 끝내야만 했다.

햇볕의 화창하기가 봄날만 같았다. 그리고 차 안의 시계 보니 이제 막 정오를 넘어선 시각. 문득 마음 속에 느긋함이 밀려들었다. 만끽해도 좋을 여유로움이 그 순간 찾아와 있었다. 이런 시간을 위해 이틀을 잡아 여기 온 것인가 보구나 하였다. 그 순간 만큼 삶의 철퇴는 더 이상 날 밀어붙이는 일을 잠시 중단한 상태였다.

왼편으로 바다를 끼고 상하로 길게 난 안면도 길을 거슬러 올라가는 그 순간순간들을 최대한 누리고자 여유로운 드라이브를 계속하였다. 지금 만큼은 무인 속도감지기란 것도 별반 스트레스 될 일이 없었다.

그렇게 올라가다가 오른편, 홍성으로 가는 길로 접어든다. 간월도가 보이면 함께 일박하고 난 그 오전에 짐짓 들어가 그곳의 명물인 새우젓이며 어리굴젓을 사서 내게 건네주던 그 오랜 친구 생각이 또 난다. 달리는 탄탄대로 차창 앞 바로 오른편에 펼쳐지는 그 곳이 바로 안면도와 홍성 서부면 사이에 놓인 바다, 유명한 〈천수만〉인 것이다.

〈서해안A지구방조제〉 다리를 건너 10분쯤 더 달려서는 홍성 쪽으로 가는 길을 버리고, 〈수덕사〉와 〈윤봉길의사 추모비〉와 그리고 〈덕산온천〉이 있는 622번 지방도로 들어섰다.

그때도 같이 주행했던 그 길은 왠지 느긋함과 평화로움이 있었다. 왼편으로 〈수덕사〉를 눈으로 전송하고, 이윽고 윤봉길 사당을 보는가 했는데, 어느새 오른편엔 옛 다니던 기억이 새로운 〈덕산온천〉이 눈에 반갑다.

조금 더 나아가니 제법 어수선해 보이는 덕산 읍내이다. 차를 잠깐 세우고 시장 노전에서 파는 감을 샀는데 오천원에 한 자루

가득한 것이 시골의 물가를 실감케 하였다.

거기서 오른쪽으로 틀면 예산이요, 왼편으로 향하면 곧장 합덕 가는 길. 나는 이번엔 예산 땅 우회로 합덕 가는 방법을 포기하고 피타고라스로 질러 합덕 가는 길을 택하였다. 이번 길에서 만큼은 〈추사고택〉을 생략해도 좋을 성 싶었기 때문이다.

합덕으로 가는 그 622번 지름길 도로에서 예산의 사과를 한 상자 샀다. 과수원을 바로 옆에 끼고 파는 과일이라 그런가, 먹어보라고 주는 사과 한 쪽이 그렇게 달콤할 수 없었다. 이쁘게 생긴 주인 아주머니는 흠이 나서 팔기 어려운 사과니 샐러드 해 먹으라며 여벌로 큰 봉지에 잔뜩 담아 건네준다.

예산을 경유해서 가곤 하던 합덕, 이번에 처음 다른 길로 들어서였는가, 막상 들어선 후엔 그만 길에 홀리고 말았다. 공연히 합덕의 시골 마을 깊숙이 이곳저곳을 방황하다가 눈에 익은 길을 겨우 찾아 닿은 곳, 당진 초입의 바로 그 〈우렁박사집〉!

나이 지긋한 그 집 주인 내외의 반김이 이날 역시 예외 될 리 없었다. 그 씩씩한 주인 마님께서 방안에 앉았다가 이내 날 알아보고는 같이 있던 남편을 향해, "여보, 오토바이 대장 왔어!" 하더라. 그 계몽적인 내용의 붓글씨를 즐겨 쓰는 주인집 아저씨는 안에서 빙긋이 웃고….

거기서 상추에 싸서 먹는 우렁 덕장찌개와 된장찌개는 암만 깎아서 말한들 세상에서 말하는 별미요 일미溢味 아닐 수가 없었다. 이번에도 역시 두 개를 포장해 달라고 하였다. 우리 갈 때마다 무뚝뚝하게 일만 하던 아주머니조차 얼굴이 익다 싶었는지 손수 커피까지 뽑아 가져다 주었다.

다시 안녕을 하고 아산만~봉담으로 해서 서울로 가는 길, 그 길은 늘 바이크 투어로 다니는 길. 하지만 지금은 아늑한 차 안이다. 이제부턴 그냥 마음 편한 시간일 따름이었다.

그럼에도 이날 어찌 된 셈인지 자꾸 길에 홀린다. 그만 길을 잘못 들어 남양까지 울며겨자먹기 식의 질주를 하다가 용케 봉담의 〈왕림휴게소〉 있는 데로 빠져나올 수 있었다.

봉담에서 왼쪽으로 꺾어들어 과천까지 이어지는 그 자동차 전용로. 재작년 12월 크리스마스 앞둔 날 아산만 향해 바이크로 달리다가 단체가 전용도로 위반으로 걸렸던 기억이 생생한 그 길을 오늘은 단속 걱정 없이 당당히 주행한다.

과천 〈서울대공원〉을 지나 남태령 쪽으로 방향을 정했는데, 그 때 겨우 하오 4시가 좀 넘은 시각인데도 내리막길의 남태령에선 또 어쩔 수 없이 서행을 면하지 못하였다. 양재 쪽보다 남태령이 좋은데도, 그만 답답한 상황이 싫은 것이다.

그렇게 돌아온 뒤의 집은 암만 누실陋室일망정 마냥 편안한 안식처일 수밖에 없어라. 난 그만 느릇한 피로감에 초저녁 시간을 거의 잠으로 채우고야 말았다.

두 번째로 다녀온 1박 2일의 안면도 여행길.

사는 동안에 길이 추억될, 그런 예쁜 시간들이었다.

- 2003년 2월 15일 -

아산만의 수채화

얄궂게 내리는 비가 걱정이지 않은 이 있으랴.
그러나 함께 하고 싶은 벗이 기다려 있고
3월의 첫날은 봄이라 은근 유혹하며
저 편 아산만은 그립다며 손짓하는데
길게 망서릴 게 무어랴!

군포~남양~발안으로 통하니, 한달음에 내달린 39번 길.
그리고 흐린 날의 아산만방조제, 삽교방조제, 우렁박사집.

이리하여 왠지 애끈하고 아련하고, 작은 한숨만 같은
또 하나의 수채화 한 폭이 더해졌다.

- 2003년 3월 1일 -

홍천에서 점심하고, 두 개의 재 넘어, 춘천을 거쳐 돌아오다

가락재 느랏재야, 그 겨우내 잘 있었구나.
정상의 기슭 아래 고개 길녘에는
가는 계절 못 잊어
어떡하든 녹지 않은 흰 눈덮이,
뜻밖에 놀랍고 의외로 반가워라.
작년의 그 풍광 그 정경은
어제의 그림인데
오늘은 또 한 세월 등에 지고 이 고개를 지난다.
아쉬움만 있으랴 위안도 있었나니
그 시절 어울리던 사람, 셋.
오늘도 같이 한다 변함없이,
줄 지어 넘는다.

- 2003년 3월 3일 -

충주길 따라 피어난 생각들

아침에 약속지에서 만난 김양호 씨와 안상건 씨는 늘 그날이 그날인 듯한 사람들이다. 반가워도 내심으로 그럴 뿐 겉으로 잘 표현 못하는 그런 사람들이다. 그야말로 옛 말씀에, '군자의 사귐은 물과 같다君子之交若如水' 하였는데, 꼭 그 형상인 양 하다. 군자와는 먼 나조차 예외는 아니니, 만나도 이건 영 짜릿한 맛은 없다. 싱거운 맛일망정 반갑기는 매한가지다.

용인~양지를 통해 장호원까지 내쳐 달리었더니, 휴게소가 다른 날 달리 반갑기만 하다. 그 뒤엔 이런저런 망서림 없이 더 높은 속도로 질주했다. 아산만을 목전에 두고나 달려보는 200km를 그 2차선 작은 도로에서 질주했으니, 도로의 사정이 얼마나 좋은지 시간 지나서 생각해도 너끈히 짐작이 된다.

서해와 남도 지리산에 걸친 2박 3일 동안의 긴 여정 끝에 〈충주역〉에 당도한 기업 내외, 영훈, 준식의 네 사람.

하지만 그들의 모습에서 지치고 피폐해진 흔적은 보이지 않는다. 만일 내가 그 여로旅路에 끼었더라면 그대로 초죽음이었을 텐데…. 20대와 30대 사이의, 단순히 나이가 주는 차이 때문이려니 하고 스스로를 달랠 밖에.

마침 인적 드문 〈충주역〉 너른 마당엔 한가득이 다사로운 햇볕이었다. 지난 며칠 동안 계속 일요일의 비 소식을 고집하던 예보를 한 순간에 비웃기나 하는 듯이. 그러했기에 그만큼 이 햇볕이 고마울 수 없었다. 예보가 그렇게 곧잘 틀려도 욕을 먹지 않는 이유를 알 만하였다. 비가 온다고 했다가 맞이하는 환한 햇빛, 그리고 따사론 햇볕은 뜻밖의 보너스 같은 작은 축복이겠기 때문이렷다.

- 2003년 3월 31일 -

춘천~홍천 투어 備忘記

실로 오랜만에 밟아보는 눈부시도록 햇빛 찬란한 경춘가도. 더 이상 봄만 같지 않은 날씨로 햇볕 쨍쨍하고 모래알 반짝하던 오늘이다.

소양댐 들어가는 〈오수물막국수〉는 남다른 배려가 있고 박찬웅 씨의 친절한 웃음이 있어 편한 곳.

이제는 산기슭의 눈도 사라진 느랏재와 가락재의 구비구비 코너링엔 신명나는 가락미가 있다.

그리고 질풍의 홍천 길. 거긴 바로 얼마 전 속초 여정 말미를 장식하던 열정의 귀로, 빗길 쾌주가 떠올라 살가운 곳.

오늘의 대단원은 역시 양평 기나긴 사잇길 주행으로 장식되고, 밤 10시의 워커힐 작별은 일찍이 유례없던 일이기에 기이하다.

- 2003년 5월 5일 -

다시 아산과 당진의 방조제 달리고, 서해변에 노닐다

아산만, 삽교 방조제를 이내 다시 밟아 달릴 줄이야. 당진의 〈우렁박사집〉 노부부를 또 그렇듯 쉽게 돌쳐 만날 수 있을 줄이야.

〈석문방조제〉에서는 전체 앞에 회를 대접했던 김우기 씨와 그때 그것을 먹으며 좋아했던 영훈에 대한 기억들이 한갓 아련한 추억 아닌 현실 되어 재차 다가왔다. 일순간에….

김우기 원장 대신 장동진, 김우연, 정건국이라는 이들이 그 자리를 대신했지만, 그날조차 함께 했던 우리 뿌리 깊은 동지들의 모습은 그저 오늘이 그날 같은 따름이었다. 달라진 것이 있다면 지나쳐버린 시간과 일월日月의 숫자 뿐.

그렇게 반기는 서해의 앞에 경이와 기쁨의 낯빛을 던진 채 보내었던 어떤 시간들이 있었다. - 2003년 5월 12일 -

원주 투어 有感

어젯날을 살갑도록 해 준 원주의 신현종에게 각별한 고마움을 전하고 싶다. 일찍이 그가 소개해 주었던 신 시가지의 그 황태집에서 점심이 한창일 때 카운터에 서 있던 현종의 모습을 보았다. 또 피곤한 몸인데도 짐짓 자신이 운영하는 〈CODA〉를 열어 우리에게 멋진 공간은 물론 시원한 커피며 칵테일을 대접해 준 그 성의가 다시금 떠올라 거듭 감의感意가 새로워진다. 같이 투어 할 수 있는 그 날을 꿈꾸면서 현종의 사업이 일취월장하기를 바라마지 않는다.

다만 투어 중에는 다소 안정적이지 못하고 어수선한 국면이 없지 않았다. 하지만 우리 모두가 자기 한 사람의 기분과 이미지만 생각하는 대신, 전체를 위해 힘이 되고자 하는 마음을 가질 수 있다면 장차로는 호전될 수 있으리라 기대해 본다.

- 2003년 5월 18일 -

6월의 첫날, 신록의 추사고택을 심방하다

아산만 가는 길, 그리곤 추사 김정희 선생을 찾아가는 길.

모처럼 정말 오랜만에 여유 넘치는 라이딩을 즐겨 본 오늘이다. 늘 무엇인가에 쫓기듯 질주하던 그 길과 길녘들. 그 반가운 낯빛들이 오늘 처음, 새삼스레 눈앞에 들어왔다. 미안하기 그지없었다. 그간 참 무심하고 소홀하게 대했던 크나큰 자연 앞에 정말 송구한 심정되었다. 마치 다정코 진실한 친구를 바쁘다며 함부로 대했던 것 같은 느낌이랄까?

초여름의 햇볕 아래 들어간 〈우렁박사집〉은 모든 것이 여전하였고, 찾아 본 〈추사고택〉은 어제가 오늘인 양하였다.

바이크를 알게 된 다음부터 충남 예산 땅도, 〈추사고택〉도 더 이상 멀기만 한 공간은 아니었다. 80년대엔 정말 결심에 결심을 더해서야 겨우 발로 딛고 눈으로 맞이할 수나 있는 그런 아득히 요원한 공간일 뿐이었는데….

한적하며 고즈넉한 그곳은 별반 흐르는 세월을 타는 법 없이 그저 정겹게만 느껴진다. 언제든.

바람 솔솔 부는 소나무 숲 사이의 나무 벤치에 되는대로 앉아 담소하였다. 거기 몇 번 찾다 보노라면 나의 인생도 따라 저물어 가리라.

그래도 하 정다워 아니 찾을 수 없는 그곳.

예산 땅 추사 선생 옛집에를 다녀왔다. 오늘은….

- 2003년 6월 1일 -

車窓 밖 추억의 행로

다시금 어제 되었구나, 가을 빗속의 추억 여행. 오전에 짐짓 늘어지다가 하오의 일과를 위해 빗속에 나서다.

수도권 지도라는 걸 보면 세상에도 찾아 못갈 공간이란 없는 듯하다. 목동 소재의 〈한국문화콘텐츠진흥원〉을 일말 배회하는 일 없이 한번에 찾아내고 주차까지 운 좋게 해치웠더니 오히려 허탈하기조차 하더라.

그 익숙치 않은 일방로 때문에 가기를 꺼려하는 목동.

알고 보면 오목교 너머에 자리한 목동, 그 터전이야말로 긴 세월 초연한 내 아버지의 유전지대 중의 한 곳인지라 나의 소년, 그리고 청년 시절의 발자취가 사방에 어려 있을 땅이다. 하지만 상전벽해가 되어 버린 지금에사 그 발자취 다 감춰져 아무런 정감도 느낄 수가 없는 곳이 되었다. 돌아올 때 보니 SBS와 CBS, 그리고 현대백화점 등 초고층 건물이 늘어서 즐비하였지만 내겐 다 사이버 세상만 같아 보이더라.

마음조차 회색 비로 젖은 채 집 나서 승용차 운전으로 가는 길. 한강 인도교에서 좌회전하자 오른편에 난 거리, 비 내리는 노량진을 보았다. 1950년대 후반의 느른하고 훈기 가득한 초여름의 어느 날, 그 앞에 열지어 있던 가게들 사이에 젊은 어머니와 앉아 있는 어린 내가 보였다.

상도동 길, 대방동은 세월이 지나도 그대로였다. 신길동 언덕을 넘어서면 꿈에조차 못 잊을 〈영등포시장로터리〉이다.

일부러 신호등에 걸리기를 바라는 마음…. 그러면 재빨리 나는 두리번거려 그때의 내가 오랜 세월을 두고 바장이던 그 곳, 그리고 저 자리를 강하게 바라본다. 내가 버리고 떠난 영등포의 그 로터리는 세월 속에 의연하다. 아마도 천고千古를 두고 그냥 로터리로 남아 있겠지.

오목교. 그건 나 영등포 살던 청년 시절엔 그야말로 오목이 주는 작고 예쁜 이름의 느낌처럼 하나의 작은 다리에 불과했었는데, 이제산 속절없는 거대한 차로車路일 따름이다.

오목교 넘어서, 먼지 이는 들판의 작게 난 길을 죽 달려가다 보면 신정동이 나왔었다. 그곳에도 역시 내 아버지의 능력이 사방 도처에 숨 쉬고 있었지. 그러나 이제는 그냥 목동 사거리, 목동 오거리란 이름 등의 교통 복잡한 큰 도로일 따름이었다.

2시간 남짓의 심사라는 일을 끝내고 나왔는데도 여전히 추적추적 비가 내리며 있었다.

어디로 갈 것인가? 반포동 집으로? 아니, 그냥 삼선동으로 가기로 정했다. 그러면 어디로 해서 가지? 88대로? 그 그림은 문득 삭막감만 안겨준다.

오목교를 다시 넘기로 했다. 양남동 네거리. 거기서 좌회전하면 양화대교가 나오는 걸 내 머리는 아직도 기억하고 있다.

〈양화대교〉. 나 대학 다니던 청춘시절, 1970년대엔 그 이름이

'제2한강교'였었지. 나의 뇌리는 아직도 그 다리를 떠올릴 때마다 그 이름이 우선한다.

〈연세대학교〉. 내가 다니던 학교지만 이제 더 이상의 추스릴 미련도 없다. 그래도 독립문 방향으로 통해나가는 〈금화터널〉은 내 1980년대 추억과 함께 다정할 밖에….

〈사직터널〉은 1980년 9월에 바이크 환상 운전으로 혼자 넘어졌다가 무의식의 힘으로 빠져나온 애끈한 추억이 깃든 곳. 결코 무심할 수 없는 공간.

이제 〈사직공원〉 지나 〈광화문〉 앞에 나서면 추억이란 것도 흐릿해진다. 7, 80년대에 헤일 수 없이 지나다녔을 길이언만 어쩐지 그 쪽은 상대적으로 정이 배어 있는 정도가 다른 데만 같지 않다. 대신 굽이굽이 〈삼청터널〉 오르는 길은 오늘처럼 가을비 자욱한 날의 드라이브 코스로는 그만이었다. 예전에도 그랬듯. 세월을 넘어서….

〈삼청터널〉을 통과하고 성북동 지나 저 멀리 〈나폴레옹〉 제과점이 보이면 이날, 예기치 않았던 비 덕분에 모처럼 누려볼 길 있었던 오늘의 메모리 트레이싱도 대략 접을 때인 것이다.

내가 애써 결심하지 않고도 살다가는 문득 찾아드는 이런 날이 있다.

- 2003년 9월 21일 -

속초~강릉의 7번 국도, 그리고 오대산~봉평의 6번 그림같은 길을 곱게 수놓다

진정, 말뿐이 아닌 소수정예의 진수를 만끽한 이번 동해 투어에 감고甘苦를 같이한 우리 벗님들.

그리고 동해의 푸른 바다, 오대산 가을의 운치 어린 길녘들. 그 정겹던 시간들이 어제 오늘인양, 얄밉도록 새록새록 피어나다.

- 2003년 11월 5일 -

필마단기의 강화 투어

어제 일요일, 문득 강화에 문상 갈 일이 생겼다. 그런데 집안에서 창밖을 통해 내다본 날씨. 그것이 그다지 화창할 수 없었다.

눈이 부실 정도의 기막히게 맑기만 한 날씨.

그러나 막상 바이크에 오르기 위해 나가 본 순간, 날씨에 대한 벅찬 기대는 순식간에 무너져 내리고 말았다. 다가올 북풍한설의 전야제와도 같은 냉열冷洌이 전신에 휘몰아쳐 왔다. 게다가 소리내어 부는 음산한 바람까지….

그러나 이미 돌이킬 수는 없는 노릇. 겨울은 언제든 예외 없이 찾아들 뿐이고, 그 겨울도 아랑곳 않은 채 나의 라이딩은 계속될 따름이었다. 하지만 몸 깊숙이 파고드는 이날의 음냉淫冷한 기는 뭔가 다른 느낌이었다. 날씨와 맞추어 음산하기조차 했다.

생각해 보니, 전날 토요일 하오에 그 고속도로 기막힌 체증 속에 치를 떨면서 5시간 대전 내려가던 그 일이 크게 일을 저지른 것 같다. 게다가 그날 야심한 시각의 2시간에 걸친 계룡산 산행도 한몫 거든 것 같고….

남부순환도로를 탔는데, 그 길이 그다지 길게 느껴진 것은 이날이 처음이었다. 약간의 후회도 없지 않았다. 골드윙으로 나설 걸 괜히 단출한 것만 생각했나?

김포공항을 지나 강안江岸 도로를 타고 달리는데, 추월하는 묘미야 있기는 하다지만 역시 전신을 감도는 냉냉함은 어쩔 수가 없었다.

〈강화병원〉은 강화대교 지나 2km 쯤 앞에 있는 별반 크지 않은 병원. 거기서 볼 일 보고 나왔더니, 햇빛은 여전히 밝기만 했다. 날씨 맑아 눈에 밝은 햇빛이 한갓 밝기만 할 뿐, 춥고 따뜻한 일과는 전혀 무관하다는 사실이 더욱 기가 막혔다.

갑자기 〈사랑에 속고 돈에 울고〉라는 옛 가요의 제목이 생각난다. 나는 이날 여지없이 '날씨에 속고, 추위에 울고'의 신세가 되어 거듭 갈 길을 재촉해야만 했다. 그러면서 마음 한 구석에 이런 생각도 들었다.

'휴! 오늘 반달곰 투어가 없기 다행이군. 다들 고생할 뻔했어.'

귀로는 당연 단축 코스를 - 언제나 그랬듯이 - 택하기로 마음먹었다. 그렇게 달려 〈강화대교〉를 다시 건너고, 가끔씩 뵈는 손짜장 간판도 애써 무시한 채 그냥 하염없이 달려 김포 시내를 가로질러 달렸다. 추위에 떨던 눈에 어느덧 〈김포공항〉 들어가는 갈림길이 보였고, 금세 〈남부순환도로〉가 눈앞에 펼쳐졌다.

집에 와서 보니 몸이 석고의 형상으로 변해 있었다. 그 몸을 다시 펴 원상으로 돌리는데 상당한 시간이 걸렸다.

그뿐이 아니었다. 불운은 그렇게 간단히 작별 인사를 하지 않았다. 여지없이 간밤엔 웬만큼 싸고 눕는 신세를 면할 수는 없었다.

- 2003년 11월 17일 -

[2004년]

놓쳤다면 아까웠을 오늘 游程

여름이 확실하게 우리 곁을 떠나기 위한 이별을 준비하던 날, 우리는 또 당진의 별미가別味家를 찾았다. 그 집의 큰 딸과 사위가 이날 더욱 살갑게 우리를 맞이한다.

여인들은 한 공기를 넘길 수 없지만 남자들은 확실하게 밥 두 공기를 뚝딱 소리나게 해치운 뒤에 느닷없이 〈추사고택〉 가는 일이 기정 사실화 된다.

'이런! 하필이면 힘든 오늘에?' 속으로 하는 약간의 불평이 채 끝나기 전에 어느새 앞장을 서고 있는 자신을 발견한다.

정말 기억대로 여유로 달리는 20분 뒤에 도착한 곳, 〈추사고택〉.

거기는 내 상상 속에만 존재하는 공간은 아니었다.

어제가 오늘 같은 곳, 오늘 어제 같은 그 곳. 사랑채, 안채 할 것 없이 사방에 붙은 글씨, 글씨들.

그 모든 광경들은 이미 지난 반평생에 거쳐 내 눈, 내 의식에 익숙한 채의 모습들이매 정녕 거기는 내 상상 속에만 존재하는 공간은 아니었다.

빗방울이 보인다. 회귀回歸가 속절없다. 그런데 귀가 길이 그만 아리송하더니 어느새 온양을 앞에 둔 채 달리며 있다.

하지만 시간의 문제일 뿐 궤도는 찾게 마련. 온양 길부터는 다시

양호 씨의 로드로 이어나갔다.

먼 치에 문득 뵈는 〈온양박물관〉, 그리고 〈현충사〉의 모습에 그 옛날 추억과 함께 마음의 눈시울이 뜨겁다. 평택 길 올라가다 살짝 왼편으로 접어들면 다시 〈아산만방조제〉!

온종일 부는 상쾌의 바람 속에, 놓쳤더라면 아까웠을 오늘 투어.

당진의 〈우렁박사집〉에 앉으면서 양호 씨에게 내 선면扇面 글씨를 건넸더니 그렇게 좋아한다. 기분이 좋아져버린 그가 오늘의 점심을 책임졌다.

- 2004년 8월 22일 -

여주길 돌아 나와 양평 유명산

뱅뱅사거리의 바이더웨이에 나가를 보니 오호라, 2년 반 만에 다시 보는 얼굴 있었네! 진기준 씨, 문창현 씨.

은근슬쩍 여름의 잔재다운 오늘은 가을 투어의 버금형!

모두들 둘러 앉아 향할 곳을 찾으니 오늘 또 아산만은 그렇구나, 쉬었다 가세. 경춘가도는 정신없다 피하고 보자.

이천~여주 거쳐 양평으로 나오는 코스 좋구나! 세곡동 돌아들어 성남으로 빠지는 길 반갑고야. 이천의 도요촌, 〈미란다호텔〉, 〈설봉호텔〉 여전하다.

왼편으로 돌아 탄탄대로 한달음에 이정표는 문득 여주로다. 〈세종왕릉〉 입구 통과, 〈여주대교〉 섭적 건너 오른편에 〈신륵사〉 초입 슬몃 보며, 양평 원주 갈림길에서 양평 방향 살짝 돌자 보이는 〈만다린〉에서 먹는 음식의 맛은 기대를 상회한다.

양평으로 난 37번 이 도로는 얼마 만이런가! 진행로 중간에 생뚱맞게 끼었나니 이름 히여 자동차 전용로? 웃지도 못할 그 넌센스 그 억지는 세월을 초월해 아랑곳이 없다.

구절양장 굽이굽이 올라 본 유명산.

찾아 온 가을 어디 가고 날씨는 잠깐 여름날이었다. 다시 내려 들어서는 양평 가도. 풍경이야 반색이나 구태의연 차의 행렬 반가울 리 왜 있겠나.

봉안터널, 팔당 1·2·3·4 터널.

지리한 방어 주행 오늘도 예윈 없고 팔당대교, 워커힐, 올림픽 대교, 테헤란로. 그 길들 지나면 강남역이 눈앞이다. 최옥석 씨, 이한기 씨와도 교대 앞 사거리에선 작별이 속절없다.

곤비困憊한 몸 추스리며 집에 들어 시계 보니, 5시!

아아, 오늘 함께 동락했던 그들도 이제 집에 들었을까?

그렇게 오늘 약 180km를 같이 일주한 사람들이 지금 또 눈가에 맴돌아라.

- 2004년 9월 6일 -

흰 구름 핀 아산만을 질주한 사람들

청쾌한 바람과 찬란한 햇빛, 9월의 맑은 하늘 아래 한달음에 난 당진 〈우렁박사집〉 가는 길.

욱일旭日은 창천蒼天에 빛나고 펼쳐진 눈앞의 길은 탄탄대로. 그것은 바로 자연과 바이크를 사랑하는 이의 영원한 환상 투어, '투어의 꿈'이더니라.

파아란 하늘 위엔 그림보다 고운 여러 장 흰 구름. 〈과천〉 지난 〈군포〉의 하늘 위에도 하이얀 꽃구름. 〈발안〉의 하늘 위에, 그리고 〈아산만방조제〉 저 너머에도….

하얀 뭉게구름 떠 있는 그 수평선 바라보며 나는 문득 그 옛날 최무룡崔戊龍의 노래, 그도 젊고 나도 파랗던 시절의 추억이 어린 그 노래가 떠올라 나도 모르게 나직이 부르며 질주했더니라.

흰 구름이 피어오른 수평선 저 너머로
그대와 단둘이서 가 보았으면.
하얀 돛단배 타고
물새들 앞세우고
아무도 살지 않는 작은 섬을 찾아서
아담하게 집을 지어 그대와 단둘이
행복의 보금자리 마련해 봤으면.

저녁 노을 곱게 물든 수평선 저 너머로
그대와 단 둘이서 가 보았으면~
갈매기 사공 삼아
별빛을 등대 삼아
늘푸른 나무들이 무성한 섬 찾아서
꽃을 심고 새도 길러 맑은 샘 파놓고
그대와 단둘이서 살아 봤으면. 〈단둘이 가보았으면〉

- 2004년 9월 18일 -

경춘가도에서의 고행

믿음직했던 나의 골드윙은 강촌에서 그만 기함하고 말았다. 〈춘성대교〉를 늘씬하게 달리고, 〈강촌힐스〉 휴게소에서 여유작작할 때까지 조금 후 일어날 그 암담을 어이 짐작이나 했으리.

서울에서 강촌으로 오는 리프트 차. 그것을 기다리는 2시간여. 그리고 그 기사분과 나 둘이서 겨우 올려 싣고 떠나려 했을 때 일말의 안도와 함께 비로소 어이없던 심경….

차의 좁은 앞칸에 세 사람이 끼어 앉은 채로 정체에 빠진 남양주를 통과하는 일. 그것은 음침의 계곡과도 같았고, 죽음의 태양 아래 방황하는 사막 위의 걸음만 같았다. 어쩌면 영영 다시는 나의 세계로 돌아가지 못할 길을 가고 있는 건 아닌가?

내 옆, 바깥쪽에 앉은 처가 나와 똑같이 괴로웠으련만 아무런 내색 없이, 외려 내 눈치 보며 날 위로해 줌에 전긍戰兢 더욱 하였다. 진저리나는 4시간 가까운 갇힘 속에서 겨우 어둠이 내린 서울이 보였을 때 이제야 괴로움의 시간이 끝나가고 있음을 가늘게 실감하였다.

이제 그 거대한 덩어리를 내리는 일이 또 다른 압박으로 다가왔다. 그것은 올리는 일에 비해 좀 더 어렵다는 나이 든 기사의 말에 더욱 암담해졌다.

그래도 세상사는 특별한 악재가 끼지 않는 한은 어찌어찌 넘어가고 지나가는 것인가 보다. 나, 이렇게 지금은 집에 돌아와 앉아 주섬주섬 글이란 것을 챙겨 쓰고 있으니 말이다.

태우의 후기와 옥석 씨가 쓴 글을 보고, 전쟁통에 헤어졌던 내 가족을 만난 양 마음이 겨웠다. 그래, 햇빛 청명하고 바람 상쾌한 오늘, 모두의 투어가 예상대로 잘 이루어질 수 있었구나. 비로소 오늘 겪은 모든 긴장감에서 벗어나면서 그윽한 안도를 처음 체감한다.

- 2004년 10월 24일 -

가평에서 강촌을 연결하는 〈춘성대교〉의 탄탄대로 위.
저 멀리 사진 중앙에 〈강촌힐스〉 휴게소가 보인다.

만추의 아산·삽교·석문 3방조제를 달리다

자리에서 일어나자마자 가장 궁금한 것은 아침의 날씨였다. 이번에는 비를 걱정함이 아니라 추운 날씨에 대한 우려였다.

서둘러 행장 차려 문밖을 나섰을 때, 그것이 기우일지도 모른다는 기대감이 처음 생겨났다. 반포의 집에서 강남 뱅뱅사거리까지 약 2km 주행한 소견으로 괜찮을 듯 싶었다.

10시 5분경 하여 그곳에 닿았는데, 역시 최옥석 씨가 제일 먼저 당도해 있어 이날의 동행들을 기다리고 있었다. 이어 김양호 씨가 도착하고 권기업 내외가, 그리고 끝으로 전영훈이 멀리서부터의 호들갑스런 경적 소리와 함께 준비 대열에 합류하였다. 영훈이의 그러한 익살스런 행차는 오랜만에 보는 것이다.

11월 하순의 아산만 가는 길은 이제 지난 봄과 가을이 한참이던 그 때의 길과는 달라졌다. 하긴 오늘이 음력 10월 10일. 음력으로 10, 11, 12월은 다름 아닌 겨울의 절기가 아니랴! 말하자면 초겨울의 아산만을 달리고 있던 것이니, 그같은 정경은 어쩌면 당연한 것이었다. 그럼에도 아까 그렇게 달릴 적에 사실은 그러한 풍경에조차 별반 쓸쓸함이 깃들지는 않았다.

그렇게 만든 힘이 무엇이던가? 그야 의심의 여지도 없고 두 번 물을 나위도 없이 꿈이 아닌 현실에서의 바로 오늘, 그 시간을 함께 하는 우리 다섯 대 바이크 7인 라이더의 만남이지!

〈아산만방조제〉의 끝에서 당진 들어서는 오른 길목으로 돌아들 때 중천에 뜬 해는 우리의 기분을 더욱 상기시켜 주었다.

당진 〈삽교천〉은 대관절 오늘로 몇 번째 질주하던 것일까? 〈우렁박사집〉 내외의 몸짓과 말씨와 웃음은 새삼 적을 이유가 사라졌다. 열 번을 가도 스무 번을 찾아도 항상 똑같은 그림처럼, 혹은 리와인드 영상인양 우릴 대하기 때문이다. 그런데 희한한 일은 늘 똑같기에 지리멸렬하거나 무미건조로 식상함이 아니라 그 반복이 저으기 사람을 기분 좋게 만든다는 사실이다. 이것이 나 혼자만의 느낌일까?

오랜만에 듣는 전영훈의 얘기는 화롯불이 있는 사랑방의 노변담화처럼 구수하고 재미있기만 하다.

〈석문방조제〉. 여기를 가면서 혼자 감회에 젖었다. 오늘 참 오랜만에 전영훈과 같이 이 길을 가는구나. 김우기 씨도 함께 동행하던 예전의 어느 날, 전영훈이 방조제 끝 노변 횟집에서 하얀 햇빛을 받으면서 즐거워하던 그 장면도 눈에 아른아른하고….

그래, 그 일이 한 2년 되었을까? 흐르는 물과 같은 세월은 그렇게 가고 있는 것이다. 그리고 다름 아닌 오늘도 그 때와 똑같이 - 다만 오늘은 날씨 차가워 비닐 천막 안에 앉아서 - 둘러앉아 회를 나누었다. 또 그때와 다름 없이 영훈이는 자기 어머니를 위해 따로 주문을 했다. 다만 같지 않은 것이 있다면 숫자를 달리해 버린 시간과 세월이 있을 뿐….

돌아오는 길은 언제나 그렇듯이 서두름이 배어있다. 갈 때는 주뼛주뼛 조심스럽게 달리던 동작이 어느새 과감해져버려 들입다 달리고 있는 스스로를 발견했다. 그것이 조금은 신기하기도 했지만 역시 과단성 있는 질주를 늦추지는 않고 있었다. 아닌 게 아니라 군포를 통과할 때는 서서히 해거름이 내리고 있었다.

거기서 집이 가깝다는 최옥석 씨와의 휘수揮手. 헤어짐은 만남의 기쁨 그 크기와 비례하여 늘 아쉬움을 던진다. 그리고는 나머지 넉 대는 그만 서로의 행적을 알기 어려운 뿔뿔이의 질주가 되고 말았다. 하지만 그러한 헤어짐은 잠깐의 숨바꼭질처럼 되고 말았으니, 라이더들은 5분 이상의 오차를 허용하지는 않았다.

곧 다시, 〈바이더웨이〉에서 함박웃음으로 만나 서로의 다정함을 확인하면서 즐거움의 하루를 마감하는 담소를 나눈다. 적어도 이 시간 서로 얼굴 마주하며 나누는 웃음만큼 가식 없는 것이다. 진정 어린 따스함의 것이다.

피곤하여 내일 남기려 했던 유정한 기록을 오늘 안에 남기게 되니 마음은 가볍다. 그리고 언제나 그런 것처럼, 오늘 함께 한 그들이 문득문득 궁금하고 헤어진 지 얼마라고 어느새 그립다.

- 2004년 11월 21일 -

[2005년]

다시 여름의 아산만 뒤에

로드를 맡은 김양호 씨의 스피드는 오늘따라 빠르다.

아산만 너머 모두 합류한 당진 〈우렁박사집〉에서의 넘치는 식욕과 들렌 분위기 속 애애靄靄한 점심 뒤에, 여기 다닌 지 2년도 더 되었다고 말하는 준식이 새삼 다정해 보인다. 그는 홀로 대전행을 위해 당진 그 정든 우사隅舍에서 우릴 전송했고, 최옥석 씨는 역시 〈호계사거리〉에서 안녕의 눈빛과 함께 갈라져 갔다.

양재 스타벅스 앞에서 나눈 아이스 타조차이의 청량함과 순간을 아끼는 태우의 스냅찍기가 이날 여름 투어의 피날레를 장식하고 있었다.

- 2005년 6월 19일 -

우수 속 경춘가도와 느랏재, 가락재의 회상

- 白露 절기 무색한 가을 더위에 낭만의 재를 넘다 -

해묵은 세월 속에 정든 풍광 경춘가도.
밟아 본 날 언제였나, 어제가 오늘인양.
북한강아 잘 있느냐, 춘성대교 여전하다.
강촌에서 들은 소식 앞서 간 동아리들
원주 떠나 춘천으로 향한다는 낭보 듣고
열양熱陽 지친 몸에 새로운 힘 솟는다.
춘천 객점 그 터전에 예전 훤성喧聲 반가운데
아쉬워라 벗 한 사람 필마匹馬 귀경 재촉는다.
엊그제 놀란 가슴 가을 한풍寒風 왔네마는
오늘은 무슨 일로 고된 여름 되도는가

느랏재 가락재야 오랜 뒤에 반가웁다
지난날 들렌 행렬 오늘엔 한적키만
네 모습 의구하련만 사람만이 늙는구나

홍천 대로 길 났어라 주마간산 달려보자
남양주길 행로난에 창황망조 흩어지고
내집 공간 찾아드니 노곤 처음 밀려든다.
무사히 들었겠지 세월 속의 오랜 벗들.

- 2005년 9월 11일 -

아산만의 안부를 묻고 오다

10월의 마지막 일요일에 다시 아산만의 안부를 묻고 오다. 이번에 간 곳도 예외 없이 아산만이 돼 버렸구나. 마음 편히, 아무 때나 쉽게 결정해서 부담없이 다녀올 수 있는 곳. 그 곳이 다름 아닌 아산만인 것이다.

사실 생각해 보면 어디 그런 만만한 장소가 쉽게 있으랴. 출발 때부터 마음 가벼운 곳. 머릿속에 그리는 공간까지 1시간 30분에서 길어야 2시간이면 닿을 수 있으니까. 가는 길은 과천부터 거의 일사천리의 탄탄로를 약속해 준다. 탁 트여 벋은 길의 연속인데다 사륜들의 통행량 적어 금상첨화.

양평 길이 또한 좋다 하나 통행량 적은 쾌주에의 기대는 거의 기적을 바라기에 가까운 일이다. 홍천 길이 트였다 하나 어딘가 산만하고 거친 것이, 호젓함과 아늑함이 안겨드는 아산만과 같은 정취는 아니다.

강화 길은 비록 낭만 있고 호젓하며 소담스럽긴 하되, 거의 협로를 헤쳐가기 어렵다. 내내 조심스러운 발길이 시원스런 질주에 대한 이미지를 기약해 주지 못한다.

그리해서 암만 생각해 본대도, 출발 때 마음 가볍고, 달리는 내내 쾌활하며, 도착 때 반갑고도 치아간齒牙間 풍미를 기약키로 아산만만한 데를 찾기가 쉽지 않다는 것이다. - 2005년 10월 31일 -

06

서 신 書信

옥고玉稿 청탁請託의 말씀

근계謹啓 시하時下 맹하孟夏의 절기에 혜명慧明하신 선생님의 옥체玉體 건안하심과 댁내 제절諸節이 안녕하심을 성심으로 축원드립니다.

다름이 아니옵고, 명년明年의 2월은 저희 한성학원의 설립자이신 우촌友村 김의형金義衡 박사의 서거 이래 어느덧 10주기를 맞게 되는 바, 고당의 선생님을 위시하여 저희들 모두에게 의의 깊고 인정 새로운 시점이 아닐 수 없겠습니다.

이에 돌아가신 그분과는 직접·간접의 인연과 연고가 있는 저희 후생後生·제학諸學들은 그분 생애의 덕망을 기리고 그분 삶의 자취를 회억回憶코자 하는 강한 염원을 저버리지 못하여 이제 감연敢然히 『우촌선생10주기추모집友村先生十週忌追慕集』이라는 제목하의 책 봉정을 기획하여 보았습니다.

이같은 계제에서, 생전의 우촌 선생과는 오랜 세월 그 누구와도 비할 수 없는 지란芝蘭의 막역莫逆한 친교를 맺으셨던 선생님을 가장 먼저 염두에 떠받들게 되었습니다. 다름 아니라 우촌 선생의 인간과 사적事蹟을 돌이켜 추억하는 일에 선생님 같은 분이 아니고는 도저히 세상의 다른 누구도 해낼 길 없는 일임을 백분 절감했습니다. 그리하여 선생님을 받들어 이 『우촌선생10주기추모집』의 고귀한 필자로 모시고자 저희는 비견鄙見을 모았습니다. 선생님께서 보다 많은 일에 여념이 없으시리라 사료하오나, 감히 무릅쓰는 뜻은 우리 한성학원 모두의 간절하고 애틋한 열망이 바로 선생님께 있는 까닭입니다. 이제 우촌 선생의 일을 기리고 추억하기에 가치 높은 옥필玉筆을 염원하는 간곡한 청을 받아

주시기 열 번 고대하고 백번 앙원仰願을 드립니다.

부디 일익日益 건승健勝하시고 함께 가시는 선생님 댁내의 가없는 평강平康을 거듭하여 기원드립니다.

- 1992년 5월 11일 -

가려운 데 긁어 준 윤상씨의 제언!

투어 때마다 가장 괴롭도록 번민했던 그 부분을 윤상 씨가 지적해 주었군요. 이런 것을 두고 정문일침頂門一鍼이라고 하던가요? 역시 내 윤상 씨를 우리 반달곰으로 부른 일이 참 잘한 일이었구나 하는 생각과 함께 스스로 다행감을 느낍니다.

그저께의 계룡산 투어 때 나는 잠깐잠깐 주행 중간에 자꾸만 뒤를 돌아보면서 우리 팀 전체의 숫자를 확인하고 파악하느라 애쓰는 윤상 씨의 모습을 볼 수 있었습니다. 이날 처음 같이 하는 젊은 사람인데, 참 든든하고 미덥게 보이더군요. 게다가 그대가 이전에 선수 생활하는 선배들과 같이 투어 다닌 경험이 많다는 얘기를 누군가로부터 듣고는 '아! 그의 눈으로 보면 과연 그럴 수 있겠다' 하는 생각이 들었답니다.

어느새 대규모 투어팀으로 변신해버린 우리 반달곰라이더즈 패밀리! 이제는 큰 단위 운행의 질적인 면에서 역시 보다 진일보한 체계를 위해 회원 전부가 제안하고 검토할 때입니다.

- 2000년 10월 11일 -

신범식 선생, 드디어 무릉도원에 들어왔군요!

신 선생!

호젓하게 세 사람만 앉아 하는 대학원 수업인데, 그 상대가 만약 신 선생같은 멋진 호남아가 아니었다면 차마 삭막하여 나는 토요일 오는 것이 반갑지 않았을 겁니다. 곧장 말하면, 그야말로 신 선생의 환하게 잘생긴 얼굴에 피어나는 매력적인 웃음을 보는 기분에도 강의한다는 말이외다.

오늘 여기서 그대를 대한 기쁨이 너무도 큰 나머지 칭찬이 그만 지나쳤나? 아니아니, 딱 과불급 없는 중절中節의 그 마음 그대로요. 동시에 이 저녁 문득 『시경詩經』에 있는 다음의 구절이 뇌리를 스쳐가는군요.

今夕何夕　오늘 밤은 무슨 밤,
見此良人　좋은 사람 만난 밤!

- 2000년 11월 1일 -

영일이, 진정 고맙네!

자네가 보내 준 메일 가슴 찡하게 잘 받았네.

집사람도 다른 누구의 축하 인사보다 자네의 메시지에 더더욱 감격해 하는 눈치였어. 나는 그것을 보고 진실의 힘이야말로 가장 센 거구나 하고 다시 한 번 생각했지.

근자에 자네가 보여 준 일련의 모습. 참으로 깊은 인상을 받았네.

추운 절기가 되어서야 소나무와 잣나무의 나중까지 푸르름을 알 수 있다는 옛 격언이 생각나는군.

이번 춘천 투어 때도 영일이 자네의 역할이 참 지대하였어. 자네가 있어 든든하고, 자네한테 고맙다는 말 밖에 내가 달리 해줄 말이 없어.

건강히 잘 지내고, 곧 만나서 우리 함께 즐거움을 나누세. 안녕!

- 2000년 11월 15일 -

영일이, 자네 생각 왜 안 났겠나!

야속하리만치 많이 났다네.

자네가 보이지 않는 투어 행렬. 무언가 계속 허전함을 달랠 길 없었어.

어제 아침 그대가 일부러 강남역까지 나와 전송을 해 준 것 눈물이 날만큼 고마웠고, 그대가 홀로 저만치 떨어져 갈 때 너무도 안쓰러웠다네.

이제 사람이 돼 가다니? 내가 시간을 거듭하면서 보는 영일이 자네는 내가 생각하고 있던 것보다 그리고 내 주변의 다른 누구보다도 훨씬 사람다운 사람이 아닌가 싶네. 내 스스로의 생각에도 이것이 한낱 과찬은 아니리라 하네. 그러니 이 내 말에 너무 부끄러하거나 지나치게 겸손할 필요는 없어.

그리고 또 놀란 건 자네가 내 처음 생각보다 훨씬 다정코 다감하다는 사실이었네. 어쩌면 자네의 속에 어떻게 그런 섬세함이 숨어 있는 건지…. 영일인 정녕 가슴이 따뜻한 남자일런가!

어제 투어는 자네의 관심과 애정의 덕분으로 대과없이 잘 다녀오긴 했네마는, 아까의 말처럼 같이 있지 않음이 옥의 티와 같았다네.

그런 중에도 성태 씨가 로드 역을 잘 맡아주어 모두들 강화의 절경을 유감 없이 만끽하고 돌아올 수 있었네.

영일이 자네의 따뜻한 편지 진정 고맙네.

또 연락하세. 잘 지내게! - 2000년 11월 20일 -

동준 후배, 나 김창룡일세!

그 동안도 안녕하신가?

한남동 할리데이비슨 전시장 뒷터에서 우리 두 번 만났지. 자넬 만날 때마다 왜 그리 믿음직하고 반가운건가.

그리고 '반달곰라이더즈패밀리'에는 들어와 봤는가? 그런데 방명록 상엔 자네의 이름이 왜 안 보이지? 또 자네한테 메일 띄웠다는 이는 누군지, 혹 할리의 '송최고' 군이 아닐까 생각드네만….

내가 다름 아닌 그곳의 운영자라네. 아울러 오프라인 상의 투어 팀 회장도 하고 있고. 거기 들어가서 구경하느라 보면 지난 가을의 투어 행적도 한눈에 볼 수가 있네. 한 번 놀러오게.

자네 메일에 하 반가와 이렇게 두서없이 적네. 그럼 잘 있게!

- 2000년 11월 23일 -

용오, 지금은 노곤한 몸을 쉬고 있겠지.

용오!

2001년 2월의 24일~25일! 우리는 적어도 이 두 날을 길이 잊을 수 없는 그림으로, 아름다운 추억의 이름으로 새겨 놓을 수 있었네.

나는 영등포 - 그 가슴 벅찬 - 역에서부터, 자네는 대전 - 이제는 속절없는 자네의 터전인 - 으로부터 각각의 선을 그리면서 저 광천의 대지를 향해 우리 나아갔네.

아아, 얼마만의 땅이던가! 광천역 앞의 풍광은 옛날과 다름이 없는 그 모습 그대로였네. 27년의 세월을 정지시켜버린 그 한 폭 풍경화 그림같은 정경이 잠시 내 마음을 촉촉이 흔들어 버렸다네. 거기에 내 29년의 지기인 용오가 다른 누구도 아닌 날 기다리며 그 자리 서 있고…. 난 이제 또 그 시간을 영원히 잊을 길 없을 것만 같이 되고 말았다네.

아, 광천 건너 찾아 간 보령 천북면의 갯벌가 '어설망'에서의 취해버린 낭만.

회로回路의 칠갑산의 밤 휴게소. 공주를 달리고 유성을 곁 보며 들어선 대전. 그리고 눈에 선한 변동의 그 '주막'.

이튿날 환한 햇살 안에 다시 자네와 만날 수 있었던 '힐탑'의 주차장 앞마당.

갖가지 몬도가네 메뉴로 날 놀린 다음에나 마침내 앉은 일식집 '미가味家'의 고즈넉한 공간.

차창 밖으로 보이는 풍경은 밝고, 주고받는 이야기 속에 들어가 본 '충남대' 너른 대지의 긴 차로.

한 개 큰 당구대와 함께 자네의 고독이 맴돌던 〈유성한진오피스텔〉의 23층 스카이 레스토랑 '베니스'에서 애잔한 대화 함께 나누던 커피 잔, 자꾸만 피어오르는 담배 연기.

자네와 이제는 헤어져야만 했던 유성의 터미널.

그만 쉴 공간을 찾아 떠나는 그대, 그런 무정인으로부터 점점 떨어지고 멀어지는 땅을 향해 달려갈 운명의 나는 그만 그 생각에 지치고 시달린 채 혼곤 속에 빠지고 말았더랬지.

이것이 자네와 함께 만든 이틀간을 가장 소략히 스케치해 본 그림이라네. 자네의 존재가 오늘 더욱 큰 고마움과 그리움으로 다가서네.

부디 자네 몸이 건강하고 마음이 편안하길 바라고 또 바라네.

곧 연락하겠네. 그럼 안녕! - 2001년 2월 26일 -

진태야, 반갑고도 고맙구나!

그동안도 잘 지내고 있지? 성민이 통해서 너의 소식 꾸준히 접하고 있단다.

문득문득 네 생각이 날 때마다 진태 네가 참으로 낙천적이고도 강인한 성격을 타고났구나 하는 그 이미지를 떨칠 수가 없단다. 힘든 일이 많았을 텐데도 의연한 자세로 삶의 여유를 잃지 않는 네가 느껴지니 말이다. 아무튼 넌 참 대견한 친구다.

그래, 그래서 나도 처음에 네가 미국으로 간다 했을 당시보다는 걱정이 많이 덜어지고 있단다.

부디 건강해야 한다. 이국에서 어디 한 군데라도 아프면 더욱 서러울 듯싶다. 그리고 지금처럼 노력하는 모습 계속하여 보고 싶구나.

성민이와도, 또 다른 친구들과도 인터넷을 통해나마 서로 말과 생각을 나눌 수 있으니 그나마 위안이 되는구나. 이럴 땐 컴퓨터라는 매체가 다시 한 번 고맙더라.

잘 지내거라. 그리고 끊임없이 너의 소식에 귀 기울이마. 안녕!

- 2001년 2월 27일 -

화공花公에게

갑수 씨,

어제 성용 씨 때문에 심려가 많았지요.

나 또한 많이 부심하였다오. 모두의 걱정 덕분으로 성용씨의 아픔이 하루 빨리 치유되기 바랍니다. 갑수 씨가 성용 씨에게 꼭 이 마음을 전해 주리라 믿습니다.

어제 갑수 씨의 멋진 하야부사도 근사했지만 더더욱 그대의 눈부신 라이딩 솜씨에 탄복을 금할 수 없었습니다. 유머감각 뿐 아니라 머-신의 재능도 뛰어난 갑수 씨가 우리 일원이란 사실이 기쁘군요.

그리고 어제의 투어 때 갑수 씨를 포함한 신입회원들 모두가 원만하고 숙련된 사람들이라, 전체 팀을 위해 오히려 많은 배려와 협조를 아끼지 않는 모습들이 좋더군요. 그래도 그대의 요청에 대한 말대접이요, 누구나 읽어서 유익할 내용이라 전에 다함께 읽어본 글이 있으매 참고로 첨부해 보이지요. 역시 암만해도 갑수 씨와 및 함께 오신 분들에겐 의미 없어 보이지만.

우리 팀의 회원으로 투어에 참여했던 『오토바이크』 지誌의 장원 기자가 운영자 앞으로 보낸 내용을 옮겨 드리리다.

- 2001년 3월 20일 -

가뭄 걱정

범식 선생! 남이 부러워할 풍모만 아니라, 안에 지닌 덕이 또한 위려偉麗하구료.

그대 여민동고與民同苦하는 그 덕분의 힘으로 춘수만사택春水滿

四澤의 밝은 소식 멀지 않으리이다. - 2001년 5월 17일 -

희망나라 사공이여~

희망의 나라로 가는 사공 박창규 씨.

그대 아니었더면 '초평저수지'의 그 고운 경관을 볼 수는 없었을걸세. 옛적 은둔거사가 세상을 피해 도 닦으며 조용히 머물러 살았을 것만 같은 그 호젓한 공간이 주던 느낌.

더욱이 한국은 물론이고 아시아 최고의 카누 일인자가 노젓는 모습을 그곳에서 볼 수 있었던 것은 결코 예사로운 행운은 아니었지.

그대 고교 3년 때 그곳에서 카누에의 비장한 의지를 품고서, 일년 동안을 세상과 단절한 채 홀로 고독과 싸우며 연마했다며 내게 넌짓 말해 주었지. 그 순간 내심 역시 최고에 이르는 길은 따로이 있음을 재삼 확인했지.

이번 주말, 톡톡히 훌륭한 안내자 역할을 해 준 창규씨.

거듭 고마움을 표하네! - 2001년 6월 25일 -

여운

영일이!

오늘 아침 자네가 속초의 콘도 현관 앞에 부츠 신으면서 홀로 떠나려 할 제 내 마음이 괜히 애잔해짐을 자네는 알았는지….

자네 장대 소낙비 속에 혼자 바이크로 질주해야만 했을 때 흉금이 어떠했을까?

우리 어제를 종일 함께 하고 밤도 지내며, 오전까지만 해도 함께 속초라는 이름의 공간 안에 머물렀거늘, 지금 늦은 오후되어는 또다시 같은 서울이란 곳에 돌아와 있구나.

어제 속초 가는 길.

〈MBC카메라리포트〉의 숨가쁜 카메라 촬영을 도울 때 순발력 넘치는 자네의 라이딩 솜씨! 돋보였지. 과연 일품이었어.

그리고 애썼네.

- 2001년 7월 29일 -

동해를 다녀와서

김양호 씨!

왕복 일천 리가 넘는 긴 투어 여정이었지요.

그 길 내내 우리 고락苦樂을 함께 하였습니다. 특히 비 내리는 구룡령九龍嶺을 같이 넘을 때의 그 정경이 지금 또다시 애연靄然히 피어 올라 가슴 적시는군요.

비바람의 한기에 모두들 웅숭거리며 있을 때, 긴 소매 방수 옷을 건네주시던 일이야 어찌 잊을 수 있을까요?

휴가 끝난 이틀째 날인가요?

그날처럼 오늘도 비는 간헐적으로 빗발쳐 내리는군요. 그 빗속에서도 웃음 띠던 환한 얼굴이 다시금 떠오릅니다.

- 2001년 7월 31일 -

어제 내린 비가 그립다는 그대!

이 같은 사이버 공간에서 자네를 대해 보니 그 감회가 또 다른걸? 나도 '어제 내린 비가 그립다'는 인수의 심정과 똑같은 기분

이야.

헬스장엔 자네가 있어서 생명이 있는데, 자네 떠날 일을 생각하면 자꾸만 우울해지네.

자네한테 정 주면 안 되는데…. - 2001년 8월 3일 -

홍유진, 엄진숙 양인兩人에게!

괜찮은 휴가였나 보군요.

그럼 우리 또다시 같은 서울의 공간에 있는 건가요?

우리 계속 영월에의 꿈을 간직하고 살아갑시다.

홍유진 씨와 엄진숙 씨의 고향이 영월이었단 얘기, 전에 잠깐 들었던 일 있지요.

영월은 진정 요란하지 않은 속에, 사방에 펼쳐 있는 강산의 경개가 어느 하나 빼놓을 것 없이 미려한 땅이더군요. 잔잔한 아름다움의 터전!

우리 반달곰도 작년 10월 14~15일에 그곳으로 원정遠征하여 하룻밤을 지냈답니다. 서강西江의 밤 강가에서 모닥불 피워 파티하였지요. 이튿날 동강東江의 고운 풍광을 끼고 달리며, 그 협착한 고씨동굴을 하나하나 짚어 들어가던 일, 이제는 그냥 관광지처럼 변해 버린 장릉莊陵을 끝으로 보고는 영월을 뒤로하던 일… 등등의 기억들. 지금까지도 그 때 얘기를 하는 회원들이 있어요.

그래서 진숙 씨가 그리로 투어 오라는 말이 참 반갑고도 기쁘고도 고마왔답니다.

영월은 가보지 못한 회원들을 위해라도 꼭 다시 한 번 가보고 싶은 곳입니다. 반드시 이번 주가 아니라도 곧 갈 터이니, 그때는 유진·진숙 두 분이 기꺼이 안내해 주세요.

- 2001년 8월 7일 -

[수신] 지난 여름 생각에…

오늘 바람을 맞으며 동생 오토바이를 타고 코스모스 핀 해변도로를 한두 시간 정도 달렸습니다.

오토바이를 타는 게 이런 기분인가요? 한가득 채워주는 상큼한 바람에 가슴속이 시원하더군요. 저를 등지고 이렇게 완전함을 항상 혼자 알고 있었다니 형이 조금 미워지는군요.

바람을 타고 산등성이를 넘어 갈 때면 난 새가 된답니다. 훨훨~ 어디든 훨훨~

인사가 너무 늦어 죄송해요. 형 개강하셨죠? 힘드시겠네요.

형! 가족과 형 모두 안녕 하시죠?

전 여기 형수님이 아기를 출산해서 요즘 매일 병원에 왔다 갔다 한답니다. 사람들이 제가 애 아빠인줄 알아요. 그리고 전 혼자 조그마한 아파트에 사는데, 그동안 아무도 살지 않아 너무 지저분해서 매일 청소랍니다.

요즘 운동은 자주 가시나요? 그리고 우연이 애마는 잘 나가는지….

전 항상 책상 앞에 앉으면 지난 여름을 생각 합니다. 언제나 건강하시고 행복하세요.

글이 너무 두서없다고 욕하지 마세요. 여수에 한번 놀러오세요.

- 2001년 9월 8일 -

글 속에 어린 미소

인수! 읽노라니 글자 속에서 빙긋이 웃고 있는 자네가 보인다. 아니, 그러다 문득 그 미소가 왠지 씁쓸해 보이기도 하는 건 무얼까?

오토바이 타는 기분 괜찮지? 지리한 일상으로부터의 탈출, 나아가 삶의 윤택과 활력에 과연 의미 있는 존재인 듯싶어. 그 생동감 때문에 그걸 타는 이들은 서슴없이 '애마'라는 이름을 부여시키곤 하나봐.

월요일부터는 또 일을 시작한다니 새로운 기분으로 땀 흘리면서 운동 열심으로 하게. 과도한 상념들로부터 벗어날 수 있는 길이기도 하잖나. 아니 그런가, 인수!

자네의 글은 좀 거리낌이 없다 싶은 속에 고독과 인정이 배어 있어. 신기해. 한두 줄 글만으로도 그게 보인다는 게.

자네 커다란 근육질 몸이 단연 멋있지만 그렇다고 건강을 과신해선 안 돼. 무슨 말인지 알지? 뜻있게 잘 지내게.

- 2001년 9월 8일 -

강인수 관장 보시게

무슨 사연 있어 만취토록 마셨노?

괴로운 일 있어서인가? 아니면 순수한 밤의 도취인가?

그래도 그 와중에 사람이 생각나서 메일을 쓸 만큼이면 괜찮은 음주이군그래.

아울러 그 생각나는 사람 가운데 나도 포함되어 있으매 새삼스레 영광인걸.

스스로를 한 번 더 돌아보게도 되고….

신외무물(身外無物)일세! - 2001년 9월 15일 -

그리운 영월 친구들!

블랙베어 엄재현!

너무도 반가운 이름.

반가움이 겨워 나도 모르게 짧은 외마디 탄성이 흘렀네.

"아, 블랙베어!" 하고.

자네들을 어이 잊겠나.

백갈매기 백계목과 보릿가루 이용준,

보디가드를 보릿가루로 바꾼 용준의 재치.

계목이 동생은 닉네임이 '슬픈빛 눈'이지.

다들 잘 지내고 있는가 보다.

지난 해 10월 14일 밤부터 15일 늦오후까지였지. 영월이라는 정겨운 공간에서 우리 함께 보낸 시간들 말이지.

오늘도 서강西江 밤 강가에는 그날 같은 달이 곱고 애잔한 모습으로 둥실 떠 있겠지. 그 밤 재현이 자네가 날 포함하여 우리 몇 사람을 태워 그 곳으로 데려가 주었잖은가.

처음엔 뚝뚝해 보이던 자네….

달빛 어린 강가에서 조금 시간이 지나자 넉넉한 기분으로 취해서 웃고 얘기하던 자네의 얼굴이 어제인 듯 떠오르네.

백갈매기의 절창, 호음가豪飮家다운 원샷은 또 어떻고.

일년이 지났지만 자네들에 대한 기억은 변함이 없네.

그 동안도 부디 잘 지내고 있게. - 2001년 10월 13일 -

추상追想

민숙아,

이 가을이 널 괴롭히는 건가?

너의 다정이 그만 병인가 보다

작년 이맘 때 영월의 추억이 고운 줄이야 그날의 우리들은 다 아는 것. 하지만 어이하여 그런 즐거움을 다시는 누리지 못할 일들로 치부한 채 말하는 것이더냐.

오늘 밤엔 제주도의 너와, 너도 잘 아는 영월 사나이 블랙베어의 덕분으로 지난 가을의 아련한 회상에 잠겨 볼 시간을 가질 수 있었구나.

암만 제주도라지만 날씨의 차가워짐은 어찌할 순 없으리라. 이러할 제 건강에 각별 유의하며 지내거라! - 2001년 10월 13일 -

촌철명인寸綴鳴人

신 선생,

화창한 일요일날 어인 일로 거가居家의 하루인가요?

그대가 인용하여 보인 글, 비록 촌철寸綴의 길지 아니한 구절이지만, 얕은 이해利害를 좇아 처신하는 종종의 속자俗者들 앞에 가슴 서늘한 일침一針을 가하는데 부족됨이 없군요. 그러니 과시果是 경인警人의 명구名句라 아닐 수 없겠네.

오는 토요일 하오에 봅시다. - 2001년 10월 21일 -

이것은 이미 후기가 아니더이다.

김양호 씨의 감성이 비상한 것을 진작에 눈치 채고 짐작은 하였으나 이만 정도일 줄은….

깊은 탄식 더불어 읽어 내려갔더이다. 글은 자체로 아름다운 꿈 깨어나 설화하는, 몽롱하고 아련한 꿈 이야기인가 합니다. 흩어지는 낙엽의 가을 어느 날을 그린 한 편의 어른 동화가 맞는가 합니다.

오늘 김양호 씨의 숨은 감성의 잠재력을 보았습니다.

또 그 끝간 데 없는 체력을 보았습니다. 토요일의 구룡령과 어젯날의 270km 장정 따위도 그대를 피곤케 하진 못하는가 봅니다.

새벽 3시에 일어 앉아 홀로 지난 시간들조차 음미하는 그대의 삶에 대한 열정 앞에서는….

- 2001년 10월 29일 -

미스터 전남, 강인수!

무심한 세월의 흐름에 탄식을 흘린다네.

인수,
점입가경일세.
자네의 멋의 세계는….
문무文武 겸전한 그대.
체관이 어린 고독의 방랑자.
그래서 내 일찍 자네를 일컬어
지성知性의 베가본드라 했지.

거듭 지켜보겠네.

이 글 보는 대로 소식 주게! - 2001년 11월 15일 -

일희일비一喜一悲한 화공花公의 글

해학과 풍자가 넘치는 화공花公의 글.

천부의 웃음 사냥꾼 화공.

특히 어젯날 그대가 쓴 투어 후기는 그대의 이같은 재능이 거의 유감 없이 발휘된 경우가 아닐까 싶게 보는 이로 하여금 포복절도케 하는 바가 있었지요.

그런데 오늘 화공의 글은 문득 남의 마음을 숙연케 만듭니다.

그 익살맞음의 이면에 굳게 자리하고 있는 경건의 모습이 뜻밖에 또 한 차례 감동의 의미를 새기게 합니다.

'동생은 부모님이 제게 주신 가장 큰 선물입니다.'

한 순간, 뭉클해지는 가슴과 벅차오르는 눈시울을 감당하기 어려웠습니다.

웃음과 눈물, 비장과 골계는 화공의 두 가지 깊은 잠재력인가 봅니다. - 2001년 11월 21일 -

신준하 코치, 바이크에 관심이 크군요.

신 코치!

집에 잘 들어가셨나요?

요즘은 매일 서초동과 하남 사이를 반복적으로 왕래하는 나날이군요. 매일 이처럼 늦도록 잠 못 이루나요?

말에 비유하자면,

할리는 야생마다운 힘과 박력이 매력 있다 하겠고, 일산日産 바이크는 잘 길들여져 보다 다루기 쉬운 말이라고 할까요?

전자가 타이트하고 터프한 청바지를 닮았다고 한다면, 후자는 소프트하고 댄디한 신사복다운 옷이라고 할는지….

음식일 때 전자가 진하게 쏘는 맛이라면, 후자는 부드러운 감칠맛에 가깝다고 할는지….

또 전자의 장점을 여유와 관조에 둔다면, 후자의 멋은 스피드와 세련미에 있다고 하면 조금 더 다가올까요?

사실은 독일산 BMW, 그리고 아프릴리아·듀카티 같은 이태리제 명품 바이크도 있는 등등, 바이크의 세계는 일반인이 생각하는 것보다 무궁무진한 바가 있습니다.

그들은 모두 그 나름대로의 장점을 지니고는 있지만, 이것의 메이커가 단연 으뜸이다란 말은 누구도 감언하기 어려울 것입니다. 이를테면 할리도 나름의 고유한 캐릭터를 지닌 굴지의 바이크 메이커임이 분명하나, 다방면이 다 뛰어난 절대 군림이거나 팔방미인같은 존재는 아니랍니다.

현재 나의 소유 바이크는 혼다 제품의 '골드윙1800'이지만, 개인적으로는 이전에 타던 야마하의 '로얄스타투어클래식'을 제일 잘 생긴 오토바이로 여기고 있지요.

그럼에도 불구하고, 여전히 할리의 남성적이고도 다이나믹한 매력에 대한 속깊은 선망을 떨치지 못하는 그런 입장이랍니다.

이 세상의 수많은 고운 빛 중에 어떤 색깔이 단연코 이쁜 색이라

이를 수 있을까요? - 2001년 11월 23일 -

수호 김양호 씨!

별내면別內面 '역마차'에서의 따뜻한 커피와 모닥불의 기억이 문득 한 주일이나 앞의 일이 되어 버렸군요.

세월의 빠르기는 백마白馬가 문틈 사이로 달리는 것과 같다는 옛 중국의 명언 한 마디가 실감나는 밤입니다.

반달곰 바탕화면 사진에 지난 9월 3일 춘천 소양댐에서 나란히 함께 찍은 사진을 올려 보았습니다.

혹 양호 씨가 모른 채 그냥 지나칠까 저어하여.

- 2001년 11월 26일 -

오늘 하루의 어떤 일

신 코치,

아까 체육관에서 보았을 땐 그런 내색 전혀 없더니.

역시 과묵하고 은인자중하는 준하 씨답군요.

정말 그렇지요.

창업創業보다 어려운 건 수성守城이겠고, 만남보다 어려운 건 헤어짐일 겁니다.

헤어질 생각부터 하고 만나는 사람이 있을까요? 그러다 전혀 예기치 않은 별리의 순간이 닥쳤을 때 흔들리는 마음에 어쩔 줄 모르는 자신을 발견합니다.

유정한 사람이라면 살아가며 몇 번은 겪는 아픔이지요.

세상의 모든 만남엔 반드시 이별 있기 마련이라는, 이른바 '회자정리會者定離'라는 것…. 인간이 숙명처럼 겪어야만 할 고통 가운데 하나라는군요.

하지만 준하 씨의 오늘 밤 번민과 괴로움도 끝끝내의 것은 아닙니다. 역시 인류의 장구한 삶을 통해 가장 통속적이긴 하나 불변의 진리로 통하는 말처럼, 시간이야말로 최고의 치료사가 아닐까 합니다.

오늘 준하 씨의 그 허전함과, 그 외로움….

처음엔 견딜 수 없을 것 같은 괴로움도 한 사흘 지나면 지금보단 훨씬 감당할만한 그런 힘겨움일 겁니다.

- 2001년 11월 30일 -

젊은 두 친구

김준우, 그리고 박세호.

나의 소우少友들.

자네들을 여기서 볼 줄이야. 감개가 남다르구나.

자네들이 꼭 내 집에 찾아와서, 나 거처하는 방으로 환한 웃음 머금으며 들어온 것만 같은 그런 뭉클한 반가움이군.

우리 함께해 온 세월이 그 얼마이던가!

참 많은 시간이 흘렀지. 자네들 청춘 시절을 줄곧 지켜 봐 온 셈이니까.

그 시간의 위력으로도 우린 이미 예사 인연은 아니네. 아무 때나 얼굴만 봐도 위안이 되는 그런 각별한 인연인 것이지.

- 2001년 12월 7일 -

여운 – 여수의 강인수를 생각하며

토요일 하오에는
그대 찬 가슴 속에
날개 접어 깃드는
그런 사람 있나 보다.

연인 아니라도 좋은
그런 사람 있는가 보다.

– 2001년 12월 16일 –

장성태, 거대한 덩치보다 더 큰 이 반가움!

자이언트 장성태,

금년은 자네 생애 가장 다사多事로왔던 한 해였지.

자네 기억하는 사람이 별반 없다고? 단 한 사람일망정 성태를 심중에 기억하고 좋아하면 그만이지, 그깟 얼굴 이름 기억하는 사람의 숫자는 세어 무엇하랴.

자네 이런 글 들어 본 일 있는가?

> 畵虎畵皮難畵骨
> 범을 그리고 가죽까지 그릴 순 있어도 골격이야 그릴손가.
> 知人知面不知心
> 사람을 알아보고 얼굴이야 알겠지만, 그 마음만은 모르나니!

자네 올핸 내내 사업의 기반을 닦느라 분망하였거니와, 새해에는 어떡해든 시간 만들어서 휴수동락携手同樂 해야지. 내 지금껏 기다려 줬으니….

성태 자네의 새 해, 새 복을 기원하네! - 2001년 12월 25일 -

반가운 매화는 어느 곳에 피었는가…

이 밤 문득 떠오른 화공花公의 글,

'동산東山에 달 오르니 그 더욱 반갑고야….' 라는 옛 시조 글귀가 문득 떠오르는군.

여주 가는 길, 어찌 화공 생각이 없으랴. 그 생각은 외려 간절하였거니.

이천에서 여주 처음 들어서는 길목인 〈만남주유소〉, 여주 다 들어서서 오른 편에 바라뵈는 〈여주대학교〉 지나 함께 점심했던 〈옹골순두부집〉 앞에 잠깐 머물렀을 때, 화공의 딸 연희와 동생 선덕을 만났던 〈강변유원지〉 앞을 스쳐 통과하던 순간, 그리고 〈신륵사〉 들고나는 입구 너른 터와, 그 땅을 뒤로하며 양평으로 접어드는 길 나설 때….

순간순간이 모두 화공과 함께 했던 장면들의 연속이고 생각의 점철이었지.

예전엔 한갓 여느 여주일 뿐이었는데, 어느 땐가부터 그 땅이 웬지 정다움과 포근함의 의미로 다가오다니. 이건 화공의 덕이라 해야 할까, 화공 탓이라고 해야 할까?

오늘 내게 적잖은 번민을 가져다 준 이.

잘 지내시게! - 2002년 2월 13일 -

부자천륜父子天倫

이제로부터 펼쳐질 화공 부자花公父子의 집수 장락執手長樂을 기축祈祝하네!

이날을 기념하는 뜻에서, 방장方將 내 가슴속에 발화發花한 4자 쌍구四字雙句를 내 두 사람 앞에 선사하지.

父子天倫　부자는 곧 천륜이어니
團欒大基　단란의 큰 기틀일지라

- 2002년 2월 15일 -

한계령과 구룡령 투어

김양호 씨!

어제 그 500km에 수렴하는 기나긴 투어 장정長程을 손수 기획하고, 또 선두에서 전체의 행렬을 조화롭게 이끌어 나아가는 로드마스터의 역할까지 이루 다 감당하느라 그야말로 수고受苦가 많았습니다.

늘 그날이 그날같이 한결같고 언제든 변함없이 깊은 신의를 주는 그대.

우리 반달곰 회원이 하나같이 김양호 씨만 같다면 모진 풍상 비바람에 흔들림 없는 굳건한 반석 같을 텐데…. 진정한 패밀리의 꿈이 실현되어 언제나 휴일의 대지 위를 환한 미소로 달릴 수 있을 텐데….

- 2002년 3월 18일 -

연제호 관장을 생각하다

어제 이맘 때 우리 함께 커피 마시며 놀던 아파트 오솔길의 모퉁이를 왼편으로 돌아가는 그대 모습 본 뒤, 오늘 또다시 연 관장의 글 보니 어제 종일 함께 지낸 일이 다시금 새롭게 떠오르는군요.

어제 강화 가는 길도 그렇고, 전체적인 흐름이 너무 여유작작하여 다소 답답하였지요? 나도 간혹은 달리고 싶은 충동을 제어하느라 얼마간 힘들었다오.

혼자 다닐 때면 나 또한 거의 난폭 운전 소리를 면하기 어려운데, 언제 연 관장 다시 함께 투어 갈 기회 있고, 탄탄대로 만나면 쾌속 질주할 때도 있겠지요.

어제 커피 고맙게 잘 마시었다오. 늘 마시는 커피인데도 누구누구가 사 주니까 이상하다 싶게 여느 때 이상 맛이 좋더군요.

아, 그리고 어제 강화 〈삼부자집〉의 점심 중에 한국 보디빌딩계의 거목, 이 나라 정상 보디빌더의 이·삼두박근이 주는 그 느낌과 여운은 진정 웅장하고 근사한 것이었다오.

한 분야의 최고에 오른 그 의지와 집념이 대단하오.

- 2002년 4월 6일 -

건명아!

그간 잘 지내는지 많이 궁금했다. 준하를 통해 네가 체육관에 나오기 어려운 사연을 대략 들었다. 워낙 강건한 이미지로 오랜 세월 각인되어 왔던 건명인지라 어디 아프다는 얘기가 조금은 설구나.

그래, 차제에 당분간 쉬면서 재충전하는 것도 괜찮은 일인 듯 싶다. 건강을 제1조로 여기면서….

그간 보려고 마음에 두었던 책이나 많이 보아라. 그러다가 만나자꾸나. 그럼 잘 있거라!

- 2002년 5월 17일 -

연 관장의 로드킹이 다쳤다고?

연 관장,

어이없는 일을 당했군요.

사노라 보면 전혀 예기치 못했던 일들을 당할 때가 있지.

그건 누구한테도 예외가 있을 수 없지요.

'천려일실千慮一失'이라 했으니, 일천 번 생각해서 한 일조차 단 한 번의 실수마저 면할 수는 없다는 말이지요.

문득 『명심보감』에서 본 글귀도 생각난다오.

> 聰明多暗昧 算計失便宜
> 총명한 사람도 때로는 어둡고 실수할 때가 있는 것이고,
> 아무리 옳게 세운 계획도 어쩌다보면 잘못되는 수가 있다.

그러니 지나친 자책은 말아요. 나경락의 얘기대로 우선 응급 처방해 보고, 또 용두동에도 한 번 가서 도움을 받아 보도록 하시오.

멀쩡한 모양을 깨고 일부러 커스텀까지 한다는 할리라고 하니, 지나치게 부심하지 말고 잘 처리할 수 있기 바랍니다.

- 2002년 7월 26일 -

연 관장의 제안에

연 관장이 꿈꾸는 투어 라인을 따라 가노라 보니 어느새 마음이 먼저 낭만의 날개를 펴고 여행을 하고 있군요.

그런데 나는 이미 연치가 불소不少한지라 철인鐵人 연 관장을 따라 흉내라도 냈다가는 타관 땅 객창客窓에서 신음하며 오도가도

못할 신세될 수 있으니, 선뜻 따라나설 자신은 안 서는군.

대신에 내가 지금 우선 할 수 있는 말은 '마음의 발길만은 어느새 대청마루를 내려섰다.'

연 관장의 장도壯途!

그 계획에 갈채와 성원을 보냅니다. - 2002년 8월 2일 -

麗水의 강인수 관장 그리며

자네 소식 접한 지 그새 또 한 주일일세.

정녕 세월이란 쏘아 버린 화살과 같고, 흘러가는 무심의 강물과 같은 가 봐.

옛 사람 가운데는 세월의 빠름을 백마가 문 틈 사이로 스쳐 지나는 것에 비유한 것도 보았네만.

자네 여기 서울을 떠나간 지도 어언 일 년이 꼬박 넘어섰군.

지난 해 6월말의 일이었지. 그 비장하기마저 했던 우리의 메별袂別 말일세.

이즈음 술은 아니하는가?

술은 건강에 맞춰 마셨으면 하네. 자넨 사람들의 건강을 책임져 주는 중요한 소명을 띤 인물임을 잊지 말게.

강인수 관장!

다시금 자네 얼굴이 눈앞으로 다가오네. - 2002년 8월 11일 -

캐나다로 떠나는 건명에게

지금이야말로 가장 생각이 많을 때인가 한다.

걱정이 그 넓이를 모르고, 센티함이 그 깊이를 모를 그러한 때일 것이다.

그러나 적어도 내가 지난 10년 가까이 보아온 그 건명이가 맞기만 하다면 별 문제는 없으리라 한다.

왜냐하면 자네의 청명한 사고와 성실과 인내를 내가 아니까.

자넨 주어진 반년의 시간을 분명 가치 있는 시간으로 만들 것이다. 그러니 나로서 걱정해 줄 일이 있다면 풍토가 다른 타관 땅이기에 잘 지켜나가지 않으면 안 될 군건한 건강 한 가지일 뿐이야.

오늘 하늘이 우리에게 여분의 만남을 내려주셨지.

출발은 화요일이렸다.

캐나다의 가을과 겨울을 자네의 밝은 눈에 넘치도록 담고, 자네의 맑은 마음에 그득히 품어 오게.

건승을 기원하네!

- 2002년 9월 1일 -

영준이 잘 지내지?

그렇잖아도 며칠 전엔 문득 자네의 생각이 들더군.

한 학기 동안 학교에서 한 번도 볼 수 없으니, 어이 된 건가 궁금하였어.

자네 사는 영등포도 잘 있지? 나의 긴 추억의 공간이기도 한 그곳을 생각할 때마다 자네 생각도 연상지어 난다네.

겨울방학을 즐겁고 효과 있게 보내길 바라네. 건강 지킴이야 당연한 과제. 그럼 머잖아 볼 수 있기를 기대하며 잘 지내게!

참, 보내준 카드 참 재미있더군. 고마워!

- 2002년 12월 24일 -

비 오던 주말 속초에서의 하루밤을 돌아보며

우리 이번 1박 여행은 두 가지 레저를 만끽한 특이한 체험이었지. 출발하자 속초 미시령까지 5인 3대가 크린샷을 날려 당도했지.

돌아올 때는 바이크 대신 짜릿한 다른 뭐가 없을까?

모진 궁리 끝에, 맞다!

이래서 우리는 만장일치 제트스키를 이용하기로 결의했다네. 속초에서 양양까지 일사천리, 혹은 파죽지세로 내닫고, 그 다음엔 바이크로만 가능할 줄 알았던 그 구룡령을 제트스키로 넘는 기분이라니…. 그리곤 알잖나, 홍천에서 양평에 이르는 그 일백리 탄탄수로坦坦水路를 신이야 넋이야, 꿈이냐 생시냐, 아무튼지 환상처럼 질주했다네. 빗속의 질주를 지나치게 미화했나?

언제 그대와도 그 즐거움을 같이 하고 싶구만.

요즘 힘들어 보이는데, 조금만 더 힘내게.

그리고 우리 대화 나누세.

화공花公, 그대의 관심이 고맙네!

- 2003년 4월 21일 -

나경락의 생생한 후기

경락,

그대의 기행문 손 자취를 하나하나 따라가면서

나의 눈은 갓 지나간 시간을 꿈꾸며 있었고

두근대는 가슴 한 녘엔 어느새 탄성이 흘렀지.

그대의 섬세한 감성과 재능, 그 열정의 앞에

절로 우러나는 이 찬탄의 념念을 감출까 보리오?

가히 최고다!

- 2003년 4월 22일 -

젊은 사자들

나도 자네들 만나서 반가웠어.

태수, 자네, 경철이 다들 괜찮은 투어였는지 모르겠네.

비록 헤어질 때 서로 인사를 다 챙기지 못한 것 같아서 아쉬움도 없지 않았지만….

팀에선 각자가 전체를 위해 어떤 일이든지 도움이 될 만한 것이 있어야 한다네. 한 사람이 한 가지 역할, 즉 일인 일역을 할 때 진정한 팀원이라 할 수 있지. 또 그래야만 그 팀이 결속력 있고, 화해로워질 수 있어.

그냥 저 혼자 즐기며 달리기만 하는 개인주의 라이더는 결코 이쁘지 않아. 환영받을 수도 없고.

자네들은 지금 많이 다녀본 데도 없고 하다지만 윙wing 같은 것은 충분히 할 수 있지. 자네들의 그 빛나는 스피드로 윙을 맡아 주면 좋겠네. 그리하여 진정한 팀원이 될 수 있기 바라네.

- 2003년 5월 19일 -

반가운 나경락

이제껏 반달곰에서 여러 차례의 일박 투어를 갔었지.

그렇게 갔던 일박 투어 중 제일로 힘들었던 여정이 아니었나 생각된다네. 그나마 속초를 위시한 동해변의 노닒이 위로를 줄 수 있었지. 회를 좋아하지 않는 사람들은 분위기라도 즐길 수 있었으니 말이지.

돌아오는 길의 비가 우리들에게 부담만으로 다가오는 것은 아니었지. 잘 표현하기 어려운 낭만조차 그 안에는 살짝 끼워져 있다네.

그러나 자네가 말하는 약간의 사고같은 것 보다 더 우울했던 것은 자기 밖에 알지 못하는 사람들에 대한 우울함이야.

아무튼 하루라도 빨리 바이크로 저 열린 대지 위를 질주했으면 한다. 함께!

- 2003년 5월 28일 -

문 선생님!

이렇게 글로나마 뵈어도, 넘치는 감개로움에 잠깐 말이며 생각을 잊고 망연히 그때적 일을 회상하였답니다.

그 일이 정녕 3년이나 되었던가요?

무정 세월이 폐부를 찌르는 듯합니다.

언제나 다시 자안慈顔을 대할 수 있을는지요?

그간에도 항상 건강과 평안을 기원합니다.

- 2003년 6월 11일 -

기업에게!

기업이, 하루가 다르게 더워지는 날에 잘 지내지?

나의 글 보고 가슴이 아린다고 했지….

거의 같이 하지 못한 이 해의 봄이 내게도 못내 돌이킬 수 없는 회한으로 남았다네.

얼마나 많은 역경이 우리를 힘들게 하는 건지….

하지만 그래도 내일은 오늘보다 나을 것이라던 희망의 메시지처럼, 우리에게도 예전처럼 다시 좋아지는 날이 오겠지.

- 2003년 6월 11일 -

태갑에게

태갑의 편지가 왜 이다지도 반갑더냐? 나 또한 태갑의 기분과 다를 것이 없지.

태갑이 자네와 가졌던 시간들이 은근한 즐거움마저 주고 무더운 여름날까지도 잊게 만들 줄이야 누가 알았겠나! 자네의 활달한 모습을 생각하면 항상 신선함조차 느껴지거든.

설화 문학이 그토록 좋은 여운을 주었다니, 나도 다행감을 느끼네.

더운 여름에 무리하지 않고 건강하게 잘 보내길 바라네. 자네는 나의 활력이요, 신선함이니까!

그럼 또 소식 듣기 바라면서, 안녕!

- 2003년 7월 15일 -

[수신] 한성대학교 광고 이미지입니다.

안녕하세요? 교수님!

코래콤 CR팀 위제옥 차장입니다.

한성대학교 최종 광고용 이미지입니다. 지금 보내드리는 이미지는 기본형 신문광고용 이미지입니다. 그렇지만 우선 지하철광고가 먼저 집행될 예정입니다.

인쇄 작업용 파일을 캡처 받아서 상태가 조금 좋지 못합니다. 하지만 인쇄 시에는 깨끗하게 나옵니다. 그럼 수고 하세요.

참, 그리고 나중에 사모님과 같이 촬영하신 컷은 디지털 데이터입니다. 제가 시간이 조금 없어서 아직 이미지 리터치를 못했습니다. 한성대 광고가 집행되고 나서 파일을 보내 드리겠습니다.

- 2003년 8월 5일 -

위 차장님께

여름이 막바지로 가고 있습니다. 올 여름 건강하게 지내셨는지요.

보내주신 사진 반가운 마음으로 잘 받아 보았습니다. 무더운 절기에조차 작업하시느라 수고로왔겠군요. 그렇게 애써 주신 위 차장님께 거듭 감사드립니다.

더욱 건승하시고, 펼치시는 일마다 형통하시기 바랍니다.

- 2003년 8월 8일 -

위제옥 차장님!

그간 안녕하신지요? 한성대학교 김창룡 교수입니다.

지난 6월에 학교 홍보 사진을 위해 찍고 나서 덕분으로 좋은 사진을 가질 수 있게 되었습니다. 거듭 감사하는 마음입니다.

그리고 한 가지 청을 드리면, 그날 스튜디오에서 저의 집사람과 같이 찍은 사진의 디지털 데이터를 이미지 리터치라고 하셨는지요, 혹시 되었다면 어떻게 나왔는지 한번 보고 싶습니다.

- 2003년 10월 24일 -

곽성호 기자님!

보내 주신 세 장의 사진 잘 받아 보았습니다. 참으로 감사드립니다. 지금 또 인정미 넘쳐 보이던 곽 기자의 미소가 새록새록 피어오르는군요. 이날, 곽 기자의 제 아파트 정원의 방문으로 5월 7일 아침 8시 무렵은 제게 소중한 또 하나 추억의 장으로 간직되었습니다.

앞으로 곽 기자의 나아가는 길이 행운과 발전으로 흥륭하시기를 성심으로 기원 드립니다. 더불어 늘 푸르른 교목喬木처럼 항상 건강하시기를 축원합니다.

- 2004년 5월 8일 -

설레임의 친구여!

살아가면서 혜갑이 너에 대한 생각이며 말들이 어찌 없었겠나? 하지만 오늘 드디어는 그 얼마 만에 제대로 불러보고 새겨보는 이름인가? 이 놀라움과 반가움을 어찌 형용해야 할는지…. 너의 메시지 보는 순간, 그리고 정신없이 읽어 내려가는 동안에 나의 눈동자는 크게 열렸고, 나의 손엔 감격의 소름마저 일어났다네.

십여 년 전에 뉴코아에 가족 나들이 나갔다가 우리 서로 꿈처럼 상봉했던 일이 있었지? 그 후에도 혜갑이 네가 광고 분야에서 뜻을 이루고 성공하여, 연전에는 네가 이화대학에서 교수한다는 얘기를 들은 일이 있지. 그리고 마침 학회에서 친하게 활동하던 이대 법학과의 김왕식 교수를 만났길래 너의 소식을 물으며 나 혼자 만단의 감개에 젖어 본 순간도 없지 않았다.

혜갑아! 이런저런 말들의 이전에 무조건 반갑고 기쁘구나. 그리고 내 소식 접하자 곧 편지글 띄우다니 참으로 고맙구나.

세상에 나이 들면서 함께할 수 있는 죽마고우가 몇이나 될까? 우리의 어린 시절, 청소년 시절을 같이 얘기 나눌 수 있을 사람 말야. 이 광막한 우주, 드넓은 천지간에 말이지….

혜갑아, 괜찮다면 우리 서로 연락하고 지내도록 하자.

그 사이에 또 가족들 평안하고 건강하기 바란다!

- 2004년 5월 21일 -

신현숙 교수님!

그간에도 변함없이 건강하신 모습으로 평안하신지요?

저는 목요 당일 〈옛소설강독〉 강좌가 주간엔 오후 1시부터 3시, 그리고 저녁 6시부터 8시 40분까지에는 야간수업이 걸쳐있군요.

학생들에 대한 부담만 아니었다면 전공 너머의 분야라 해도 선생님 한번 뵈올 기회로 여겨 바이크로 달려갔을 제 모습이 선연히 보입니다.

책임 맡으신 학교 일로 분방한 중에, 분위기 높으신 선생님께서 그려내신 이 가을은 그 어떠한 모습일는지요?

맑은 하늘처럼 청랑한 선생님의 목소리를 들은 지도 적지는 않은 시간이 흘러간 듯싶습니다. 뵈올 때까지 선생님께서 여상如常 건강하시길 빕니다.

- 2004년 11월 18일 -

신현숙 교수님께

안녕하시지요?

이제 문득 어제가 되었군요. 어제의 그 오후엔 얼마나 놀랐는지요.

선생님께서 제 학장 취임에 축하로 보내주신 그 한아름 화사론 꽃의 전령傳令에 문득 말을 잃고 말았답니다. 동시에 선생님의 큰 배려에 다음 순간, 가슴 저편부터 밀려드는 뭉클한 감동을 느꼈습니다.

애오라지 우선 글월을 통해나마 깊은 감의를 표합니다.

이제 그만 한 해가 마무리되어질 12월입니다. 점차 차가워지는 날씨에 부디 존체 보중하시기 바랍니다.

거듭 감사드립니다. 뵈올 날까지 안녕히 계십시오!

- 2004년 12월 3일 -

죽마고우 혜갑이!

띄워 준 사진 보았어. 불변, 굳건히 건강한 축복 속에 빛나는 강물 같은 삶을 누리는 듯하여 보기에 좋군.

멋이 어린 반백斑白의 그레이, 예나 이제나 그냥 그날이 그날다운 몸매, 그리고 몸짓.

그 옛날 피아노 건반 위를 춤추던 긴 손가락은 이제 첼로를 안고 있네. 그댄 음악의 선율보다도 더 멋진 예술적 삶의 표상이야.

그래 좋아, 이렇게 편전片箋 주고받으며 사는 어느날 무심한 밤하늘에 문득 한 가닥의 섬광이 스칠 때, 서로 얼굴 보고 웃자! 그때 우리 배재 교정의 한 모롱이에서 주고받던 웃음처럼! 1972년 3월의 입학식 날 대학 제복 입은 서로를 보고 웃던 아침 날처럼!

건강히 잘 지내게!

- 2004년 12월 9일 -

이미혜 선생님!

변화 많은 초겨울의 날씨에 건강하시지요?

저 또한 발표 한 가지가 있어야겠지요? 제목은 〈한중 금구류衾具類 가전의 비교문학적 접근〉으로 하였는바, 제4분과의 '비교 문화적 관점에서 본 한국언어문화'에 가장 부합할 듯싶습니다. 원고 파일 첨부하오니, 혜납하여 주시기 바랍니다.

그럼, 만나뵐 날까지 건강하시기 바랍니다.

- 2004년 12월 9일 -

이길원 교수님,

2003년, 이국 땅 북경에서 선생님을 뵙고 어느새 햇수로 두 해가 지나가는군요.

선생님과의 만남을 삶의 행운으로 여깁니다.

2005년 을유년에, 이 선생님의 더욱 건승하심과 맑은 복을 기원 드립니다!

- 2005년 1월 1일 -

조항록 후배님께

보내주신 글월 삼가 봉람奉覽하였으나, 천안淺眼으론 문불가점文不加點, 어디 한 군데 손댈 길이 마침내 없더이다.

그리하여 원래 모양 그대로를 이미혜 교수께 방금 송부하였습니다.

토요일에 반가운 모습으로 상면하겠습니다.

그간에도 또 평안하시기 바랍니다.

- 2005년 5월 17일 -

이미혜 교수님께

조항록 교수께서 한성대학교 총장 축사를 제게 일람과 함께 수정을 청하셨지만 공연히 더 손댄다면 그대로 사족蛇足이 되겠더군요. 저는 그대로 승순承順할 뿐이니 프로그램에 넣어 주시기 바랍니다.

행사 때 여유로운 모습으로 뵙겠습니다.

- 2005년 5월 17일 -

성기철 회장님!

회장님으로부터 직접 이 같은 편지를 받으니 실로 황감하기 이를 데 없군요. 그야말로 망지소조罔知所措, 몸 둘 바를 알지 못하겠습니다.

그날 한성에서의 학회 당일에도 창망 중에 말씀드렸지만 우리 학회가 가장 짧은 기간 안에 일일신日日新 우일신又日新으로 깜짝 두드러진 발전을 이룩할 수 있었던 것은 인의예지 두루 갖추신 회장님의 높은 덕망의 힘으로 믿고 있습니다.

앞으로도 더더욱 건승하셔서 인간미 넘치고 아름다운 우리의 '국제한국언어문화학회'를 사랑스럽고 자랑스러운 큰 모임으로 북돋아주시기 바라겠습니다.

뵈올 날까지 회장님의 건강과 강녕康寧을 기원 드립니다.

- 2005년 5월 25일 -

김정훈 교수님!

보내주신 글월 잘 읽었습니다.

국제어문학회는 학회의 주춧돌과도 같은 김 선생님의 은근과 끈기의 저력으로 괄목상대의 학회로 발전을 거듭한다는 생각을 합니다. 이후로도 선생님의 역할과 능력이 사뭇 기대됩니다.

만추의 계절에 평안하시고 건강하시기를 기원 드립니다!

- 2005년 10월 29일 -

[수신] 김창룡 학장님께

안녕하세요? 김창룡 학장님!

이번에 INK(국제한국언어문화학회)의 총무이사를 맡게 된 한성디지털대 문창과 육효창입니다.

기억하실지 모르겠습니다만, 학장님께는 지난 5월 한성대에서 있었던 INK 학술발표회에서 참석하여 만찬장인 〈삼청각〉에서 동석해 인사드린 적이 있습니다.

먼저 학장님과 학회 일로 인연을 맺게 된 것을 영광으로 생각합니다. 미력한 제가 학회의 총무이사라는 중차대한 일을 맡게 돼서 걱정이 앞섭니다만, 항상 학회를 사랑하는 마음으로 학회 총무이사로서의 업무를 차질 없이 수행할 것을 약속드립니다.

앞으로 학장님의 많은 협조와 격려 부탁드립니다.

학장님께 INK의 신현숙 회장님을 대신하여 제1차 이사회 개최를 첨부와 같이 알려드리며, 아울러 위촉장도 첨부해 드립니다.

일교차가 심한 날씨입니다. 건강에 유의하시고 감기 조심하시기 바랍니다. 앞으로 자주 연락드리겠습니다.

안녕히 계십시오.

- 2005년 11월 2일 -

육효창 교수님!

친절히 써 주신 글에의 감사와 함께, 학회 안에서 함께 할 수 있음에 대해 진정한 축하를 드립니다.

오히려 불민하고 우원迂遠하기 그지없는 제 편에서 선생님께 신세질 일이 훨씬 많을 듯싶은 예감이 앞서는군요. 앞으로 잘 부탁드리겠습니다.

그날 대회에서 뵈올 때까지 내내 평안하시기를 바랍니다.

- 2005년 11월 3일 -

육효창 교수님께

2006이란 숫자에 채 익숙해지지도 않았는데, 시간의 지표는 어느새 2월, 그런데 그런 2월조차 막바지를 향해 가는군요.

학회를 위해 온갖 수고를 아끼시지 않는 육 교수님. 이 글 쓰고 있는 중에 선생님의 전화를 받았습니다. 늘 감사드립니다. 뵈올 때까지 건강하시고, 편한 주말 보내시기 바랍니다.

- 2006년 2월 18일 -

楊衞磊書伯大雅

2010년의 첫날,

실로 양구이여良久而餘에 나눈 대화.

전화 뒤의 여운이 한참 귓가에 쟁쟁하였습니다.

지난번 여余와 오처吾妻와 장모님을 위해 아로새겨 주신 옥과玉顆, 항시 각별한 진보珍寶로 간직하고 있습니다.

그를 완상玩賞한 처제도 이에 크게 감발感發한 지 오래입니다.

오늘은 내 처제의 평생 진장珍藏을 위해 그대께 정중한 촉탁囑托을 드립니다. 부디 전가傳家의 명품을 진완珍玩토록 해 주오서!

우리 상견相見의 그날까지 평안을 바랍니다.

- 2010년 1월 2일 -

絃山 김복곤 박사에게

내가 그대에게 현산絃山이라는 호를 준 뒤 처음 쓰는 편지로군요.

어제 금요일 밤 그대와의 〈선궁仙宮〉에서의 저녁 분위기가 근사했다오. 내가 현산을 다른 이에게 소개하면서 '입지전적 인물'

이라고 할 때마다 그대는 어딘가 쑥스러워하니 그 모습을 넌짓 알아차린 적이 한두 번이 아니었지요. 하지만 이는 정녕 나의 생각 그대로를 표현하는 것일 뿐, 전혀 내가 과장하려는 뜻이 없음을 그대는 또한 아는지 모르는지….

그대는 내게 여러 번 그 얘기 했던 것을 기억하지요? 1969년 고향 임실에서 친구 몇이서 무작정 상경하여, 결국은 서울시 인간문화재까지 올 수 있었던 그 과정 말이지요. 그리고 거기서도 또다시 40여 인간문화재들을 대표하는 이사장 직책까지 맡았고, 재차 신뢰를 얻어 거듭 연임하였을 때 나는 과연 범연한 사람은 아닌가 보다 생각했는데…. 하물며 그때는 박사학위를 준비하던 시간대인데, 그 바쁘고 험난한 기간을 용케 잘도 넘긴 그대가 참 대견하고 자랑스러웠다오.

그래서 지난 2월 18일 학위 수여식 때 그대가 학위를 받는 자리에 나아가 그 장면을 눈에 담아두고자 맘먹고 수여식장의 그대를 찾아갔지요. 만나 손잡으면서 축하의 말을 건넸을 때 그대는 황송해 했지만 나는 속으로 참 감개가 무량했는데, 그대가 그런 내 심사를 알아챘는지 모르겠소.

사실은 내가 수여식 전날 박사학위를 영득榮得하는 그대를 위해 무엇을 준비할까 고심했다오. 하지만 부족한 것 없는 그대인지라 달리 무엇을 따로 선사할 건 없고, 자그만 편전지便箋紙에다 유우석劉禹錫의 〈누실명陋室銘〉을 내 딴엔 자못 정성껏 행서로 써서 그 다음날 건넸던 것이지요. 뒤에 알고 보니 그대는 그것을 진작 잘 표구해 두었더군요. 그러다가 어제 나와의 저녁 있던 날, 메별袂別의 직전에 그 졸품拙品을 짐짓 내게 보여주었지요.

순간, 아 현산이 내 글씨를 마음에 불예不豫치는 않은가보다 싶어 나도 마음이 따라 흔열欣悅해졌다오.

수여식 당일 행사의 식순式順이 담긴 종이를 그대가 혹 정신없는 와중에 챙기지 못했을까 하여 용심用心하여 한 장을 건사해 두었고, 거기에다가도 거듭 축하의 메시지 몇 글자를 담았지요. 그대에게 의미 있을 테니 잘 보관하기 바라오!

- 2011년 4월 30일 -

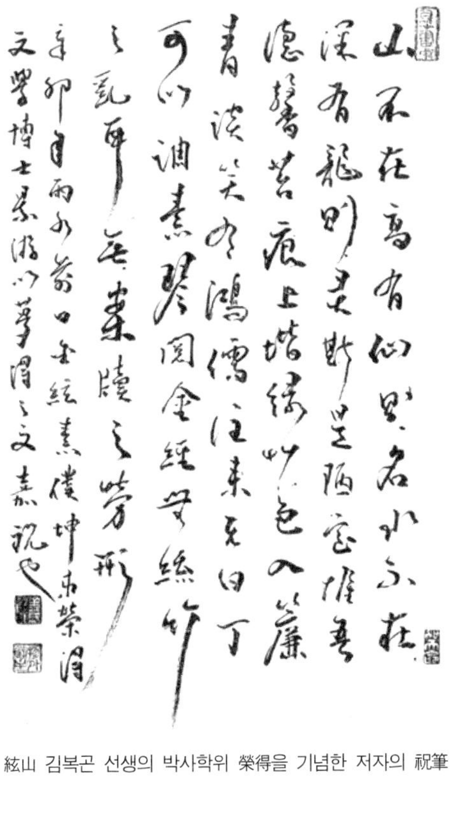

絃山 김복곤 선생의 박사학위 榮得을 기념한 저자의 祝筆

한얼書伯大雅榻前

오대산 월정사의 추성秋聲은 어떠하였는지요.

그윽이 생각호대, 선생님의 한글 판본체는 가히 일품으로 사료합니다.

차제에 거듭 일작逸作을 기대해 봅니다.

심심상인心心相印,

건강 보중保重하심을 빕니다.

- 2011년 11월 07일 -

> ### [答信] 景游大人尊座下
>
> 잠시나마 한암선사와 탄허대종사의 고고성을 떠올리며 마음과 귀를 함께 씻습니다.
>
> 졸필에 대한 과찬의 말씀에 몸둘 바를 몰라 하며
> 눈 밖으로 내치지 않으시고 청해 주심에
> 천재淺才를 무릅쓰고 외람되이 무딘 붓을 들고자 하오니
> 천분을 망각한 경거를 헤아리소서.
> 졸작을 어느 날에 올려야 하는지요.
>
> 이종선 上
>
> - 2011년 11월 07일 -

禪章의 奧義가 담긴 글

독여讀餘에 신기神氣가 몽롱해졌습니다.

이달 15일까지 인사동 〈이화문화사〉에 닿도록 해 주시면 무난하겠군요. 저도 다음 주초에 미리 촬영을 부탁해 놓겠습니다.

그간에도 평안하심을 빕니다!

- 2011년 11월 08일 -

請囑醉月堂主李鍾宣書伯大雅

일전의 가묵佳墨을 12월호 『묵가墨家』에 올렸습니다. 베푸신 호의豪意에 취醉하고, 끼쳐주신 작품에 안복眼福을 더하였습니다.

졸편拙篇 『경유문초景游文鈔』에도 일작一作을 더해 주시매 감개가 큽니다.

청하신대로 문집에 등재할 제 자작시自作詩를 네 편 가량 첨부드리오니, 고선考選 혜묵惠墨하여 주시기 바랍니다.

- 2011년 11월 27일 -

請囑韶山先生惠製景游文鈔序文

오늘 덕분에 점심 즐겁고 고마웠습니다.

늘 유쾌한 그대의 모습이 보기 좋습니다.

우리 알게 된 세월만큼 마음도 따라갑니다.

분망 중에도 건강 챙기는 것 잊지 마세요.

소산 박태상 선생께 『경유문초』 서문을 청하옵나니 『경유문초景游文鈔』라 이름 삼은 누문陋文 한번 일람하시고, 불후의 옥장玉章으로 글머리 한 작품을 끼쳐 주시기 바랍니다.

- 2011년 12월 7일 -

[答信] 경유 김창룡 교수님께

안녕하세요? 한국방송대의 박태상입니다.

"흑룡 새해에 댁내에 행복과 웃음이 넘쳐흐르시기를 기원합니다."

특히 예전처럼 건강을 회복하여 술잔을 기울이며 풍류를 이야기할 수 있게 되기를 빕니다.

미진한 글을 어제 밤에 완성했으나 퇴고하느라 하루가 늦었습니다.

특히 치과 대수술을 며칠 전에 받아서 14일간 먹어야 하는 항생제 등의 약 때문에 계속 수면에 취해 있었습니다. 널리 양해해 주시길.

다시 한 번 문집 『경유문초』의 간행을 축하드립니다.

- 2012년 1월 1일 -

一步 金甲起 선생님 座下

무정세월에 선생님 뵈온 지도 저근덧 일년이나 되어갑니다.

선생님의 금수장錦繡腸으로 훌륭한 서문 한 작품 간직하고자 하는 맑은 욕심에 따라 이 아침에 글을 청촉드렸습니다. 흔락해 주심에 영광이 아닐 수 없습니다.

그리고 아직 교정하는 중간이라 거듭 윤문해야 할 군데도 여러 곳에 있고, 학회에서 주고받은 '서신' 내용을 추가하여 최종적으로는 한시, 수필, 서문, 잡지雜識, 서신, 유기遊記의 여섯 항목으로 구분하여 실을 예정입니다.

후반부는 대개 사사로운 유희오니 나무라지 마시고 그냥 웃어 주시기 바랍니다.

선생님 서문을 선두에 두면서, 다른 두 분께도 두 편 정도 서문을 청할 복안腹案 중에 있습니다.

그리고 축필로 은사이신 배재대 국문과 명예교수 김진악 선생님의 문인화를 비롯해 서단의 원로 및 중진 여러분의 작품들이 수록될 예정입니다.

또한 제 신상에 대해서는 이전에 제가 삼가 건네 드린 저의 졸저 안의 간력을 참조해 주시면 될 듯합니다.

선생님이 남달리 건강하시고 유쾌하심에 이렇게 글도 부탁드릴 수 있어 감개가 큽니다.

열흘 쯤 뒤에 제가 다시 연락을 드리겠습니다.

거듭 감사드립니다.

- 2011년 12월 18일 -

[答信] 景游 선생님 좌하

대단히 죄송합니다. 제가 지난 12월 대만 여정이 있어 갔다가 27일 귀국했고, 오자마자 집안에 상사가 있어 불비不備한 글조차 시간을 맞추지 못했습니다. 게다가 워낙 대저라 일독하기에도 적잖은 시간이 소요되었습니다.

양해 부탁드립니다. 게다가 제 글솜씨가 워낙 경유 어른만이야 하리까마는 시간에 쫓기다보니 더욱 무잡蕪雜하기 이를 데 없습니다. 용서하십시오. 부족하면 빼도 좋습니다.

축하드리며, 일독하시고 재정하시기 바랍니다.

- 2012년 1월 3일 -

深謝一步大人惠于癡景

一步 金甲起 선생님!

저간 다총망多悤忙하신 중에도 제게 끼쳐 주신 서사序詞 옥장玉章을 이제 막 봉독奉讀하였습니다.

황감惶感이 맴돌아 못내 가시지를 않는군요.

기껏 방담문放膽文에 더 지나지 않은 데다 그예 선생님 처지에서 난문쾌답難文快答이 되고 말았음에도 소함笑頷하시고, 하물며 과장過奬까지 보태 주셨으니 말 그대로 망지소조할 따름입니다.

선생님 덕택으로 제 부장부覆醬瓿가 새로 광색光色을 띠게 되었으니, 오늘 일을 마음에 간직하여 길이 잊지 않겠습니다.

거듭 우둔한 경유에게 끼쳐주심에 감사드리며, 존체尊體 만녕萬寧하시기를 빕니다. 昌龍 不備上謝候

- 2012년 1월 4일 -

景游　金昌龍

서울 출생
연세대학교 문과대학 국어국문학과 졸업 (1976)
연세대학교 대학원 국어국문학과 문학석사 (1979)
연세대학교 대학원 국어국문학과 문학박사 (1985)
한성대학교 인문대학장, 민족문화연구소장 역임
한성대학교 한국어문학부 교수 (현재)

景浩文鈔 시간은 붙들 길 없으니

인 쇄	2012년 2월 21일 초판1쇄
발 행	2012년 2월 27일 초판1쇄
저 자	김 창 룡
발행인	정 주 택
발행처	한성대학교출판부 서울특별시 성북구 삼선동2가 389번지 TEL. (02)760-4174 / FAX. (02)760-5969
편집제작	대자커뮤니케이션 (02)2269-6724

ISBN 987-89-89101-99-4 03040 정가 33,000원